LES PYRÉNÉES.

II.

LES
PYRÉNÉES

ou

VOYAGES PÉDESTRES

DANS

TOUTES LES RÉGIONS DE CES MONTAGNES

DEPUIS L'OCÉAN JUSQU'A LA MÉDITERRANÉE,

AVEC UNE CARTE ET QUELQUES VUES DES PYRÉNÉES;

PAR

M. V. DE CHAUSENQUE,

ANCIEN CAPITAINE DU GÉNIE.

2me ÉDITION, CORRIGÉE ET AUGMENTÉE.

TOME II.

AGEN
IMPRIMERIE DE PROSPER NOUBEL.

1854.

TROISIÈME PARTIE.

PYRÉNÉES ORIENTALES.

CHAPITRE PREMIER.

Plaines de l'Ariège. — Pamiers. — Foix et son château. — Tarascon. — Bains d'Ussat. — Vallée de Cabanes.

La chaîne des Pyrénées, toujours simple dans sa direction générale et dans sa projection, excepté vers la Catalogne, où ses ramifications sont de hautes montagnes, a de grandes dissemblances à ses extrémités. Nous l'avons vue s'abaisser par des degrés insensibles vers l'Océan; et à l'est de la Garonne, le chaînon septentrional qui est monté au premier rang, se maintenant toujours à une grande élévation, est brusquement terminé par la masse du Canigou et par les Albères qui plongent dans l'autre mer. Ayant exploré toute la partie occidentale, il me restait, avant de pénétrer dans le groupe culminant qui est au centre du système, à connaître la partie de l'est. Si la première a plus d'importance par des masses plus hautes et de plus grands amas glacés, celle-ci non moins fertile en riches paysages et non moins variée, me présentait un grand intérêt par l'abondance de ses mines et de ses eaux thermales, la diversité des races qui l'habitent, les mœurs espagnoles qui s'y maintiennent; dans quelques vallées, par sa composition géognostique si différente aux deux extrémités, et surtout par le peu de notions que j'avais sur une aussi grande étendue de montagnes, qui m'étaient ainsi un pays tout nouveau. A la réserve des riches mines de Vicdessos, les naturalistes ont longtemps négligé les Pyrénées-Orientales. Depuis plus d'un siècle Cassini a fait connaître la hauteur du Canigou, et jusqu'aux travaux récents de Reboul, on le croyait leur plus haute cime, tandis qu'égalé par le plus grand nombre des pics qui dans cette longue ligne se succèdent sans interruption, il en est beaucoup qui le surpassent. Cependant sa célébrité commencée par Cassini se maintiendra toujours par l'aspect imposant de sa masse qui s'élance tout entière de la mer, et par la sublimité de sa vue, dont peu parviennent à jouir, rebutés par une difficulté d'ascension à laquelle j'étais loin de m'attendre pour une hauteur de moins de 1500 toises. J'ai fait ce voyage avec M. Arbanère, auteur d'un ouvrage très recommandable sur ces montagnes (Tableau des Pyrénées) et de plusieurs travaux historiques importants. Dans l'équipage le plus portatif, nous avions pris nos mesures pour n'être arrêtés par aucun obstacle, quelque direction qu'il nous plût de suivre. Pour agir ainsi, il faut être de vrais amants de la nature, et savoir se résigner à la vie dure du naturaliste qui, dans des gîtes souvent misérables, est exposé à toutes les privations. Mais combien n'est-on pas dédommagé par la force qui résulte de fatigues journalières, par une entière liberté d'exécuter ses projets, comme par l'intérêt des accidents, la variété des détails qui, au sein de montagnes inconnues, offrent des scènes toujours nouvelles et dont seul ne perd rien le voyageur à pied.

Le projet général de notre itinéraire était arrêté ainsi : Entrer dans les Pyrénées par le comté de Foix; gagner le Roussillon par les montagnes moyennes; voir l'extrémité de la chaîne au bord de la mer; y rentrer par le Canigou et Mont-Louis; visiter la Cerdagne espagnole et le pays d'Andorre; revenir sur le versant du nord par Vicdessos; traverser encore la haute chaîne aux sources du Salat, et gagner enfin Bagnères-de-Luchon par la vallée d'Aran. Le mauvais temps ne nous permit pas de l'exécuter en entier.

A Toulouse, où je devais joindre mon compagnon, étaient encore, à la Porte-des-Minimes, mille traces de balles et de boulets rendant témoignage de la bataille de 1814, dernier choc d'une lutte terrible entre trois nations et deux grands capitaines, où la valeur malheureuse sut ajouter à sa gloire. C'était le temps (juin 1823) d'une autre lutte moins gigantesque, et d'un bout à l'autre des Pyrénées retentissaient d'autres canons, alors que la moitié de la fière Espagne ralliée à nos drapeaux combattait contre ses frères, et que Toulouse parodiant Mayence de 1791, était devenu le centre d'une nouvelle émigration. On y avait vu naguère le fameux guerillero Don Antonio ou le Trappiste, à la mine dure et commune, se promener dans les rues avec la croix blanche sur la poitrine et le faisceau du Rosaire flottant avec le sabre à son côté; anachronisme singulier qui reportait au vieux temps des croisades.

Nous sortîmes de Toulouse par la Porte de Muret. En revoyant après trente ans cette même route qui, pour la première fois, m'avait conduit aux Pyrénées déjà belles au bout de l'horizon, les vives impressions de l'enfance me semblèrent renaître devant les lieux qui les avaient inspirées. Ces réveils imprévus du passé, où se reportant en arrière sur des temps dont la mémoire est chère, l'esprit repasse avec rapidité les événements qui se sont succédés, en nous faisant sentir que la vie fuit et s'échappe, ont quelque chose de triste et de doux qui finit toujours par un soupir. On ne peut traverser la vaste plaine qui s'étend vers Muret, sans penser à la bataille qu'en 1213 y gagna Montfort, terrible exécuteur des anathèmes d'Innocent III, sur les forces réunies des comtes de Toulouse, de Comminge et de Foix, commandées par le vaillant roi d'Aragon qui y laissa la vie. Fatale époque dans les malheurs du pays qui vit couler tant de sang, allumer tant de bûchers; où réussit enfin à s'établir en France l'inquisition; mais sur un sol qui la repoussait elle ne pouvait prendre de fortes racines.

A une lieue de Toulouse, laissant la plaine de la Garonne, on passe le fleuve à Pensaguel pour entrer dans celle de l'Ariège qui rivalise d'étendue, et que l'on ne quitte plus qu'aux montagnes. Les cailloux roulés, témoins impérissables d'antiques révolutions, y composent partout la base du sol qui doit sa formation à de vastes et énergiques courants. La régularité des dépôts qui ont constitué les plaines de l'Ariège, comme celles des autres grandes vallées, pourrait les faire attribuer à quelque mouvement diluvien d'une origine éloignée et très étendu sur l'Europe méridionale, si les galets de même nature que les roches dures des Pyrénées qui les composent, ne décélaient une cause plus locale. Tous ces atterrissements composés de sables, de graviers et de cailloux dont la grosseur va toujours décroissant en s'éloignant des masses d'où ils proviennent, comme les stries et les sillons parallèles qui sont creusés sur la surface des rochers des grandes vallées, mettent hors de doute le fait d'une violente inondation, d'un déluge pyrénéen qui serait parti du faîte de la chaîne, en entraînant au loin les fragments des roches brisées et de plus en plus aménuisés. Les géologues par l'étude, dans toutes les parties du globe, de vastes terrains erratiques ou diluviens partout semblables, qui en couvrent une si grande étendue, ont été amenés à reconnaître qu'à des temps bien anti-historiques, avant même l'époque quaternaire, la température avait dû se maintenir longtemps très basse et donner lieu à la formation de glaciers immenses, dont la fusion subite aurait occasionné les torrents puissants qui ont dispersé les éléments de ces terrains, même à des centaines de lieues comme dans les régions du nord de l'Europe et de l'Amérique, qui en sont généralement recouvertes. A cette époque les glaciers et les neiges qui chargeaient les Pyrénées ont pu devoir leur fusion subite à l'évulsion des ophites qui y sont si répandues, comme aux gaz brûlants qui les ont accompagnées, et produire ainsi le transport des matériaux erratiques les vallées d'Ossau, du Lavédan, d'Aure, de la Garonne et de l'Ariège. Ces grands phénomènes antérieurs à l'apparition de l'homme paraissent avoir été la cause qui a détruit la plupart des animaux dont l'existence nous a été révélée par leurs restes enfouis dans les accumulations qu'ils ont produites. Le temps que ces dépôts si étendus ont mis à se former, n'a pu être que très long ;

mais quel que soit le nombre indéfini des siècles dont il ait dû se composer, il ne constitue en réalité qu'une seule oscillation de cet immense et lent balancier qui a compté les phases sans nombre de l'histoire de la terre.

Le peu de fertilité de la plaine de l'Ariège fait voir que peu de dépôts fécondants y ont été superposés depuis que toutes ces alluvions sont restées à sec. L'Ariège, en effet, qui charrie sans cesse l'humus de son bassin supérieur, coulant dans un vallon étroit, creusé sous la plaine, ne peut fertiliser que ses rives. Du milieu d'un rideau sombre, premier gradin de la chaîne, se détachait une belle cime qui seule y portait de la neige : c'est le pic Saint-Barthélemy, poste avancé des Pyrénées de l'est, qui devait être notre première course pour en faire la reconnaissance générale.

A une lieue d'Auterive où l'on côtoie les jardins et les futaies de la belle terre du maréchal Clausel, le Lers que nous verrons naître sous le pic Saint-Barthélemy, vient s'y réunir à l'Ariège. A la pointe même entre les deux rivières, était l'abbaye de Boulbonne qui sous ses beaux ombrages a vu le père Vanière rêver à son *prædium rusticum*, chef-d'œuvre de latinité moderne, où la manière et le tac de Virgile sont le mieux imités, et que l'on n'a pas craint de comparer à ses parfaites géorgiques. A Saverdun, jolie petite ville qu'un reste de murailles sur un mamelon dit avoir été forte, finit la plaine de la rive gauche, et par un pont de bois à piles de briques, on passe à la rive opposée s'étendant encore à perte de vue, plus maigre et plus semée de cailloux. L'Ariège maintenant torrentueuse y descend le long d'un canal profond creusé sous les collines de l'ouest qui vont toujours s'exhaussant, et par leurs aspects diversifiés délassent d'une route monotone.

Pamiers, ville déchue, est située dans un petit bassin, où plusieurs canaux d'eau vive, en servant à des usines, entretiennent une fraîcheur et une force de végétation qui n'a pas besoin pour plaire de succéder à de longs espaces desséchés. C'est du haut de la butte qui fut autrefois le château, qu'il faut voir ce charmant oasis de jardins et de prairies, étendus jusqu'à l'Ariège et sous son pittoresque rideau.

On s'occupait à restaurer les bâtiments de l'Evêché déserts depuis la révolution, pour recevoir le nouveau titulaire d'un siège qui date de la fin du XIIIe siècle. Ce sera une ruine de moins sur notre sol bouleversé.

On roule encore sur la plaine haute jusqu'après la vaste enceinte d'une terre appartenant à la maison de Lévy. Elle cesse enfin à Varilhes dans le passage que le torrent ancien s'est ouvert, en forçant le premier chaînon, déjà haut et à son revers très escarpé, de cette longue bande de calcaire gris compacte qui depuis les Corbières se prolonge jusqu'au Lhiéris. Dans les fonds que l'on parcourt, inégaux et variés, on se trouve quelquefois au niveau de l'Ariège qui coule sous des pentes fraîches et pleines de mouvement. Un des plus jolis sites est le château de Tersac sur une butte où dans un escarpement calcaire dont l'eau baigne le pied, se trouve un filon de lignite qui mériterait d'être exploité. La houille a été l'objet de recherches suivies dans l'Ariège, dont le sol en porte de nombreux indices, sans qu'on ait pu en trouver encore. Ce n'est que dans le prolongement des Pyrénées dans les Asturies, qu'on a pu reconnaître un terrain houiller considérable. Il y a déjà longtemps que le marquis de Lévy en fit faire des recherches dans le territoire de Boulou, à l'ouest de Varilhes; mais n'ayant rencontré dans un sondage de 70 pieds que de minces couches de lignites de 4 à 6 pouces d'épaisseur, il se découragea et les fit cesser. Plus à l'est, vers l'Aude, un éboulement récent vient de mettre au jour, dans la commune de Paziots, un dépôt de lignites encore où les troncs de conifères sont très reconnaissables, excellents pour le feu et disséminés en blocs qui probablement font masse plus bas. D'après ces faits il est à croire que si la véritable houille n'existe pas dans l'Ariège, on finira par y découvrir d'abondants dépôts de lignites.

Dans un fond éloigné apparaît une fabrique neuve, surmontée de vieilles tours : c'est le château de Foix où l'on a construit des prisons. Posté sur la cime d'un roc isolé, cet antique édifice se voit de fort loin, tandis que la ville qu'il domine reste cachée dans le bas. On s'arrête aux hôtels du faubourg, séparé de la ville par un pont en brique, sous lequel le torrent gonflé précipitait ses eaux furibondes. Je doute qu'il y ait dans toute la France de plus humble chef-lieu de préfecture : vieilles maisons mal bâties, rues étroites et tortueuses, point de places, site inégal et enfoncé entre de tristes hauteurs, rien n'y manque pour en faire un lieu d'exil.

Ainsi que celui de Lourde, le château de Foix occupe le plateau d'un roc escarpé de toutes parts, et menaçant la partie de la ville que l'on a osé bâtir sous ses flancs crevassés; mais les rapports se bornent là. Le premier n'est qu'un fort militaire, une prison d'Etat que la tyrannie a rarement laissée déserte, dont l'aspect afflige par le sentiment de toutes les douleurs qu'a vues son lugubre donjon; en montant au château de Foix, je ne pensais qu'à l'illustre maison qui a souvent mêlé son sang à celui de nos rois, et dont ces restes vénérables, dès longtemps envahis par le lierre, ont été le berceau. Je regrettais cependant de ne les avoir pas visités, avant qu'on n'en eût fait le triste séjour du malheur ou du crime. Le tableau des misères humaines froisse l'âme, lorsque excitée par la vue de ces vieux édifices, contemporains des siècles romanesques où l'honneur et les dames étaient la devise des preux, elle se livrerait aux séduisants souvenirs des troubadours et de la chevalerie. Où serait-il mieux inspiré, celui qui aime à reporter sa pensée sur ces temps de gloire et d'amour, que dans les mêmes lieux où les puissants comtes de Foix, toujours généreux, toujours protecteurs des arts, recevaient avec la même faveur dans leur brillante cour le troubadour et le guerrier; que sur les débris encore imposants de ces forteresses gothiques dont les maîtres, rivaux des rois, n'avaient souvent pas dédaigné d'endosser la harpe du ménestrel, et de courir incognito d'aimables aventures.

Ce qui reste du château se compose de trois tours inégales, liées par des corps de bâtiments. Celle du nord, basse et carrée, a l'air moderne; la suivante, plus massive et plus haute avec des créneaux et une petite tour saillante, a une physionomie toute féodale. Sur sa haute plate-forme, ont souvent promené leur ennui les prisonniers que le sort des armes avait fait tomber dans les mains des puissants châtelains ; et on croit voir une de ces tours du nord ou de l'est, à créneaux et beffroi, qui, dans les romans à la Radcliffe jouent un si grand rôle. Les nouvelles constructions y sont adossées ; leur fraîcheur est une tâche sur ces murs assombris où les siècles ont imprimé leur cachet. La troisième tour, située à l'extrémité du rocher, s'élance à une hauteur démesurée de 130 pieds. Elle fut construite en 1362, par ce Gaston célèbre par sa magnificence et sa bravoure, non moins que par sa beauté qui lui valut le surnom de Phœbus. Sa parfaite conservation, la netteté de l'appareil, les machicoulis et les créneaux bien dessinés qui la couronnent, en font une belle et hardie fabrique du moyen âge. Sur d'autres points moins escarpés, diverses enceintes sont indiquées par des restes de murs depuis des siècles abandonnés au lierre et aux ravages du temps.

Dans cette noble demeure tout est maintenant grilles et cachots. La figure mauvaise des geôliers, la mine insouciante des sentinelles et l'air souffrant ou malfaisant des prisonniers, cette atmosphère de douleur, de tristesse qui pèse sur l'âme un instant dilatée par de brillants souvenirs, me firent quitter promptement ses froids corridors, où je ne respirais pas à l'aise. J'allai chercher un air plus pur sur le promontoire de la grande tour et tâcher d'oublier les maux de l'humanité en présence de cette nature bienfaisante et belle qui n'inspire que des sentiments de bienveillance pour les hommes, et de gratitude pour son sublime auteur. Du haut de ce rocher, la vue se promène sur une enceinte de montagnes assez variées quoique dépouillées de bois, autour d'un bassin riant et peuplé. Une butte isolée s'y fait remarquer à l'est par sa hauteur, sa forme conique et la nudité du roc fourchu qui la termine.

L'Ariège ou Oriège (*Aurifera*) tire son nom des parcelles d'or qu'on recueillait dans le sable qu'elle jette sur ses rives, principalement depuis Campagnac, à une lieue au-dessus de Foix, jusqu'à Saverdun, industrie qui est tout-à-fait abandonnée.

Bercé par le bruit continu de l'Ariège, qui mugissait sous

mes fenêtres, je n'entendis pas les torrents de pluie qui tombèrent toute la nuit. Vers six heures elle cessa, et la diligence se remit en route. Au village de Mercus, le pont venait d'être emporté par les eaux gonflées outre mesure d'un ruisseau qui le traverse, ce qui nous força à prendre patience dans le cabaret du lieu où toute la voiture s'achemina pour déjeûner. Mais quel taudis! l'eau inondait le bas, et en haut les chaises même manquaient. Je me composai un banc, et tâchai de ranimer le feu avec du bois coupé de la veille qui l'éteignait plutôt. Dans un tel asile on n'est pas exigeant : nous fûmes heureux d'y trouver de quoi ne pas mourir de faim ; cependant, quelqu'un qui se résignait avec peine, après des recherches inutiles, engagea la vieille hôtesse, pour dernière ressource, à aller visiter les provisions du presbytère. « Ah! répondit-elle, notre curé n'est pas plus riche que nous. » Qu'il y a loin de ces pauvres curés des montagnes aux prélats d'autrefois, et combien pour eux la mesure a été dépassée! Ces hommes si respectables, si utiles, les seuls qui dans nos tristes jours fassent entendre à de simples auditeurs quelques paroles relevées et consolatrices qui puissent encore infuser dans des âmes incultes quelque chose de ces hauts sentiments trop long-temps oubliés, dont la source n'est point ici-bas, et sans lesquels il n'est point de société possible ; ces pauvres prêtres, qu'heureusement toujours le peuple révère, dans ces lieux reculés sont la ressource du voyageur en peine, et n'ont pas même de quoi faire l'aumône !

Pour faire diversion, je faisais chorus avec un capitaine du génie, Italien enthousiaste de Métastase, qui, avec le ton ampoulé de sa nation, récitait des morceaux de son auteur favori, le *Départ* : *Ecco, quel fiero istante....* où l'énergie et les craintes de l'amour sont vivement exprimées, et la *Palinodie* : *Placa gli sdegni tuoi....*, où, après avoir rompu ses fers et chanté la liberté, l'amant retombé aux pieds de *Nice*, demande son pardon et dépeint sur les mêmes rimes l'ardeur de son amour. Notre enthousiasme poétique fut interrompu par une pyramide d'œufs à la coque et une vaste soupe au lait qui attirèrent chacun autour d'une table pareille à celle de Baucis. Les plus lestes s'emparèrent de quelques écuelles qu'il y avait sur un bahut, et les autres durent manger bellement à la gamelle, même une jolie Sauratoise qui parut connaître l'axiôme de la nécessité : *à la guerre comme à la guerre*. Au bout de deux heures, les eaux ayant diminué, notre conducteur, pressé par le temps, essaya de passer à ses risques et périls, et eut plus de bonheur que de prudence. Pour nous, nous franchîmes le torrent sur le dos de quelques robustes gaillards qui avaient spéculé sur notre embarras. Après *Bonpas*, où sans le pont un profond torrent n'eût pas été si aisément franchi, les hauteurs s'écartent, deux vallons s'ouvrent au midi, des deux côtés d'une masse isolée, la montagne de Bédeillac, et une route unie et droite conduit en un quart d'heure à Tarascon.

Cette petite ville, que l'Ariège coupe en deux, est dans un bassin irrégulier formé par la réunion de plusieurs vallons, que caractérisent la diversité des sites et l'opposition des masses. A l'ouest, de vertes hauteurs s'éloignent en amphithéâtre, et les mornes escarpés de Bédeillac et de Montargueil, portant de vieilles tours, laissent voir, par le col profond qui les sépare, les pâtis éloignés de Saurat. Au sud, une gorge repoussante s'enfonce entre des montagnes arides sur leurs sommets et horriblement escarpées sur leurs flancs : c'est la vallée de Vicdessos, célèbre par ses mines de fer, que nous devions visiter au retour du Roussillon. A son côté, la branche principale remonte vers Ax, plus ouverte, mais bordée de hauteurs guère moins escarpées. Nous venions de traverser à Mercus et à Bonpas un isthme de granit décelé par les blocs que charrient leurs torrents, qui se lie par la pique de Tabe et les hauteurs au nord du col de Paillers, à la vaste protubérance de cette roche étendue sur presque tout le Roussillon, et jusqu'à la haute chaîne, tout désormais appartenait au terrain de transition. Du côté de Vicdessos et de Saurat, toutes les roches en vue qui varient du gris au rouge, comme celles qui dominent les bains d'Ussat, sont calcaires, et parmi les grottes dont elles sont criblées, celles de Bédeillac et de Niaux méritent d'être vues : la première par ses grandes dimensions, et la seconde par ses décorations en stalactites. Celle du Mas-d'Azil, hors des montagnes, percée dans le calcaire compacte sur une étendue de mille toises, avec de vastes dimensions, où la rivière d'Arize se précipite au milieu d'un nuage de chauve-souris, présente de beaux accidents; elle passe pour une merveille du pays. Dans une grotte qui est en face d'Ussat, sont des ossements humains confondus dans une couche de limon, avec des débris d'ours et d'autres animaux. On y a même trouvé, ainsi que dans les grottes de Narbonne et des Cevennes, des fragments de poterie grossière; ce qui confirme l'idée que ces ossements ne sont point contemporains des espèces d'animaux perdues, mais datent d'une époque post-diluvienne, peut-être même du temps des Celtes, qui habitaient souvent les cavernes. Le temps nous manqua pour la visiter. Tout ce que l'Europe, au reste, offre de plus grand en cavités souterraines n'approche point des immenses cavernes de Cacouhamilpa, récemment découvertes dans les Andes de Mexico, ni suivant W. Jones, de celles des îles d'Eléphanta et de Salcette, près Bombay, et des montagnes d'Ellora dans le Décan, qui se prolongent de plusieurs lieues. Il en cite qui, agrandies de main d'homme, renferment des décorations d'architecture faites au ciseau et des bas-reliefs d'un très bon style, où les figures sont colossales, sans que la tradition apprenne rien sur l'époque où les Indous, anciennement civilisés, ont construit des monuments aussi gigantesques, et dans le dur granit.

Après le pont de Sabars, jetons un coup d'œil sur l'imposante gorge qui vient des mines, et de l'autre côté de l'Ariège, sur les bains d'Ussat, que cachent des plantations touffues, et menacés par des surplombs ferrugineux criblés de cavités. Les eaux d'Ussat, qui sortent d'un calcaire intermédiaire peu éloigné du granit qu'il recouvre, sont salines à 30 degrés de chaleur, et très réputées pour les maladies de l'estomac. Cet établissement, qui est devenu la propriété de l'hospice de Pamiers, à la charge d'y entretenir douze pauvres, doit, dit-on, son origine à une fondation pieuse. Le fils d'un seigneur voisin ayant trouvé la guérison d'une grave blessure dans les eaux d'une mare dont les paysans avaient déjà reconnu les bons effets, son père, reconnaissant, y fit construire quelques cabinets ou plutôt des caveaux dont les voûtes obscures et les baignoires repoussantes recevaient naguères les essaims délicats qui chaque saison venaient y émousser des nerfs trop irritables. La vie d'Ussat a quelque chose de claustral, et ses agréments fort bornés sont en rapport avec les mises diverses des membres de cette société improvisée. Au-devant des bâtiments où les baigneurs en commun sont comme casernés, on a planté, entre l'Ariège et un de ses bras, des bosquets où se trouvent des abris contre des chaleurs cuisantes sous tant de réverbérations. C'était le seul moyen de rendre la place tenable au fort de l'été.

Ayant devancé la diligence, elle ne nous rejoignit qu'à deux lieues et demie, au bourg de Cabanes ; la vallée, jusqu'alors assez monotone et devenue longitudinale dans sa direction, se dilate en un joli bassin à la rencontre du val boisé de l'Aston, qui remonte à la crête d'Andorre, et sous les bases du mont Saint Barthélémy, nommé aussi *Pique de Tabe*, dont l'Ariège isole le chaînon. Sur un mamelon qui commande le débouché de l'Aston, dans une position charmante, est le château de Gudane, dont le possesseur, opulent maître de forges, était autrefois nommé dans le pays le roi des Pyrénées. Que j'enviais une telle demeure, riche en points de vue; à deux pas de forêts, de solitudes alpestres et de montagnes qui ne cèdent que peu aux plus élevées de la chaîne. Dans le vaste espace inhabité qui dépend de ce vallon, principalement au Pech de Gudane, sont des mines de fer plus anciennes que celles de Vicdessos et très étendues. Par négligence ou mauvaise direction, les travaux, noyés et encombrés, y furent abandonnés. Il y en a sur plusieurs points, même jusqu'à la cime du pic de la Ferrère, qui en tire son nom, à la limite de l'Andorre. Ces mines, bien dirigées, dans l'état plus perfectionné des arts qui s'y rapportent, pourraient donner lieu encore à d'importantes exploitations et seraient plus voisines des ports du Roussillon, dont quelques forges vont chercher leur minerai jusqu'à celles de Rancié.

Jusqu'à Ax, éloigné de trois lieues, le pays conserve sa

nouvelle et gracieuse physionomie. Les fonds inégaux sont parsemés de buttes qui forcent l'Ariège à de nombreux détours, et les villages se multiplient, cachés dans les arbres ou étendus sur des pentes cultivées, et quelquefois perchés sur des saillies de la montagne, comme celui de Lordat. Depuis longtemps j'avais remarqué des aspérités à la cime d'un morne très élevé de la rive droite ; plus rapproché, j'y distinguai des tours, des murailles, des créneaux et des ouvertures où passait le jour. Les détails pittoresques de ces ruines et leur situation aérienne me laissèrent le regret de n'avoir pu visiter cet ancien manoir des marquis de Lordat d'Abram, dont les derniers, trouvant l'habitation de leurs pères trop voisine sans doute des régions orageuses, étaient venus s'établir au fond de la vallée dans le modeste château de Vèbres, dont on voit quelques restes au-dessus des arbres. Jamais demeure d'un farouche baron n'eut plus la mine d'une aire d'aigle, comme ils ressemblaient eux-mêmes à ces tyrans des airs, lorsque du haut des forts ils fondaient sur leur proie. On dit que sous le château même existe une mine de cuivre ou d'or qui fut exploitée jusqu'à ce qu'un des seigneurs en fît combler les travaux; c'est peu probable, car pourquoi tarir ainsi une riche source? Nulle part l'industrie du montagnard pour mettre en culture le moindre lopin de terre, ne se montre mieux qu'à Lordat. Sur ces longues pentes, tout hérissées de saillies schisteuses, le plus petit espace libre y est semé en blé. Bien plus, ils créent ces espaces en escarpant le roc et y portant ensuite le peu de terre qu'ils ramassent à l'entour. Ces petits champs, contournés dans tous les sens avec leurs moissons déjà jaunies et détachées sur le fond terne du roc, offraient partout à l'œil de bizarres découpures. Le blé qu'on y recueille est le meilleur du pays.

Après la pittoresque terrasse qui porte le village d'Unac, à l'entrée d'un vallon montant droit au pic de Tabe, on passe auprès de la jolie forge du Castelet, on traverse le grand village de Savignac et se montre enfin le petit bassin où surgissent du milieu d'une ville d'autres eaux thermales renommées.

CHAPITRE II.

Ax et ses bains. — Mont Saint-Barthélemy, ou Pic de Tabe. — Vue de la chaîne orientale et du haut Languedoc.

Ax est une fort petite ville étroitement serrée entre trois torrents, l'Ode, l'Ariège d'Orlu et celle de Puymorin, et entourée de buttes granitiques, où le roc qui porte toutes les montagnes voisines est à nu. Dans ce site presque sauvage, le soufre se sent partout, émané des sources thermales qui empreignent le sol; mais l'air y est pur, le peuple doux et le sang assez beau; les eaux abondantes et salutaires y procurent chaque été de nombreuses guérisons, et un reste de commerce avec l'Espagne, avec les Andorrans surtout, y entretient quelque activité. Ce n'est pas un lieu d'exil; les baigneurs, même exigeants, ne doivent pas redouter d'aller passer à Ax quelques semaines; cependant, la célébrité de ces bains, qui ont été connus des Romains, d'après quelques restes de constructions qu'on y a trouvés, ne s'étend guère au-delà des provinces voisines, Les sources y sont d'une haute température et varient de 36° à 78°. Toutes sortent du granit. Celle du Rossignol, qui surgit en plein air, est presque bouillante; tout le quartier vient y puiser de l'eau chaude, et le bas peuple y fait cuire même ses aliments. Il y a trois établissements thermaux : celui de Couloubret, sur l'esplanade, où sont près de l'église, les allées de la ville; de Tech, dans l'intérieur, près du torrent d'Orlu, et de Breil, à la porte d'Espagne, le plus nouveau et le plus élégant. Ax est la patrie du médecin Roussel, auteur du système physique et moral de la femme; ce qu'on doit remarquer, car l'instruction est en général fort peu répandue dans les Pyrénées.

Aux abords d'un des passages les plus fréquentés, celui de Puymorin, qui communique avec la vallée de Carol et les Cerdagnes, le pays, rempli de troupes, avait une physionomie militaire, et le nom de Mina, qu'on savait peu éloigné, était dans toutes les bouches. Le soir même parvinrent les a laissé que de muets témoins. Tant de richesses acquises depuis peu d'années à la science qui l'explore, viennent confirmer cet espoir :

Les *Védas* qui nous révèlent l'Inde primitive ;

Les livres sacrés du Népaul qui font assister aux premiers développements du Boudhisme ;

La connaissance plus étendue des antiquités de la Chine ;

L'immense exploration toujours continuée de cette inépuisable Egypte, terre classique des temps anciens, depuis le Delta jusques vers les dernières sources toujours mystérieuses de son fleuve ;

Les monuments anciens de la Phrygie, de la Lycie et de la Cappadoce ;

La grande nécropole de Vulci des vieux Étrusques ;

La numismatique des successeurs d'Alexandre dans l'Inde ;

Les colossales constructions du Mexique, médailles non déchiffrées et rivales des monuments égyptiens ;

Et enfin l'heureuse découverte de Korsabad et des palais de Ninive, ces merveilles bibliques exhumées après vingt-cinq siècles.

Terminons cette trop longue digression qui m'a porté si loin de Port-Vendres ; toutes les régions, comme toutes les époques, ne sont-elles pas du domaine de la *folle de la maison*, qui joue avec les temps et les espaces.

Le bassin est défendu par trois forts, ceux du fanal et de Béarn à l'entrée du chenal, et le fort Mailly plus important, dans l'intérieur sur un rocher qu'isolent de terre les hautes eaux. Près du premier, du haut de la falaise qui couvre le port, est en vue tout le fond du golfe où se réfléchissent les premières cimes que frappe le soleil du matin, jusqu'au promontoire de Leucate, moins célèbre que son homonyme qui vit le désespoir de l'illustre fille de Lesbos. La mer bleue et calme ne portait aucune voile ; je descendis dans les creux des rochers, où étaient à peine sensibles les molles ondulations des eaux, et je me plaisais à voir au travers de leur limpidité les plantes marines qui y forment de brillants tapis : prairies habitées, où se promène le cancre à la marche oblique et montagne du nord, émoussée et monotone, n'est que schistes micacés ferrugineux ; de sorte que, comme à Barèges, Saint-Sauveur et Cauterets, les sources surgissent du granit sous le terrain de transition. C'est le premier gradin de la pique de Tabe, dont la triple cime s'élève au nord ouest. A l'est s'ouvrent deux vallons : celui de l'Ode monte au col de Paillers par de larges ressauts de verdure, et celui d'Orlu se détourne vers la crête, enfoncé dès son début entre des masses très fières, où la corne du Roc-Blanc, visible de Toulouse, est comme une tour qui défend la brèche d'Orlu, ouverte à son pied. Cette cime est sur le rein faisant partie de l'arête générale du continent, qui du col de Paillers s'élève, entre les vallées de l'Aude et de l'Ariège, vers un vaste groupe granitique remarquable par sa hauteur, auprès de Mont-Louis, où les sources de la Têta, de l'Aude et de la Sègre, qui portent leurs eaux à la Méditerranée, sont entrelacées avec celles de l'Ariège. C'est un désert inextricable connu des seuls contrebandiers, qui y trouvent des passages sûrs entre la Cerdagne, le Caysis et le Donézan, car leurs ennemis rarement s'y aventurent. Dans de tels lieux la carabine du Miquelet est moins redoutable pour le douanier que le dédale des précipices, où l'aigle affamé des montagnes est toujours là pour faire disparaître ses restes mutilés. L'Ariège d'Orlu, égale en volume à la branche principale qui vient du col de Puymorin, prend sa source aux lacs du pic de Lanoux, un des points culminants de ce groupe.

Du côté de la haute chaîne, tout grandit aussi et redouble d'âpreté, soit que la vue plonge dans la gorge de Mérens, qui par l'Hospitalet monte au col de Puymorin ; soit qu'elle s'élève par-delà les sapins jusqu'à la cime du pic de Lierbès, voisine de l'Etang Bleu, aux crêtes d'Elvézine, qui séparent les deux Arièges, ou jusqu'aux sommités neigées de Fontargente, dont les nombreux étangs alimentent les sources de l'Aston, et au revers celles de l'Embalire du pays d'Andorre. Toute cette partie de la crête générale est inconnue, et j'étais surpris de son élévation, qui atteint 1500 toises, comme de sa physionomie alpestre. Le naturaliste qui prendrait la ville d'Ax pour centre, afin d'étudier ces montagnes où existent des gîtes nombreux de minerais, y ferait d'intéressantes observations et remplirait une lacune. Quelques pasteurs dont le troupeau était dispersé dans le vallon du Nageàr, s'étaient rapprochés. Leurs manières honnêtes, leur air tranquille, soumis, bien différent de la mine assurée et fière de leurs voisins de l'ouest, remarque commune à tous les habitants du comté de Foix, sont les indices d'une race totalement distincte ; ou si le sang cantabre coule encore dans leurs veines, c'est en si petite quantité que les effets en sont inappréciables. A la vue d'un aigle qui filait sur nos têtes, ils nous dirent que ces terribles oiseaux enlevaient souvent dans leurs serres de jeunes agneaux, et que pour les brebis ils commençaient par les éloigner en les harcelant, puis les tuaient en leur perçant le col et les dévoraient sur la place. Un d'eux m'assura qu'un jour, à coups de bâton, il avait eu beaucoup de peine à en chasser plusieurs de dessus une brebis qu'ils avaient ainsi tuée.

Descendus au pont de Sarginié, où l'Ariège coule dans un profond canal que décoraient des arbustes et des tilleuls en fleurs, nous rencontrâmes de jeunes filles qui venaient de vendre leur lait à Ax. Quand on parle de jeunes laitières, l'imagination se plaît à leur donner quelques attraits ; mais ici rien ne se prêtait à l'illusion, et il eût été difficile d'y trouver quelque nouvelle Aline. Quelle différence de leurs vases de terre, avec une corde pour anse et mal couverts d'une plaque de bois, à ces auges de bouleau si propres où les pasteurs des Alpes tiennent leurs laitages. Ce lait, qu'elles ne savaient pas parer, était cependant excellent, et nous en faisions une abondante consommation. A l'entrée de la ville, la foule était rassemblée autour de quelques soldats espagnols du régiment de Larédo, qui avaient déserté l'avant veille, alors que Mina, poursuivi à outrance par le baron d'Eroles, avait vu ses troupes dispersées dans le val de Carol, et, à grand peine, lui-même s'était sauvé vers la Seou d'Urgel à travers les montagnes d'Andorre. L'un d'eux, vigoureux gaillard, à demi nu, tenait en main le chapeau de son capitaine qu'il avait tué d'un coup de bayonnette, parce que, disait-il, il avait voulu s'opposer à sa désertion. Il me proposa froidement de le lui acheter; le manteau était déjà en la possession d'un paysan. Quelle atrocité dans un ancien soldat !

De la pique de Tabe devait se faire notre première reconnaissance de la haute chaine de l'Est ; mais des brouillards, qui se résolvaient en pluie, nous ayant empêché le lendemain d'entreprendre cette course, vers neuf heures que le soleil reparut, je pris seul le chemin du défilé d'où, rapide et coulant à pleins bords, s'échappe l'Ariège Orientale. A l'entrée, se fait remarquer la villa du marquis d'Orgès, et bientôt s'ouvre un fond nivelé, bien cultivé autour de deux villages, et cerné de hautes montagnes d'un aspect sévère et grand. Du haut d'un morne, le vallon paraît tourner au midi et s'enfoncer, désert et alpestre, dans l'intérieur du groupe peu connu qui lui envoie ses eaux. Après une longue station en vue de ces tranquilles retraites dominées de haut par le mont Laurenti et le Roc-Blanc qui devant moi perçaient la nue, voulant suivre une autre voie pour le retour, je m'aventurai étourdiment à mi-montagne dans un taillis de hêtres d'une forte inclinaison et coupé de cannelures verticales où, pendant deux heures, je fatiguai horriblement. Sorti enfin de ces malencontreux fourrés, je pus me reconnaître et descendre sur la route d'Espagne entre Ax et Mérens.

Le lendemain, sous la conduite de Faure, du village de Perles, dès que l'aube parut, nous prîmes derrière les bains du Couloubret un rocailleux sentier qui, franchissant quelques terrasses d'un schiste rougeâtre entremêlées de bois, conduit sur le plateau d'Ignaux. Au-dessus du village, on joint une route très-fréquentée qui, par le col de la Marmade, par Quillan, Caudiés et les villes du pied des montagnes, conduit à Perpignan. A chaque instant nous y croisions des mulets chargés d'outres de vin qu'ils portaient jusque dans la Cerdagne. Ces mulets sont beaux et ont les harnais singulièrement parés à la mode espagnole. Leur tête est chargée de tresses, de broderies de toutes couleurs et de plaques de métal portant la figure de quelque saint protecteur ; et, au-dessous, est suspendu un filet où l'on met du foin pour leur ration de route. Si le chameau sobre et rapide a été appelé la providence du désert, que seraient les montagnes sans ce robuste animal, dont le pied ne bronche point, dont le jarret ne fléchit jamais ?

Du plateau de Fabre, où les bruyères alternent avec les bois, le pic Saint-Barthélemy, jusqu'alors invisible, nous montra sa majestueuse pyramide, au-delà du pic nu de Caussou qu'il fallait gravir d'écharpe pour parvenir à son pied. Du col de la Marmade, on domine le vallon boisé de Caussou descendant à Unac ; et au nord, sont des pentes allongées de verdure dont le village de Prades, au loin, interrompt seul la monotonie. Auprès d'une plaque de neige, nous fîmes la halte du déjeûné, au début de ces longs talus où la bruyère et le genièvre montent jusqu'à la cime de Caussou. Nous étions là sur le terrain de transition qui revêt la protubérance granitique du pic de Tabe, et près du col se trouvent quelques bancs d'un schiste argileux noir qui se rapproche du schiste graphique très rare dans les Pyrénées. Nous nous étions remis en marche, lorsque tout-à-coup, à dix pas, je vois un animal bondir et disparaître derrière un pli du terrain. Je cours, et j'aperçois un loup que nous avions surpris, fuyant vers le bois de toute la vitesse de ses jambes. Rendus au petit col de Caussou qui précède le pic, il y avait cinq heures que nous marchions, et il en fallait près de deux encore pour le gravir. Etendus sur la pelouse, nous y prîmes un moment de repos, avant d'entreprendre une ascension qui fut rude sous un soleil orageux, mais sans difficulté parmi les tiges sèches des genièvres, des rhododendrons, et plus haut sur des saillies de roc entremêlées de neige. Haletants, nous atteignons la cime, où, avant de jouir de ses vastes perspectives, mon premier besoin fut de trouver un abri pour préserver ma tête de rayons brûlants, pendant que le guide faisait fondre de la neige pour nos palais desséchés.

Dans le massif de Tabe, dont le pic Saint-Barthélemy est le plus haut point, les principaux groupes géognostiques sont très distincts. Les cimes font partie de cette traînée de granit qui des basses montagnes du Donezan s'étend par Boupas et Mercus jusqu'au groupe que cette roche forme de nouveau à l'entour de Massat. Ce granit est beaucoup moins homogène et plus altérable que celui de La Maladette et de Neouvieille. Le calcaire est partout dans ses bases méridionales ; au nord le gneiss paraît autour de ses lacs, et plus bas est le terrain de transition. Le pic Saint-Barthélemy portant au bord des plaines une hauteur de près de 1,200 toises, séparé du reste de la chaîne par la vallée longitudinale de l'Ariège, de Tarascon à Ax, est ainsi que le pic du Midi un observatoire non moins heureusement placé pour lire sur la vaste étendue du haut Languedoc que sur presque toute la haute chaîne de l'Est. On voit les Pyrénées s'y dérouler majestueusement dans l'espace de plus de trente lieues, depuis les monts de la Garonne jusqu'aux sources de la Têta, même jusqu'au Canigou, en une suite non interrompue de cimes sourcilleuses que drapent mille tapis neigés. Ce beau spectacle, que l'œil embrasse à la fois, complétait pour moi la reconnaissance de la longue ligne des Pyrénées, que je voyais avec étonnement conserver leur hauteur jusqu'à la Méditerranée.

Le premier point remarquable à l'ouest, où le groupe isolé du Pic du Midi et quelques pointes blanches des Hautes-Pyrénées fuient par delà les montagnes de la Garonne, est la double tête du Mont-Vallier, dominant la soudure des deux chaînons qui se partagent la crête des Pyrénées, et versant ses eaux dans la Garonne par le Salat, et dans l'Ebre par la Noguera. Viennent après, entre le Couserans et la conque de Tremps, les hauteurs obliques d'Aula et de Salaou qui, un peu rabaissées, laissaient voir dans l'éloignement quelques têtes blanchies des Monts-Maudits, peut-être même la Maladette ; puis celles d'Ustou et d'Aulus, qui s'exhaussent pour appuyer le groupe le plus élevé de toute la chaîne orientale, celui qui domine l'Andorre et le comté de Foix, et voit à son pied les mines de Vicdessos. C'est là que sont le Mont-Calm et la pique d'Estats ; sommités qui dépassent 1,600 toises, d'après les derniers travaux de Reboul, et dont les vastes neiges recèlent sans doute des glaciers. En face se présentent les pics d'Ausat, de Siguer, de la Ferrère où sont des mines, et de Fontargente, renfermant dans leurs intervalles des ports très-difficiles vers l'Andorre, et ceux de Jouglan et le Porteil, qui voient à leurs revers les pelouses de Puymorin où l'Ariège va chercher sa source principale dans le joli lac de Framiguel, au-delà de celles de l'Embalire et de la Sègre qui cependant dévient au sud. Le port de Puymorin, par sa large ouverture, indique sa facilité ; mais des neiges sans bornes l'encombrent l'hiver, et le hardi Miquelet seul ose s'y aventurer, se fiant à son instinct pour se sauver du milieu des brumes qui viennent tout à coup lui dérober ses points de reconnaissance. Toutes ces sommités qu'une zone uniforme de neiges revêtait, soutiennent l'honneur des Pyrénées ; un grand nombre, atteignant 1500 toises et plus, y dépasse ainsi le Mont-Vallier et le Canigou. Les vallons qui de cette région alpestre descendent vers l'Ariège, sont boisés et sans habitations, excepté ceux de Siguer et de Vicdessos dont le bassin était visible par-dessus les hauteurs de Miglos.

A l'est du col de Puymorin, la chaîne se maintient encore dans les masses de Mont-Louis, peu inférieures aux précédentes, puisque le pic de Lanoux et le pic Pédrous y approchent de 1500 toises. Ce groupe où le granit partout étendu commence à envahir tous les étages, où les lacs et les forêts sont multipliés, d'où partent dans toutes les directions les sources de l'Ariège, d'Orlu, de l'Aude, de la Têta et de la Sègre, dont les vallons affluents sont singulièrement croisés et entrelacés, forme un système particulier qui envoie ses eaux aux deux mers, et offre un dédale inextricable pour tout autre que le contrebandier qui l'a mille fois pratiqué. Depuis le col de Paillers et ses mornes arrondis, je suivais de l'œil sur le Roc-Blanc, le mont Laurenti, le pic de Trabescou et leurs fiers voisins, les brusques ressauts de ce rein sourcilleux, partie de l'arête du continent, et qui m'aurait caché toutes les hauteurs plus éloignées, si par la brèche d'Orlu n'eût été visible au loin un toit neigé que je reconnus être le Canigou ; hasard qui, complétant en quelque sorte pour le pic de Tabe la vue de la chaîne orientale depuis la Garonne jusqu'à la mer, permet d'en comparer du même coup-d'œil les principales sommités. Sur sa face du nord, comme au pic

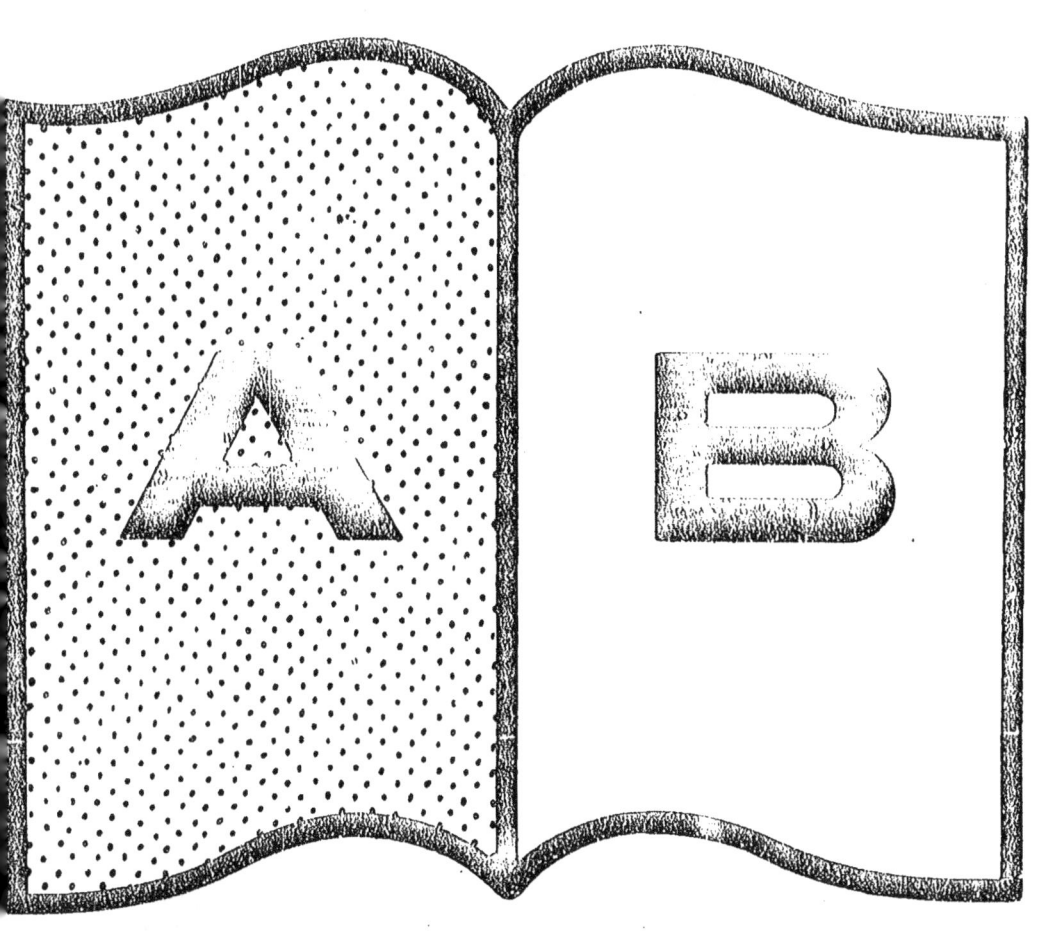

Contraste insuffisant

NF Z 43-120-14

du Midi, la cime est profondément déchirée jusqu'à deux combes séparées par une arête en ruines. Les neiges dont elles étaient remplies, excepté là où de noires roches autour du lac Males et du lac Noir, demi-glacés interrompaient leur blancheur, et les brumes qui les voilaient par places en faisaient un tableau d'hiver d'un parfait contraste avec la verdure et le soleil des plages éloignées. Ces lacs sont les sources de l'Ers, forcé à mille détours pour se dégager des basses montagnes ; après avoir passé à Bélesta, où il reçoit les eaux de la source intermittente de Fontestorbes que Dubartas a chantée ; à Chalabre, où il fait mouvoir les foulons de ses manufactures ; à Mirepoix, bourg déchu depuis que le vent des révolutions a balayé son évêché, et auprès des vieilles murailles de Mazères qui virent naître le héros de Ravenne, il va se jeter dans l'Ariège à Cintegabelle. Ce pic et ces lacs ont été longtemps le lieu d'aventures crues encore du temps d'Olhagaraï, historiographe d'Henri IV, qui les rapporte dans son histoire de Foix, et reléguées maintenant parmi les fables dont s'amuse le peuple. Dans le pourtour de l'entonnoir où est l'étang de Males, le plus grand, nommé aussi le Gouffre, tous les pâtres voisins, qui l'évitaient soigneusement, croyaient qu'il y avait de forts anneaux et des chaînes de fer ayant servi à attacher des vaisseaux, et que ses eaux, à la moindre pierre qu'on y jetait, se soulevaient au milieu des flammes et d'un bruit de tonnerre. Tous ces contes proviennent de la difficulté de leur abord du côté de la plaine, des neiges et des ruines qu'on y voit longtemps mêlées lorsque les contrées qu'il domine sont dans toute leur parure du printemps, ce qui dans l'intérieur des montagnes se voit partout et n'excite nulle attention. Certain auteur du XVIe siècle, qui sans doute habitait à son pied, le qualifiait le plus haut de la chaîne. Les mêmes faits se reproduisent au Canigou qui, aussi voisin des plaines et plus élevé, présente plus encore sur ses cimes les mêmes aspects tristes et désolés. Il paraît que, du temps d'Olhagaraï, on avait déjà remarqué les ossements des cavernes de ce canton, car dans son histoire on lit ce quatrain sur ce pic :

> Ce roc courbé par art, par nature et par l'âge,
> Ce roc de Tarnicou hébergea quelquefois
> Les géants qui couvraient les montagnes de Foix,
> Et dont tant d'os excessifs rendent témoignage.

Au bas des Pyrénées, depuis la plaine de l'Ariège, étendue en une large tracé vers celle de la Garonne, où Toulouse paraît comme une ligne obscure, jusqu'aux lointains vaporeux de la Méditerranée, la vue erre sur un chaos de basses montagnes nues et bizarrement groupées. Ces caractères se prononcent davantage du côté du Roussillon, où les Corbières vont porter vers Narbonne leurs têtes desséchées par un soleil rarement voilé. Ce chaînon particulier, qui dans le mont Bugarrach atteint 448 toises, est généralement calcaire et renferme de beaux marbres. On y a reconnu des soulèvements particuliers d'ophite et du terrain houiller, mais non susceptible d'exploitation. Sa dernière cime vers Carcassonne est la montagne d'Alaric, et à son extrémité de l'est sont le promontoire de Leucate où en 1637 les Français battirent la flotte espagnole, et la vallée de Berre dont l'illustration remonte plus haut, en ce que l'étang de Sijean passe pour avoir vu la dernière victoire de Charles-Martel sur les Arabes, d'où s'ensuivit leur entière expulsion.

Dans tout cet espace, sur la teinte générale d'un sol tourmenté, pierreux et rougeâtre, se détachaient çà et là de noires étendues de sapins que j'étais surpris de voir aussi près des plaines dans un climat chaud. Le Lauraguais, plus fertile, et tout le haut Languedoc, où la cité de Cascassonne et d'autres de la ligne du canal doivent être visibles, se distinguaient par des nuances plus variées jusqu'à la Montagne Noire, qui faisait ondoyer la ligne de l'horizon sur ses croupes allongées. Je crus y reconnaître une hauteur bien connue de l'écolier, la saillie de Bernico, voisine de Sorèze, d'où, maintes fois, j'avais mesuré d'un œil d'envie la longue chaîne des Pyrénées, alors que leurs pics élancés et leurs neiges resplendissantes faisaient naître en moi cette prédilection qui m'y a si souvent ramené.

Depuis longtemps le ciel se rembrunissait derrière le Mont-Calm, et ses champs de neige ressortant sur un fond noir avaient quelque chose de sinistre. Vers une heure le vent fraîchit, et les nuages qui s'étaient formés sur tous les points volaient autour de nous. Je songeais au départ, lorsqu'un grain subit, accompagné de grosses gouttes de pluie, mit fin à tout délai en me faisant craindre un coup de temps. Un coup de temps à la cime des Pyrénées! On sait tout ce qu'il y a de menaçant dans ce peu de mots. Je crie à mon camarade, au guide; et nous voilà dévalant du haut du pic sur la pente du midi avec toute la promptitude possible dans des lieux où la vie peut dépendre d'un faux pas. En demi-heure, nous descendîmes ainsi jusqu'à une combe bien inférieure au col de Caussou, ce qui nous eût coûté près de trois heures à monter. Nous y reprîmes haleine auprès d'un troupeau dont les pasteurs accoutumés au mauvais temps ne faisaient pas grand cas de celui qui menaçait. Il est vrai que ce n'était rien auprès de ce qu'ils avaient souffert cinq jours auparavant, lorsqu'au milieu des brouillards les plus épais, des raffales de neige et de grêle, le tourbillon en un mot, les avait surpris sur la montagne; lorsqu'en butte à la fureur des éléments, glacés, aveuglés par la neige et craignant pour leur vie, ils avaient abandonné leurs malheureuses bêtes qu'ils ne pouvaient secourir, et qui roidies par le froid, succombaient sous leurs yeux. Cette fatale journée fut, pour ce canton de l'Ariège, un jour de malheur : le village de Luzénac, entre autres, y perdit une partie de ses troupeaux.

Au bas du plateau, nous côtoyâmes jusqu'au fond du vallon un vaste ravin creusé dans une masse d'éboulis, où des suintements bariolés de noir et de jaune indiquent des sources minérales. On y trouve aussi à la surface des escarpements, des efflorescences de vitriol et d'alun assez abondantes pour croire qu'on pourrait les exploiter. Après le village de Caussou, de petits chemins bordés d'arbres et de prés nous conduisirent sous Unac, à un vieux pont, dont les culées étaient assises sur un marbre noir veiné de blanc d'un grain assez fin. Le pic Saint-Barthélemy est presque stérile, et les gras pâturages qui récréent les yeux dans toutes les vallées du centre et de l'ouest sont déjà rares dans ces cantons. A Perles, nous eûmes quelque peine à nous procurer du lait, ce qui devait nous préparer à la disette que nous en éprouvâmes dans le Roussillon, où la nudité et la stérilité presque générales ne permettent d'élever que quelques chèvres. Cette première course ne nous coûta pas moins de quatorze heures d'un temps bien employé, à cause de l'éloignement du point du départ.

CHAPITRE III.

Col de Paillers. — Quérigut. — Mont Carcanero. — Premier aspect du Roussillon. — Col de Djaou, ou de la Marguerite. — Vallée de la Têta. — Prades. — Perpignan.

Notre itinéraire nous dirigeait vers le Roussillon par le col de Paillers, Quérigut et Mosset, au travers des chaînons qui encaissent la haute vallée de l'Aude. Le soleil cette fois éclairait depuis longtemps les pics limitrophes de l'Andorre, lorsque, ayant enfourché deux mulets que Faure nous avait amenés, pendant deux heures nous nous élevâmes dans le vallon de l'Ode, où, sur des ressauts continus, se succèdent des habitations, des cultures et des pâtis abandonnés au parcours. Sur un de ces derniers étaient çà et là quelques souches, restes d'un bois de sapins tellement fourré jadis, que dans sa jeunesse le guide s'y était égaré en plein jour avec du bétail qu'il ramenait de la foire de Belcaïre. Telle est la rapidité de la dévastation que les forges promènent sur les cantons encore boisés. La nudité déjà presque complète du Roussillon est l'image fidèle de celle qui menace toutes les vallées du Couserans et du comté de Foix. Nous nous arrêtâmes quelques instants à la forge d'Ascou, où croissaient de belles digitales, auprès du village qui est perché sur des escarpements rongés par l'Ode. Sur les hauteurs voisines sont des trous qui ressemblent à d'anciennes exploitations, et le peuple croit y voir de l'or, ainsi que dans le sable des ruisseaux, où brillent des paillettes de mica jaune provenant des schistes micacés qui forment la base du sol.

Le col de Paillers est précédé d'une gorge où les vents s'engouffrent avec une grande violence, ce qui rend ce passage redoutable dans la mauvaise saison pour les habitants du Donézan, dont il est la communication la plus directe avec Foix, leur chef-lieu. On débouche sur un large plateau herbeux, soubassement du Laurenti et des crêtes d'Orlu, qui, toutes hérissées, se relèvent au sud, et bordé au nord de monticules schisteux à peine prononcés ; mais que l'on monte sur une de ces buttes qui pour la plaine sont déjà des montagnes, et l'on sera étonné de l'aspect subit d'un horizon qui n'a de bornes que par la faiblesse des yeux. C'est une plate-forme avancée d'où l'on plane sur les pays de Bélesta et de Quillan, et, comme de la pique de Tabe, sur le Haut-Languedoc jusqu'à la montagne Noire ; situation unique pour les habitants du plat pays, curieux de jouir à peu de fatigue d'un de ces grands tableaux qu'on irait chercher loin. On y parvient aisément de Belesta en remontant l'Ers, et de Quillan par la vallée de l'Aude. Le col de Paillers et ses environs font partie de ce dépôt de schiste micacé qui commence au vallon de Caussou et ne dépasse pas l'Aude. Le point le plus élevé de ce terrain primitif, qui ne reparaît plus jusqu'à la Méditerranée, est le pic de Tabescou, au midi du col près le Roc-Blanc, et le Laurenti, qui sont granitiques. De l'extrémité du plateau on lit dans tout le Donézan, petit canton cerné de montagnes, d'un sol inégal et traversé par l'Aude, dont le profond canal longe à l'opposite la masse du Carcanero, rembrunie de sapins, que nous devions franchir pour gagner la vallée de la Têta. A l'est, un contrefort où la roche est à nu descend de Paillers jusqu'à des mornes calcaires très escarpés qui semblent à regret donner passage à l'Aude ; au midi, dans le riant bassin du Capsir, paraît Puyvaladou, sous les hautes montagnes qui vers Mont-Louis élèvent leurs pics, leurs forêts et leurs neiges ; et plus près, sur un sol jaunâtre peu cultivé, sont Quérigut, chef-lieu du

Donézan, et Carcanière, où deux sources thermales sulfureuses de 56° surgissent sur le bord de l'Aude, au fond de son ravin. La vue de ces champs infertiles, d'où la verdure est réléguée sur les monts qui les ceignent, nous préparait aux aspects du Roussillon ; ce qui provient ici d'un granit facile à décomposer, partout répandu, dont les débris surabondent dans la terre végétale que les eaux n'ont pas encore entraînée. Ce petit pays est sur une communication très fréquentée, entre le Languedoc et la Catalogne, de Carcassonne à Puycerda, par le port des Angles, qui ouvre sur Mont-Louis dans le bassin supérieur de la Têta, et par le col de Laperche à la crête, qui verse dans la Cerdagne.

Fatigués de nos rudes montures, nous les laissâmes paître à côté du guide endormi qui était au terme de sa course, et prîmes à pied le chemin de Mijanés, par le vallon de la Sonne, qui naît, au revers du col, dans une combe environnée de pentes où la neige était encore. En m'y laissant dévaler sur mon bâton, je glissai sur le gazon humide qui lui succède, jusqu'à des croix plantées pour marquer la place où l'hiver précédent avaient péri quatre hommes. Huit paysans d'Ascou s'étaient réunis pour passer le col et retourner chez eux ; arrivés au lieu fatal, sans bruit, sans avertissement aucun, l'avalanche fond sur eux comme la foudre, et tous disparaissent ensevelis sous ses masses glacées ; seulement les quatre premiers, couverts d'une mince couche, parvinrent à se dégager ; et, ayant vainement épuisé leurs forces pour déterrer leurs malheureux compagnons, ils ne purent que porter l'alarme à Mijanés et dans leur hameau, d'où l'affreuse nouvelle ramena sur les lieux toute la population. Mais malgré le travail du désespoir, malgré les efforts mille fois répétés de la pitié, on ne put percer la masse énorme ; et les familles des victimes, la mort dans le cœur, épuisées de travail et de cris, furent reconduites par leurs voisins dans leurs tristes demeures, désormais veuves de leurs soutiens. Cette scène de désolation attrista tout le pays ; ce ne fut qu'à la fonte des neiges que les corps furent retrouvés, et des âmes pieuses élèverent ces quatre croix pour implorer du passant une prière et une larme.

L'heureux habitant des plaines voit tous ses besoins satisfaits sur un sol fertile et dans un climat doux qu'il oublie aisément. Quel est donc le puissant attrait qui attache à son pays le montagnard, toujours en péril pour subvenir misérablement aux siens? Malgré la dure vie qu'il y mène, ses âpres vallées ont pour lui tant de charme, qu'on l'a vu quelquefois mourir de douleur d'en être forcément éloigné. Familiarisé de bonne heure avec la fatigue et le danger, il se plaît à les braver, et c'est ainsi que se forme son caractére fier, audacieux, que se trempent ses membres et son cœur; car c'est dans les races des montagnes que l'on trouve surtout des âmes fortes et des corps endurcis.

En une heure et demie d'une monotone descente, nous arrivâmes à Mijanés, pauvre village où ne furent pour nous ni sommeil réparateur, ni chère confortable. La Sonne s'enfonce de là très rapidement entre des berges pelées jusqu'à son embouchure dans l'Aude, où l'on est surpris de voir un grand château antique, bâti comme au fond d'un précipice sous le morne aride d'Aguzon. C'est le château d'Usson, de l'ancien seigneur du Donézan, qui, vu de près, paraît perché sur une butte à pic dont l'Aude, inaperçue, ronge la base. Ce vieux monument, avec ses grandes tours et sa situation extraordinaire, pourrait être, sous une plume romanesque, le lieu de scènes à grands effets; mais mieux sans doute l'auteur décrirait le site singulier de cette forteresse du moyen-âge, moins on croirait à sa réalité. Dans le défilé profond où, sous le château, s'engouffre l'Aude, une voie taillée dans le roc, qui marque d'une ceinture les flancs de la montagne, est la seule entrée facile du Donézan. Dans toute la partie orientale des Pyrénées, le système intermédiaire tient très peu de place; ici, la Sonne est la ligne immédiate de séparation entre le granit du Midi et une zone étendue de calcaire.

En montant à Quérigut, dans un vallon parallèle à l'Aude, qui coule invisible dans son canal sous les montagnes de l'Est, je voyais partout répandu un granit facile à décomposer, cause de l'infertilité du sol que ses saillies percent çà et là. Maintenant, depuis les torrents jusqu'aux cimes, cette roche occupera tous les points, car on pourrait presque dire qu'à part sa basse plaine, tout le Roussillon est granit jusqu'à la mer. En vue du village, nous nous reposons auprès des ruines du monastère de Saint-Félix, qui portaient encore les traces du feu. C'est là qu'aboutit un chemin fréquenté par les contrebandiers, au travers du vaste groupe du Mont-Louis, qui est le lieu des sources de tant de rivières dont les premiers vallons sont singulièrement entrelacés. Depuis la vallée de Carol, connaissant tous les détours, les retraites et les issues de ce dédale, ils le traversent obliquement pour éviter les postes de Puymorin et du col des Angles, à moins qu'en nombre et à main armée ils ne les bravent audacieusement pour dépasser la ligne et aller porter dans l'intérieur leur commerce illicite. L'employé s'aventure rarement dans cet affreux désert de douze heures de marche, sans secours, sans abri, où s'égarer est si facile, où toujours le menace la carabine sans pitié de son ennemi dont l'œil est perçant, la main sûre, et habitué, par l'exemple de ses devanciers, à se rire des tours qu'il lui joue, même à ne juger sa mort que comme une juste vengeance. Dans ces lieux redoutables, où il se sent à l'aise, le contrebandier, toujours muni de ses armes, qu'il cache dans des arsenaux souterrains, n'hésite pas toujours à frapper, certain que les rochers, seuls témoins de son crime, lui en assureront l'impunité. C'est tout ce qu'il lui faut ; car, pour des remords, il n'en a pas plus que le soldat qui fusille un ennemi ; ce ne sont plutôt que des prouesses dont il aime à se vanter quand il est sûr de ses auditeurs. Au centre des Pyrénées, dans leurs plus solitaires régions, j'ai le plus souvent été conduit par de tels hommes en révolte contre leur pays, et de tous les guides les meilleurs, parce que c'est là que leur sûreté les force à chercher leurs voies. Toujours en vain je me suis efforcé de leur faire concevoir la nécessité, pour l'intérêt général, des restrictions imposées au commerce des frontières. N'y voyant que des lois de tyrannie et d'oppression qui tendent à les priver de leurs moyens d'existence, le sourire de l'incrédulité ou l'indignation étaient leur réponse. Ainsi, pour eux, la résistance n'est que l'exercice d'un droit naturel, et l'acte le plus violent qu'une juste représaille. Cet état de guerre habituel, commun à tous les habitants de l'extrême frontière, joint au caractère fier du montagnard, en fait un peuple à part, ni français, ni espagnol, aventureux, rusé, ardent toujours, généreux parfois, le plus souvent intraitable dans ses haines, mais jamais traître. Dans les lieux déserts où l'aventureux Miquelet conduit l'étranger qui s'est fié à lui, il n'a jamais manqué à la fidélité, et la confiance en fait aisément un ami.

Deux crêtes de granit qui ont résisté à l'action corrosive de l'atmosphère flanquent le village; l'une menaçant les maisons de ses saillies fracturées, l'autre portant une petite église et les restes d'un vieux château où, après la reconnaissance de notre asile pour la nuit, j'allai m'asseoir au pied de ses murailles. A l'approche du soir les montagnes s'étaient voilées de nuages qui rasaient le col de Paillers, et ce dôme rembruni jetait une teinte triste sur ce territoire déjà si monotone. L'air calme et le repos, dont la fatigue du jour augmentait la douceur, donnaient du charme à mes réflexions, dans ce pays reculé, sous ce ciel nébuleux, qui me rappelait tant d'heures semblables passées à Barèges à la fin de l'automne, lorsque les baigneurs retirés l'avaient laissé dans sa solitude habituelle, et que sa vallée naguères si vivante était abandonnée aux vents et aux brumes. Les sons de l'angélus résonnant sur ma tête, mirent fin à mes rêveries. Descendu du rocher, je me trouvai dans un cimetière où nulle tombe vaniteuse ne s'élevait du milieu de ces derniers asiles de l'homme simple des montagnes, et je regagnai notre gite réputé le meilleur du Donézan, quoique hélas! ce ne fût qu'un cabaret presque espagnol. Cependant plus d'une fois nous eûmes lieu de regretter la simple chère, le lait abondant et le bon accueil de Ninette l'hôtesse. Mon lot fut un grabat dans une chambre commune, où la fatigue seule put me fermer les yeux.

Nous devions partir à trois heures avec le meilleur guide du lieu, le brave Majouret, messager, contrebandier, toujours en route et connaissant le mieux tous les détours de ces montagnes; qualité indispensable pour le trajet de neuf heures que nous avions à faire sur celle de Carcanèro encore déserte, où il était le seul qui ne craignît pas de s'égarer, lorsque la brume y survenait. Cet homme avait des jarrets de fer ; malgré une forte charge de bagages et de vivres, il nous aurait toujours devancés. Après un sommeil court mais réparateur, réveillé avant l'heure, et trompé par ma montre consultée du doigt, je fus surpris de ne pas voir le guide arriver. J'appelle mon camarade et cours pour chercher Majouret dans des ruettes inégales où le granit en place servant de pavé, me fit plus d'une fois trébucher et au milieu du vacarme de tous les chiens ameutés. Heureusement une lumière à sa fenêtre me le fit découvrir ; il était prêt. Nous revenons, et comme il endossait le bagage, l'airain sonne et frappe...... deux coups !..... j'écoutai en vain le troisième pendant que deux yeux plus que sévères se braquaient sur les miens. Interdit, je me résigne à de justes reproches pour avoir abrégé d'une heure le sommeil si précieux pour le piéton harassé. Majouret, au contraire, enchanté de partir plutôt pour avoir le temps de revenir de Mosset dans la journée, nous engage gaîment à le suivre malgré la nuit.

Sur ses pas que l'instinct semblait guider, nous montons sur un plateau où les premières lueurs du crépuscule vinrent à notre aide, sur les bords du large et profond ravin de l'Aude qui prend sa source dans les étangs peu éloignés des montagnes des Angles. Que n'avions-nous la baguette des fées pour jeter un pont aérien sur cette gorge qu'il fallait franchir ? Condamnés à ramper, un rapide sentier nous fit descendre à l'Aude, qu'on passe sur un frêle pont de bois, d'où l'œil n'aperçoit dans ce site sauvage que des eaux écumeuses grondant contre leurs rives, et des berges escarpées où les bois et les rocs sont bizarrement mêlés. La profondeur de ce lieu ténébreux, l'éloignement de tous secours et ce torrent qui faciliterait le crime, inspirent des idées sinistres que ne dissipe pas son nom de *Pont-du-Marchand*. Remontés sur la berge opposée, l'air piquant du matin nous fit traverser avec rapidité un plateau cerné d'arbres, agreste et solitaire, où le crépuscule répandait ses douces teintes, pour nous enfoncer dans les bois du Carcanèro qui allaient se cacher dans les nues abaissées. Nous avancions sous des hêtres séculaires dont les troncs s'étaient contournés sous les chocs répétés des lavanges. Quelques sapins, sentinelles avancées de la forêt supérieure, élevaient çà et là de noires pyramides au-dessus de leurs dômes, non loin des touffes dorées du genêt couché qui dans les clairières brillaient du milieu du modeste genièvre, formant ainsi des harmonies végétales qui eussent ravi les yeux du vénérable ami de Rousseau. Si les ouvrages de Bernardin de Saint-Pierre ne sont pas écrits sous la stricte influence des sciences; si l'on y retrouve toujours l'auteur qui, dans leur étude, n'a pu s'abstraire de brillantes rêveries, qui pourra ne pas reconnaître dans ses *harmonies* le don de l'observation, des tableaux charmants et toute la fécondité de l'imagination de sa jeunesse. Quoique le dernier de ses écrits, tout y respire une sensibilité vraie, une âme aimante, mais froissée par les vicissitudes et les mécomptes de sa vie, et un amour vif des beautés de la nature.

Nous nous élevions vers une croupe où cette espèce de genêt était si abondante que la terre y disparaissait comme sous un voile d'or. Ce joli arbuste que j'ai peu vu au centre de la chaîne, est très commun dans sa partie orientale. Plus haut, sur une pelouse étendue, nous trouvâmes des cabanes et le troupeau commun de Quérigut, composé de plus de trois cents vaches. C'est le dernier grand établissement d'été que je devais voir à l'est des Pyrénées où les pâturages sont de plus en plus rares. De ce point saillant le Donézan vu dans son ensemble présente toujours ses habitations groupées sur un sol dépouillé; et plus haut le petit bassin de Fromiguières et de Puyvaladou fait contraste par ses prairies et ses hameaux épars. Ce dernier paraît plus riant encore sous les noires montagnes des Angles où la route de Mont-Louis se perd dans les sapins pour passer sur les versans de la Têta. Le sillon obscur qui longe partout le pied du Carcanéro trahissait le cours de l'Aude jusqu'au défilé que le château d'Usson a sans doute souvent défendu. On devinait là son issue vers le bas pays, que par dessus les mornes d'Aguzon et d'Escouloubre j'apercevais encore couvert des vapeurs du matin, tandis que l'horizon de l'est resplendissait à l'approche du soleil.

Après un bois de grands sapins, nous fumes invités à faire halte par un joli ruisseau, qui, après avoir arrosé des pelouses, se perdait dans une gorge descendant vers la Gincla où résonnaient sous nos pieds les coups du bûcheron. Les provisions furent étalées sur un bloc de granit, et d'autres blocs nous servirent de siéges. Ce repas de montagne, aiguisé comme toujours par l'air vif et le plaisir des découvertes, fut abrégé par le froid; d'ailleurs des brouillards isolés qui remontaient par la gorge, disaient assez que nous n'avions pas de temps à perdre. Pendant plusieurs heures, nous ne traversâmes que des pâtis déserts sur une suite de plateaux et d'ondulations à mi-hauteur, entre les nues d'où descendaient des draperies de neige et de rapides pentes couvertes de bois. Notre marche vague et contournée semblait aller au hasard, tantôt sur des croupes où nous errions au milieu de sapins clairsemés, et tantôt sur des plaques de neige ou dans des fonds humides. C'est ce qu'on nomme *le Pla de Madre.* On disait vrai en assurant qu'il fallait pour cette traversée un guide expérimenté, car dans cette vaste solitude où les troupeaux retenus en bas pour fumer les terres n'étaient pas encore montés, sans repères distincts pour des changements continuels de direction, on ne peut être conduit, lorsque les brouillards dérobent tout aux yeux, que par cette sorte d'instinct que donne seule une longue habitude. Avec un temps aussi peu sûr nous fûmes heureux de n'en être pas enveloppés. Les plantes officinales abondent sur cette montagne bien connue des herboristes; je fus surpris des grands espaces que couvraient les jolies fleurs de l'érythrône si rare dans les Hautes-Pyrénées.

Tout s'abaisse au nord, et la vue du Languedoc est magnifique. Les premiers plans sont les mêmes que du col de Paillers, mais on distingue mieux le chaos des Corbières, depuis le mont Bugarrach de Caudiés, leur plus haut point, jusqu'à la montagne d'Alaric que longe le canal du Midi, jusqu'au Pech de Givère, leur dernier promontoire vers la plaine de Sijean, et dans tout cet espace les teintes arides des masses sont durement tranchées par le noir des sapins qui remplissent les gorges. Cet apendice des Pyrénées, le seul d'un relief remarquable qu'elles envoient vers le nord, est lié aux Cévennes par une arête, prolongement de la montagne d'Alaric, que l'Aude traverse auprès de Lesignan, de même que la grande arête continentale du chaînon de Paillers, qui limite à l'ouest le bassin de cette rivière, s'y lie par le col de Naurouse. Du côté de la chaîne dont la vallée longitudinale de la Gly les tient isolées, les Corbières montent par le rein qui est entre le cours supérieur de cette rivière et la Guette, et par le col de la Marguerite, à la montagne de Mosset, point culminant du Carcanère qui dépasse déjà 1,200 toises. Quant à leur structure, les Corbières partout sillonnées de vallées courtes, sinueuses et profondément encaissées, sont généralement de calcaire compacte, nature de roches qui donne une certaine âpreté au pays par l'escarpement de ses crêtes quelquefois crevassées comme de vieilles fortifications, et qui fournit de beaux marbres susceptibles d'être exploités. On y trouve des mines de fer, du terrain houiller en petite quantité, quelques sources salées et plusieurs foyers d'ophite et d'autres roches ignées, même de roches volcaniques et de basalte, principalement à l'est entre Durbau et Narbonne. Des sources thermales y surgissent aussi, dont les plus importantes sont les eaux Salives de Rennes qui ont jusqu'à 41° de chaleur. Plus loin, quelques mornes isolés interrompent seuls l'uniformité des basses plaines de l'Aude, et les yeux se perdent sur le Bas Languedoc, coloré dans le lointain sous un ciel pur, tandis qu'une tente immense de nuages assombrissait les Pyrénées. Réveillés par ces brillantes perspectives, les souvenirs de la belle Occitanie m'assaillirent en foule, et je saluai la patrie du gai troubadour, cette terre de la poésie, de l'amour et du soleil, où sont toujours vivants tant de témoins de la grandeur romaine.

Tournant toujours les flancs de la montagne, sans direction fixe ni sentier, nous atteignons enfin le dernier des plateaux, le *Pla de la Galline*, d'où les décorations sont tout à coup changées : c'est le Roussillon, ses vallées, sa plaine, et le Canigou dans sa majesté. Sous nos pieds le fond de Laparut verdoie au milieu de la forêt où se cachent les sources de la Guette qui, avant de se jeter dans l'Aude, fait mouvoir les importantes usines de Roquefort, et ses pelouses s'étendent jusqu'au col de la Marguerite, nommé par Majouret col de Djaou, qui devait nous donner entrée dans le vallon de Castellane, avenue de Mosset. Au-dessus de la vallée de la Têta qui, s'élargissant, se perdait dans la plaine, et par-delà les premiers chaînons, le beau groupe du Canigou s'élève avec fierté partagé en trois cimes, dont la hauteur et l'âpreté vont dire les grandeurs des Pyrénées aux marins qui sillonnent les flots de cette mer qui était visible au bout de l'horizon. Le Canigou, comme un promontoire immense, finirait les montagnes, si derrière ses longs talus on n'apercevait encore l'humble chaînon des Albères qui, entre les deux royaumes, les termine réellement aux rivages de Port-Vendres. Je revis avec plaisir la Méditerranée qui me rappelait mon voyage dans les Alpes, alors qu'à mon retour j'avais suivi les longues plages qui la séparent des petites mers intérieures, sous un soleil dont un ciel nébuleux me faisait regretter l'éclat.

A la fin, les nuages rabaissés se fondent en pluie. Ayant à descendre dans le fond de la combe de Laparut, nous franchissons des pentes neigées et les talus herbeux qui leur succèdent, pour nous réfugier dans un bois de sapins superbes. Elevés comme des mâts, ils étaient si rapprochés qu'on y voyait à peine, et l'épais treillis de leurs branches croisées eût été pour longtemps impénétrable à la pluie, si les minutes eussent été moins précieuses ; mais la nécessité parlait, et force fut de se lancer de nouveau sur des pentes inondées où notre marche tortueuse autour des sapins isolés devint pénible. Courant sur les pas de Majouret, il nous fallait l'équilibre des patineurs pour ne pas choir dans nos glissades multipliées, bonheur que nous n'eûmes pas toujours ; car plus d'une fois il fut pris possession du sol comme Scipion de l'Afrique. Bientôt trempés et n'ayant rien à ménager, nous ne choisissions plus nos pas dans les petits ruisseaux qui roulaient de toutes parts. C'est ainsi que nous traversâmes des bois épais et plusieurs clairières dont je devinais la beauté, jusqu'à la combe de Laparut où la pluie enfin cessa. Je remerciai le Ciel qui, dans sa rigueur, nous laissait voir cette belle solitude tapissée d'une fine pelouse, jusqu'à un cercle de hauteurs que cachaient les hêtres et les sapins, excepté sur la large avenue du col de Djaou. Le ruisseau qui circule sur ces verts tapis semble dans ses détours ne quitter qu'à regret ce beau lieu. Nous l'admirions alors, quoique transis et percés : que n'eût-ce pas été si, par un beau jour, arrivés haletants, nous avions pu nous asseoir à l'ombre de ces forêts tranquilles; si, là, sur cette verdure qu'arrose une eau limpide, étalant nos frugales provisions, nous eussions pu faire un agreste repas, passer une heure d'un doux repos au milieu de ces bois romantiques ? Pour cette fois, ce ne fut qu'à la course que nous traversâmes la combe jusqu'au haut du col où le soleil qui avait percé la nue, vint à propos pour rendre leur souplesse à nos membres roidis. Le monotone vallon de Castellane était devant nous descendant du mont de Mossèt, avec ses hauteurs stériles où mille saillies de granit figurant des ruines, rehaussent encore le charme des sites de Laparut, qu'on caresse d'un dernier regard avant de commencer une interminable descente vers le fond éloigné où derrière la butte et la tour de Mascarda se distingue la ville de Mosset. Ce granit partout répandu, qui altérable et facile à diviser, se mêle avec la terre végétale, rend compte de l'infertilité du Roussillon excepté dans quelques fonds privilégiés des basses vallées et de la plaine où les détritus calcaires et d'abondantes irrigations sont une rare et double cause de fertilité. Quoique le terrain de transition ne s'y rencontre que rarement, il est vraisemblable qu'il y en a eu jadis une étendue considérable. Le peu d'élévation de la plupart des montagnes, leurs formes communément émoussées, et le sol des plaines où sont confondus les débris de roches de formations diverses, tout démontre que cette partie de la chaîne a subi d'extrêmes dégradations; de sorte que sur le granit mis à nu par la destruction des roches qu'il portait, il n'est resté de celles-ci que quelques témoins de leur ancienne existence. Une cause dévastatrice, après les grands soulèvements, aurait donc eu vers la Méditerranée une action plus violente que partout ailleurs.

Les observations faites récemment par MM. Reboul, de Charpentier, Dufrénoy et autres géologues, ont achevé de constater dans les Pyrénées les grands traits de leur charpente, et montré que tout le centre de leur longue ligne est occupé par les roches d'éruption et par le terrain de transition, inégalement répartis. Du pic d'Ossau au Mont-Calm, le terrain granitique se compose de groupes culminants ou inférieurs, noyés dans celui de transition, comme au pic d'Ossau, à Penticouse, à Cauterets, au Coumélie, à Neouvieille, aux Ports d'Aure, à Clarbide, aux montagnes d'Oo et de Lys, aux monts Maudits, vers Castillon et Massat à la haute chaîne d'Ustou et d'Aulus. Du pic d'Ossau à l'Océan tout est de transition, hors vers Mendionde et Baygorri dans le pays basque jusqu'à la montagne de Haya, où les roches plutoniques reparaissent. A l'autre bout le Mont-Calm fait partie de cette masse intermédiaire non interrompue sur la crête, du pont du Roi à la vallée de l'Ariège; mais plus loin, le groupe de Mont-Louis et toutes les Pyrénées-Orientales ne sont presque que granit jusqu'au Canigou et jusqu'au cap Créous; seulement une bande assez régulière de transition les appuie au nord. Il y a ainsi opposition tranchée aux deux extrémités : à l'est les altitudes et le granit se maintiennent jusqu'à la mer, tandis qu'à l'ouest le terrain intermédiaire se montre presque seul sur les masses rabaissées.

La convulsion qui poussa tous ces groupes au jour, dut avoir lieu après le dépôt de la craie qui y est soulevée, et avant celui du terrain tertiaire dont les couches non disloquées s'étendent à leur pied, et dut être une des plus fortes qui aient ébranlé le sol alors de niveau, qui devint plus tard l'Europe et en forma le trait dominant. Les éruptions d'ophite survinrent ensuite en systèmes particuliers çà et là répandus, à Saint-Jean-Pied-de-Port, à Dax, à Mauléon, vers Oloron, Lourde, Salin et Saint-Girons, et enfin dans les Corbières; au sud on ne l'a encore reconnue que vers Biels et Castelsolit. Quant au terrain crétacé, l'inférieur occupe généralement de part et d'autre la partie extérieure de la chaîne ; au nord, s'étendant sur le pays basque et le Béarn jusqu'à Bagnères, où il fait place à Lannemezan au terrain crétacé supérieur, pour reparaître à Saint-Martory et se continuer jusqu'à la plaine du Roussillon ; et au sud se prolongeant en une bande étroite qui comprend le Mont-Perdu et les masses voisines, de Vignemale à Troumouse, et d'une largeur sensiblement égale d'un bout à l'autre de la chaîne. Ce terrain est partout suivi d'une zone plus large du terrain crétacé supérieur, qui va disparaître sous les couches tertiaires des plaines et non interrompu de Pampelune à Figuières, par Jacca, Ainsa, Pobla et Berga, tandis qu'au versant opposé, il n'existe qu'en une mince bande de Martres aux Corbières.

Un convoi de mulets chargés pour les forges de Roquefort du minerai qu'on extrait à Filhols, au pied du Canigou, montait au revers du col, conduit par des hommes dont le costume et la physionomie étrangère annonçaient une race nouvelle. Les Catalans français sont, comme on sait, un mélange de Goths, d'Alains et puis de Maures implantés sur le mélange antérieur d'Ibères indigènes, de Carthaginois et de Romains qui constituaient le fond de la population quand les Barbares survinrent. Le Catalan français qui habite les bassins de la Têta, du Tech et quelques versants de la Sègre, se distingue de tous ses voisins par un corps sec et nerveux, un teint brûlé, un œil vif et perçant qui trahit son amour pour le plaisir et ses passions ardentes. Comme la plupart des peuples montagnards il joint à la force du corps une grande hardiesse de caractère et de la finesse d'esprit. Ses sparteilles légères, antique chaussure des Goths, son court gilet à boutons d'argent, ses chausses de velours, sa ceinture rouge comme son bonnet flottant qui remplace le réseau espagnol, et son manteau négligemment jeté sur l'épaule, ou s'enroulant autour du corps comme un schale de l'Orient, font reconnaître de loin le Miquelet, dont la hardiesse et l'agilité sont depuis longtemps passés en proverbe. Bien des traits lui sont ainsi communs avec la race indigène de l'autre bout des Pyrénées. On ne voit plus en lui les grands traits des Maures qui les derniers lui portèrent le sang africain, ni l'attitude orgueilleusement indolente du Castillan; mais par ses mœurs et son costume, sa figure et son langage, il est toujours Catalan-Espagnol, quoique depuis deux siècles il ait changé de domination. Ce qui surnage en lui de cette multitude de tendances diverses et souvent opposées, c'est une bravoure vaniteuse qu'il tient de ses ancêtres du Nord, chasseurs et guerriers, et cet esprit chevaleresque, ce goût des aventures et du merveilleux que lui portèrent les Maures, qualités toutes d'apparat dont ses voisins du centre des Pyrénées où prédomine le sang romain, sont complètement dépourvus, et plus encore le froid habitant des Alpes. D'un pareil fond, a dit avec vérité Ramond, on tire à volonté des soldats, des miquelets, des guérilleros, des corsaires, mais ce n'est pas là qu'il faut chercher des pasteurs, des hommes simples.

Au bas du col, sous les ruines qui couvraient la montagne, étaient d'autres ruines que les hommes avaient faites. A la place où exista le couvent de Monasty s'élevaient quelques tristes pans de murs; et sans honneurs sur le sol, des tronçons de colonne et un bénitier brisé disaient seuls où fut autrefois le saint lieu que n'avait pu protéger son site reculé. Sur la butte qui porte la Tour de Mascarda, j'aperçus des touffes au feuillage foncé, aux grandes fleurs blanches du ciste lédon. Cet arbuste m'annonça le premier que je quittais la froide zone des montagnes pour le climat du midi. Le matin j'avais cueilli près de la neige des anémones et des gentianes alpines; le soir, à Prades, je me reposais dans un champ, où sur ma tête pendaient l'olive et la grenade; et deux jours après, sur les collines de Port-Vendres, entouré de plantes toutes méridionales et nouvelles, j'aurais pu me croire transporté aux colonnes d'Hercule. Pour voir au niveau des plaines un changement pareil, il eût fallu franchir un espace de trente degrés. Le Roussillon a plus qu'aucun autre point de l'Europe peut-être, deux climats extrêmes très rapprochés : près de la Méditerranée les feux de l'Equateur, sous le grand réflecteur des Albères, et sur le Canigou la neige constante et la température du Cap-Nord. Nous passâmes au milieu de nombreux moutons de la bonne race roussillonnaise, qui gagnaient le Pla de la Galline, avant d'entrer dans la petite ville de Mosset, où au terme enfin de notre course, nous pûmes nous reposer d'une marche forcée de neuf heures. Je veux dire que nous cessâmes de marcher, car une grande chambre sans croisées où régnait le soleil, du vin épais et des œufs durs furent tout le comfortable que nous pûmes réunir. Nous eûmes même peine à obtenir des verres et de l'eau de notre vieille hôtesse, tant c'était opposé au constant usage des Catalans de tout sexe et de tout âge qui ne savent boire que par le jet menu d'une burette en ferblanc, élevée de toute la longueur du bras, et cependant quel vin plus que celui du Roussillon devrait être mitigé?

A Mosset, commence le langage presque inintelligible des Catalans, qui cependant est l'ancienne langue du midi de la France dont les habitants conquirent la Catalogne sur les Maures, la vieille langue limousine ou romane, parlée encore avec plus ou moins d'altérations dans la Gascogne, le Languedoc, la Provence et le Piémont, où elle se mêle d'espagnol, de français et d'italien, et qui dans le Roussillon s'est conservée presque pure malgré l'espagnol qui est aux portes et que tout le monde sait parler. La forte chaleur passée, nous continuâmes notre route vers Prades, qui n'est qu'à deux lieues. Le vallon s'élargit, se revêt de culture et sous le village de Moulitg, connu par une source thermale et des bains, les vignes se montrent là où le granit stérile qui occupe les hauteurs cède la place à des schistes ferrugineux dont les débris forment le sol; fait qui se répète fréquemment dans ce canton. C'est sur un tel terrain, où un soleil ardent de toutes parts est réverbéré par des masses nues, que viennent ces vins qui, en force et en spiritueux, l'emportent sur tous les vins de France. Plus haut sur des pentes pierreuses, croissent le thym, la lavande, la santoline et toute l'avant-garde des plantes aromatiques, dont les émanations parfumaient l'air. Près de Mosset, deux châteaux ruinés, Paracols et Corbiac, portent encore le nom de leurs anciens maîtres, Bérenger de Paracols et Pierre de Corbiac, troubadours distingués du xiiie siècle. Le vallon a fini ; le beau village de Cattla, ses oliviers et ses vignes qui peuvent rivaliser avec ce que Malaga nous envoie de plus délicieux sont à nos pieds; plus loin la ville de Prades ceinte de jardins, dans la plaine de la Têta nivelée et fertile, et en face la masse colossale du Canigou qui dans son isolement écrase tout ce qui l'environne. La vallée se ferme en amont au défilé de Villefranche où les masses se croisent et en aval à de petites hauteurs qui sont de ce côté la limite du Conflans. D'autres villages également au milieu des vignes et des oliviers se voient çà et là autour du bassin, où la fertilité toute concentrée abandonne les montagnes à la nudité et à la solitude; mais le Canigou que nous devions escalader, absorbait notre attention, car de nulle part il ne se présente plus majestueux. Sa masse énorme presque en entier de granit, d'un seul jet s'élance à une très grande hauteur, et nombre de ravins partis des cimes la sillonnent en rayonnant, séparés par des crêtes décharnées qui se précipitent jusqu'à son pied, où elles deviennent des contreforts arrondis, toujours stériles, mais renfermant des vallons qui, au niveau de la plaine, se peuplent et se couvrent de verdure. Cette imposante montagne porte comme des franges de sapins sur ses hauts mamelons, et des pics neigés la couronnent.

Je changeai dès lors d'idée sur le Canigou, que j'avais cru d'un facile accès à cause de son peu d'élévation absolue, à l'aspect de ces talus unis et redressés qui, de la base au sommet, emportent l'idée de l'inaccessibilité. J'espérais qu'en l'attaquant par ses revers de la vallée du Tech, comme nous en avions le projet, ces difficultés seraient moindres; et, en effet, nous n'éprouvâmes que celles qui sont inséparables de tels voyages quand on n'a pas de bons guides, et que les habitations sont très distantes des cimes. Cela suffit, cependant, pour en éloigner les curieux dont un bien petit nombre paraît avoir tenté son ascension, car cette montagne, dès longtemps fameuse et qui touche les plaines, est moins connue que la plupart des pics intérieurs. Nous en fûmes surpris lorsque, ayant fait des questions à des gens du pays, de rangs même divers, tous nous parurent regarder le

Canigou comme un désert inabordable, où il ne se passe que des phénomènes extraordinaires et redoutables ; en un mot, ils nous en contèrent des fables qui prouvaient leur ignorance totale des lieux, et qui augmentèrent notre désir d'y monter.

Après un pont sur la Têta, dont le lit est creusé dans des dépôts de galets et de molasse, au bout de prairies ombragées, on entre dans Prades, sous-préfecture qui, comme toutes les villes du Roussillon, n'a pour rues que de tortueux boyaux entre de hautes maisons, où l'on ne paraît avoir cherché d'autre avantage que de pouvoir y circuler à l'ombre. Le nom de Mina et sa dernière défaite étaient dans toutes les bouches et plusieurs convois de prisonniers s'étaient succédés ; comme aussi sur les routes on rencontrait des familles royalistes ayant tout sacrifié pour se sauver d'une terre que la guerre civile désolait. Dans un bon hôtel, sur la route de Mont-Louis, qui ne se sentait nullement du voisinage de l'Espagne, nous pûmes enfin nous restaurer de nos privations passées, tout en écoutant les longs récits de Mme Carcassona, l'hôtesse, qui ne tarissait pas dans ses imprécations contre les Espagnols ; ce que ses mésaventures lui faisaient pardonner. Ayant porté son industrie à Barcelonne avant la guerre de l'indépendance, elle y avait presque tout perdu lors des premiers soulèvements d'une nation outragée qui, aveugle dans ses vengeances, prit les malheureux Français qui s'étaient confiés à elle pour ses premières victimes. La soirée était belle et douce ; nous la mîmes à profit pour faire une de ces promenades qui délassent si bien au milieu d'une végétation prospérante, les yeux toujours fixés sur le Canigou, si subitement exhaussé, sans pouvoir deviner de voie possible sur ces longues et nues canelures, qui du sommet à la base de partout se précipitent.

Le lendemain, dans une bonne voiture, par une agréable matinée de juin, nous roulions vers Perpignan, dont Prades est éloigné de huit lieues. Parmi mes compagnons de voyage était une dame de Cervera avec son jeune fils, dont le mari et *la criada* voyageaient à pied. Le malheur était peint sur sa figure, ce que justifiait sa déplorable histoire. Forcée de quitter ses foyers pour échapper à la guerre civile, ils avaient tous fui avec un enfant à la mamelle qui avait succombé en route. Croyant leur pays tranquille avant la dernière irruption de Mina vers nos frontières, ils étaient partis pour y retourner lorsqu'ils apprirent l'assassinat de quelques Espagnols qui les précédaient, l'incendie de leur ville et la mort du brave *Mirallès*, leur voisin et leur ami. Ces affreuses nouvelles les faisaient rétrograder en France. Le chef royaliste *Mirallès* était un riche cultivateur vivant tranquille à Cervera. Dès qu'on lui dit que la foi était menacée et le trône en danger, il rassembla les paysans ses voisins, se mit en marche à leur tête pour la Seou d'Urgel et se joignit à l'armée de la foi. C'était un homme de cinquante ans, d'une belle taille, plein d'ignorance et d'esprit naturel, un véritable Espagnol, fanatique, honnête et sincère. Dans notre Europe, où toutes les aspérités s'émoussent, où tout se matérialise en intérêts, de si hauts caractères, pleins de dévouement et de foi, mais empreints d'une rudesse originale qui a de la grandeur, très dramatiques, très romanesques, deviennent tous les jours plus rares, et bientôt sans doute s'effaceront tout à fait.

Les oliviers en fleurs couvraient la plaine et le pied des montagnes, où se succèdent des villages, tous dominés par de vieux châteaux. Ces arbres sont si précieux que, sur les élargissements d'une route, on les avait respectés pour les laisser mourir de vieillesse. Après Marquixanas, la diligence fut obligée de passer, en amont d'un beau pont récemment rompu, le gué dangereux de la Lentilla, qui, descendue du Canigou, devient à la moindre crue un torrent irrésistible ; nous ne savions pas alors que ce ne serait que par Valmania, le plus élevé des villages qu'elle arrose, que nous pourrions enfin surmonter les obstacles qu'offre son ascension. C'est à un quart de lieue de Vinçac que l'on franchit les collines limites du Conflans, d'où la plaine du Rousillon s'étend à perte de vue jusqu'à la mer. Plus loin est la petite ville d'Ille, aussi renommée par la richesse de son sol que par la beauté de ses fruits. C'est aux irrigations que la plaine du Conflans et celle d'Ille doivent leur extrême fertilité ; car, partout où l'eau ne peut être amenée, la terre est presque stérile. Les industrieux habitants savent en retirer jusqu'à trois récoltes : dès que les blés sont coupés au commencement de juin, on laboure pour planter du maïs ; et quand le maïs a huit pouces de long, on y sème du lupin ou d'autres fourrages. Le maïs est mûr en octobre ; on le coupe et on vend le fourrage qui est dessous pour les troupeaux descendus de la montagne. Sur la même terre, on sème d'autres fourrages avant l'hiver, qui se mangent en verdure au printemps ; puis, au mois de mai, on y plante du maïs qui est mûr en septembre, et aussitôt on prépare les terres pour le blé. Ainsi, une année on recueille du blé, du maïs et du fourrage, et la suivante du maïs et du fourrage. La grande plaine basse, quoique bonne, est bien loin d'être aussi productive, l'éloignement des montagnes n'y permettant pas de participer au bienfait de leurs eaux peu abondantes. Si leurs vieilles forêts n'avaient disparu et avec elles l'humus précieux qui s'y formait, les mille ruisseaux qui sont taris viendraient encore porter la fécondité dans toutes les parties du Roussillon. Le sol de ses plaines, formé principalement de débris du granit, est par lui-même d'une végétation beaucoup moins active que celle des terrains où domine le calcaire, qui produit de la destruction de myriades d'animaux dont les dépouilles sont déguisées par la pétrification, les pénètre, par ses détritus, d'éléments fécondants.

Les cimes du Canigou sont derrière nous, et sa large base abaissée nous laisse voir le chaînon entier des Albères, depuis le col de Bellegarde, où sur un mamelon la forteresse est visible, jusqu'au cap Béarn qui plonge dans la mer. La route est bordée de grenadiers en fleurs, d'aloès agavé qui, originaire de l'Amérique, est naturalisé en Roussillon, et d'autres arbustes d'un port agréable. Cette parure méridionale, ces arbrisseaux fleuris qui m'étaient étrangers, m'enchantaient à la sortie du rude pays où les familles des arbres ont généralement une physionomie sévère. La citadelle de Perpignan parut enfin au-dessus d'un long bois de saules qui ne cesse qu'au glacis, et à deux heures nous passâmes les sombres portes d'un vieux fort nommé le Castillet.

Si ma plume se plaît à peindre les montagnes, elle passe avec rapidité sur ce qui n'est point l'œuvre de la nature. Perpignan est une ville moderne que le moyen-âge a vu fonder. A peu de distance, vers le Canigou, existait un bourg celtique ou romain nommé *Maillolas,* que les Visigoths agrandirent, et dont ils firent une ville nommée dans les chartes *Villagothorum.* Les Sarrazins l'ayant détruite, les habitants se réfugièrent autour d'un vieux monastère de bénédictins dédié à N.-D. del Coreg ou du ravin, où ils formèrent un village qui prit le nom de *Perpinya* et resta longtemps un *aleu,* ou bien libre. Ce fut l'origine de la ville actuelle. La vieille église de Saint-Jean, la première fondée à Perpignan en 1025 par Gausfred II, comte du Roussillon, fut bâtie sur les ruines de ce monastère, dont quelques restes se voient encore dans les substructions de la cathédrale actuelle, élevée en partie sur l'emplacement du vieux Saint-Jean. Le Castillet, qu'on a lié aux nouvelles fortifications, avec ses masses pittoresques, ses créneaux, ses tourelles multipliées et son donjon élégant, a dans l'ensemble quelque chose d'oriental qui rappelle le peuple romanesque que l'Espagne a toujours eu sujet de regretter. Ce vieux fort construit par les rois d'Aragon et de Mayorque en briques rouges, est un carré long dont les remparts simples, flanqués de tours rondes, contrastent par la forme et par leurs chaudes teintes avec les fortifications modernes. La porte de ville attenante, par la différence de ses machicoulis, est évidemment postérieure. Un monument que l'on voit à peu de distance, auprès de la mairie, attriste ce souvenir : c'est l'ancien palais de ce tribunal terrible, dont la fondation peut-être entache la mémoire d'Innocent III, de l'inquisition qui poursuivit de ses supplices jusqu'aux dernières gouttes du sang aimable que les compagnons de Tarik et de Moussa avaient apporté dans les Espagnes. De hautes murailles sombres de vétusté, la grande porte en marbre noir de ce tribunal redoutable et ses fenêtres gothiques ont conservé jusqu'à nous cet extérieur morne et mystérieux qui, dans les siècles passés, faisait frémir l'ami des hommes et l'éloignait avec effroi. La ville est mal bâtie, mais ses rues tortueuses et les fortes saillies des premiers étages procurent aux piétons des passages couverts, précieux dans un climat où l'ombre est un besoin. Peu d'édifices y sont remarquables ; dans un quartier reculé est l'Université, bâtiment neuf où sont des collections de physique et d'histoire naturelle. Dans l'église Saint-Jean, la cathédrale, qui n'a qu'une nef entre deux rangées de chapelles où les dorures et de lourds ornements sont prodigués dans le goût espagnol, est le mausolée de M. de Montmor, premier évêque français, après que le traité des Pyrénées de 1659 eut définitivement acquis à la France la nouvelle province que Louis XIII avait conquise avant sa mort. Des inscriptions gothiques gravées sur deux piliers en regard constatent qu'en 1324, époque de sa fondation, la première pierre y fut posée par Sanchez, roi d'Aragon, et la seconde par Edouard, prince d'Angleterre.

Lorsque Louis XI s'empara momentanément du Roussillon, qui ne devait être incorporé à la France que sous Louis XIV, il fit construire sur le lieu où est actuellement le bastion Saint-Jacques, ce qu'on appelle le *Grand-Château*, par opposition au Castillet, dont il ne reste plus rien, et une citadelle sur la colline où était le château des rois de Mayorque. Charles V et Philippe II, dont le nom se voit encore sur la porte principale, en augmentèrent la force, et Vauban la remania d'après son premier système. Quelques corrections que ce grand ingénieur lui ait fait subir, ce système était, à l'époque où il le conçut, très supérieur à tous ceux de ses devanciers. Cette citadelle, plusieurs fois retouchée depuis, offre ainsi un mélange de constructions de diverses époques, dans sa triple et vaste enceinte. Sa position dominante la rend très forte et elle renferme de beaux bâtiments. De ses remparts on découvre toute la plaine du Roussillon, dont on mesure l'étendue. On voit les Pyrénées s'ouvrir pour l'embrasser par deux chaînons qu'elles jettent vers la mer, et l'imposant Canigou la fermer à l'ouest. A l'opposite, sur une plaine basse et boisée, l'œil n'est arrêté, jusqu'aux sables du rivage, que par la haute tour de Castel-Roussillou, bâtie sur une colline que baigne la Têta et désignant le site de Ruscino, l'ancienne ville des Celtes Sardones, qui donna son nom à la province. Devenue cité romaine et municipe malgré la prédilection de Constantin pour Illibéris, cette ville resta la capitale du pays et fut plus tard le siége de plusieurs évêques. Les Maures l'ayant détruite dans leur fameuse irruption au nord des Pyrénées, elle fut relevée par Charlemagne ; mais ayant été de nouveau ravagée par les Normands en 860, sous Charles le-Chauve, elle ne se rebâtit plus. Quelques restes de murs romains se voient encore auprès de la tour, mais toute trace du Ruscino du moyen-âge a disparu. Certains auteurs attribuent à cette ville, qui était considérable lors du passage d'Annibal, une origine phénicienne.

Nous dormions encore dans un hôtel voisin du Castillet, lorsque le roulement des tambours et les sons animés des clairons vinrent donner le signal du départ aux soldats de Mina faits prisonniers sous Puycerda. Nous nous hâtons d'accourir pour voir ces fameux partisans. Lorsque l'avant-garde de l'escorte se fut mise en marche, je vis sortir des sombres voûtes du vieux fort mauresque des hommes la plupart d'une faible structure, noirs et demi-nus ; mais sous des sourcils d'ébène étaient des yeux brillants, et presque tous avaient des figures à caractère. Malgré leur état de misère, leur démarche leste, leurs jambes sèches et nerveuses et leurs souples chaussures faisaient concevoir comment de tels hommes sobres, patients à la fatigue et jamais chargés de butin, de vrais Miquelets, en un mot, pouvaient dans leurs montagnes donner tant de mal à nos soldats, qui avaient plus de peine à les joindre qu'à les vaincre.

Cherchant des renseignements pour le Canigou, le docteur Companio nous fut indiqué comme y étant monté et le connaissant bien. Ce médecin-naturaliste nous montra une intéressante collection d'oiseaux des Pyrénées-Orientales, qu'il avait très bien empaillés lui-même, mais il ne put nous donner des renseignements positifs sur la marche à suivre pour atteindre la cime principale, n'étant jamais allé que sur les hauteurs moyennes pour chasser. Il nous confirma dans l'idée que cette course était très rarement entreprise, et qu'on s'en exagérait généralement les difficultés. Une fraternité d'obligeance unit tous les amis des sciences ; le docteur voulut nous adresser à M. Pujade d'Arles, qui, botaniste et habitant le pied immédiat de la montagne, devait mieux la connaître. Nous fûmes encore trompés dans cette attente; cependant ce fut pour nous une circonstance heureuse, comme on le verra ci-après.

CHAPITRE IV.

Plaine du Roussillon. — Les Albères. — Elne. — Collioure. — Port-Vendres. — Soir du solstice. — Le cap Béarn. — Fin des Pyrénées.

Avant de nous renfoncer dans la chaîne, nous voulions voir ses derniers rochers baignés par les flots paisibles de la mer orientale, comme du haut des falaises de Saint-Jean-de-Luz, j'avais contemplé les fureurs de la grande mer. Sur la route de Port-Vendres, les vignes sont protégées contre les insultes des passants par des haies d'aloès, maintenant indigène dans ce pays, où il acquiert une telle vigueur que j'en vis dont les hampes avaient jusqu'à douze pieds de haut. Dans une plaine en culture, mais nue, rien n'arrête les regards que quelques villages entourés de ternes murailles au lieu de jardins et de vergers. Sur les bords de la Méditerranée, où les incursions des Barbaresques étaient autrefois fréquentes, les lieux habités avaient besoin de telles défenses. On y était en pleine moisson, et nous avions trouvé plusieurs troupes de montagnards s'y rendant pour des travaux qui exigent l'emploi simultané d'un grand nombre de bras. Pour avancer la besogne, ils ont la singulière industrie d'armer leurs doigts d'allonges de roseau, qui leur font saisir de plus grosses poignées de blé; aussi ont-ils des faucilles d'une grandeur relative. Ces troupes d'ouvriers sont ordinairement conduites par des conteurs, descendants des anciens *Juglars* (jongleurs, troubadours), qui composent ou récitent des histoires rarement dénuées d'intérêt. Les plus habiles sont recherchés, et les ouvriers se les disputent.

La plaine du Roussillon, comprise entre les 42e et 43e degrés de latitude, est la portion la plus méridionale du sol français, dont les produits font exception. Cerné par la Méditerranée et par trois chaînons qui ne lui laissent que de favorables expositions, les Corbières, les Albères et le Canigou, masse superbe parée à sa base des plus brillants fruits du Midi, et montant d'un seul jet d'une mer méridionale jusqu'à la région où il ne dégèle plus, ce beau bassin fait un système à part. A l'aspect de ces collines toutes revêtues de végétaux aromatiques et de plantes africaines ; de ces champs où l'aloès planté en haies protège l'olivier, qui produisent en abondance le miel et la soie, on sent que l'on touche à la terre d'Espagne, à ce beau pays trop souvent malheureux, malgré ce qu'a fait pour lui la nature, qui l'a séparé du reste du monde comme pour y concentrer tous les biens.

Sur quelques points de la vallée de la Têta, dans le terrain de transport qui la couvre, on a reconnu des couches de lignites ; et le forage des puits artésiens, qui à de médiocres profondeurs y ont donné des eaux jaillissantes, a fait voir que le sol y est presque entièrement formé de terrains tertiaires recouverts par des dépôts diluviens plus ou moins épais, parmi lesquels se trouve une immense quantité de cailloux roulés. Ces puits précieux que procure la science, auxquels s'est refusé malheureusement jusqu'ici le sud-ouest de la France, le sont plus encore dans ces plaines chaudes et arides qui ne demandent que de légères irrigations pour devenir de première fertilité.

Nous allions droit aux Albères, qui seules faisaient diversion à un chemin monotone. Malgré son abaissement, ce dernier rameau des Pyrénées, qui dépasse à peine 400 toises, est encore une barrière respectable entre les deux états, sans autre passage praticable que le Perthus sous Bellegarde. Les bois de liége qui revêtent ses hauteurs cessent bientôt, et jusqu'à la mer on ne voit sur ses flancs escarpés que la nudité du roc, d'âpres ravins ; et à leurs cimes tourmentées il ne manque que plus d'élévation pour mériter le nom d'alpestres. Les montagnes du Jourdain, que tant d'illustres voyageurs ont récemment visitées, brûlées par le soleil d'Arabie, ne sauraient être plus repoussantes ; je ne pouvais leur comparer que le Ventoux de Vaucluse et les monts de la Durance, où, sur des flancs partout déchirés, l'œil ne peut découvrir ni arbre, ni ruisseau, ni verdure. Dernière émanation du granit qui depuis Ax se montre partout à cette extrémité de la chaîne, tandis qu'au nord la bande de transition est fort étroite au long du terrain crétacé des Corbières, vers Collioure les Albères commencent à se revêtir de schistes. Nous fîmes halte à Elne, qui de son ancienne grandeur n'a conservé qu'une église d'une belle architecture et les restes d'un cloître de construction romaine. Elevée sur le plateau qu'occupait l'antique Elna, cette fabrique, vue de très loin, trompe le voyageur qui s'attend à plus qu'un village. Illibéris, qu'on croit d'origine phénicienne, mais plutôt ibérienne, était une puissante ville celtique; du temps d'Annibal, qui y campa, elle brillait d'un grand éclat; bien déchue dans les temps postérieurs, Constantin la releva et lui donna le nom de sa mère Hélène, qu'elle porte encore aujourd'hui. C'est dans ses murs que Magnence, qui des derniers rangs s'était élevé au trône, fit massacrer en 350 l'empereur Constance, son légitime souverain, et ainsi que Ruscino, elle fut ravagée par les Normands. Son évêché, le plus ancien du Roussillon, fut transféré à Perpignan en 1604 ; depuis lors, ce n'est qu'un bourg animé seulement par la circulation entre cette ville et Port-Vendres. Autour de l'église sont incrustées dans les murs, une foule d'inscriptions gothiques des XIIIe et XIVe siècles, que je déchiffrai assez pour voir que c'était des épitaphes d'évêques et de chanoines.

Au travers de prairies humides et d'oseraies, nous passâmes le Tech, dont le lit incertain et les amas de galets annoncent un torrent souvent dévastateur. Né dans les hauteurs de Costabona, au-dessus de Prats-de-Mollo, il reçoit les eaux minérales de la Preste et des Bains, passe à Arles, à Céret, et au Boulou débouche dans la plaine. Après les hautes maisons d'Argelez, agglomérées sur de vieux remparts, on est au pied de la montagne, et la Méditerranée toujours bleue se découvre en plein. La côte, jusqu'ici courant nord et sud, est forcée par les Albères de fléchir à l'est en formant le petit golfe de Collioure, où la route, tourmentée, circule péniblement sous des pentes rapides, couvertes de cistes et de bruyères, excepté là où croissent quelques vignes. Tantôt on fait un long circuit dans une gorge étroite, et tantôt du haut d'un promontoire on jouit d'une vue très étendue. Cette alternative de sites resserrés et solitaires, d'où la mer ne paraît que par une rupture de rochers et de vastes perspectives, plaisait à l'œil comme à l'imagination et nous dédommageait des ennuis du matin. Après un mamelon couronné de fortifications, Collioure paraît; mais traversons les glacis, le petit port et arrêtons-nous sur le promontoire opposé. La mer, se frayant un passage dans les rochers, a formé une anse entourée d'une plage où les barques sont mises à sec au devant d'un faubourg habité par les marins. En face la petite ville, étroitement serrée entre des falaises que rongent les vagues et des remparts modernes, se présente en amphithéâtre sous le fort de l'Etoile, dont les ouvrages avancés, rampant sur la hauteur, se terminent à une grosse tour crénelée qui lit dans les revers; le fort Saint-Elme, réduit de tous les autres, perché sur un très haut morne, domine l'ensemble des ouvrages de Collioure et de Port-Vendres; mais ses feux éloignés et trop plongeants en font un asile pour les troupes plutôt qu'une défense effective. Le coup-d'œil est piquant par ses contrastes : cette baie arrondie d'une eau calme et azurée comme le vaste bassin d'où elle émane, ces barques, ce port animé, cette ville sur des rochers, ces remparts mouillés par la mer ou couronnant les cimes, ces hauteurs escarpées, rendues productives à force d'industrie, et des tours dont l'œil s'étonne sur les crêtes des Albères, forment un ensemble où tout est pittoresque dans ses aspects d'Italie, et qui a fourni à Vernet une de ses plus jolies marines. Collioure, comme le rappelle son nom primitif, *Cauco illiberis*, était le port de la ville gauloise.

En demi-heure on est à Port-Vendres, dont le nom ancien, *Portus Veneris*, venait d'un temple que les Romains y avaient élevé à Vénus Pyrénéenne, et dans lequel les navigateurs déposaient des offrandes. Je fus surpris, dans un lieu si fréquenté, de ne trouver qu'une misérable auberge où, sans le produit journalier de la pêche, on trouverait à peine le nécessaire des matelots qui la hantent. Ce petit port, sur lequel Vauban, après avoir fortifié Collioure, avait attiré l'attention de Louis XIV en ce que, depuis Cette, il est le seul qui puisse recevoir des navires, pénètre dans les terres par un étroit chenal défendu par trois forts, et tourne à angle droit derrière une colline où on est à l'abri des vents et des coups de mer. Son importance va rapidement croissant depuis que la France a conquis l'Algérie. Un bassin rectangulaire bordé de quais, avec des rangées de maisons qui s'augmentent tous les jours sur les longs côtés, et au fond une place régulière entourée de balustrades, de bâtiments neufs et ornée d'un obélisque en marbre rouge de cent pieds de haut, voilà Port-Vendres. Toutes ces constructions sont très soignées, peut-être même trop élégantes, puisque ce n'est partout que sculptures, trophées et emblèmes maritimes. Tout cela, exécuté par M. de Mailly, gouverneur du Roussillon sous Louis XIV, est un triste échantillon des arts de l'époque. Une telle recherche a été bien inutilement prodiguée : le mauvais grès tendre qu'on y a employé s'use partout; les reliefs sont déjà défigurés, et ces ouvrages si récents ont un air de délabrement qui blesse l'œil. Pour les quais et les fondations à la mer, on a fait venir des quartiers de lave du Bas-Languedoc qui braveront le temps.

Il faut que l'absolue nécessité presse les peuples modernes, que d'inévitables circonstances leur en fassent une loi, pour qu'ils construisent avec solidité. Une sorte de hâte et de mesquinerie préside même à leurs ouvrages publics, dont la plupart, souvent inachevés, ne voient point le même siècle commencer et finir. Etaient-ils ainsi, ces peuples de l'antiquité qui nous ont laissé tant de modèles, et dont les monuments font encore l'admiration et la critique de notre âge ? En était-il de même chez ces peuples anti-historiques, couverts du voile épais des temps, qui ont élevé ces constructions dites *cyclopéennes*, parce que les masses, comme la durée, tout y est gigantesque? Il n'est que la force qui ait pu les convertir en ruines, et c'est le seul produit des travaux humains auquel se puisse appliquer le vers du poète :

Leur masse indestructible a fatigué le temps.

Ces peuples inconnus qui, moins égoïstes que nous, bâtissaient pour les générations, auraient recherché les matériaux qui répugnent à notre mollesse. Le dur granit des Albères, sous leurs mains patientes, aurait servi à élever des monuments aussi durables qu'elles. Dans ces constructions d'une date inconnue, composées de gros polièdres irréguliers dont les plans intérieurs se joignent sans interposition de ciment, et dont les têtes bien dressées forment une façade unie, tout était calculé pour une durée sans terme. C'est ainsi qu'on en voit à Sagonte, aujourd'hui Murviédro, dont l'état actuel remonte sans doute à la destruction de cette cité après son héroïque défense contre Annibal; à Volterre, ville antique des Etrusques; à la tour des Géants dans l'île de Gozo; à Napoli de Malvoisie, qui fut la citadelle d'Epidaurus-Limera; à Erythrée; à Mycènes, auprès de Smyrne; dans les remparts encore existants depuis plus de trois mille ans de Sypilus, la ville de Tantale, aïeul d'Agamemnon, dont le tombeau conservé est un des plus anciens ouvrages que nous ayons de la main des hommes, et à Tyrinthe, près d'Argos, où ces restes de la première architecture militaire des Grecs étonnent par la masse des blocs dont furent construites ses murailles et ses galeries, qui arrachèrent même à Homère une épithète d'admiration; gigantesques monuments de la puissance d'hommes qui ont brillé jadis, mais sur qui pour la plupart toute histoire écrite est silencieuse. Ces vestiges d'une ville qui s'éleva et fleurit au milieu de tribus anti-historiques, ont traversé tant de générations comme pour rendre témoignage des temps héroïques et fabuleux dont elle fut contemporaine. D'après le peu qu'en dit une histoire bien nébuleuse, là aurait été une des premières résidences d'Hercule, et les Cyclopes l'auraient bâtie; origine peut-être du nom générique que portent les constructions pareilles, éparses dans les contrées classiques, et qu'enveloppe la nuit des temps. Dans l'Asie-Mineure, M. Texier a découvert de beaux débris de cette architecture ancienne, des sculptures colossales aux flancs des rochers, et sur les frontières de la Galatie une ville inconnue de trois milles carrés d'étendue, dont les murailles, les palais, les temples sont cyclopéens et d'un appareil admirable. Il en existerait même au Mexique et sur les Andes du Pérou, où M. de Humboldt en a reconnu à une élévation de 1700 toises parmi les débris d'un palais des Incas. Mais ces œuvres, vénérables par leur antiquité sans mesure, sont surpassées toutes en magnificence par les ruines plus récentes de Persépolis, où les sculptures, les colonnades, les statues, d'une perfection qui étonne plus encore qu'on ne l'admire, semblent avoir été taillées en place sur les terrasses superposées et factices d'une montagne de marbre voisine de Schyras, comme par ces bas reliefs qui sont tout une histoire, admirablement conservés depuis les temps bibliques, de ces palais fabuleux de Balthazar, de cette grande Ninive si longtemps perdue et récemment exhumée du vieux sol chaldéen, restes précieux des villes impériales de Ninus et de Cyrus, que nous ne connaissions naguères que par ce que nous appellions les exagérations des historiens, et dont les insouciants possesseurs ont, comme tant d'autres, depuis longtemps oublié la science et la grandeur de leurs pères.

Aucun de ces monuments n'a encore parlé ; aucune tradition n'a jeté du jour sur les peuples qui en sont les auteurs. C'est que tous nos livres ne sont qu'un feuillet du grand livre des temps, et tous les récits transmis par nos devanciers, qu'un chapitre dans l'histoire du monde. Toute la terre n'est-elle pas couverte de pareilles énigmes? Quels sont les peuples qui ont creusé et sculpté les vastes souterrains d'Ellora, les cavernes de Sidon et même celle de la montagne de Haya, en Biscaye? A qui sont dûs les ouvrages depuis peu découverts dans l'île de Java, et ceux de Tinian? Quelle est la nation qui, sans connaître le fer, a su exploiter les mines d'or de la Sibérie, puisque tous les outils et les armes qu'on y a trouvés, étaient en cuivre, excepté des haches de pierre comme celles des anciens Gaulois? Dans une mine du Sclangenberg fut trouvé le squelette d'un mineur à demi minéralisé, ayant à son côté un sac de cuir rempli d'une ocre très riche en or. Ce peuple industrieux et inconnu que les Russes nomment *Tschouds*, et dont les tombes remplies d'objets en or bien travaillés sont encore éparses sur les bords de l'Enisseï, n'a cependant point laissé de restes d'édifices. Aurait-il donc été nomade, comme le sont encore tant de hordes voisines ? Quel peuple a construit ces tumuli de cent pieds de haut comme à Saint-Louis du Mississipi, ces retranchements, ces vastes circonvallations en terre, produits d'une grande puissance de bras sur lesquels ont cru des arbres de mille ans, qui arrêtent les voyageurs sur les steppes et dans les forêts de l'Amérique du Nord, habitées de nos jours par des peuplades, à peine capables de se dresser une hutte, et si nombreux que dans les vallées de l'Ohio et de certains de ses affluents on ne peut parcourir vingt milles sans en rencontrer ? Qui a bâti cette ville en briques dont les ruines récemment découvertes et nommées *ville d'Aztlan* par les Indiens, couvrent plusieurs milles sur les bords déserts de la rivière du Roc, du même continent, dans l'ouest de Washington ; et qui a laissé sur la côte des Mosquitos, chez des Indiens tout à fait sauvages, des vases de granit ornés d'élégantes arabesques et des masques de terre pareils à ceux des Romains? Quelles mains ont gravé sur les rochers du Massachusetts des caractères inconnus, et ceux de l'embouchure de l'Arvoredo dans le Brésil qui ont 40 pieds de hauteur et se voient de demi-lieue en mer? Et quelles autres ont couvert de bas-reliefs gigantesques, certainement historiques, ces roches sculptées dans les contrées les plus désertes de l'Asie, et élevé les grandes murailles qui circulent dans ses vastes plaines? Quels sont ces personnages pour qui la science moderne cherche en vain des noms et des dates ? Connaissons-nous enfin les peuples qui ont élevé le temple et la forteresse de Cusco, celle de Tumbez, le mur de pierre de 30 milles de Huacache, des canaux d'irrigation de 150 lieues, des chaussées de 500 et d'autres monuments du Pérou dont les habitants à l'époque de la conquête étaient certainement incapables.

Mais c'est dans le Mexique, terre classique de la civilisation et des arts, dans cet autre monde qui n'est plus le nouveau, qu'abondent des monuments dus à des mains plus habiles, épars dans toute l'étendue du pays. Ce n'est pas seulement la fabuleuse cité de Palenque, la Palmyre d'Amérique, aux temples de granit demi-égyptiens, aux grandes sculptures sur marbre où l'on a cru reconnaître la croix ; la ville déserte de huit lieues d'étendue, située non loin de l'isthme fameux que son admirable position a destiné à devenir le centre du commerce du monde ; c'est le temple de Mitla, la ville des Morts, aux murailles de mosaïque, aux ornements presque grecs, et les pyramides couvertes de hiéroglyphes de Cholula, la ville sainte. Ce sont de vastes tumuli en pierre percés de galeries voûtées en ogive ou à plein cintre ; des théocalis ou grands autels en plein air de 80 pieds de haut, de formes diverses et toujours orientés ; des pyramides quadrangulaires différentes de celles de l'Egypte ; des forteresses presque européennes sur des points inaccessibles ; des ponts et des aqueducs cyclopéens ; les ruines d'Itzalan dans le Yucatan dont les hiéroglyphes commencent à parler, sous les persévérantes investigations de M. Warden le savant explorateur de Palenque ; la gigantesque pyramide de Xochicalco sur une colline taillée de même en retraites successives sans aucun escalier en dehors et percée de souterrains dans le roc et dans sa masse. Ces milliers de momies qu'on vient de déterrer dans les environs de Durango dont les enveloppes, les bandelettes et les ornements sont les mêmes que pour les momies égyptiennes ; et enfin une multitude de fabriques imposantes par leurs caractères et leurs dimensions et des statues, des bas-reliefs en pierre, en granit, en jade, en porphyre dont le nombre croît chaque jour. Tous ces monuments de sociétés puissantes ayant formé jadis les empires d'Anahuac et de Guatimala qui ont laissé mourir tous leurs échos, sortis depuis à peine un demi-siècle de ce long oubli qui a compris tant de siècles, sont plus remarquables par leur solidité que par la perfection de l'art, mais ne sauraient être dus aux Mexicains trop peu avancés du temps de la conquête. D'ailleurs tout y révèle une haute antiquité ; et ces vastes constructions pourraient être comparées pour le grandiose aux monuments de l'Egypte que déjà l'on peut croire n'avoir pas été sans rapports avec le peuple primitif du Mexique. Ces masses, produits de l'art humain, qui dominaient autrefois les forêts, portent maintenant des forêts séculaires sur leurs combles écroulés, et tout porte à croire que leur abandon date au moins de deux mille ans, si elles ne sont contemporaines de ce que recèlent de plus antique l'Egypte et l'Inde, premiers berceaux pour nous des sciences et des arts. Je ne sais si l'Inde offrira jamais aucun témoin qui puisse lutter d'antiquité avec ce qu'on a découvert en 1837 dans l'intérieur de la troisième pyramide de Memphis, la moindre et la plus richement construite, déjà fouillée et dévastée par les Arabes. Dans la pièce centrale sur des décombres, fut trouvé le dessous en bois de sycomore d'un cercueil avec quelques débris de linge et d'ossements. Plus bas dans la chambre sépulcrale était le sarcophage qui l'avait renfermé. Sur le bois du cercueil était gravé un cartouche hiéroglyphique où l'application des principes de Champollion a fait découvrir le nom du roi *Menkaré*, nommé Mencharès par Manéthon, prêtre lui-même d'Egypte, et Mycerium par Hérodote. La liste des rois donnée par Manéthon qui vivait 300 ans avant Jésus-Christ, regardée longtemps comme entièrement idéale, a été assez justifiée par les recherches modernes et les étonnantes découvertes de Champollion pour qu'elle mérite confiance. Ainsi d'après lui ce serait Suphis Ier qui aurait construit la plus grande pyramide de Memphis, Suphis II la seconde, et la troisième l'eût été par Menkaré dont il fixe l'existence 37 siècles avant notre ère, c'est-à-dire 5,500 ans avant nous ; au delà même de l'époque la plus reculée (5,400 ans) que les livres saints fixent pour la régénération presque totale du genre humain par une catastrophe générale, au delà du déluge de Noé. Deux planches mutilées, attachées par des clous de bois, que l'air sec de l'Egypte aurait éternellement conservées, et que le climat de Londres aurait bientôt pourries, tel est le simple témoignage d'une antiquité qu'on n'ose presque énoncer,

5,300 ans! Où sont donc dans les temps écoulés les limites de la civilisation?

Sortons de ces zones obscures et revenons à notre Europe qui énorgueillie de son savoir ne peut se vanter de bien longs souvenirs. Les tombeaux scandinaves, les murs pélagiques d'Espagne et d'Italie, et jusqu'à nos dolmens et nos menhirs, nos pierres de Karnac et le Stonehenge, ne tiennent-ils pas à des temps effacés de nos annales? Après avoir prononcé les noms de Celtes ou d'Etrusques, de Slaves ou d'Ibères, ou tout autre aussi vague, comme on a nommé fondateurs de Palenque les Aztèques qui trouvèrent ses magnifiques ruines dans l'état où nous les voyons, pouvons-nous ajouter un mot de plus? Nous ne savons pas lire sur des monuments qui sont toujours sous nos yeux et nous nous plaignons de l'absence de hiéroglyphes sur la pyramide de Xochicalco et sur les hideuses idoles de Mitla, lorsque Palenque et Ocozingo en offrent qui nous seront peut-être toujours indéchiffrables? Nous en sommes encore à disputer sur celles de l'Egypte que nous connaissons depuis plus de mille ans. Les caractères à tête de clous prodigués sur les débris que renferme la ville de Van en Arménie comme ceux que porte encore le marbre de Persépolis, sont muets; on commence à peine à déchiffrer l'écriture cunéiforme empreinte sur les briques de Babylone, et nul parmi nous ne sait la langue des puissants Phéniciens, inscrite toujours cependant sur les ruines de Carthage. Savons-nous lire enfin les épitaphes de cette grande nécropole de la puissante Vulci qui donna des rois à Rome, les tables de Gobbio, et toutes ces lignes écrites sur des vases riches de forme et de peinture et sur tant de marbres façonnés par des mains étrusques, osques ou ombriennes, seuls témoignages laissés par les vieux possesseurs de l'Italie que Rome fit périr avec les langues qu'ils parlaient, sous les pas de ses terribles légions.

Mais que serait-ce si de toutes ces ruines, de tous ces débris d'arts perdus, nous voulions remonter à celles que la nature a faites, sans parler de ces annales d'une effrayante

antiquité qui n'appartiennent qu'à l'histoire du globe? Cette Catane au pied de l'Etna, qui toujours s'obstinant sur son rivage si beau et si fatal, compte déjà trois ou quatre villes superposées dont le curieux va chercher les restes toujours somptueux dans les entrailles de la terre et sous les laves qui les ont renversés à des intervalles inconnus. Sommes-nous sûrs encore d'avoir vu la plus ancienne? Ce Vésuve dont le siècle d'Auguste a le premier enregistré les éruptions, lorsque Pompeï, une des plus anciennes villes de cette côte, pavée d'une lave pareille à celle des rues de Naples, disparut sous une tempête vomie de ses entrailles brûlantes, qui nous dira quand ont commencé ses ravages? Et ces volcans d'Auvergne, dont les déjections profondément étagées et entremêlées de traces de la main de l'homme composent un pays, qui nous dira l'époque où leurs feux ont cessé? Ce langage du philosophe inquiet de ne pouvoir percer la nuit des temps écoulés, déjà Platon dans son style solennel l'avait prêté aux prêtres de Saïs, archéologues de la vieille Egypte, lorsqu'ils disaient, à 2,400 ans de nous, au législateur d'Athènes :
« O Solon! vos Grecs sont toujours des enfants, et vous n'avez
« aucun souvenir qui remonte aux anciens jours du monde,
« aucune science blanchie par le temps..... Vous ne savez ni
« vos annales ni les nôtres parce que la renommée est restée
« sans voix. »

Tous ces faits et mille autres sont les preuves d'anciennes civilisations dont la trace est perdue ; certains, même, peuvent se rapporter à une civilisation anté-diluvienne qui aurait été éteinte par quelqu'un des derniers cataclysmes qui ont bouleversé le globe. En admettant cette cause, le petit nombre d'individus épargnés dut se répandre sur les terrains nouvellement mis à sec, et ce n'est que depuis cette époque que les sociétés nouvelles ont repris une marche progressive, et que la civilisation moderne a été recommencée, ce qui laisse des champs bien vastes aux investigations pour percer les ombres des temps qui ont précédé toutes les annales et qu'il est sans doute rationnel de renfermer dans la période géologique actuelle. Les constructions cyclopéennes de notre continent seraient-elles l'ouvrage de ces Berbéris, Ibères ou Pélages qui, suivant d'antiques traditions recueillies par Hérodote et les historiens les plus reculés, seraient descendus des plateaux de l'Ethiopie pour se répandre sur les rives de la Méditerranée? Les traces d'anciens peuples civilisés trouvées en Amérique, seraient-elles dues à quelque émigration des Tschouds qui, ayant passé d'un continent à l'autre par le détroit d'Alaschka, ou par les îles Aléoutes, auraient gagné des climats plus doux en suivant la chaîne septentrionale des Andes, où ils n'auraient pu transporter leurs troupeaux ni leurs semences, ce qui expliquerait comment on n'a trouvé dans toute l'Amérique presque aucune peuplade qui connût le lait et les céréales; ou à cette tribu des *Hiongnoux* qui, selon les annales chinoises, disparut du nord de la Sibérie où son chef *Punon* l'avait conduite, et qui aurait franchi ce détroit pour reparaître au Mexique et au Pérou bien avant les Tultèques et les Aztèques qui n'y arrivèrent qu'au viie et au xiie siècles? Des inductions plus directes peuvent êtres déduites d'autres faits moins contestables sur d'antiques communications entre les deux continents.

Les Aztèques, peuples de Montézuma, trouvèrent debout au Mexique les constructions que nous admirons aujourd'hui, et les attribuèrent aux Tultèques qui les y avaient devancés. Mais ceux-ci chassés du nord où, suivant des traditions mexicaines, ils étaient venus par mer, par les hordes septentrionales de l'Asie, qui suivant sans doute les mêmes voies, avaient passé en Amérique avant le vi^e siècle, à l'époque où du même plateau central de l'Asie d'autres hordes des deux races si diverses, Tartare et Caucassienne, fondaient à l'opposite sur l'Europe, n'avaient rien construit de pareil sur leur gîte primitif où nul vestige en pierre n'a été reconnu. Ces monuments leur sont donc antérieurs, ainsi que ceux de Palenque, dont les compagnons de *Cortez*, fort étrangers à ce que nous nommons maintenant la philosophie de l'histoire, n'entendirent jamais parler.

Les types des figures humaines représentées sur les ruines de Palenque sont remarquables par l'applatissement considérable du front, caractère que présentent encore de nos jours une foule de peuplades du nord et du sud. Ces traits communs joints à tant d'idiomes qui ont entre eux une grande affinité et ne dérivent d'aucune langue de l'ancien monde, malgré quelques faibles analogies qui peuvent provenir des peuples du nord de l'Europe et de l'Asie que des événements peut-être fortuits paraissent avoir amenés à des époques historiques sur les terres américaines, sont des indices frappants des caractères autochtones des populations primitives ayant longtemps existé avant les irruptions des Tultèques et des Aztèques.

S'il paraît certain que les Tartares et les Mongols, même les Chinois d'après leurs annales, aient eu des rapports, soit par migration, soit par le commerce, avec le nord de l'Amérique dès le ve siècle, on ne peut pas douter également que d'autres communications n'aient existé avec l'Europe longtemps avant la découverte de Colomb. Ainsi, d'après les sages scandinaves, il est certain qu'avant le xie siècle les Normands, qui déjà avaient des colonies dans le Groenland, avaient découvert les côtes de l'Amérique du nord qui leur étaient voisines; et que ce fut en l'an 1000 que Leif Erickson reconnut de nouveau ce continent qu'il nomma *Vinland*, à cause des vignes sauvages qui y croissaient, depuis au-dessus de Terre-Neuve jusques vers les 42° de latitude, et y forma le premier établissement. Des relations suivies s'établirent avec cette Amérique normande, par les îles de Fœrroer et l'Islande, comme points intermédiaires et se continuèrent longtemps. A cette époque appartiennent les ruines d'églises trouvées à Terre-Neuve et sur les côtes du Labrador. Ces rapports paraissent avoir cessé vers le milieu du xive siècle, plus de 200 ans avant l'expédition de Colomb. Enfin, des Vénitiens au xive siècle, des Polonais et des Allemands au xve, y touchèrent à divers points même un pilote basque-français qui revint mourir à Terceire dans la propre maison de Colomb, avant qu'il ne fût parti pour l'autre hémisphère. L'épée de forme romaine ancienne trouvée dans une tombe à Montevideo, des lampes, des vases peints extraits des tombeaux des Incas, ressemblant à ceux que renfermaient des tombeaux d'Egypte, à des modèles grecs, même à des amphores romaines (et l'on sait que les Egyptiens ont transmis leurs arts aux Grecs et ceux-ci aux Romains), viennent fortifier ces indices.

Si ces faits corroborés par des analogies existantes entre les idiomes, sont exacts, pourquoi regarderait-on comme fabuleux certains voyages lointains célèbres dans l'antiquité, tels que celui d'Himilcon, carthaginois, en Amérique vers le IIIe siècle, ou ceux des Phéniciens les plus hardis navigateurs de leur temps dans des mers reculées, avec des vaisseaux qui par la force de leurs rames pouvaient marcher contre les vents et les courants. Les connaissances qu'ils possédaient en astronomie et dans l'art nautique pouvaient suppléer à la boussole, que peut être ils n'ignoraient pas puisque dès longtemps les Chinois s'en servaient, lorsqu'ils allaient se charger des riches produits d'Ophir et de Tharsis, encore inconnus pour nous, et qui pourraient bien n'avoir été que l'Amérique. Comme encore l'émigration dans une direction inconnue, des dix tribus d'Israël captives de Salmanazar, 700 ans avant notre ère, qui suivant Bossuet, se perdirent tellement parmi les Gentils qu'on ne put plus en découvrir de trace, et qui, par la Médie puis par le nord de l'Asie, auraient pu passer en Amérique. Cette idée serait fortifiée par les rapports que M. Paravey a trouvés entre les indigènes du plateau de Bogota et les Japonais, les Arabes et les Basques, ces derniers appartenant, ainsi que les Hébreux, à la grande race sémitique descendue du plateau éthiopien ; et combien d'autres voyages que nous ignorons peuvent avoir eu lieu, de l'Orient surtout, plus voisin et plus anciennement peuplé. Si même l'on rapproche les traditions péruviennes qui attribuent le culte du soleil aux Aztèques venus du pays inconnu d'*Atlan*, (cette terminaison *lan* ou *land* qui dans plusieurs langues de l'Europe signifiant *pays*,) et les noms d'Itzalan et d'Aztalan que l'Indien donne encore à ces ruines qui furent de grandes villes, du nom de cette grande et mystérieuse terre dont la disparition au sein de notre Océan fut attestée par ces mêmes prêtres de Saïr les plus vénérés de leur temps par leur science, et dont pourraient peut-être encore témoigner ces courants circulaires peu connus de l'Atlantique ainsi que ces forêts de joncs sous-marins, marqués sur les cartes du xvie siècle qui semblaient végéter sur un sol à fleur d'eau, qui pourrait affirmer que l'Atlantide de Platon ne fut pas une réalité, et que les édifices du Yucatan et du Guatimala, qui n'ont actuellement d'analogues sur aucun autre point du globe, ne furent pas liés à l'existence de cette terre fameuse qui ne sera peut-être pas toujours problématique et dont une partie seulement se serait abîmée ?

Mais plus encore dans un autre de ses livres, le *Critias*, venu par miracle jusqu'à nous, lorsque ce même Platon, que toute la Grèce salua du nom de *Divin* pour sa suave éloquence et sa sagesse, c'est-à-dire pour son vaste savoir, avec des traits toujours crus romanesques, fait comme la topographie de la capitale des Atlantes qui semble calquée sur le lac et les chaussées de l'ancien Mexico ; lorsqu'il parle de l'opulence de ce peuple que nous avons regardé comme idéal, de l'or et de l'argent qui brillaient sur ses vêtements, dans ses demeures et dans ses temples, comme le faisaient les compagnons de Cortez reportant en Europe les riches dépouilles arrachées aux sujets de Montézuma, et qu'il dépeint cette île immense de Neptune s'étendant aux deux pôles, comme le Nouveau-Monde entre ses deux vastes mers ; si on se rappelle que le Péruvien regardait comme son berceau le pays d'Atlan dont rien autre que le nom n'était resté dans sa mémoire, qui ne serait frappé de ces étonnantes similitudes qui fixant enfin le sort de la célèbre Atlantide, sujet insaisissable de rêves sans appui et désespoir des érudits, la feraient reconnaître dans l'Amérique actuelle, dépouillée désormais de ce faux vernis de jeunesse dont on s'était trop hâté de l'affubler. Mais par quelle suite d'événements et de catastrophes, des peuples éclairés, habiles, puissants, seront-ils disparus sans laisser de traditions suivies parmi les races rétrogrades et pour la plupart redevenues sauvages qui leur ont succédé ?

Tant d'inductions réunies font difficilement résister à la conviction que dès l'antiquité la plus éloignée comme dans les temps modernes antérieurs au voyage de Colomb, l'Amérique a été visitée, peuplée, civilisée par diverses nations des autres parties du globe, et à la pensée probable que les vieilles sociétés de l'Amérique centrale, qui ont laissé jusqu'à nous des traces si remarquables du haut point où les arts y étaient parvenus, ont été troublées et leur civilisation anéantie par les mêmes causes et dans le même temps que la civilisation romaine, sous l'irruption des hordes parties des mêmes contrées de l'Asie, disparaissait dans les ténèbres du moyen-âge. Ce sera vraisemblablement à l'étude des langues de la Chine et de la Tartarie que l'on devra le plus de lumières sur ce grand sujet. Mais les sages et les poèmes du Nord, les traditions populaires mêmes, sont une autre source précieuse qui, explorée avec patience, parviendra un jour à faire résoudre une foule de problèmes historiques sur les voyages maritimes des premiers siècles du moyen-âge, sur les étonnantes ressemblances qu'offrent les traditions religieuses, les divisions du temps et les œuvres de l'art dans l'Amérique et dans l'Asie orientale, et pourra jeter quelque jour sur les migrations des peuplades mexicaines et sur ces centres primitifs de civilisation qui brillèrent à Aztlan, à Quivira et dans la Louisiane supérieure, ainsi que sur les plateaux de Cundinamarca et du Pérou.

Que d'intérêt n'offrent pas aux érudits, même à toute intelligence cultivée qui est simplement un peu curieuse, tant de thèmes nébuleux sur lesquels, à défaut de notions positives, nous n'avons que des hypothèses ou des conjectures trop vagues pour que l'esprit soit satisfait. Mais l'art et la science vivement intéressés par de telles exigences suspendues sur presque toutes les contrées de la terre, ont commencé à les explorer, et l'impulsion qui de nos jours porte tant d'esprits distingués à reconstruire notre histoire dans de vieilles annales trop oubliées, et tant d'hommes courageux à rechercher au travers des espaces dépeuplés les éléments perdus de celle des nations qui les habitèrent, dont quelques restes sont disséminés maintenant sur les traits et dans les idiomes de leurs descendants redevenus sauvages, comme sur des monuments que les siècles ont respecté, doit nous laisser croire que par tant d'efforts réunis quelque lumière enfin jaillira de cette ténébreuse antiquité qui ne nous a laissé que de muets témoins. Tant de richesses acquises depuis peu d'années à la science qui l'explore, viennent confirmer cet espoir :

Les *Védas* qui nous révèlent l'Inde primitive ;

Les livres sacrés du Népaul qui font assister aux premiers développements du Boudhisme ;

La connaissance plus étendue des antiquités de la Chine ;

L'immense exploration toujours continuée de cette inépuisable Égypte, terre classique des temps anciens, depuis le Delta jusques vers les dernières sources toujours mystérieuses de son fleuve ;

Les monuments anciens de la Phrygie, de la Lycie et de la Cappadoce ;

La grande nécropole de Vulci des vieux Étrusques ;

La numismatique des successeurs d'Alexandre dans l'Inde ;

Les colossales constructions du Mexique, médailles non déchiffrées et rivales des monuments égyptiens ;

Et enfin l'heureuse découverte de Korsabad et des palais de Ninive, ces merveilles bibliques exhumées après vingt-cinq siècles.

Terminons cette trop longue digression qui m'a porté si loin de Port-Vendres ; toutes les régions, comme toutes les époques, ne sont-elles pas du domaine de la *folle de la maison*, qui joue avec les temps et les espaces.

Le bassin est défendu par trois forts, ceux du fanal et de Béarn à l'entrée du chenal, et le fort Mailly plus important, dans l'intérieur sur un rocher qu'isolent de terre les hautes eaux. Près du premier, du haut de la falaise qui couvre le port, est en vue tout le fond du golfe où se réfléchissent les premières cimes que frappe le soleil du matin, jusqu'au promontoire de Loucate, moins célèbre que son homonyme qui vit le désespoir de l'illustre fille de Lesbos. La mer bleue et calme ne portait aucune voile ; je descendis dans les creux des rochers, où étaient à peine sensibles les molles ondulations des eaux, et je me plaisais à voir au travers de leur limpidité les plantes marines qui y forment de brillants tapis : prairies habitées, où se promène le cancre à la marche oblique et rapide. Ces falaises verdâtres, à couches quartzifères et micacées dont la surface est sillonnée et rongée de mille manières, sont criblées de trous et caverneuses comme la plupart des roches calcaires battues des flots. Sur leurs plateaux balayés par les vents, croissent des plantes des rivages dont la plupart m'étaient nouvelles : de petites espèces de plantains, des immortelles, des cistes visqueux, des panicauts améthistes qui, descendus des Pyrénées, se trouvent aussi aux rives de la Garonne, des statices qui partagent avec un petit nombre le privilège de croître à toutes les hauteurs, et de très belles vipérines étalées ou pyramidales. Je laissais errer mes regards sur cette mer qui rappelle de si grands souvenirs, car là furent toutes les origines de notre civilisations européenne, lorsque une barque chargée de rameurs sortit du chenal et glissa sur sa surface. C'étaient des jeunes gens qui, suivant la coutume de cette côte, allaient pêcher pendant la nuit de la Saint-Jean, pour offrir au point du jour, à leurs maîtresses, un poisson auquel sont attribuées des vertus particulières. En effet, de tous les points du Roussillon partaient en même temps de pareilles embarcations qui, favorisées par une légère brise, s'avançaient droit au large. Toutes ces petites voiles, blanchissant sur le bleu des eaux, ressemblaient à des goëlands éparpillés, et la nuit qui s'annonçait belle leur était d'un bon présage.

Mon camarade était descendu pour se baigner; les soldats avaient reporté leur ennui dans le fort, et seul au haut de la falaise, dans un air doux chargé d'émanations odorantes, je restai livré aux réflexions que de tels lieux inspirent. Quel spectacle attachant que la mer dans sa tranquillité, avec sa ceinture de roches où des rides légères viennent finir mollement! Quelle pureté dans les eaux qui ne voilent pas même ces tapis sous-marins, ces algues aux reflets variés, revêtant le fond de jolies conques qui semblent appeler aux plaisirs du bain, comme dans les lointains espaces que teignent partout les douces couleurs du ciel. Sur ma tête se meut lentement un voile élevé de nuages; le soleil du solstice descend derrière les Pyrénées, et déjà sa lumière réfléchie s'affaiblit sur la plaine azurée et sur les mornes qu'elle baigne, tandis qu'il réserve ses dernières faveurs pour l'horizon du Languedoc qui brille encore de ses feux. Tout est calme sur ce vaste miroir, et l'Océan n'a jamais connu le repos. Les rivages de la mer Atlantique où règne toujours comme l'agitation d'une tempête, les débris qui les couvrent et leurs sables amoncelés en montagnes, comme pour cacher au marin les charmes de la terre, ne donnent que des impressions tristes; on éprouve même une sorte d'effroi en présence de ces forces de la nature irrésistibles, éternellement destructives. Ici, comme sur les rives d'un beau lac, l'imagination s'unissant au repos général, se laisse aller à de paisibles méditations; mais qu'il est à redouter ce calme trompeur! Toutes ces barques remplies d'hommes qui dans leur force, au début de la vie, obéissent au plus doux des sentiments, comme leurs pères lorsque jadis ils sacrifiaient à la déesse des Amours, déjà loin de la terre, semblables à des bâtons flottants, ont peine à paraître sur cette immense étendue. Ce sont des points au milieu de l'infini; et qu'il en coûterait peu à l'abîme pour tressaillir et les engloutir à jamais! Que l'homme est petit devant les grandeurs admirables de la création! Quel est celui qui à l'aspect du réservoir sans borne, comme des monts aériens et du ciel étoilé, sublimes de la nature, n'a jamais été ému jusqu'au fond de son cœur devant cette puissance suprême, source de toutes choses, qui maintient l'ordre dans l'univers?

Le lendemain tout avait disparu sous une épaisse bruine; adieu dès-lors le magnifique spectacle que la terre et les eaux, à leur réveil, nous auraient offert du haut du cap Béarn, morne isolé, qui porte le dernier sémaphore de la ligne française. Vers huit heures, le ciel n'étant plus que couvert, nous en prîmes cependant le chemin en passant sur des tas de varech au pied du rocher du fort Mailli que cernent les hautes eaux. Sur les talus incultes qui succèdent aux vignes, des arbustes et des plantes aromatiques embaumaient l'air. C'est ici que la Flore terrestre et maritime prend un aspect tout méridional, aucune de ces plantes ne croissant spontanément au nord des Pyrénées. Parmi les touffes d'un beau ciste qui y abondait, je reconnus le romarin, diverses sauges, de jolies vipérines rouges ou à fleurs violettes terminales, la lavande *stœchas* surmontée d'une houppe purpurine, et une grande quantité d'immortelles nuancées du roux au jaune vif, dont l'odeur très agréable dominait toutes les autres. En parcourant ces rampes qui ne produisent que des plaisirs pour l'odorat, il me semblait être sur les coteaux de la Provence, cette *gueuse parfumée*, suivant l'expression d'un bel esprit.

Les observations botaniques de Della-Cella, en Libye; de Desfontaines, en Barbarie; de Bory-Saint-Vincent, en Andalousie, et de plusieurs autres naturalistes qui ont exploré les côtes de la Méditerranée, ont fait reconnaître qu'à peu d'exceptions près, les plantes littorales sont les mêmes en Palestine, en Egypte, en Barbarie, dans l'Asie mineure et dans la Grèce que sur les côtes de France et d'Italie, et sur les versants orientaux de l'Espagne. Ainsi en herborisant sur les hauteurs maritimes du Roussillon, on peut connaître la physionomie de cette Flore dont l'identité est d'autant plus singulière que l'aspect général de la végétion change dans tous ces pays en passant sur les versants opposés. Du cap Finistère au cap Vert, on trouve bien quelques plantes de la Méditerranée; mais il en est beaucoup qui ne s'y voient pas, et qui ne se retrouvent que dans les îles de l'Atlantique, appartenant ainsi à une autre Flore d'un aspect particulier qui règne principalement du nord au sud, tandis que celle-ci s'étend de l'ouest à l'est. Si dans un cercle agrandi, l'observateur comprend tous les rapports extérieurs qui caractérisent les contrées, il verra avec quelque surprise que sur le périmètre de cette immense zône méditerranéenne qui de la péninsule Ibérique s'étend en Afrique et en Asie, ciel, qualités du sol, formes, aspects, productions, tout y est pareil; circonstances remarquables dont l'ensemble peut concourir à expliquer le berceau de notre civilisation, comme les similitudes de toute nature entre tant de nations qui se croisaient sur les eaux à l'époque brillante où les sciences, les arts et la puissance qui en est la suite, tout ce qui honore l'esprit humain, et qui ailleurs commençait à pâlir, était venu se concentrer autour de ses rivages. Le problème souvent énoncé du rapport des niveaux de l'Océan et de la Méditerranée, vient d'être résolu directement par le grand nivellement exécuté dans les Pyrénées par MM. Corobeuf et Peytier, ingénieurs géographes, qui ont démontré l'égalité de hauteur de la surface des deux mers.

La cime du morne n'est qu'un chaos de fragments de schistes primitifs où est établi le sémaphore, arbre vertical dont les signaux s'exécutent au moyen de trois bras mobiles attachés à charnière du même côté et par les pavillons divers que l'on hisse. Au-dessous, dans un creux, est la baraque des gardiens exilés dans cette solitude battue des vents où les bourasques sont terribles. Combien je regrettai que le soleil du solstice ne fût pas venu jeter sa vive lumière sur le grand panorama du cap Béarn; mais la nature attristée était majestueuse encore sous son voile nébuleux. Le petit port sous nos pieds avec ses forts, sa ceinture de roches et de quais vivants, sous les masses des Albères qui l'enveloppent, offrait un joli plan; et au loin, sortant de la mer avec ses blanches grèves, la plaine du Roussillon, où pointaient distinctes l'église d'Elne, la tour de Ruscino et la citadelle de Perpignan, s'élevait de partout en rampes verdoyantes. Ce plan étendu, qui jadis fut un golfe, tout champs, vignes ou oliviers jusques sur les gradins de son immense amphithéâtre; les blanches Corbières au-delà des collines où mûrit le Rivesaltes, la terne barrière du Valspir, granit ou bois de liéges, et le grand Canigou aux cimes neigeuses confondues dans la nue, forment un admirable tableau sous le soleil, à côté de la Méditerranée opposant son calme, sa teinte sans nuances et son niveau parfait; mais alors ce n'étaient que de vertes eaux se fondant dans les brumes où mes yeux, perdus dans le vague, cherchaient, par un effort d'imagination, à percer jusqu'aux rives africaines.

Parvenus au point le plus éloigné de nos courses, la terre fuyant sous nos pieds, *ubi defuit orbis*, nous ne pouvions faire un autre pas sans risquer la plus terrible des chutes. Le revers de la montagne, coupé à pic, n'était que précipices sous les regards plongeant jusqu'au fond découpé en rivage, où la couleur foncée de l'eau trahissait sa profondeur. Derrière soi quel contraste! Du pic de Salfares, dernier sommet des sauvages Albères, par de brusques ressauts descendent deux contreforts schisteux appuyés sur le granit, l'un vers le cap Béarn et l'autre au cap Cerbères, où se confondent les limites politique et naturelle, laissant entre eux une large dépression remplie de verdoyants monticules. Tout en bas, sur la rive, y est comme caché le village de Bagnouls, le dernier de France, qui par sa position ne doit connaître que pêche et contrebande ; il semble que les montagnes se sont entr'ouvertes pour offrir cet asile à des misanthropes pressés de rompre tout commerce avec le monde. Sur cette côte dentelée, les saillies et les anses se succèdent jusqu'au cap Cerbères, où elle disparaît pour se remonter à la hauteur de Llança, première ville espagnole, et se terminer à la pointe du cap Creous, autrefois *promontoire d'Aphrodise*, à cause du voisinage de *Portus-Veneris*. Ici est manifeste l'erreur commise par tant de géographes qui ont désigné le cap Creous à l'extrémité d'un appendice méridional de la crête, comme le terme de l'arête pyrénéenne, tandis que du pic de Salfares le contrefort principal descend droit sur le cap Cerbères et lui confère ainsi cet honneur. Nous avions donc sous les yeux les derniers rochers de la chaîne, conservant toujours quelque grandeur et un aspect sauvage jusqu'au pic extrême qui lit sur les deux plages et sur les deux versants. Après lui tout se précipite vers le rivage, et les Pyrénées vont se cacher pour toujours sous les eaux.

On est surpris du grand nombre de tours que portent les Albères, et sur leurs plus hautes cimes, comme celle de la Massane, qu'on voit de tous les points du Roussillon. Nulle part les Pyrénées n'en montrent dans de si hautes stations : sur cette double frontière, ayant à surveiller la mer et le continent, les pirates de la terre et des eaux, on avait multiplié les points d'observation, afin de pouvoir le plus promptement possible donner avis au pays du danger qui le menaçait. Des rafales, en ramenant la bruine, nous forcèrent à reprendre à la hâte le chemin du port, où la montagne elle-même nous abritait contre l'incommode sud-est. Notre hôtesse, qui, amie des pêcheurs, avait toujours le droit de choix, nous attendait pour nous régaler de rougets, de congres, de langoustes et d'autres produits de la pêche de la nuit. Nous nous remîmes ensuite en marche pour rentrer dans les montagnes par la vallée du Tech et effectuer l'ascension du Canigou.

D'Argelez nous gagnâmes un plateau parallèle aux Albères, sec, caillouteux et d'une végétation maigre toute méridionale, plaine ancienne formée des débris des hauteurs granitiques qui la cernent au sud et à l'ouest, et postérieurement traversée par le Tech à son débouché vers la mer. Si les plaines inférieures sont productives, elles le doivent aux détritus calcaires et argileux que leur envoient les Corbières par la Gly et les basses montagnes du Conflans. A l'opposite, ce plateau est séparé des Albères par la dépression longitudinale du vallon de Sorrède, qui, profitant de leurs maigres eaux, plaît à l'œil par ses champs cultivés et sa verdure, en contraste avec la nue âpreté qui caractérise le chaînon. Ses masses brusquement redressées et coupées de profondes ravines où le granit est partout à nu, et dont les teintes ternes ne s'interrompent que là où de tristes chênes verts couronnent les crêtes de l'ouest, sont toujours désertes et repoussantes, excepté sur les premières pentes, où quelques chapelles et des ermitages rompent leur monotonie. Au-dessus du village de Sorrède, il en est qui, entourés d'arbres qu'arrosent de précieuses fontaines, offrent d'agréables sites. Longtemps abandonnés, ces ermitages avaient revu de nouveaux hôtes. On conçoit qu'en de tels lieux des hommes désabusés du monde et à l'abri désormais de ses misères puissent, dans leur paix profonde, dans leurs longues heures de méditation, en présence de la mer et des montagnes, élever constamment leur âme vers l'auteur d'une si belle nature. Cette existence contemplative peut même avoir de l'attrait pour une imagination enthousiaste; mais pour la supporter loin de la vie sociale, loin du bonheur de la famille, il faut que de longs malheurs, beaucoup d'espérances déçues aient éteint tous les regrets; surtout que ces peines du cœur, qui ne s'effacent jamais, aient longtemps fait désirer l'absolue solitude comme le port unique où il soit possible de couler sans trouble les dernières heures de la vie. Les Catalans roussillonnais ont toujours le même zèle pour les cérémonies religieuses et pour visiter les Madones et les ermitages, autrefois très nombreux dans leur pays. Parmi les pélerinages qui ont été rétablis, les plus célèbres sont ceux de Saint-Antoine de Galamus, de N.-D. de Sorrède et de N.-D. de Consolation, situé sur la montagne près de Collioure, vers la tour de la Massane. La religion, cependant, n'y attire pas seule au jour solennel de la *festo majo*, car sur le chemin de la chapelle on ne manque pas de voir les jolis tableaux de la danse catalane.

CHAPITRE V.

Vallée du Tech. — Céret. — Fort-les-Bains. — Arles.— Danses catalanes.— Corsavi.

Après quatre heures de marche, on joint les bords du Tech, près de la petite et ancienne ville du Boulou, en vue du débouché de la vallée qui, large et fertile, s'enfonce entre les monts boisés de la crête succédant aux Albères, et des chaînons stériles émanés du Canigou. Au fond de ce riche bassin se distingue la ville de Céret; et le Fort les-Bains, élevé plus loin sur un morne isolé, semble en être la citadelle. Les pentes croisées d'Arles terminent le paysage. Fatigués de l'atmosphère des basses plaines et de leur sécheresse, nous étions impatients de retrouver un air vif et tonique et des gazons frais. Il n'était que six heures; nous nous déterminâmes à aller coucher à Céret, sur l'assertion du guide, qui dut nous quitter pour se rendre à l'écluse au pied du Perthus de Bellegarde, qu'en deux heures nous y serions rendus. Traversant donc la route d'Espagne et passant le Tech sur quelques bois tremblants que l'eau envahissait, nous joignîmes à travers champs la route qui y conduit. Je regrettai d'en passer aussi près sans voir ce passage du

Perthus, célèbre dans nos guerres avec l'Espagne comme aux anciennes époques. C'est là qu'après la guerre de Sertorius Pompée fit élever sa propre statue en mémoire des victoires qu'il avait remportées dans la Gaule méridionale depuis les Alpes jusqu'à l'Espagne; et que plus tard César, après la conquête de la Péninsule sur les lieutenants de Pompée, fit construire tout auprès, dans le même but, un grand autel de granit. Le temps avait tout détruit, et en 1764 M. de Mailly, gouverneur du Roussillon, y fit placer deux tables de marbre avec des inscriptions qui probablement aussi ont disparu.

Cette vallée offre une singularité : son sol évidemment diluvien, pétri de sable, de cailloux et de granit roulé, a été creusé par le torrent actuel, qui, élargissant toujours son nouveau lit, a ouvert une vallée inférieure à la première et bordée de falaises où cette composition est à nu. De pareilles alluvions ont formé plus loin les plateaux du pied des Albères que nous avions suivis, et jonchent la plaine voisine de la mer. Les côteaux que longe la route de Céret ne présentent que les mêmes éléments; ainsi, comme sur tant d'autres points le long des Pyrénées, on retrouve ici des masses considérables de matières adventices et de cailloux sortis évidemment de leur sein. Quelque étendus que soient tous ces dépôts, ils sont cependant bien moindres que ceux que j'ai vus en d'autres lieux, où les roches analogues ne se trouvent souvent en place qu'à de très grandes distances. La partie de la vallée de l'Isère comprise entre les bas chaînons des Alpes et le Rhône, depuis Grenoble jusqu'à Romans, de cent cinquante lieues au moins de superficie, est remplie de cailloux en couches d'une si grande épaisseur que, près de Tullins, ils composent seuls des côteaux qui ont jusqu'à quatre et cinq cents toises au-dessus du Rhône. Toute l'enceinte de ce vaste espace est calcaire, et ce n'est qu'à trente lieues dans les Alpes qu'on trouve en place le quartz, le granit et autres roches cristallines d'où ils sont provenus. La Champagne crayeuse, la plaine de la Saône, de Dijon au Rhône, celle de la Craou près d'Arles, sont également couvertes de cailloux; mais sur ces champs plus vastes la cause qui les a amenés a été plus éloignée, plus générale; car dans ces immenses transports on a trouvé des bambous, des ossements d'éléphants comme d'autres espèces anciennes ou des régions tropicales et des substances de tous les climats. Il est impossible que ces dépôts aient été formés dans des eaux tranquilles, car les plus pesants seraient au fond, et tout y est en confusion. Ils ne peuvent non plus provenir du déluge historique, le plus récent de tous, puisque les restes des animaux dont la race est perdue y abondent, et que pas un seul débris humain n'y a été découvert. Ces derniers faits pourraient être généralisés, car quelques pays que l'on étudie, dans les couches superficielles des plaines, dans le fond des cavernes, jusques dans les fentes des rochers, on retrouve ces bancs de limon et de sable mêlés de cailloux roulés et d'ossements d'animaux terrestres ou marins, ce terrain erratique, ce *diluvium*, en un mot, qui est aujourd'hui pour tous les géologues la preuve certaine des inondations immenses qui, à des époques inconnues et diverses, ont couvert alternativement toutes les contrées du globe. La philosophie ancienne semble avoir dédaigné de tels détails, et ce n'est que de nos jours qu'on a étudié les cailloux roulés. Fontenelle, qui joignait l'instinct des sciences au rare mérite d'exposer avec clarté les matières les plus abstraites, pressentait leur importance lorsqu'il disait : « De « simples cailloux d'une matière et d'une figure fort gros- « sières, semés partout sous nos pieds avec une abondance « qui les rend plus méprisables, ne s'attirent pas grande « attention, et l'on ne s'avise pas trop qu'il y ait rien à gagner « pour l'esprit en les considérant ; cependant ils fournissent « non seulement des recherches curieuses, mais des diffi- « cultés qui arrêtent les plus habiles physiciens. »

C'est ici que s'ouvre encore le champ indéfini des conjectures où, quelque sûr que paraisse le nouveau fil que la science a mis en main, les jalons manquent tout-à-coup, lorsque, frappé de si grands phénomènes, l'homme cherche a découvrir leur origine, dont le créateur peut-être s'est réservé le secret. Combien se sont égarés dans ces espaces dont les limites naguère étaient à peine explorées, malgré les longs efforts d'une curiosité toujours plus excitée à mesure que les faits s'accumulaient. Lorsque les cailloux roulés, les dépôts erratiques, sans mélanges de corps organisés, se voient à portée de roches plus ou moins éloignées, mais identiques de composition, dont ils paraissent être les débris arrondis par les courants; là où des stries ou des sillons empreints encore sur les rochers sont les indices de l'origine et de la direction des courants, comme dans les grandes vallées des Alpes et des Pyrénées, la cause évidemment a été seulement locale; mais tous ces fossiles organisés, ces ossements d'animaux des Tropiques, ces palmiers, ces bambous et tant de dépouilles marines, comment sont-ils venus dans des lieux où rien d'actuel n'en explique l'existence? La mer les y a déposés, c'est un fait non douteux; mais ont-ils pu être indigènes par l'effet de la chaleur propre de la terre, dans des latitudes même voisines des pôles actuels, ou comment se trouvaient-ils si loin de leur site natif? Quelle force a pu pousser la mer méridionale elle-même sur nos continents du nord, et quelle force puissante l'en a chassée? Ces débris appartiennent à des temps si reculés, et peut-être à des régions si lointaines, que le fil des événements nous échappe, que la trace de leur route est effacée; seulement ils ne font qu'attester des commotions violentes.

Tout annonce, en effet, que des mouvements énormes imprimés à la mer l'ont tantôt précipitée sur nos continents, tantôt l'en ont chassée; et l'étude des couches qui composent la croûte du globe où les dépouilles des animaux marins alternent avec celles des animaux terrestres, prouve que de tels événements se sont renouvelés plusieurs fois à des époques très distantes. Dans de tels cataclysmes rien n'est impossible : des masses sans mesure peuvent être déplacées. Si le globe a recélé en lui la force qui a soulevé les montagnes, en serait-il de même de celle qui a précipité les mers d'un hémisphère sur l'autre, accident qui ne diffère que par de plus grandes proportions peut-être, et qui aurait exigé le soulèvement d'un continent tout entier, comme celui qui, en faisant surgir les Andes, a exhaussé en même temps la plus grande partie de l'Amérique; ou devrait-on la chercher dans l'action des agents extérieurs? C'est ainsi qu'on est ramené à un événement extraordinaire moins satisfaisant pour l'esprit, au choc ou seulement à l'approche d'un de ces corps errants dont l'astronomie voit sans cesse augmenter le nombre, et qui, dans leurs voies inconnues, n'apparaissent un instant à nos yeux que pour se replonger dans les profondeurs du ciel? C'est l'attraction d'une comète qui aurait pu produire ces marées énormes, système favori de Dolomieu, qui, pour expliquer le désordre existant partout à la surface de la terre, avait recours à un déplacement instantané de l'Océan. En effet, les eaux subitement soulevées du sein des mers, puis abandonnées à leur propre poids, auraient pu enlever les matières et les entraîner sur la terre. Il se serait fait alors en grand ce que nous voyons tous les jours en miniature : des marées de 1,000 à 2,000 toises d'élévation envahissant notre continent (et on calculerait quel astre peut les produire) pour venir battre les monts primitifs, y déposer ce dont elles auraient été chargées, entraîner à leur retour tout ce qu'elles auraient rencontré, et par leur accélération rétrograde creuser les vallées ; en sorte qu'elles auraient composé en venant et détruit en s'en retournant. De telles oscillations des eaux qui auraient eu la puissance effroyable de labourer, sillonner, rompre et bouleverser tout ce qui se serait offert à leur choc, rendraient facilement compte des amas accumulés au versant méridional des Hautes-Pyrénées, mais seraient insuffisantes pour expliquer la plupart des phénomènes diluviens. La conséquence de cette hypothèse, d'une possibilité absolue par l'existence de comètes qui se meuvent même dans notre système planétaire, sont rendues moins menaçantes pour l'avenir de notre terre par les observations astronomiques, qui ont constaté que ces astres ont des dimensions généralement si petites et paraissent d'une densité si faible qu'ils n'exercent pas d'influence sensible sur le mouvement des planètes ou des satellites près desquels ils passent.

Cette idée géogénique séduisante n'a été que renouvelée par Dolomieu et a précédé tous les autres systèmes, puisque nous la voyons clairement exprimée dans ce livre dont le moindre titre à la vénération des peuples est sa haute antiquité, le plus ancien que nous possédons dans l'occident, dont l'autorité a grandi à mesure que la lumière s'est faite, et qui a pu être écrit par Moïse lui-même, mais manifestement, suivant Cuvier, en partie avec des ouvrages antérieurs ; dans la Genèse, enfin, qui aurait plus de trente-trois siècles d'existence, où nous lisons, après que le système entier de la création a été exposé avec une science que le texte mieux entendu a révélée bien profonde, chapitre 7, verset 18 :

Aquæ vehementer inundaverunt, et omnia repleverunt in superficie terræ.

Et plus loin, chapitre 8, verset 3 :

Reversæ sunt aquæ, euntes et redeuntes.

Ces dernières expressions sont d'autant plus remarquables que les Hébreux, habitant les bords les plus éloignés de la Méditerranée, ne connaissaient pas les marées ou ne devaient en avoir pris qu'une très faible idée par celles de la mer Rouge, où vont s'éteindre celles de l'Océan. Je crois même que le mot *marée* n'existe pas dans la langue hébraïque. Ces paroles du législateur des Hébreux, qui dénotent tant de science à une époque si reculée, contenues dans ce livre sacré auquel toutes les branches de l'histoire rendent aujourd'hui un témoignage unanime comme le seul qui puisse servir à grouper tant de documents épars et divergents, nous font voir que les philosophes de tous les temps se sont efforcés d'expliquer des phénomènes qui confondaient leur imagination. Ainsi, depuis Moïse jusqu'à nous, tous les géologues, frappés d'accidents si étranges, de bouleversements si étendus, ont cherché à soulever le voile qui couvre l'état primitif de notre planète, et à se rendre compte des révolutions qui ont agi sur elle, et c'est avec une admiration profonde que nous voyons l'accord qui existe, quant à l'apparition successive des êtres organisés sur la terre, entre la géologie, après d'immenses progrès, et le texte de la Genèse. Des dissidences existent encore, car la science actuelle ne saurait reconnaître l'origine fluide neptunienne du globe, ni une inondation universelle. Les traces de ces cataclismes, avec la diversité de leurs dates, que l'on a cru erronées pour les faire cadrer avec l'idée d'un déluge universel, se retrouvent dans toutes les histoires, dans toutes les mythologies, même dans les hyéroglyphes grossiers des Américains. La plus dégradée des races humaines, celle des Nègres, qui n'a conservé ni annales, ni traditions, est la seule qui ne nous apprenne rien à cet égard. Tous les caractères de cette race, qui la première aura dispersé l'espèce humaine, portent à croire qu'elle a échappé à la catastrophe sur un autre point que les races caucasienne et tartare, dont elle a dû être depuis assez longtemps séparée, pour que le laps de temps, joint aux influences qui ont été la suite de positions géographiques opposées ou d'autres causes, aient pu produire les différences qui existent dans leurs conformations ; en supposant admise l'opinion qu'il n'y a eu qu'une création pour chaque espèce, et que les variations ont pu résulter de la reproduction sous des influences nouvelles et très différentes. Ces antiques souvenirs, ainsi que la persuasion que ces catastrophes devaient être renouvelées, transmis de générations en générations, sont parvenus jusqu'à nos jours, où ils se dénotent encore par ces terreurs superstitieuses et presque périodiques qui, de loin en loin, répandent l'effroi parmi le peuple et y causent des événements déplorables. La science, qui doit ne tenir compte que de faits bien constatés, encourageait cependant de tels efforts, quelque peu de succès qu'ils aient eus longtemps, parce que, du moins, en créant des hypothèses plus ou moins probables, ils soulageaient en quelque sorte l'esprit humain, pour lequel une incertitude absolue est si pénible, puisque la vérité tout entière ne peut jamais être son apanage. Mais ces longues ténèbres se dissipent devant les belles découvertes modernes, l'incandescence originelle du globe et sa vulcanicité, et tout porte à croire que le géologue est enfin en possession du fil qui doit rendre ses pas plus assurés dans le labyrinthe indéfini qui remonte aux premiers âges de notre globe.

Cheminant sur une belle route, nous jouissions à la fois de l'influence du printemps et de cette liberté que connaît seul le voyageur à pied, en respirant avec un air doux et calme les suaves émanations du genêt dont les touffes fleuries couvraient tous les lopins incultes. La paix qui régnait dans le pays portait mes pensées sur la malheureuse Catalogne, et je mesurais des yeux la faible barrière qui me séparait de la guerre civile. Cependant, le crépuscule finissait et tout était obscur sur les hauteurs de Céret et de Bellegarde, comme sur les croupes dépouillées du Canigou, dont la cime était restée voilée tout le jour. Des feux de la Saint-Jean étaient allumés sur divers points, et des cris joyeux parvenaient jusqu'à nous. La nuit nous eût bientôt enveloppés si la lune, régnant seule sur un ciel épuré, ne fût venue à temps éclairer notre marche. Depuis plus de deux heures nous avancions avec une rapidité toujours croissante, et rien ne nous annonçait l'approche de la ville. Plusieurs fois trompés par des reflets incertains, nous crûmes apercevoir sur la rive opposée du Tech des masses de maisons; mais bientôt l'illusion disparue ne nous laissait voir que des berges escarpées ou des arbres entrelacés. Tous les bruits avaient cessé, les feux étaient éteints, la route déserte, et le but semblait se reculer devant nous. Impatients et fatigués, pouvions-nous ne pas maudire le guide d'Argelez qui nous avait ainsi trompés sur la distance? Cependant, ranimés par la fraîcheur de la nuit, notre marche ressemblait plutôt à une course.

Enfin une lumière vient à poindre; nous arrivons après neuf heures au pont du Tech, et une demi-heure après à l'auberge où nous eûmes quelque peine à nous faire admettre à cause de l'heure indue. Notre hôte bavard s'humanisa, je crois, par le besoin de jaser. Lui ayant parlé du Canigou, il nous assura y être monté et se mit à nous en dire des choses ridicules qui nous prouvèrent amplement qu'il mentait, et que cette région fantastique pour tous ses voisins exerçait sur les bords du Tech, comme sur ceux de la Têta, l'imagination des conteurs de fables. Céret, vraie ville de montagne, n'a de remarquable que son pont : une arche magnifique de la plus grande hardiesse a été jetée d'une roche à l'autre au-dessus du lit que le Tech s'est creusé. On dit qu'avant le pont actuel il y en avait un autre construit par les Romains. Le site de ce bel ouvrage moderne avec ses collines qui portent les derniers oliviers de la vallée, et le torrent qui écume dans un large fond entre des berges pittoresquement drapées, mériterait un regard, même au centre des montagnes.

Au point du jour, nous continuons à avancer vers Arles dans une tranchée étroite et sinueuse entre des hauteurs assez tristes dans leur aspect où le schiste a partout remplacé le granit, et par une route où ne se voyaient que soldats et gendarmes. La vallée monotone, dont l'ascension continuelle est très sensible, s'ouvre au pont de Palanda, fondé sur un assez beau marbre gris et rouge veiné de violet, faisant partie du système argileux et calcaire de transition qui se montre par places dans la vallée du Tech et s'étend en une petite plaine jusqu'au pain de sucre fort élevé qui porte le pittoresque Fort-les-Bains, construit par Vauban. Le village est à son pied, dans une situation singulière, au fond d'un cul-de-sac formé par une masse en ruines qu'un ruisseau a pourfendue. Nous y fîmes halte pour prendre un bain. Ces sources sulfureuses d'une température très élevée, sortent du schiste qui recouvre le granit, et le bâtiment des bains n'est qu'une grande pièce voûtée, éclairée par des jours rampants où sont au milieu plusieurs piscines et tout autour des cabinets mal fermés par de basses cloisons. Les baignoires, comme les piscines, n'y sont que des trous creusés dans le roc, et tout l'édifice a une apparence si rustique qu'on se croirait sans effort dans une large caverne. La plus grande piscine est, dit-on, l'ouvrage des Romains, qui n'auront pas manqué de profiter de sources thermales si voisines d'Elne. Il en est qui ont jusqu'à 87°. Ces bains furent de tout temps très fréquentés et avaient été donnés par Charlemagne aux bénédictins d'Arles, qui en jouirent jusqu'à la révolution. La route forme un cercle presque entier au bas des longs talus que couronnent les remparts du fort, et en demi-heure nous fûmes à Arles installés dans l'ancien couvent de ces bons pères, transformé en auberge. Nous nous restaurions d'un délicieux vin muscat, connu sous le nom de *Grenache*, du raisin qui le produit, que nous servait une jeune et belle fille avec qui nous n'avions de langage commun que celui des signes, le plus expressif et le plus dangereux de tous, lorsque nos oreilles furent frappées d'une musique bruyante et gaie. Nous franchissons d'étroits couloirs qu'on appelle rues, et nous accourons sur la place pour y être témoins du spectacle inattendu d'une très jolie danse nationale.

C'était le jour de Saint-Eloi, patron des mineurs et forgerons, que tout le pays fêtait avec la vivacité et l'amour du plaisir qui caractérisent les Catalans. Toutes les maisons y étaient ornées de balcons à l'espagnole remplis de spectateurs, excepté le plus apparent, où étaient réunis les jouglas ou ménétriers qui avec des hautbois, des cornemuses, des flageolets et des tambourins, faisaient entendre une musique agreste très animée. Des airs vifs, espèce de rondeaux à cadences et à ritournelles qui revenaient souvent, excitaient une gaîté générale, et la danse, en harmonie avec la musique, avait un caractère particulier qui portait le cachet du pays. Des couples indépendants dansaient en tournant autour de la place et faisaient assaut d'agilité; le comble de l'adresse était de faire un tour en l'air en passant lestement le pied par dessus la tête de la danseuse et de retomber en mesure sans cesser de faire jouer les castagnettes. C'est ce qu'on appelle la *Camada rodona*. Dans le mouvement général, les danseurs de chaque couple, toujours en face, avancent, reculent, tournent autour l'un de l'autre en faisant claquer les doigts; ce sont les aimables agaceries de deux cœurs, les feintes jalousies qui donnent tout son charme à un prix disputé. Puis, se réunissant huit ou dix ensemble, ils forment des ronds, et au point d'orgue, tous les hommes passant les mains sous les bras de leurs voisines, qui s'appuient sur leurs épaules et se courbent en avant, les élèvent à la fois sur leurs bras roidis, tandis que celles-ci, se prenant par la main, élèvent les leurs en l'air, ce qui forme de vivantes pyramides, de charmants tableaux. A côté, un cavalier resté seul poursuit sa danseuse, qui tout à coup s'avance rapidement, prend sa main, s'élance et va s'asseoir sur son épaule, ou reste soutenue en l'air sur ses poignets, pour n'en descendre qu'après deux ou trois pirouettes. Ces figures toujours mobiles et pittoresques, où les bonnets rouges des hommes sont toujours flottants ; cette musique montagnarde si singulière, qui a quelque chose de romanesque ; ces balcons espagnols, les physionomies brunes, expressives des acteurs, l'œil vif et agaçant de ces jeunes filles à la taille svelte, aux formes dessinées avec grâce, et toutes ces figures des spectateurs que le plaisir émeut, annonceraient seuls au voyageur une peuplade émanée de la grande nation qui habite sous le soleil de l'Ibérie, et qui, ardente et passionnée comme ses ancêtres, est toujours idolâtre de la cachucha et du bolero. Ces sortes de ballets sur les places publiques, où le peuple et quelquefois tous les rangs se mêlaient pour se livrer à la joie et au plaisir, étaient autrefois répandues dans toute l'Espagne. Maintenant on n'en retrouve de traces que dans quelques provinces du nord, la Biscaye, la Navarre, le Lampourdan et la Cerdagne, comme chez les Catalans français, où ils ont même plus de vivacité, plus de grâce, et avec des modifications particulières qui animent singulièrement le tableau. De telles danses pittoresques et voluptueuses ne peuvent venir des Maures, qui, graves et jaloux, cachaient leurs femmes à tous les yeux. Le clergé espagnol y prélevait, aux fêtes patronales, certains droits qui devaient, autrefois, n'être pas sans importance, puisqu'il n'y a qu'un demi-siècle encore, si les galoubets venaient à retentir, si l'air du *contrapas* se faisait entendre, les bourgeois des villes, tout émus de plaisir, comme autrefois le Maure, auquel ils ne sont point étrangers, l'était de tristesse aux chants mélancoliques d'Albama, quittaient l'habit français, et, revêtus du costume de leurs pères, la rose à la boutonnière, le ruban au chapeau, couraient se réunir *au bal*. On m'a assuré que, comme dans le Bigorre, des amateurs non moins ridicules que courus, jouaient par temps, dans les villes et bourgs, des mystères en catalan, et qu'aux processions qui ont lieu pendant les deux dernières nuits de la semaine sainte, rien n'était épargné pour provoquer de fortes et étranges émotions.

Depuis longtemps on ne nie plus combien le climat et la physionomie de la nature dans les diverses contrées, ce que les Anglais appellent *scenery*, ont d'influence sur le caractère général des peuples et sur leurs dispositions morales. Les compositions poétiques des Grecs et leur gracieuse mythologie ne portent-elles pas l'empreinte de leur beau ciel, de l'air doux et parfumé qu'ils respiraient, et des tableaux enchanteurs que la nature prodigue à leurs rivages? Et les peuples du nord ne durent-ils pas les chants rudes, l'exaltation de leurs bardes et leur mythologie sévère à l'effet sur l'imagination de leur climat nébuleux et des grandes scènes que leur offraient les rives désertes et battues par les vents des régions scandinaves, ou les monts romantiques qu'Ossian a chantés? Le Français exilé dans les terres lointaines où il retrouve quelques traits de la patrie, ne se sent-il pas ému à l'ombre des ormeaux, sur des collines couronnées de chênes et sur la pelouse où le zéphir murmure dans les feuilles du peuplier? L'aspect de ces arbres qui ont vu les jeux de son enfance lui rappelle en foule des images gaies, sérieuses ou mélancoliques. Cette influence toute physique et mystérieuse des objets sur l'imagination donne à l'observation de la nature un attrait nouveau; et son étude nous étonnerait peut-être en révélant sa puissance sur les penchants que nous croyons les plus indépendants.

Le Catalan français est ici plus qu'ailleurs espagnol par ses mœurs, sa physionomie et son langage où l'on retrouve des traces des divers peuples qui ont parcouru et ravagé ses vallées, dont les derniers, les Goths et les Alains, lui ont laissé leur nom.

Au moyen-âge, la langue parlée ou comprise dans toute l'Europe méridionale, connue sous le nom de romane, limosine ou provençale, à laquelle nous devons deux genres de littérature peu connus des Anciens, la romance et le roman, était fille du latin, altéré par les idiômes de tous les peuples qui, pour le malheur de cette contrée, y avaient stationné plus ou moins longtemps. Perfectionnée ensuite et embellie par les troubadours de la Guienne, de l'Occitanie et de la Provence, elle était devenue l'instrument d'une civilisation avancée par sa souplesse, son énergie et sa gracieuse franchise; et de nos jours encore elle est le langage usuel, seulement avec des modifications, de tout le midi de la France. M'étant trouvé un jour de fête à Orange, en entendant parler une foule de paysans sur la place publique, j'aurais pu aisément me croire à cent lieues de là, dans certain canton des environs d'Agen, tant il y a identité d'idiôme et d'accent entre les deux pays. Cette dernière ville peut encore présenter aux amis de la langue romane un émule de Goudouli qui la manie avec habileté, qui du premier bond a laissé loin ses devanciers, et que la nature a doué d'un grand talent.[1] Elle est également la base de celle que parlent les Catalans actuels; mais les Goths, les Maures, et en dernier lieu les Espagnols, y ont introduit tant de mots et de locutions nouvelles, que sa physionomie est totalement changée, et que les Français voisins ont peine à la comprendre, surtout dans les montagnes, où elle a été beaucoup moins altérée depuis la réunion avec la France. Cette génération des langues offre un champ plein d'intérêt aux érudits qui marchent sur les traces des *Gébelin*, des *Volney* et de ce guerrier digne des beaux temps de Rome, *Latour d'Auvergne*, dont le brillant courage n'est pas le seul titre à une haute renommée. En remontant à l'origine des quatre plus anciennes de l'Europe, dont les autres ne sont que des dérivés plus ou moins mélangés, le *cimbrique*, le *teutonique*, l'*erse* et l'*esclavon* (en laissant de côté l'idiôme isolé des Cantabres), les philologues se sont trouvés conduits à une langue scytho-celtique qui paraît en avoir été la source commune, comme le pays où elle était parlée dans l'antiquité fut le berceau des hordes dévastatrices qui fondirent innombrables sur les plus belles contrées de l'ancien continent.

Ainsi, de même que dans la question des peuples primitifs, nous voilà ramenés à ce plateau intérieur de l'Asie, la Tartarie ou Scythie des Anciens, qui d'après les notions plus ou moins défigurées que l'histoire et la tradition ont fait parvenir jusqu'à nous, à travers des temps obscurs, a

---

[1] M. Jasmin, coiffeur, dont les nombreuses poésies, qui resteront, sont remplies de naturel, de verve et d'originalité. (*Cette Note est de* 1833.)

été un des points du globe les plus anciennement habités, comme l'origine de la race tartare qui habite le centre et l'est de l'Asie et de la race caucasienne qui en occupe l'ouest et la plus grande partie de l'Europe, dont les différences de conformation n'ont guères pu être produites à la longue par des causes naturelles. Le laborieux orientaliste William Jones a reconnu dans les livres sacrés des Bramines une partie de la mythologie des Grecs, et la plupart de leurs fables, écrites longtemps avant la fondation des états de la Grèce. La religion de Brama, très anciennement pratiquée dans le Bengale et la presqu'île de l'Inde, lui paraît être venue du Thibet, qu'une autre croyance, le lamisme, a postérieurement envahi. Il a découvert dans ces livres les preuves de l'existence d'un ancien empire d'*Iran*, bien antérieur à celui des Assyriens, dont les Indiens et les Persans seraient descendus ; et ce qui est très remarquable, il a trouvé dans le *zend* de Perse et dans le *sanscrit* de l'Inde, qui n'en est qu'un dialecte, la plus grande partie des mots-racine de plusieurs de nos langues d'Europe.

Le savant Langlès, qui a fait de l'antiquité une étude si constante, persuadé comme Bailly et beaucoup d'autres, qu'il a existé un peuple instruit dont le nom et l'histoire sont perdus, d'après les traditions, les monuments et la conformité des principales mythologies, pense aussi que ce peuple a dû occuper le plateau central de l'Asie, et qu'il peut être le même que les *Tschouds* de la Sibérie ; que les Thibétains et les Indiens en sont les premiers descendants ; puis, d'une part, les Chinois et les Japonais, et de l'autre, les Chaldéens et les Persans. L'existence de ce peuple-souche explique naturellement les nombreux rapports de religion, de mœurs, d'arts et de sciences qu'on retrouve chez des races qui, n'ayant jamais communiqué entre elles, se trouveraient ainsi avoir puisé à une même source depuis longtemps tarie, et peut-être à une source antédiluvienne. C'est ce qui frappa le père Charlevoix, voyageant au Japon, lors« qu'il dit : « Ce qu'il y a d'étonnant, c'est qu'au milieu de ce « chaos de religions, on trouve tant de traces du christia- « nisme, que nous n'avons presque pas un mystère, pas un

« dogme, ni même une pratique de piété dont il semble que « les Japonais n'aient eu quelque connaissance. »

Combien d'intérêt présentent des recherches qui tendent à faire connaître les caractères primitifs de notre espèce, le premier séjour des races et les premières migrations des peuples. A peine existe-t-il encore quelques faits relatifs aux premiers habitants de notre Europe. On a reconnu que les crânes exhumés des cavernes des Cévennes appartenaient à la race caucasique avec des caractères particuliers qui existaient dans des squelettes d'une haute antiquité, trouvés à Nogent-les-Vierges. Mais si les plus anciens débris humains découverts jusqu'à ce jour en France et en Belgique, signalent déjà la présence de la race caucasique, on ne doit pas oublier que les ossements du Lehm de l'Autriche annoncent une autre race qui dans ses formes étranges, ne peut se comparer qu'à la peuplade du Haut-Pérou, dont les tombeaux ont été récemment ouverts; et d'un autre côté les canots et les massues enfouis dans les tourbières de l'Angleterre tout à fait semblables à ceux des sauvages de l'Amérique, et les têtes caraïbes trouvées dans les alluvions anciennes de plusieurs contrées de l'Europe seraient une induction que les premiers habitants, et peut-être de tout le globe, étaient de cette race qui est maintenant confinée dans la zône torride, ayant en cela des rapports frappants avec les anciens produits végétaux et animaux dont les analogues ne se trouvent plus que dans la même région.

Le plateau éthiopien également paraît avoir été un de ces points privilégiés où quelque portion de la race humaine se sera sauvée après un des cataclysmes qu'elle a pu subir. Nous y avons vu le berceau de toutes les races sémitiques, et là aussi se sera conservée celle des Nègres qui sous de nouvelles influences aura acquis une conformation et une couleur si différente de celles des races asiatiques. Un autre savant, l'auteur de l'Origine des cultes, Dupuis, a pensé de même que les Pélages, Ibères ou Berberis, étaient d'origine éthiopienne; qu'ils firent des invasions en Europe dans le temps où le solstice d'été répondait au signe du lion, c'est-à-dire plus de deux mille ans avant l'ère chrétienne, ou du bélier;

et, suivant Regnier, les Juifs auraient été une émanation de ces anciens Pélages. Le royaume de Sennaar, qu'ils indiquent comme leur berceau, s'étend au pied des montagnes d'Abyssinie; il comprend toutes les basses plaines de Méroë, où M. Caillaud vient de découvrir tant de belles ruines, indice d'une antique et florissante civilisation, et celles que traversent les deux grandes branches du fleuve égyptien, le Nil de Dembea et l'Atbara ou le Nil Blanc. De nombreux rapports d'usages confirment cette opinion. Le culte du Dieu chasse-mouche et les allusions des livres juifs indiquent la connaissance du pays, où la terrible mouche qu'il devait chasser, exerçait ses ravages. Cet insecte qui fut une des plaies de l'Egypte, nommé en hébreu comme en langue *géez* d'Abyssinie, *Tsaltsalia*, désole encore dans la saison des pluies les terrains bas et humides de Méroë. C'est ainsi que l'astronomie, l'histoire naturelle et toutes les sciences se prêtant de mutuels secours, aident aux recherches de l'esprit humain, toujours impatient de s'étendre; mais l'analyse des langues et leur filiation sont les guides les plus sûrs pour étudier l'histoire des nations primitives.

Cette conviction n'a cessé d'encourager les études linguistiques, et d'importants succès en ont été la suite, en rapport avec les idées qui jusqu'à Lacépède et Cuvier avaient prévalu chez les naturalistes modernes, que toutes les races humaines dans leurs diversités ne provenaient que de modifications produites par des influences locales et atmosphériques; en un mot, qu'il n'y avait eu qu'une race primitive, et successivement des variétés, ce qui aurait amené à en reconnaître trois principales : la race caucasienne, la sémitique et la mongole ou tartare.

Les langues de l'ancien monde sont depuis longtemps l'objet de constantes études auxquelles viennent de s'ajouter les laborieuses recherches de MM. Bartou et Guillaume et Alexandre de Humboldt sur tous les dialectes de l'Amérique, et celles de MM. Abel de Remusat et Paravey sur les langues indienne et chinoise. Tous ces savants travaux ont mis au jour des rapports fondamentaux entre ces idiômes divers, distribués par groupes, comme entre les caractères hiéroglyphiques, cunéiformes et autres, ce qui a amené à croire qu'il n'y a eu qu'une langue mère, primitive, actuellement perdue, et des langues-sœurs provenant du même tronc, et par suite qu'un seul centre de civilisation sur la terre, source commune où tous les peuples auraient puisé, situé toujours sur le plateau central de l'Asie où tout ramène.

Une preuve de cette civilisation primitive dans les contrées bibliques, suivant M. *Raoul Rochette*, serait qu'après que la tour de Babel eut été détruite, ne laissant pour témoignage indestructible que cet amas de scories et de briques que l'on voit encore sur la rive gauche de l'Euphrate, sur l'autre rive, aurait été bâtie la tour de *Belus* de même forme pyramidale à assises en retraite, avec une magnificence dont les âges n'ont pu effacer les souvenirs ni les vestiges. Cette forme serait devenue un type longtemps suivi : les théocalis du Mexique, les pyramides de l'Egypte et de l'Ethiopie, les bamoths de la Phénicie, les nuraghs de la Sardaigne, les talaïots des îles Baléares, les tours d'Ecosse et tous les monuments pyramidaux répandus par toute la terre, seraient provenus de ce premier modèle : la tour de Babel.

Mais l'esprit humain, toujours impatient de connaître, ne saurait attendre la vérité qui ne compte pas le temps. Que d'objections se pressent, que de points obscurs encore! Cette langue unique comment a-t-elle pu se briser en tant de dialectes et si divers entre eux? Et ceux qui croyant à une langue mère, ne sauraient admettre l'intervention d'en Haut que lorsque toute voie humaine fait défaut, pourront-ils n'y voir que l'effet du temps, de la séparation des tribus, et des influences de mœurs et de climats?

Le docteur d'Arles ne connaissait guères mieux le Canigou que son confrère de Perpignan, mais il nous rendit un vrai service en nous adressant à M. Vilanova, maire de Corsavi, village situé sur ses premiers degrés, où nous nous acheminâmes pour passer la nuit. En les gravissant, on domine la vallée d'Arles jusqu'à Saint-Laurent-de-Cerdagne et Prats-de-Mollo, à l'extrême frontière, où sont encore les eaux thermales de la Preste, qui ont jusqu'à 38 degrés de chaleur. Tout cet espace n'est que basses montagnes, presque sans bois, et se relevant sensiblement à la source du Tech, où Costabona a déjà une hauteur considérable. Auprès d'Arles sont les dernières vignes, comme à Céret les derniers oliviers; et à Corsavi, trouvant la température et la nudité des pays septentrionaux, nous pouvions nous croire transportés en quelques heures des collines de la Provence aux montagnes d'Ecosse; illusion que favorisaient les masses nébuleuses roulant autour du Canigou, non moins mélancoliques alors que les tristes vapeurs qui, souvent aux yeux du Barde voilaient les monts stériles de Morven. Au détour d'une croupe dépouillée semée de blocs de granit, nous découvrons le village et sa vieille tour, sous des pentes incultes se perdant dans les brouillards. Nous montons comme à l'assaut à des habitations où tout semblait désert; bientôt les sons du hautbois, de la cornemuse, frappent de nouveau nos oreilles, et sur une petite place nous eûmes le plaisir de revoir les groupes animés de la danse catalane. Tous les mulets du pays, partie essentielle du service des mines, la croupe et le poitrail couverts de franges, de glands de toutes couleurs, et ornés de leurs plus belles têtières, avaient été le matin promenés en grande pompe. Cette fête des mulets se retrouve bien loin de là au pied du col de Tende dans le village piémontais de Sincou, où elle est même plus solennelle. Le jour de Saint-Eloi tous les mulets dans leur parure sont conduits à une grand'messe et font ensuite partie d'une procession avec la musique en tête et le clergé à la suite, où sont réunies toutes les pompes du pays. Ce soin de faire participer les animaux à la fête du saint sous la protection duquel ils sont toute l'année, a quelque chose de simple et d'humain qui plaît dans ces montagnards. Cette fête devrait se célébrer le premier décembre; mais comme le pays est alors sous les neiges, on la transporte au lendemain de la Saint Jean.

CHAPITRE VI.

Le Canigou. — Difficultés de ses abords. — Valmania. — Vue de la cime. — Rude descente.

Nous touchions au moment d'avoir enfin des notions positives sur la montagne dont depuis plusieurs jours nous tournions les bases. Accueillis avec une extrême obligeance par M. Vilanova, je fus surpris de trouver dans ce pauvre village l'aménité et l'instruction que nous montra notre hôte. Chasseur d'isards lui-même et connaissant bien le Canigou, il nous dissuada de l'attaquer par Corsavi, en nous assurant que pour en atteindre la cime il ne nous faudrait pas moins de dix à douze heures, par des lieux déserts où nous ne trouverions ni pasteurs, ni bûcherons, et qu'ainsi il nous serait impossible de gagner dans le même jour un lieu habité sur les revers de la Têta; mais que par la forge de Valmania, située plus au nord dans le vallon de la Lentilla, six à sept heures nous suffiraient pour l'ascension. Il fut donc décidé que nous irions à Valmania. Le pasteur du lieu, Andorran de naissance, vint le soir nous visiter; c'était un robuste montagnard, dont la voix forte et rauque et les formes athlétiques faisaient un digne pendant au jovial curé basque d'Escot, si preste à absoudre les contrebandiers qui se précipitaient.

Partis donc à l'appel matinal d'un mineur de Valmania, pour tourner encore la montagne, en revenant sur nos pas à mi-hauteur, après le profond ravin de Lecca où sont comme dans celui du Llec au revers du Canigou des escarpements de plus de cent mètres, nous nous élevâmes sur le rein de Batères qui, prolongé vers la plaine, achève d'opérer la séparation des eaux entre le Tech et la Têta. Quelques vieux ifs, espèce presque éteinte dans les Pyrénées, sont clairsemés sur des pentes nues. Nous y joignîmes une petite caravane de muletiers escortant une jeune fille de Corsavi à la mine agaçante, au propos léger, qui, après avoir fêté

Saint-Eloi, s'en retournait aussi à Valmania. Son capulet blanc la faisait ressembler aux bergères non moins fraîches et gentilles de Campan et du Béarn. Ainsi cette coiffure, qui a sa coquetterie, se retrouve dans les Pyrénées d'une mer à l'autre et sur les deux versants. Il est probable qu'elle y couvrait autrefois toutes les têtes féminines. Les Aranaises ne l'ont point quittée, et si elle a disparu dans plusieurs vallées, ce doit être par l'attrait de la nouveauté qui porte à renoncer aux modes antiques. La bergère des montagnes, inconstante dans ses goûts, ne sait donc pas que rien n'accompagne mieux un joli minois que le capulet écarlate du Lavédan ?

Nous montions les dernières hauteurs où sont les mines de fer et la tour de Batères ; une petite fontaine sortant du milieu d'une de ces pelouses que l'œil regrette de voir si rares autour du Canigou, nous engagea à faire halte pour le repas du matin ; mais les brouillards que le soleil avait entr'ouverts revinrent si froids, que la place ne fut pas longtemps tenable. Tout transis, nous nous remîmes à gravir à la course vers les trous des mines, où étaient quelques ouvriers, et de là nous gagnâmes le col, où sont celles qui alimentent la forge de Valmania. Le minerai s'y trouvant dans un schiste peu dur, l'exploitation en est facile au moyen du pic seul, tandis qu'à Batères, il faut la poudre pour l'extraire du granit qui l'enveloppe. Ce granit à filons porphyroïdes est recouvert par places d'une couche mince de calcaire saccharoïde blanc, alternant avec des schistes micacés. Les ouvriers m'y montrèrent un minerai blanc cristallisé, et n'ayant nulle apparence ferrugineuse, quoique d'un bon produit ; il me parût être une chaux carbonatée ferrifère.

Les gîtes nombreux de minerai de fer exploités à Olette, à Py, à Sahorra, à Filhols, à Saint Etienne, à Vallestavia, à Valmania et à Batères, avec des caractères constants qui doivent les faire attribuer à la même cause, sont répartis au pied des escarpements brusques qui forment la tête du Canigou et constituent ensemble une zône elliptique d'environ 8,000 toises de diamètre faisant ceinture autour de la masse et presqu'à la même hauteur. Dans ces dépôts qui alimentent toutes les forges catalanes des Pyrénées-Orientales et une partie de celles de l'Aude, le minerai se présente sous des formes diverses, intercalé tantôt dans le calcaire de transition, tantôt dans le granit en empiétant sur l'un et l'autre terrain et toujours suivant une bande placée à la séparation du granit et du calcaire. Ce dernier s'y trouve souvent à l'état saccharoïde par l'effet métamorphique des mêmes sublimations ignées qui ont produit les dépôts métallifères, maintenant qu'on ne croit plus à la contemporanéité du minerai et de la roche qui le renferme. Auprès de la veine de Valmania il en est d'aussi blanc que le marbre de Carrare, mais de couches trop peu étendues pour être autre chose que des accidents dans les masses. Les minerais y sont un mélange de fer spathique et de divers fers oxidés, en filons ou en masses isolées.

Sans les brouillards, du haut de ces reins élevés nous aurions joui de très belles vues sur la plaine où ils allaient se fondre. Le soleil cependant commençait à les diviser.

Après ces rampes allongées du midi, je fus frappé de la profondeur subite des vallons de la Lentilla, où le terme de notre course, encore fort éloigné, avait peine à se distinguer au bout de rudes et monotones pentes. Nous mîmes deux heures à descendre dans ce grand précipice jusqu'au misérable village où, dans le plus triste des cabarets, nous devions attendre le moment favorable pour notre ascension. De si pauvres apparences ne nous annonçaient que des privations : un peu de lait, quelques œufs et trois côtelettes de chèvre que nous gardâmes soigneusement pour la course prochaine, furent en effet tout ce que le village put nous fournir. Nous nous procurâmes des guides pour le lendemain, ainsi que des mulets, sur ce qu'on nous dit qu'ils pouvaient nous servir une grande partie du chemin. Nos relations avec les habitants nous eussent été un peu difficiles si le mouvement qu'occasionnent les mines n'eût introduit dans leur vieil idiôme roman pur quelques locutions communes au patois de leurs voisins de France. Je remarquai que pour eux *monsieur* est toujours *seignou*, garçon mignon et fille mignonne, quel que soit l'âge d'ailleurs; car je m'amusai beaucoup de voir donner cette mignarde appellation à des minois qui visiblement le méritaient fort peu. Le village est groupé auprès de sa modeste église, dont le parvis consacré aux tombes est, suivant un usage qui se retrouve dans toutes les Pyrénées, précédé d'une fosse grillée soigneusement maintenue, afin d'en éloigner tout animal immonde. Quelques cultures sont autour, sur un sol que les débris du granit rendent ingrat, où domine ce tubercule, présent de l'Amérique, qui toujours est la principale ressource du pauvre montagnard. La Lentilla se détourne en aval, à peu de distance, en laissant son issue invisible, et en amont le vallon se redresse bientôt en une rampe ouverte et neigée que je pensai être le chemin pour la cime en ne voyant de part et d'autre que des parois inaccessibles aux mulets. On ne peut imaginer une solitude plus isolée que Valmania au fond de son entonnoir.

Une autre mésaventure nous attendait à *l'hôtel* : la padrona, qui venait de se fouler un pied, était gisante sur le seul lit présentable ; et plutôt que de passer la nuit sur les bancs du foyer, force fut de nous résigner, dans un grenier ouvert à tous les vents, à une manière de grabat dont on avait caché la misère sous des draps blancs. Telle fut notre couche commune. Heureux si des ennemis ne nous y eussent fait sans relâche une guerre cruelle. Quelle nuit pour des journées de fatigue! Plus d'une fois j'examinai le ciel avec sollicitude, ce qui m'était facile sans bouger du grabat que nous étions forcés de fouler; et toujours la lune, voilée de nuages légers, me fut d'un bon augure pour le lendemain. Enfin, impatient d'une inaction sans repos, je me lève vers deux heures, je cours dans le village éveiller bêtes et gens, et une heure après, juchés sur des mulets, suivis de trois hommes, nous étions sur la route du Canigou.

Le vallon se prolonge d'une demi-lieue avec des habitations et des cultures. Au point où il se rehausse en une gorge drapée de neige jusqu'à un col voisin des cimes, on gravit à droite, par des zig-zags serrés sur un talus bordé de fondrières. J'admirais la force et la fermeté de jarrets des mulets que la Providence a donné aux montagnes comme le chameau au désert. Il fallait qu'un des hommes prît la corde du premier, afin de le faire tourner au bout de chaque lacet, et dans ce sentier dangereux, souvent sur le roc vif, jamais ils ne bronchaient. Le granit qui compose la masse était souvent à nu, et au-dessus d'un profond ravin que nous longions, il se redressait en vastes escarpements. Au bout d'une heure, nous atteignîmes les pâturages de Prats-Cabrère, pour qui un tel sentier avait été ouvert, et qui nous reposèrent de cette rude montée. Le bois de pins rouges qui leur succède s'ouvre autour de la combe herbeuse du Clot-d'Estabeil, origine d'une gorge étroite rapidement enfoncée entre de longues arêtes en ruines. Nous étions sur le revers du nord, et rien de plus sauvage, ainsi que je l'avais vu de Prades, que ces sillons du Canigou, dont les abruptes profondeurs se précipitent vers la Têta, nues et désolées. Au midi, vers Arles et Prats-de-Mollo, les talus, faciles mais beaucoup plus allongés, ne rendent pas moindres les difficultés de l'ascension par les grandes distances entre les lieux habités et les sommets. Nous fîmes halte non loin de deux cabanes, dont les habitants montaient déjà dans les bois. Ce site est solitaire et agréable, mais les arbres au triste feuillage qui l'enserrent et les flancs ruinés qu'il domine lui donnent un aspect sévère. Dans ces bois, qui servent à alimenter l'usine du Llec, située au fond du précipice où se réunissent les deux ravins de Cabrère et d'Estabeil, les gros arbres ont disparu, et ce qui reste suivra bientôt leur sort, dévoré par la forge.

Parmi les tiges desséchées du rhododendron, sur une longue pente où étaient quelques vieux pins, le printemps jetait ses premières fleurs : des anémones blanches et souffrées aux élégantes corolles. Au col de la Pardioü, une charmante pelouse pénétrait au milieu des pins qui, de plus en plus serrés, formaient un bois à la naissance du ravin gigantesque qui tombe sur Prades, le même qui d'en bas m'avait paru comme des franges sur les divers étages de la masse colossale. Je ne pus résister au plaisir d'y faire une station en attendant nos guides, qui s'étaient écartés pour cueillir des *couscouils*. Les habitants du Roussillon donnent ce nom à la racine et aux jeunes pousses étiolées du *molopospermum cicutarium*, qu'ils mangent en salade. Sa saveur, quoiqu'un peu forte, a du rapport avec le céleri ; elle deviendrait plus douce par un étiolement plus complet ou une culture plus soignée. Étendu sur l'herbe veloutée aux rayons encore doux du soleil, mes yeux se portaient tour-à tour sur des pointes granitiques dont de jeunes pins décoraient les ruines sur la tête du Canigou, qui laissait voir enfin ses escarpements et ses neiges, ou sur les monts éloignés De tels moments de repos ont toujours du charme dans l'air pur et léger des hautes solitudes ; et ici la certitude désormais acquise de terminer heureusement une entreprise plus difficile que nous ne l'avions crue, par défaut de direction certaine, ajoutait à toutes les impressions agréables du site.

Les arbres cessent, et se présente le plateau de Bélach, de 300 mètres d'étendue sur 50 de largeur, et à 200 mètres sous le sommet, où le sol tourmenté n'est que granit et neige, entre des croupes nues s'élevant jusqu'aux deux cimes, dont celle de droite est le faîte commun. Ces cimes, qui se regardent par de grands escarpements, ne formaient sans doute qu'une masse, où quelque convulsion aura ouvert le large vide qu'elles recèlent, cerné de sombres et alpestres murailles, excepté du côté du plateau. Tout le fond en est rempli d'une neige épaisse qui, exposée seulement aux vents du nord et accumulée depuis des siècles, a ainsi formé une éternelle glacière. Cette fondrière de neige, qu'on nomme le gouffre, joue un rôle dans les histoires sinistres du Canigou, quoique peu de curieux se soient décidés à aller la voir de près. Les izards y viennent quelquefois par les crêtes du sud-ouest, mais c'est leur dernier asile sur la chaîne orientale, comme c'en est le dernier champ glacé. Ayant laissé nos bagages et les mulets au col de la Pardiou, nous gagnâmes le haut de la croupe de l'ouest, où la marche, devenue très pénible sur une étroite arête hérissée de débris ou de roches fracturées dont les festons bordent le précipice, ne fut bientôt plus qu'une escalade sur des rocs entassés ; mais l'ardeur augmentant en approchant du but, je devançai mes compagnons ; et, m'élançant dans ce désert aérien, j'eus le plaisir de voir enfin sous mes pieds cette sommité célèbre et les contrées qu'elle commande. Le premier coup d'œil m'apprit que nous n'avions qu'un demi-succès, puisque tout le champ de l'est était caché sous une mer de nuages; la Catalogne et les Pyrénées dégagées de vapeurs brillaient seules sous le soleil. Une croix de fer sans inscription, placée sur un fût en pierres sèches haut de six pieds, me rappela que Cassini, dans son grand travail de la triangulation générale de la France, avait placé une croix de fer sur cette sommité; mais celle-ci était trop peu oxidée pour avoir resté un siècle au milieu des agents actifs de ces hautes régions. C'est le 28 septembre et le 6 octobre 1739 que Cassini et Lemonnier montèrent sur le Canigou. Un vent piquant m'obligea à descendre dans une anfractuosité du roc où j'attendis mes compagnons, mes yeux plongeant dans le gouffre où des débris de vapeurs venaient flotter lentement le long de ses murailles, comme pour voiler ce triste palais de l'hiver. Il était neuf heures; nous n'en avions mis que six pour monter depuis Valmania.

Le groupe désigné sous le nom de Canigou est l'avant-corps d'un chaînon distinct dirigé au sud-ouest par une suite de hauteurs guère moins élevées vers la montagne de Costabona, d'où la crête principale se prolonge par les Albères. La cime culminante, où nous étions, est la plus septentrionale de quatre saillies très rapprochées, ce qui de loin lui donne une apparence festonnée. Placé sur le premier plan et presque isolé du reste de la chaîne il domine tout le pays, d'où il semble ne pas connaître de rival. Cassini le mesura le premier, et longtemps il a été regardé comme le plus haut des Pyrénées; mais sa tête majestueuse a dû s'abaisser devant les nivellements de Reboul et Vidal. L'observateur qui y est monté pourrait croire qu'il en est le terme, puisque le chaînon du midi du Tech, par son abaissement, s'éclipse à ses côtés. En ce moment où les plus hauts points des Albères surnageaient seuls au-dessus de vapeurs comme des îlots, les Pyrénées semblaient se terminer tout-à-coup par la plus abrupte transition des sommités neigées aux plaines que brûle le soleil. La montagne était comme un immense promontoire détaché de ces hautes terres, de tous ces pics qui se croisaient dans les lointains de l'ouest et dont une mer nuageuse venait baigner le pied. Mais le chaînon auquel il appartient, prolongé à l'ouest-sud-ouest le long de la Têta, puis de la Sègre jusques vers la Seou d'Urgel, paraît dû à une évulsion distincte qui a croisé à Costabona, entre Mont-Louis et Prats de Mollo, la chaîne principale, laquelle finit réellement les Pyrénées au cap Cerbères. Ce chaînon, d'une direction oblique continue, où les couches tertiaires sont relevées sur les deux versants, est postérieur à cette dernière, au long de laquelle le secondaire seul est redressé, tandis que tout ce qui est tertiaire gît encore à ses pieds dans sa pose primitive horizontale et pourrait ainsi dater de l'époque où les ophites ont surgi. Le corps de la montagne est composé de granit passant au gneiss, quelquefois à du micachiste dans lequel le mica est remplacé par du talc vert; et à la cime même on voit des couches redressées peu inclinées au nord, en suivant sensiblement la direction générale du chaînon. La roche en est d'un schiste micacé gris foncé où les éléments triturés et peu distincts sont traversés par des bandes de quartz de diverses épaisseurs. C'est un de ces schistes primitifs, de ces roches argileuses et talqueuses qui sont devenues métamorphiques par l'action du granit à son apparition.

J'eus un vif regret que les plaines du Roussillon et du Bas-Languedoc, que la mer et ses rivages eussent disparu sous d'immobiles vapeurs. Au midi, la Catalogne ne laissait voir dans sa partie occidentale que d'âpres chaînons surmontés de cimes informes, prolongées à de très grandes distances, sans abaissement sensible, mais toutes inférieures à mon horizon. Au milieu de ces masses, vers Olot et Girone, dans le bassin du Ter, est un terrain volcanique étendu et très remarquable en ce que, dans toutes les Pyrénées, c'est le seul point jusqu'à présent observé où soient manifestes des éruptions peu anciennes. Les centres d'action paraissent y avoir été les montagnes de la Cruz et de Sainte-Marguerite, où l'on trouve nombre de cratères ainsi que de la pouzzolane, des basaltes et d'autres produits ordinaires des volcans.

Ces éruptions se sont continuées jusques dans nos temps modernes, puisqu'on trouve dans les archives d'Olot qu'en 1421 *trois bouches à feu* s'ouvrirent auprès de la ville et deux auprès d'Aucer, qui fut presqu'entièrement détruit, fait relaté dans l'histoire d'Espagne, de Mariana.

Ce n'est qu'au nord-ouest que le champ plus vaste est aussi plus varié : de larges pentes neigées et sans végétation aucune, descendent d'un seul trait jusques dans les fonds où sont le village de Castell et les eaux minérales de Vernet. En plongeant des yeux dans les sillons voisins qui, précipités en rayonnant, deviennent en bas des vallons dessinés par des traces de verdure, on arrive à la plaine du Conflans, où se distingue Prades; et plus loin, par-dessus les chaînons que sépare la Gly, s'étend le haut Languedoc, nivelé en apparence, excepté où s'exhaussent les dernières croupes des Corbières. La vallée supérieure de la Têta, étroite et profonde dans les défilés de Villefranche et d'Olette, ne se laissait deviner que par le croisement des pentes jusqu'à une dixaine de lieues, où la verdure du haut plateau de Mont-Louis et du col de la Perche, au milieu de tant de sécheresse, repose la vue qui s'arrête à de belles montagnes drapées de neiges et de bois. Des masses de nuages pittoresquement groupés autour de leurs pitons, cachaient les cimes plus centrales. Ce qui frappe, en effet, dans l'étendue visible du Roussillon, c'est la nudité absolue de la plupart des plans où l'œil attristé ne rencontre partout que les teintes arides du schiste et du granit en décomposition. Il me semblait voir le mont désolé par les vents où surgit l'eau célèbre que Pétrarque a chantée et les chaînes blanchâtres et nues de la Durance. Mais avec quel plaisir sous les pieds se découvrent des villages entourés de verdoyants tapis, comme ces oasis qui remplissent de joie le voyageur au désert. La beauté pittoresque du Roussillon, comme de la Provence et de quelques cantons de l'Italie, a surtout pour cause le contraste agréable qu'offrent des roches pelées, des masses monotones par leur aridité et des îles d'une végétation vigoureuse disséminées à leur surface. Cette nudité est l'effet de la destruction des bois; la terre végétale, que leurs débris contribuaient à former, que retenaient leurs racines, a été entraînée par les pluies, et de toutes parts a surgi le roc stérile.

En portant les yeux du chaînon des Albères, qui va toujours s'abaissant depuis Costabona, à la dépression que subit la chaîne centrale à Mont-Louis ; en voyant le chaînon du Canigou dépasser Costabona par des sommets qui se maintiennent entre 1,400 et 1,500 toises jusqu'au Puigmal de Cerdagne, auquel en succèdent d'autres toujours très élevés vers la Seou d'Urgel, on conçoit la pensée de M. Reboul, ce que les observations géognostiques sont venues confirmer, que cette suite de cimes appartient à un système particulier d'évulsions qui croise obliquement et surmonte de Mont-Louis à la source du Tech, le prolongement de la chaîne orientale, déjà très abaissée au col de la Perche et finissant aux Albères. Ce système est en effet isolé des Pyrénées par la vallée de la Têta et de la Sègre, se touchant à ce col et suivant ainsi sa base dans toute son étendue.

Autrefois, du haut du morne de Cette, j'avais vu distinctement le Canigou comme sortant de la mer, et ses neiges blanchir sous le soleil. Des hauteurs de Montpellier, il est visible encore pour peu que l'air soit serein ; mais même de Marseille il est au-dessus de l'horizon. En effet, M. de Zach, savant auteur de la correspondance astronomique, pendant le séjour qu'il y fit en 1808, voulut s'assurer si, comme on le disait, le Canigou était visible de cette ville. Il commença par déterminer l'azimuth du Canigou, c'est-à-dire l'angle que fait sa direction avec le méridien de Marseille ; et pensant que la distance de soixante-quinze lieues qui sépare ces deux points rendait nécessaire de choisir les circonstances les plus favorables, il détermina aussi les époques de l'année où le soleil se couche derrière cette montagne, ce qui se trouve en février et en octobre. Le 8 février, le temps étant très pur, il se rendit avec plusieurs personnes également curieuses de vérifier le fait, sur la montagne de la Garde, où, ayant dirigé sa lunette d'après l'azimuth calculé, aussitôt que le soleil fut descendu sous l'horizon, il eut la satisfaction d'apercevoir très distinctement, au-dessus de la ligne de la mer, une suite de hauteurs noires avec deux pics principaux, sans doute ceux du Canigou, se détachant très nettement sur le fond brillant du ciel. L'expérience, dont tous les assistants eurent la preuve, fut décisive.

Depuis trois heures nous étions sur la cime, espérant toujours que la plaine et la mer se découvriraient. Vers midi, au contraire, le vent devint plus fort, et par intervalles nous étions enveloppés de brumes très froides, ce qui nous détermina à descendre. Au bout d'une heure, nous fûmes en bas du plateau de Belach, soubassement des derniers pics au-dessus des grandes canelures dont est sillonné le Canigou sur ses faces les plus escarpées de l'est à l'ouest. Ces vallons rayonnant de la cime, Castell, Saint-Martin, Corneilla, Fillols, Taurinya, Estober et Valmania se précipitent tous entre des crêtes continues de granit de l'aspect le plus sauvage, avec des déchirements à vive arête qui sembleraient ne dater que de peu d'années. Nos gens nous y attendaient étendus sur la pelouse, auprès d'une petite cabane qui paraissait abandonnée depuis longtemps. Ces herbages sont trop bornés et trop maigres pour que des pasteurs puissent s'y établir, et ceux du Clot d'Estabeil en profitent seulement par temps. Poursuivant notre projet de nous diriger sur Villefranche, nous entrons dans le bois de sapins qui couvre l'origine du ravin énorme où se trouve au fond le village de Filhols. Ces arbres sans beauté disparaîtront bientôt : leurs têtes desséchées, leurs rameaux mutilés, couverts de funèbres lychens, ne disent que trop les atteintes continuelles auxquelles ils sont en butte. L'avide Catalan qui attaque sa dernière futaie pour alimenter quelques jours de plus sa forge, en détruisant l'aisance future de ses enfants, s'inquiète peu sans doute de tous les êtres vivants qu'il va priver du bonheur, même de l'existence. Si les arbres sont la parure de la terre, la cause de sa fécondité, ils ne sont pas moins le soutien de la vie. Ces mille oiseaux dont les gais concerts font retentir la feuillée, ne retrouvant plus leurs doux asiles, iront chercher des cantons plus heureux; et ces insectes innombrables qui y voltigent au soleil ou rampent sur tous les brins d'herbe, ne se reproduiront plus. Toute cette magie ne tient qu'aux arbres : qu'ils disparaissent, le sol dépouillé désormais n'offrira plus ni chant ni vie ; et la vive fontaine entretenue au pied de la colline par l'humidité qu'ils soutiraient de l'atmosphère, tarie dans sa source, n'ira plus arroser le vallon qu'elle rendait fertile. C'est ainsi que notre belle France, où la dévastation des bois marche avec une effrayante rapidité, est menacée dans l'avenir du sort de ces contrées autrefois si florissantes, où l'Euphrate et le Jourdain passent maintenant solitaires ou à peine visités par les misérables hordes qui seules se meuvent au milieu de leurs déserts. Si l'on réfléchit sur l'histoire des trois plus belles parties du monde, l'antique Asie, berceau du genre humain, l'Europe et l'Amérique, peut-on ne pas être frappé de cette série régulière de prospérités et de décadences qu'ont subie dans l'ordre physique comme dans l'ordre intellectuel la plupart de leurs états, et de voir que la civilisation, ainsi que la dévastation et le retour à la barbarie, y ont marché d'un pas égal et comme à la file, dans la direction que semble suivre le soleil?

A la sortie du bois nous pûmes mesurer de l'œil l'étrange espace que nous avions à parcourir. Qu'on se représente un plan d'une inclinaison tellement roide qu'il serait inaccessible sans les débris qui le couvrent, descendant d'une largeur uniforme jusqu'à une profondeur de plus de six cents toises, toujours accompagné d'une double muraille granitique festonnée de pics et de déchirures. Sur cette longue rampe ne se voyaient nulle part ni herbe, ni arbustes, et les yeux éblouis n'y étaient frappés que du gris-rougeâtre des crêtes ou des fragments amoncelés que l'ardeur du soleil semblait avoir calcinés ; seulement tout au fond, au milieu d'un champ circonscrit de verdure, se distinguait Filhols, lorsque des vapeurs détachées des masses et roulant autour de la montagne, ne venaient pas le cacher. Tous ces fragments accumulés, comme ceux qui jonchent d'autres pentes du Canigou, proviennent des dislocations produites lors du soulèvement, et l'atmosphère a agi sur eux sur place, tandis que les débris d'un moindre volume, entraînés par les eaux, ont été former les dépôts jusqu'à la mer.

Il fallait bien se lancer dans cette gigantesque gouttière pour commencer une très pénible descente sur des fragments aigus mal assurés et sous un soleil ardent, réverbéré par les murailles qui ne laissaient parvenir aucune émotion de l'air. Il y avait une heure que nous tombions comme du ciel, et les fonds de Filhols ne paraissaient guère plus rapprochés. Des brouillards revinrent les dérober à la vue ; nous hâtons la marche dans l'espoir d'y respirer un air frais à l'abri d'un impitoyable soleil; mais, nouveaux Tantales, nous les voyons toujours se fondre à notre approche. Baignés de sueur, haletants de fatigue, un moment de repos nous était devenu indispensable, lorsque nous aperçûmes quelques suintements au milieu des pierres. Nous les déblayons, et en effet, sous les débris se montre un filet d'eau où nos lèvres desséchées puisèrent avec non moins d'empressement que le Bédouin qui trouve un puits bourbeux dans le désert. Ici, notre petite source pouvait le disputer en limpidité aux ruisseaux même d'Eden; et, grâce à quelques restes de pain, nous nous y désaltérâmes sans danger avec la même sensualité que le comédien de Gil-Blas, trempant ses croûtes dans une fontaine.

Nous voilà enfin au bas du couloir, où la rampe subitement adoucie se recouvre de prairies arrosées par de jeunes ruisseaux qui jaillissent du roc ou du pied des débris, et ombragées de frênes et de noyers. Si l'on mesure alors la prodigieuse hauteur d'où l'on s'est comme précipité, on s'émerveille d'une telle voie et de la régularité de ces crêtes gigantesques qui, à la cime apparente de la montagne, projettent symétriquement leurs pointes sur le ciel. Nos yeux, irrités par une réverbération ardente, se soulageaient au milieu de ce luxe de végétation sur des teintes plus amies, comme nos poumons échauffés en humant un air rafraîchi par les ruisseaux et l'ombre. Dans cette délicieuse oasis étaient éparses les maisons de Filhols, où la fatigue nous fit chercher en hâte le cabaret dont l'état misérable ne répondit pas aux richesses champêtres du lieu. Cependant nous y trouvâmes ce que nous désirions le plus : du lait frais et du repos.

CHAPITRE VII.

Haute vallée de la Têta. — Villefranche. — Montlouis. — Col de la Perche. — Vue de la Cerdagne.

Il nous avait fallu trois heures et demie pour descendre du Canigou, et j'estime que de Filhols, qui est plus bas que Valmania, on ne saurait y monter en moins de sept heures d'une bonne marche. Après Filhols, la végétation conserve sa fraîcheur sous des hauteurs émoussées, continuation des crêtes et aussi arides qu'elles. C'est dans de tels vallons riants et frais, dans ces charmantes îles de verdure, au milieu de la stérilité générale, que le cultivateur, que l'ami des beautés champêtres sent tout le prix des arbres et des eaux. Heureux celui qui voit encore une source dans ses champs, s'il songe à tous les biens qu'il peut en faire naître. Régénérer une fontaine et planter sur ses bords, c'est être bienfaisant envers tout ce qui respire. Dans l'Alsace et la Lorraine, qui voient encore de grandes forêts revêtir leurs montagnes, les chasseurs savent très bien que les fontaines attirent à des heures connues le cerf, le chevreuil, le sanglier et toutes les tribus d'oiseaux qui y viennent s'abreuver et se baigner, ou chanter sous de fraîches feuillées. Ces eaux vivantes répandent au milieu des bois un charme particulier qui fait quitter avec regret leurs paisibles retraites. Que d'aimables souvenirs vous m'avez laissé, parties charmantes si souvent renouvelées dans les grands bois de la Moselle, avec de jeunes amis, en qui des études toutes militaires n'avaient pas éteint le goût des plaisirs simples; et à l'autre extrémité de la France, sur les rives de l'Adour, lorsque avec d'autres amis qui m'avaient adopté, j'allais passer des journées entières dans les bois d'Ibos et de Séméac, où ne sont plus que de vieux murs du superbe château des Grammont. Mais imprudents possesseurs, qui ignorez les rapports secrets entre les fontaines et les voûtes de feuillage qui les couvrent, si vous abattez ces vieux arbres, sans respect pour leur âge et leur utilité, et que vous tarissiez ainsi la source d'où coulaient tant de contentements et de plaisirs, alors ce champ d'ébats des aimables musiciens des bois et de myriades d'insectes, toute cette féerie si animée fera place à la solitude, au silence des tombeaux. Cette influence des arbres sur l'abondance des sources, et celle des forêts sur la quantité de pluie qui tombe dans une contrée est très grande, d'après des observations faites à toutes les latitudes, et particulièrement par M. Moreau de Jonez qui a reconnu que si cette influence n'est pas appréciable dans les plaines elle est très forte dans les lieux montueux et toujours en rapport avec l'élévation des montagnes boisées. Il paraît que les forêts exhaussées dans les moyennes régions de l'atmosphère agissent puissamment sur les nuages par leurs formes, par l'agitation que leur impriment les vents et sans doute aussi par leur organisation intime. Cette cause peut suffire en Europe pour doubler la quantité d'eau pluviale et sous la zône torride, où l'abondance en est plus grande, ses effets en général sont moindres. Il n'y a nul doute que le décroissement des pluies dans les pays où on l'a observé, n'en a pas d'autre que la destruction des bois qui couvraient leurs montagnes; et telle est l'histoire d'une grande partie du Roussillon. Les mines de Balaigt où la masse métallifère sous forme de fer spathique repose sur le granit et le pénètre, sont à peu de distance de Filhols derrière la colline de l'Est. Elles fournissent un très bon minerai à un grand nombre de forges, particulièrement à celles de Roquefort et de Gincla, les seules des Pyrénées-Orientales où il y ait des fonderies et des platineries à l'instar de celles qui existent dans les établissements du Nord, où l'industrie est beaucoup plus avancée.

Après le bourg de Corneilla qui possédait autrefois un riche chapitre dont il ne reste qu'une belle église du moyen-âge et la maison du grand prieur, avec sa tour où des fenêtres grillées indiquent encore le droit qu'il avait de haute et basse justice sur ses vassaux, on laisse à gauche une assez bonne route menant aux bains du Vernet. Ces eaux thermales sulfureuses commencent à être réputées pour le traitement d'une maladie jusqu'à présent incurable, la phthysie. La position méridionale de ce village et les hautes montagnes qui l'entourent lui procurent un climat très doux où les malades peuvent passer même l'hiver, ce qui lui donne de grands avantages sur les Eaux-Bonnes; la source y possède une chaleur de plus de 60°, et comme elle est plus élevée que le bâtiment des bains, on peut l'y amener par des conduits qui laissent échapper la vapeur dans une grande salle où les malades respirent pendant plusieurs heures un air sulfureux de 18 à 20° de température qu'on peut varier à volonté. Ce traitement nouveau dû au célèbre docteur Lallemand, a produit de très bons effets sur des phthysiques même avancés. Quel avenir pour le Vernet si d'aussi belles espérances étaient réalisées.

Bientôt l'air et l'espace se compriment et on pénètre dans un défilé singulier, au travers d'une haute masse fondue jusqu'à ses fondements pour livrer passage au torrent et à la route. On chemine dans cette profonde coupure toute nuancée des couleurs du calcaire, entre des parois à pic ou n'offrant que quelques anfractuosités que l'industrie a su utiliser. Tous les lopins arrachés au torrent sont cultivés, et les moindres saillies ont été aplanies, garnies de terre et plantées, tandis que de longs canaux de bois, lancés d'un roc à l'autre, vont féconder ces terrains factices. C'est ainsi une succession de jardins en miniature, et d'étroites terrasses couvertes de pampres et de fleurs, jusqu'à ce que la roche absolument à pic repousse toute espèce de culture. Ici reparaissent, mais pour la dernière fois, les grenadiers, les oliviers et d'autres arbustes de la plaine, qui ne croissent sous ces rochers que grâce à la chaleur qu'ils réverbèrent. Fatigués d'une longue journée, nous n'allions que lentement dans ce site profond où le soleil ne pouvait plus nous atteindre, et à l'approche du soir je respirais avec sensualité cet air doux du midi chargé des parfums des jardins et des plantes aromatiques qui des fentes du roc étaient pendantes sur nos têtes. Débouchant dans la vallée principale qui n'est guère moins serrée, tout à coup on se trouve en face d'un pont-levis et de remparts qu'on s'étonne de voir sous des toits. C'est Villefranche, chef-lieu du Conflans, fondée en 1092 par Guillaume Raymond, comte de Cerdagne, dans le défilé le moins abordable. Quelle bizarre idée d'avoir établi une forteresse au fond d'un tel précipice ! Il est vrai qu'au midi la montagne à pic est elle-même la plus inaccessible des murailles, et à l'opposite, au sommet d'un monticule rongé par la Têta, et tout brodé de jardins sur sa pente rapide, est un fort menaçant qui date de Vauban. Ainsi cette place, bâtie au long du torrent, barre toute la vallée et n'a que deux fronts fortifiés, en amont et en aval, une simple *chemise* suffisant des autres côtés. Les remparts sont couverts de toitures dans tout leur développement pour mettre les défenseurs à l'abri des coups que de hardis tirailleurs pourraient leur décocher comme du ciel. La ville n'a que deux rues, et ses hautes maisons, construites avec un marbre que le temps a rendu noir, l'hôtel de la mairie surtout, avec ses vieilles tours, autrefois la demeure des comtes de Conflans, ont une apparence imposante de vétusté. En somme, un tel lieu, où le soleil d'été ne se montre que pendant quelques heures, est un triste séjour. Les masses voisines d'un calcaire de transition qui renferme du marbre sont percées de grottes citées, et font partie d'une île calcaire dont Villefranche est le centre, enclavée dans le granit général.

La place était remplie de soldats qui s'impatientaient qu'on les retînt dans les forts au lieu de les faire *foncer en Espagne*, uniquement dans le désir de faire leur métier, de se servir des armes qu'on leur avait mises aux mains, et le service y était rigoureux comme en campagne.

A quatre heures du matin seulement les portes massives roulent sur leurs gonds, et nous voilà sur la route de Mont-Louis, éloigné de huit heures de marche, avec un détachement du 51e qui s'y rendait suivi d'une bruyante escorte de conducteurs de mulets. La mine enfumée et suspecte de ces Catalans, leurs yeux noirs, sinistres, l'air virago des femmes et leur parler étrange, où dominait fréquemment l'énergique *ire de deou*, excitait en ce style de corps-de-garde, qui a son originalité, l'esprit des plaisants de la troupe. Les sarcasmes redoublaient, lorsqu'à ces chapelles grillées qu'on entretient avec soin sur les routes, chacun d'eux ôtant vivement son bonnet et fléchissant le genou auprès du bénitier, faisait à l'espagnole le triple signe de croix, et d'un air contrit baisait son pouce. Il n'y a pas d'esprit fort parmi ces muletiers ; constamment en voyage où divers dangers les menacent, aucun ne s'abstient de ces pratiques dévotes, qui dans leur esprit servent de compensation à leurs jurements sans fin et aux plus perverses habitudes. La vallée assez triste est toujours serrée entre des hauteurs nues. A la vue des vieilles tours de la Bastide sur l'autre rive, les muletiers ne manquent pas de dire que des fourches patibulaires rarement dégarnies, y avaient souvent effrayé leurs pères. Vers cinq heures et demie la caravane traversa Olette, petite ville qui n'est qu'une longue rue serrée entre la Teta et la montagne, d'une apparence aussi espagnole que les farouches Miquelets qui l'habitent. A l'extrémité, sous un petit château flanqué de tours, on passe un torrent formé des eaux de deux gorges boisées descendant des montagnes du nord, limitrophes du Capsir et faisant suite au Carcanèro. Dans celle de Cabrils, voisine du mont de Mosset. auprès des villages d'Aiguatébia et de Caudiés, sont d'abondantes sources thermales non utilisées quoiqu'elles soient au nombre des plus chaudes des Pyrénées, puisqu'elles atteignent la température de 70°. Elles surgissent probablement du granit, recouvert sur ce point de schistes argileux alternant avec des bancs calcaires. Ce site est le seul pittoresque jusqu'à Mont-Louis. Il est remarquable que les eaux thermales des Pyrénées vont en baissant de température de l'est à l'ouest. Ainsi à Olette elles s'élèvent jusqu'à 70° ; à Ax à 66° — à Luchon à 50° — à Barèges à 41° — aux Eaux-Chaudes à 30° ; et enfin à Cambo seulement à 17°. On pourrait remarquer aussi que l'étendue du granit, très grande dans le Roussillon, va toujours diminuant vers l'ouest ; deux faits qui ne sont sans doute pas sans connexion.

Les monts se rembrunissent, et la vallée devient toujours plus âpre jusqu'à un passage très étroit où les masses sont si près et leurs racines si croisées, que le torrent a dû redoubler de fureur pour miner la dure roche et s'ouvrir le canal tortueux où bouillonnent les eaux. C'est le pas de *Graous*, lieu redouté où les cris du voyageur assailli à l'improviste, se mêlent trop souvent à leurs mugissements. Quelques mulets chamarrés dans tout le luxe espagnol, en montaient gravement les rampes et animaient un peu ce site ténébreux, où un surplomb des rochers est dans ce canton désert un asile pour le voyageur que la bourrasque a surpris. Dans notre ascension continuelle, sortis au hameau de Thués de l'ornière des fonds, nous eûmes la vue des hauteurs de Bérive, de Prats et de Gours, partie du système qui, avec Costabona d'une part et Naufons de l'autre, lie le Canigou au Puigmal de Cerdagne. Des pentes sans pâturages bigarrées de sapins, et des cimes escarpées très hautes lui donnent un aspect triste et sauvage. La halte du déjeûner se fit à Fonpadrouse où je fus surpris de la stature colossale de nos hôtes; ce qui est rare chez les Catalans. Leurs faces rubicondes, empreintes des qualités généreuses du vin du Roussillon, disaient assez que, bien que dans les montagnes, le simple breuvage des pasteurs n'était pas de leur goût. Les provisions y étaient modiques pour tant d'hôtes survenus à l'improviste, mais grâce au chocolat qui, de même qu'en Espagne, abonde dans les moindres cabarets, et à une terrine de lait que nous récoltâmes avec quelque peine dans le village, nous eûmes une ample potion suffisamment restaurante.

Toute culture a cessé : la vallée n'est plus qu'une ravine, et la Têta mugit entre des hauteurs dépouillées ou à peine colorées d'une maigre verdure. Pendant deux heures encore on s'élève sur une route sinueuse, où le bruit continu du torrent ajoute à la monotonie des lieux. La pente s'adoucit enfin ; le ciel s'ouvre, des habitations, des villages paraissent ainsi que les premiers costumes espagnols : le mouchoir flottant derrière et noué sous le col autour d'un visage rond et animé, plus souvent la résille avec le nœud de rubans noirs à l'origine des cheveux, et le corset noué par devant ; cet ensemble, en un mot, que dans leurs danses du dimanche les Cerdanaises de l'un et l'autre royaume portent, gracieuses et légères. Les vêtements noirs qui dominent chez les dames espagnoles ne proviendraient-ils pas des Phéniciens qui avaient adopté le costume noir, et qui durent le porter dans la Péninsule lors de leurs premières migrations? Nos yeux purent s'étendre enfin sur des pâtis montueux; mais non pour longtemps, car de froides brumes vinrent presque aussitôt les envahir. C'est ainsi que transis et glacés, nous fîmes notre entrée dans la forteresse de Mont-Louis par un jour qui semblait plutôt sous l'influence du triste capricorne que du signe où le soleil atteint au plus haut de son cours. La vaste cheminée de la mère Jambon, bien connue des militaires, nous eut bientôt réchauffés, comme l'excellent dîner dont elle nous étonna à la cime des Pyrénées, nous fit oublier nos mauvais gîtes passés. Une belle soirée nous permit d'observer un site dont l'air sec et froid, comme la physionomie des monts, annonce la grande élévation.

La place de Mont-Louis, composée d'une citadelle et d'un ouvrage à couronne qui renferme la ville, fut bâtie sous Louis XIV par Vauban, pour défendre le col de la Perche, un des passages les plus faciles et les plus fréquentés vers l'Espagne. Elle est située sur un vaste plateau très inégal, qui, à la hauteur de 800 toises, ne peut avoir d'autres cultures que des prairies; fondés sur le granit en place, ses fortifications, ses édifices, tout est granit; le ravin de la Têta lui sert au nord et à l'est de fossé naturel sous des glacis très plongeants qui des autres côtés descendent dans un vallon complètent ainsi le circuit de la place; et tout ne serait que verdure à l'entour, si quelques villages n'interrompaient des tapis uniformes, du côté où la vallée inférieure va s'enfoncer entre la montagne de Caudiés couronnée de sapins, et les hauteurs dépendantes de la crête. Dans le village de Planès, joli groupe sur le tapis vert général au pied du cône hardi de Prats, appendice de la montagne de Cambredase qui sur ce point forme la crête, on nous fit voir un baptistère à trois angles, de forme singulière. A l'ouest, le sol désert est jonché de débris granitiques provenant des masses culminantes du fond, dont le caractère alpestre et la hauteur supérieure s'annoncent au loin par des amas de neige, au-dessus des forêts où la Têta prend sa source aux étangs de Pouy-Prigue, voisins de ceux d'où sortent les eaux entrecroisées, qui s'épanchent en France, en Espagne et dans l'une et l'autre mer. L'étroit passage des Angles vers le Donézan, hérissé de sapins et de rochers, contraste avec les humbles collines de la Perche, où l'on voit circuler la route de Puycerda. Le naturaliste qui voudrait explorer ce beau groupe de monts jusqu'à présent négligé, trouverait à Mont-Louis un point de départ très rapproché, où il n'aurait pas à craindre les privations auxquelles il est presque toujours condamné dans les lieux qui ont pour lui le plus d'attrait.

Les montagnes du midi tout à coup interrompues, laissent comme un passage de plus de douze cents toises d'ouverture entre les deux royaumes, le col de la Perche qui n'est ainsi qu'une suite d'ondulations où l'air est libre et le ciel ouvert. A l'aspect de ces vastes pelouses, on se croirait plutôt au milieu des plaines qu'à la crête des Pyrénées, si, de part et et d'autre, des cimes majestueuses subitement redressées à une hauteur qui dépasse celle du Canigou, en contrastant avec leur verte étendue, ne rappellaient le rôle important que joue le rein dont ce col fait partie dans le dessin général. C'est la grande chaîne de l'est qui subitement abaissée s'engage sous le chaînon culminant du Canigou à la Seou, pour ne reparaître qu'après Costabona. Lorsque la neige et d'épaisses brumes y ôtent la vue de tout repère, de longs fragments de granit enfoncés debout, dont on voit de loin la ligne ondoyer sur tous les plis du terrain, viennent au secours des voyageurs, et les guident dans ce désert glacé. L'air devenu très froid nous força de rentrer à l'hôtel, comblé alors de Cerdanais français qui fuyaient Mina et non pas moins peut-être ses adversaires, et tout bruyant d'ailleurs d'un dîné d'adieu des officiers d'une compagnie du 60° que nos compagnons de route étaient venus remplacer.

Au point du jour une voûte de nuages s'étendait sur les montagnes, mais à l'est la tête obscure du Canigou se détachait sur l'atmosphère enflammée, comme pour nous donner le regret de ne pas jouir du sublime spectacle qu'elle offrait alors sur tous les points qui nous avaient été voilés. Le soleil était levé lorsque nous atteignîmes le faîte du plateau, d'où l'Espagne ne laissait voir encore que quelques cimes projetées sur un ciel orageux, auquel ses premiers rayons donnaient un aspect sombre et menaçant; emblème naturel des tempêtes civiles qui longtemps devaient désoler ce malheureux pays. Ce n'était plus comme dans les temps anciens, des hordes échappées du nord ou de la brûlante Afrique, qui couvraient ses campagnes de sang et de ruines, mais ses propres enfants qui déchiraient son sein ; le sein de cette terre déchue, si grande dans l'histoire, et toujours belle des faveurs de la nature :

<blockquote>Lovely spain ! renowned, romantic land ! Biron.</blockquote>

Les sons vifs et roulants du clairon viennent à retentir d'échos en échos dans un enfoncement où nous voyons luire les baïonnettes de deux compagnies du 60° qui entraient en campagne. Leurs brillants costumes, l'éclat de leurs armes et les roulements des tambours, au moment où après une halte elles se remettaient en marche, faisaient disparate dans cette savane des montagnes qui ne devrait être troublée que par des voix pastorales. Quelques pas de plus et tout va changer : comme si un rideau venait de s'abaisser, on découvre tout-à-coup une des plus belles scènes que puissent offrir les Pyrénées : la Cerdagne tout entière étendue sous les yeux. La surprise est complète. En sortant de la gorge de la Têta, on s'attend peu à trouver sous la crête une plaine ouverte si populeuse et si fertile, un bassin de huit à dix lieues de superficie, et de 600 toises au-dessous des sommets. Cet emplacement du plus grand lac qu'eussent autrefois les Pyrénées, arrosé maintenant par les branches de la Sègre, est bigarré de villages, d'un air prospérant sous l'ardoise qui les couvre, et de cultures sans discontinuité ; il renferme trois villes espagnoles : Llivia, sous nos pieds; Puycerda, au milieu, couronnant un monticule; et, au loin, Belver, à l'entrée du défilé qui conduit à la Seou-d'Urgel. Ce beau canton est cerné de hautes montagnes : celles de gauche, prolongement du chaînon du Canigou qui se sépare de la crête générale au col de Naufons, conservent longtemps au sud du Mont-Puigmal leur dessin hardi; et, à l'ouest, au-delà du val de Carol, avenue de Puymorin, sont les monts de l'Andorre sombres de bois, et se perdant mystérieusement dans ces mêmes nues qui flottaient sur les cimes des autres; tableau plus grand et plus alpestre au-dessus de la riche Cerdagne. Par-delà Belver, où les chaînons entrelacent leurs pentes, je cherchais à deviner les mornes escarpés qui portent les forts de la Seou, alors bloqués par le chef Romagosa, autre paysan qui avait couru au secours de la Foi, et dont les canons résonnaient jusqu'à nous. Par une de ces bizarreries si communes sur la limite des Pyrénées, la moitié de ce bassin du versant méridional appartient à la France, où Llivia et sa banlieue sont restés enclavés.

CHAPITRE VIII.

Llivia. — Puycerda. — Soldats de la Foi. — Val de Carol. — Port de Puymorin. — République d'Andorre.

Une pente rapide descend au hameau de Caillastres, où, comme à Estabar, dernier village français, à la vue des fermes et des charriots des plaines, de prairies aussi planes que les champs qui leur succèdent, et des ormeaux où retentissaient les concerts des rossignols, j'aurais pu, oubliant les Pyrénées, me croire sur nos collines par une matinée de printemps. A peu de distance sur la droite sont les eaux d'Escaldas qui passent pour avoir des propriétés analogues à celles de Barèges et de Cauterets, et dont les bains datent d'Auguste qui les fit bâtir pour l'usage de la ville de Llivia qu'il venait de fonder en l'honneur de l'impératrice Livie. Après un ruisseau qui fait limite on entre dans cette ville antique, d'un aspect tout espagnol maintenant. C'est dans ses environs, suivant les chroniques arabes, que le fameux *Munuza*, qui souvent avait dévasté la France méridionale à la tête de ses Sarrazins, périt sous les coups de Gedhi, lieutenant d'Abdérame, en punition de ce que l'émir avait regardé comme une trahison son mariage avec Lampégie, fille du duc d'Aquitaine. Ce fait eut lieu peu avant la défaite d'Abdérame dans la plaine de Tours. A Llivia, tout prend une autre physionomie : les maisons uniformes en bois souvent sculpté, les costumes des femmes, leur front nu sous la noire résille, le *si senor* dont l'oreille est frappée, la place fraîchement décorée de la pompeuse inscription, *Plaza Réal*, les peintures en plein air représentant quelque saint colossal qui arrache des flammes de pâles humains, les nombreuses madones répandues dans les rues, tout respire le caractère espagnol. La ville communique à Puycerda sur le territoire français, par un chemin neutre de demi-lieue au travers d'une plaine toute couverte alors de belles moissons. Cet intervalle a été souvent le théâtre de collisions entre les deux peuples voisins, ce qui rendrait utile la réunion à la France d'une enclave aussi peu importante.

Rentrés sur le territoire français, et craignant d'être arrêtés à la frontière, dans des moments aussi critiques où nos excursions devenaient passablement chanceuses, nous traversons furtivement à Bourg-Madame, autrefois la Guinguette, le petit pont en bois jeté sur le bras de la Sègre qui fait limite. Ce lieu tout nouveau n'est encore qu'une rue, mais bien bâti et d'une apparence toute française. Son importance ne peut qu'aller croissant lorsque les relations de commerce seront rétablies entre les deux Etats. Le nom ancien de la Sègre était *Sicoris* ou *Sicuris*. Ce fut de ses rives que partit cette colonie d'Ibères qui alla peupler la Sicile, défricher les campagnes désertes qui devaient être un jour le grenier de l'Italie, et y porter le nom du fleuve natal, ou plutôt de la patrie qu'ils ne voulaient pas oublier. En un quart d'heure on monte à Puycerda qui, de ce côté, offre un coup-d'œil agréable par un amphithéâtre de jardins. Des soldats de la foi l'occupaient alors avec des Français, qui n'avaient pas une grande estime pour ces *guerilleros* dont un sort bizarre les avait rendus les auxiliaires. Ayant passé sans obstacle la porte que de légers ouvrages mettaient à peine à l'abri d'un coup de main, nous nous rendîmes, au travers de rues où rien ne caressait les sens, à l'auberge réputée la meilleure.

Le premier coup-d'œil n'y fut pas engageant : l'hôtesse, toute suante au milieu d'une quantité de mets en confection, d'apparence peu ragoûtante, me fit penser à Gil-Blas dans le souterrain, voyant préparer à dame Léonarde le dîner des compagnons de Rolando.

La ville de Puycerda, à l'extrémité d'un long plateau descendu du nord entre les deux Sègres, est dans une heureuse position au centre de la Cerdagne qu'elle domine, et dont elle était la capitale avant le partage. Tout est espagnol dans les habitants comme dans les maisons qui sont sans goût, obscures et malpropres. C'était un dimanche, et une nombreuse population rendait les rues très animées. On y voyait mêlés des soldats français et ces hommes de mauvaise mine, bizarrement équipés, qui s'appelaient les soldats de la foi, la plupart contrebandiers, aguerris dans ces excursions aventureuses où la laine, le sucre et le café sont introduits par des chemins d'izards à la barbe des douaniers, et toujours prêts à profiter des troubles ; des payans rabougris aux cheveux noirs liés en touffe derrière la tête, et portant le chapeau gascon au lieu du bonnet catalan ; des femmes du peuple où sous la résille étaient peu de jolis minois, des dames espagnoles au regard vif, enveloppées de leurs mantilles ; des processions suivant les rues sans dignité, comme des piétons en hâte, et enfin une foule de prêtres avec des costumes divers. L'évêque d'Urgel, membre de la régence qui gouvernait alors pour le parti absolutiste, devait prêcher à Santa-Maria. Nous y suivîmes la foule par la rue principale, tirée au cordeau, où les nombreux balcons étaient couverts de rideaux à l'espagnole. Dans l'église, fabrique massive, où le défaut d'air et de lumière n'est point compensé par une prodigalité de dorures et de lourds ornements, je remarquai la hardiesse d'un peintre qui dans un tableau de l'enfer avait sans scrupule mis des reines, des évêques, même des papes. Contre l'usage de France, le chœur des chantres alla se placer à l'extrémité opposée à l'autel. Des deux côtés de la nef, plusieurs rangées de bancs offraient aux hommes des sièges commodes, tandis que les femmes, sans distinction, étaient à genoux au milieu ; arrangement peu galant où l'on reconnaît l'orgueil castillan. Le prélat, jeune, et d'une physionomie ouverte, parut enfin dans la chaire : son sermon, en patois du pays et sans apprêt, débité avec facilité, quoique interrompu par l'agitation générale que causait fréquemment le triple signe de croix, me sembla faire une vive impression sur l'auditoire.

Partout les soldats de la foi étaient les favoris des moines, et dans tous les couvents ils étaient hébergés. Dans une de ces maisons qui avaient servi de caserne aux constitutionnels, aux soldats du baron d'Eroles et enfin aux Français, ces derniers se plaignaient de leurs vains efforts pour détruire l'odeur infecte que leurs prédécesseurs y avaient laissée. Tout y présentait l'image de la dévastation : dans les cloîtres comme dans les cours étaient les traces de cent feux de bivouac qu'avaient alimentés les portes, les fenêtres et même les planchers; couchés sur la paille, ils n'y avaient plus que l'abri. Du haut du clocher la vue s'étend sur la Cerdagne entière et sur la belle enceinte de ses montagnes. Un Français qui avait assisté au combat contre la troupe de Mina, nous fit voir au pied des hauteurs de l'est, du côté d'Osseja et de Valcevollera, les diverses positions où l'on s'était fusillé le 14 (juin 1823); celle où une partie de la troupe de Mina s'était rendue, et le village français d'Enveigh par où ce chef s'était échappé le lendemain vers Carol, par la faute du baron d'Eroles qui s'était refusé à l'occuper, ainsi que l'en pressait le commandant français. L'auberge n'était pas moins que la ville une arche de Noé ; dans un coin, des chasseurs français revenant du blocus de la Seou, se plaignaient des chemins affreux où leurs chevaux avaient failli rester; dans l'autre, des paysans à l'œil observateur, en buvant et fumant le cigarre, faisaient sans doute à voix basse la critique de leurs voisins; à côté de nous, un jeune Français qui était venu chercher fortune sous le célèbre baron, prenait une leçon d'espagnol de deux *mozos de l'escuadra* qu'il régalait; et un capitaine d'artillerie venant du val de Ribas, jurait contre les soldats de la foi qui, au lieu de l'escorter, étaient allés piller dans les villages. Si l'entreprise n'eût pas été trop dangereuse, une excursion en Catalogne eût alors offert plus d'un genre d'intérêt ; mais il y avait déjà de la témérité pour nous, dont tout le rôle se bornait à observer, d'avoir franchi une frontière où tout était à la guerre. D'après les renseignements qui nous furent donnés sur le pays d'Andorre où nous avions le projet de passer le lendemain par le col de Saldeou, et réfléchissant à l'air suspect que nous nous donnerions en pénétrant dans ce territoire neutre alors en agitation comme partout, nous jugeâmes prudent de renoncer à le visiter, et de la repasser sans délai par le port de Puymorin. Dans cette idée, nous partîmes sur le champ afin de gagner une heure en allant coucher à Tour de Carol. Bien nous prit de cette sage résolution, car j'ai su plus tard que depuis Ax nous étions observés, et qu'à la moindre démarche équivoque nous n'eussions pu échapper à quelque mésaventure.

Hors de la porte de France est un grand bassin hexagone d'eau vive, entouré d'allées qui sont pour les habitants d'agréables promenades. C'est un recommandable ouvrage que d'avoir amené sur un plateau stérile une telle masse d'eau, plus que suffisante pour tous les besoins de la ville, et servant à l'irrigation des terres, par un canal long de deux lieues, dévié de la Sègre de Carol au-dessous du village de Corbassil. Descendus dans la plaine nous allions au travers de champs sans division, ni fossés où le sol ameubli paraissait très fertile, admirant le bel aspect du mont Puigmal qui subitement redressé se dessinait sur le ciel pur de l'est, et le soleil caché derrière les sommités d'Andorre envoyait sur nos têtes de longues traînées de lumière, indices de beau temps.

Les murs de clôture des prairies d'Enveigh, qui jettent seules un peu de variété sur la plaine-basse, ne m'offrirent que des granits, échantillons divers de la haute chaîne où la Sègre prend sa source. Peu après, une très jolie route sur le bord ombragé du canal, nous amena au débouché de la vallée où le beau village de Carol, dès longtemps enrichi par le commerce interlope, est épars au milieu de la plus vigoureuse végétation. Nous espérâmes un bon gîte ; hélas ! quelle apparence trompeuse ! dans le meilleur cabaret du lieu, nous n'eûmes pour souper que la chère frugale d'un hermite : du pain, des noisettes et un *rancio* brûlant qui fut sacré pour nous. L'hôte malin voulut sans doute nous punir d'avoir préféré à son fils, pour guide, le brave Joseph Fau, dit *Sastre* (tailleur), vrai Miquelet, contrebandier de profession et ennemi juré des douaniers. La couche répondit au reste : quatre peaux de moutons cousues ensemble, roides et dures, y servaient de matelas, et un tel lit valait moins encore que le plancher où l'un de nous s'étendit en murmurant.

Il n'était pas deux heures que le diligent Joseph, comme s'il eût deviné notre impatience, faisait retentir la maison de ses coups répétés, qui donnèrent aussi le signal du départ à une troupe de Gascons, nos commensaux. C'est un usage presque général sur la frontière des Pyrénées, que les paysans français passent en Espagne pour y faire les récoltes, quoique les bras n'y manquent pas. Ceux de Saint-Girons et du Couserans, après avoir serré leurs foins, vont régulièrement en Cerdagne et dans les vallées voisines pour y faucher les prairies; tandis que ceux du Comminges et de la vallée d'Aure ne passent la frontière que dans l'automne pour aller en Aragon faire la cueillette des olives, et presser l'huile. Rien ne prouve mieux l'indolence native à laquelle l'Espagnol n'a jamais su s'arracher, comme l'industrieuse activité de ses voisins.

Le clair de lune nous laissait voir la vallée s'enfonçant entre des montagnes déjà hautes, hérissées à l'est de crêtes granitiques, et n'ayant du côté de l'Andorre que des pentes nues d'une excessive rapidité. C'est cependant par là qu'était parvenue à s'échapper une partie de la colonne de Mina, poursuivie par les troupes et harcelée par les paysans armés, à cause de certains griefs qu'ils avaient contre lui. Je vis le sentier que ses mulets avaient gravi, ce qui paraissait incroyable. Il est vrai qu'on lui en prit un grand nombre; et le butin ne fut pas riche, nous assura le guide qui en avait eu sa part. Cette vallée peut mettre sur pied jusqu'à quatre cents hommes qui, déterminés par caractère, presque tous contrebandiers et habitués aux coups de fusils comme aux rochers, sont de précieux voltigeurs dans une guerre de montagnes.

Nous cheminions sur une voie rocailleuse, où toutes les clartés de la nuit n'étaient pas trop, lorsque le chemin côtoyait la Sègre mugissant à nos côtés; et les objets éloignés vaguement aperçus ou plongés dans une vaporeuse obscurité, se prêtaient à tous les prestiges que l'imagination pouvait créer. En de tels lieux où dans le vague de la nuit tout prend au loin une apparence étrange, l'influence secrète des ténèbres n'inspire le plus souvent à l'homme de la nature que des pensées redoutables; et tout en marchant, le contrebandier nous faisait l'histoire des superstitions du pays. Sur cette cime escarpée et dans les cavités que le temps y a creusées, résidaient, suivant lui, des esprits malfaisants qu'il est dangereux d'aller troubler après le coucher du soleil, et surtout la veille des grandes fêtes. Il connaissait toutes les retraites que hantent les esprits, et avait grand soin de les éviter dans ses courses nocturnes. Là-bas, sur des pelouses entourées de ces petits saules ciliés qui aiment les torrents et de blocs de granit, des fées, parfois avec la cour agile de leur roi, venaient danser au clair de la lune et faire retentir la vallée de leur éclats joyeux. En nous le contant d'un ton pénétré, l'intrépide Joseph lui-même, l'œil tendu, l'oreille au guet, semblait redouter d'apercevoir quelqu'une de ces scènes mystérieuses, de ces ébats surhumains auxquels l'heure était si favorable. Ces écarts de l'esprit qu'on retrouve partout où il y a des hommes, ont du charme pour les imaginations rêveuses qui voudraient croire que les mystères de la vie sont à peine effleurés. Du moins, qui ne s'est pas senti quelque regret que la froide raison soit venue dissiper tant d'aimables prestiges, et n'a pas quelquefois porté envie aux bonnes gens qui ont encore des illusions.

L'aube blanchissait les montagnes d'Andorre lorsque nous passâmes auprès des cabanes muettes de Courbassil. Non loin de là on voit sur une masse de granit, au bord de la Sègre, deux tours réunies par d'antiques murailles; ce sont les *tours de Carol*, restes d'un manoir féodal respecté d'âge en âge, et chef-lieu du district encore, quoique inhabitables. Suivant la tradition, ce château fut construit par les Maures, qui restèrent maîtres du pays jusqu'à l'époque où Charlemagne les en chassa ; et en souvenir d'une victoire qu'il y remporta sur eux, son nom fut donné à ces tours comme à toute la vallée. De tels souvenirs ne peuvent qu'ennoblir aux yeux les témoins muets de cette grande époque de la France, où son chef illustre, qui malheureusement souilla sa gloire de sang, brillait moins aux yeux du monde par l'éclat de ses victoires et les hauts faits de ses preux, que tant de romanciers se sont plu à grandir, que par les conceptions de son génie, qui auraient imprimé à son siècle un pas rapide vers la civilisation, si ce n'eût été un éclair unique dans une longue nuit.

Au sortir d'un chaos de granit, le village de Porta paraît entouré de prairies. La fumée qui s'en élevait nous engagea à y faire la halte du matin, rendue assez pressante par notre souper d'anachorètes, et Joseph, accueilli en ami, nous eut bientôt procuré une gamelle de chocolat et pour lui quelques restes de chevreau. L'hôte venait de Barcelonne pour son commerce, et sa robuste épouse nous étonna en appelant *treizième* le bambin rose et frais qui était pendu à son sein. Sur les talus du port qu'on commence bientôt à gravir, sont quelques ruines décorées du nom de château de Cerdagne, d'où la vue plonge sur le haut de la vallée qui fuit à l'est entre des monts aux formes hardies où tout ce qui est en vue dépend du groupe de Mont-Louis et appartient au système de schistes micacés qui, à l'ouest de Puymorin, se prolonge par les crêtes de l'Andorre, du Montcalm, d'Aulus, d'Ustou et des ports du Salat jusqu'au tuc de Mauberme. Dans un fond tout prairies s'y détachent des maisons : c'est le village de Porté, le dernier de Carol, dont la situation reculée sous d'âpres montagnes présente à l'œil une de ces retraites profondes où l'homme devrait se croire à l'abri des tempêtes publiques ; mais le canon de la Seou, qui s'entendait des hauteurs du port, n'apprenait que trop qu'il n'est point d'abri pour les horreurs de la guerre. Ce malheureux village a depuis subi une destruction presque totale par la chute d'une masse de rochers et de bois qui me semblait alors une barrière protectrice. Au-delà, ce n'est plus qu'une gorge se perdant entre les bases désertes des pics Pédrous et Carlitte, qui dominent à leurs revers les sources de la Têta et de l'Ariège d'Orlu, et voient ainsi naître des affluents des deux mers, quoique si voisins de celle de l'est. Suivant Joseph, familier avec ces régions abandonnées, les étangs de Font-Vive et de Lanoux, d'où sort la Sègre de Carol, sont fort étendus et abondants en truites. Dans sa rudesse, sensible aux beautés des montagnes, il nous fit une pompeuse description de celui de Font-Vive, qui paraît être dans un site pittoresque et sauvage. Cela renouvela mes regrets de passer près de ce groupe inconnu sans le visiter.

Une longue ascension sur des pentes herbeuses nous amena sur la plus haute croupe du port où les montagnes s'écartent et se revêtent de pâtis. Là veille constamment un poste de douaniers qui échangèrent avec notre guide bien connu plus d'un regard malveillant; cependant, couchés sur l'herbe à côté de leur hutte et du bissac ouvert, une heure de repos fut goûtée avec sensualité. Les douaniers nous dirent que pendant toute la nuit ils avaient entendu le canon de la Seou, dont le bruit était distinct même au nord des Pyrénées. Lors des siéges de Roses et de Gironne par le maréchal de Noailles, en 1694, on prétendit avoir entendu le bruit du canon dans les plaines de la Garonne, à quarante lieues de ces villes, mais toujours dans la direction du port de Puymorin. Sur ce plateau très inégal, où l'on retrouve les verdoyantes Pyrénées, sont, comme au col de la Perche, de hautes pierres pour indiquer la route dans les temps où toute trace disparaît sous la neige. Une partie de ces pâturages dépend du pays d'Andorre et monte à l'ouest jusqu'au port très élevé de Saldeou, d'où l'on descend à Canillo, premier village de cette république montagnarde, et au port de Framiguel, dont le petit lac est la principale source de l'Ariège. Dans les montagnes voisines du col de Puymorin, surtout sur le versant de l'Andorre, sont des gissements très remarquables de fer oxidulé dont la richesse et la pureté permettent de le comparer aux minerais des meilleures qualités de la Suède. Quoiqu'on les ait reconnues sur une très grande étendue, ces mines, faute de communications faciles, ne sont encore employées que dans les forges de la Catalogne et de l'Andorre. Le terrain de transition, que nous n'avions pas quitté depuis la Cerdagne, cesse après le port, et jusqu'à Ax se montre le granit dans lequel est creusée la vallée de l'Ariège.

Ici le brave Joseph nous fit avec simplicité le récit d'un de ces traits qui honorent l'homme et dont il était lui-même le héros. A l'époque de la guerre déplorable où l'héroïque Espagne se souleva pour son indépendance, un jour d'hiver que les brouillards et la neige enveloppaient les montagnes, lui seul avait pu être décidé à porter de Carol à Ax une dépêche importante. Du sommet du col où l'instinct d'une longue pratique le guidait au travers des brumes glacées, comme il descendait vers l'Hospitalet, il voit sur la neige de fraîches traces d'hommes dirigées à l'est vers une *comarque* qu'il savait se terminer sans issue à un cul-de-sac d'affreux rochers. Il juge aussitôt que ce sont des hommes égarés, et, sachant les progrès rapides que fait le froid lorsqu'il a pénétré dans les veines, il les voit perdus si à l'instant même il ne vole à leur secours. Ainsi, malgré la température glaciale à laquelle une marche forcée résistait à peine, oubliant le foyer de l'Hospitalet, dont la douce chaleur était au bout de sa course, sans calculer ses forces, il se dévoue et part pour sauver des inconnus.

Ces traces le conduisirent, au bout d'une demi-heure, au pied d'un rocher de la combe d'Elvézine, où il trouva cinq hommes dans la stupeur du désespoir. Les malheureux, complètement égarés, accablés de fatigue et déjà engourdis par le froid, avaient perdu courage, et, appuyés contre le roc glacé, dans un silence morne, ils semblaient attendre que leur funeste destin s'accomplît. C'étaient des gardes nationaux de l'Aude allant joindre leur troupe à Carol. A l'aspect du Miquelet, qui au travers des brumes leur apparut comme envoyé du Ciel, ils s'écrient, ils l'entourent; lui qui connaissait le prix de chaque seconde, leur crie : « Allons, allons, il faut marcher !... En route pour l'Hospitalet. » Tous se disposent à le suivre, excepté un qui demandait quelques instants de repos. L'imprudent! Il ne savait pas que ce sommeil qui appesantissait ses paupières et qui l'entraînait malgré lui n'était autre que le sommeil éternel, causé par le froid qui commençait à arrêter le cours de son sang. Mais Joseph le savait.... S'avançant vers lui, il l'apostrophe durement : « Marche donc! Un quart d'heure, rien qu'un quart d'heure !.. Comment, coquin, tu ne marcheras pas! Tiens!.... » Et de toute la force de son bras il lui assène un soufflet. Le militaire frappé s'indigne, rouge de colère. Toujours de sang froid, Joseph ne répond à sa fureur qu'en lui disant : « Marche! nous verrons après. » Chassé par sa rude main, le sommeil de la mort avait fui, et mon homme, ranimé par l'indignation, retrouva des forces pour suivre ses compagnons. Ils marchent, ils s'efforcent, encouragés par leur guide, qui a le bonheur de les ramener tous à l'Hospitalet, où il leur prodigue encore ses soins. S'adressant ensuite à celui qu'il avait frappé : « Eh bien ! qu'avez-vous à me dire ? » Mais celui-ci, qui avait eu le temps d'apprécier sa généreuse action, ne répond qu'en lui sautant au col et l'appelant son sauveur, comme tous ses camarades. Ces pauvres gens l'accablèrent de leur reconnaissance et voulurent tous vider leur bourse dans la sienne; le Miquelet, avec la dignité de l'homme de la nature, leur répond que l'argent ne payait pas de tels services.... Il ajouta que l'année suivante étant allé du côté de Carcassonne avec du chocolat de contrebande, le hasard l'avait conduit chez un de ces hommes qui le reconnut, où il fut de nouveau comblé des bénédictions de toute une famille dont il avait sauvé le père. On l'y retint quelques jours, et « j'y tirai, dit-il, un très bon parti de mon chocolat. » De pareils traits, peu rares dans les Pyrénées, font connaître et réhabilitent cette espèce d'hommes intrépides et sans frein qui, sans cesse en révolte contre des lois dont ils s'indignent, sont cependant d'une fidélité à toute épreuve, bravent la carabine du douanier pour un misérable bénéfice, et ne balancent jamais à exposer leur vie pour rien lorsqu'un sentiment généreux les anime.

Cet effet constant d'endormir que produit la neige, et plus immédiatement sur un homme fatigué, peut s'expliquer par la monotonie du spectacle jointe à l'action du froid.

Malheur au voyageur s'il cède alors sur la neige à ce *sommeil de plomb*, comme l'a si bien nommé Mlle Dangeville dans sa célèbre ascension au Mont-Blanc en 1838, dont il se sent accablé, car il ne se réveillera plus. Le froid resserre l'extrémité des vaisseaux sanguins, la circulation se ralentit incessamment, la surface du corps commence à mourir, le sang afflue au cerveau, qui se refroidit moins vite, il s'y engage, le mouvement extérieur s'arrête, et alors s'éteint entièrement la vie, sans douleur, sans angoisse, sans agonie. Que de fois n'a-t-on pas trouvé des hommes gelés dans la pose même de la marche, appuyés sur un bâton ou contre un roc? Ils s'étaient endormis dans cette position et avaient été immédiatement saisis par le froid. Lorsque l'effet de la gelée n'est que local et qu'une partie du corps seule est atteinte, le meilleur moyen de la faire revenir à l'état de dégel est de la plonger dans de l'eau de neige ou de la frictionner avec de la neige même, en se gardant surtout de l'emploi du feu ou de vêtements trop chauds, qui seraient immédiatement destructeurs. Dans le passage subit de l'extrême froid au chaud, quand la circulation intérieure est suspendue, le sang dégelé dilate ou rompt ses vaisseaux, s'extravase, stagne et se corrompt. Après de cruelles souffrances la gangrène se déclare, et il n'y a plus de remède que l'amputation. C'est ce que les voyageurs sur la neige ou sur les glaciers ne devraient jamais oublier, et cependant ce qui n'arrive que trop fréquemment.

Sous une pente des plus rapides est le *pont Cerda*, le premier que porte l'Ariège, d'où en vingt minutes on est à l'Hospitalet, village malpropre, mal bâti et d'un parfait contraste avec ceux de la fertile Cerdagne. Joseph qui se sentait en règle passait la tête haute devant le bureau des douanes, toisant fièrement ses ennemis, tandis que ceux-ci, défiants et rancuneux, le menaçaient de côté. Jusqu'à Mérens, éloigné de deux heures, la vallée est toujours profonde, directe et peu variée. Dans ce défilé tortueux, exposés à la réverbération de rayons déjà brûlants, entre l'Ariège coulant à pleins bords et des escarpements d'un granit noirâtre, nous fûmes en proie à une chaleur excessive qui nous y rendit une courte halte nécessaire, et nous voulûmes y choquer de verre avec le joyeux Miquelet, que son récit, pour lui tout naturel, nous avait rendu respectable. Vers midi, arrivés enfin à Ax, nous fûmes heureux de retrouver le frais et l'ombre sous le toit hospitalier de l'hôtel de France, qui nous fit oublier et les privations et la nuit de Carol.

Ax est le principal débouché des produits peu nombreux de l'Andorre, que nous venions de longer. Ce canton, très peu connu, mériterait d'être observé. Il renferme des montagnes très hautes, de grandes forêts, des mines de fer dont plusieurs sont situées à la crête même sous le pic de la Ferrère, qui en tire son nom, de nombreuses forges et une peuplade intéressante par ses mœurs, dont l'indépendance remonte au-delà des temps de Charlemagne. Cet empereur, pour récompenser les Andorrans du secours qu'ils lui avaient donné dans son expédition contre les Sarrazins d'Espagne, leur permit de se gouverner selon leurs lois en se réservant certains droits. Après lui, Louis-le-Débonnaire fit concession d'une partie de ces droits à l'évêque d'Urgel et régla le mode de ce gouvernement simple, quoique triple dans son action, qui s'est maintenu sans altération pendant dix siècles et est encore en vigueur. Les comtes de Foix ayant usurpé plus tard la suzeraineté, Henri IV la rendit à la couronne, et Napoléon, en 1806, les confirma dans tous leurs priviléges. Resserré dans le bassin supérieur de l'Embalire, qui se jette dans la Sègre auprès d'Urgel, le territoire de cette république patriarchale est à peine de cent mille hectares de terrain; pays pauvre dont toutes les ressources consistent dans les bestiaux, les produits des forges et les profits du commerce le plus souvent frauduleux qui s'y fait entre la France et l'Espagne. Toute la population, de 8,000 habitants, y est renfermée dans six communes : *Andorre-la-Vieille*, chef-lieu, *Encamp, Canillo, Ordino, Lamassane* et *Saint-Julien*, et dans quelques hameaux. Par le costume, le langage et les habitudes, les Andorrans sont tout espagnols. Les affaires générales s'y traitent chaque année par un conseil de trois : le viguier, qui est toujours un notable d'Ax, au nom du roi de France; un délégué de l'évêque d'Urgel, qui met au nombre de ses titres celui de prince d'Andorre, et le syndic nommé par les habitants. Ces assemblées ne sont guère que de pure forme, et pendant toute l'année c'est le syndic qui gouverne la communauté. Ils ne paient aucune redevance ni ne fournissent de soldats à aucun des deux États sous la protection desquels ils sont placés, et les impôts doivent être presque nuls chez un peuple où il n'y a aucun emploi gagé, où les frais du culte sont à peu près les seules dépenses. Le syndic y jouit d'une grande autorité : à son appel tous les hommes, adroits tireurs, accourent avec leurs armes toujours prêtes, et ses arrêts sont ordinairement exécutés sur-le-champ. Peuplade heureuse derrière ses pauvres rochers, où s'est toujours arrêtée l'ambition des princes ; qui, resserrée entre deux grands États, n'a jamais participé à leurs débats sanglants, quoique tous les échos y aient souvent retenti du bruit lointain des batailles, comme pour mieux faire ressentir tous les biens d'une éternelle paix et d'une sage liberté ; que ses montagnes et son dur climat ont ainsi toujours préservé des orages politiques, fléaux qui depuis si longtemps ravagent le monde ; qui a conservé, enfin, ses mœurs simples et libres lorsque tout s'est corrompu autour d'elle et que tant de puissants états sont tombés. L'ignorance est moins grande en Andorre que dans tous les pays voisins ; la plupart des jeunes gens aisés vont faire leurs études à Toulouse ou à Barcelonne, et chaque curé dirige une école gratuite, où il montre même un peu de latin. C'est du moins une idée satisfaisante pour l'ami de l'humanité que de savoir qu'il existe en Europe un coin de terre, quelque circonscrit, quelque sauvage qu'il puisse être, où l'homme peut rêver d'être libre sans que ce mot magique soit profané, où en effet, il n'est point enlacé de ces mille chaînes, que les factions s'efforcent de lui imposer ailleurs, et sous lesquelles dans nos malheureux temps il se débat souvent en vain.

CHAPITRE IX.

Vallée et mines de Vicdessos. — Col de Lers et d'Eret. — Vallée d'Ercé. — Seix. — Saint-Girons. — Plaine du Salat.

Vicdessos nous appelait : ses riches mines, et les belles montagnes que domine le Mont-Calm, sont les points les plus intéressants du bassin de l'Ariège. Revenant donc sur Tarascon, nous revîmes la jolie vallée de Cabanes. Au sortir d'un pays aride ou peu boisé, on trouve plus de charme à son luxe de végétation, à ses villages, à sa verdure vive et fraîche. Au pont de Sabars nous prîmes la sombre avenue de Vicdessos, creusée sous des monts calcaires d'une absolue nudité, et n'étant sur tous leurs étages qu'inaccessibles masses. La route serrée entre les rochers et le torrent d'Oriège qui ne le cède en rien à sa sœur, est large et commode. De nombreuses voitures y circulent pour porter le minerai aux forges souvent très éloignées, chargées au retour de tout ce qui est nécessaire à une population qui n'a presque que du fer. A Niaux, le fond s'évase un peu, et à la cime d'une butte est le vieux château de Miglos, flanqué de tours, non loin d'une mine de fer depuis peu de temps abandonnée, car ici c'est le pays du fer et les mineurs sont difficiles. Plus loin les pentes s'adoucissent, les habitations se multiplient, et malgré leurs formes abruptes, des villages se montrent jusques dans les hauteurs au milieu de cultures et de prairies entremêlées des saillies rougeâtres des schistes qui font ressortir la fraîcheur des plans. A l'opposite les escarpements se prolongent, et ne s'ouvrent qu'au débouché du grand vallon de Siguer qui monte aux crêtes de l'Andorre, et l'Oriège roulant ses belles eaux entre des rives ombragées, fait mouvoir au moyen des canaux qu'elle prête à l'industrie, les soufflets et les bocards de plusieurs forges. Tout-à-coup une cascade brille parmi les arbres, et sur les flancs escarpés du roc humide où de nombreuses rampes sont tracées, une foule d'enfants et de mulets qui circulent et se croisent, donne la première idée de l'activité du pays. C'est le chemin du village de Sem et des mines de Rancié : les mulets viennent déposer en bas le minerai dans un magasin d'où il est porté aux forges par des charrettes, ou par d'autres mulets au travers des montagnes. Sur le flanc de ces rampes on voit une roche granitoïde, émanée de l'amas inférieur sur lequel repose évidemment tout le calcaire de cette contrée, s'intercaler comme par jets dans les couches interrompues du calcaire de transition qui le recouvre; fait qui souvent reproduit démontre l'état pâteux ou coulant du granit, et le peu d'ancienneté relative de son soulèvement. L'espace s'ouvre enfin, et Vicdessos laisse voir derrière des rideaux de saules et de frênes qui croissent avec une grande vigueur au milieu d'un dédale de canaux, ses longues lignes de maisons qui mériteraient le nom de ville si elles étaient moins dispersées. Sans ses mines inépuisables, ce lieu reculé serait très peu connu; cependant il mériterait encore tout l'intérêt du curieux et du peintre par la grandeur sévère de ses points de vue sous des monts qui rivalisent avec les plus hauts de la chaîne.

Certain d'un bon gîte, dans un lieu si fréquenté, je me reposai sur le plateau d'un roc à l'entrée du bourg d'où le bassin est en vue. L'aspect en est agréable par les cultures sur quelques points étendues très haut, et par la variété des sites où plusieurs villages sont à demi cachés dans les plis de ses berges. Ce chemin s'élevant d'écharpe au pied de ces hautes murailles calcaires nommées le roc de Berquié, qui menacent le bourg, est le chemin des mines; ce monticule de roc vif qui porte la vieille tour d'Olbier, bâtie, dit-on, par les Romains, cache le joli vallon de Goulier, ses prairies, ses sapins, et la pique d'Andron visible de Toulouse. Plus loin, au village d'Auzat, les gorges supérieures tournant au midi, s'enfoncent sous des hauteurs imposantes dont les sommets fièrement dessinés sont toujours drapés de neige, et quelques sapins disséminés sur leurs pentes semblent n'avoir été épargnés que pour rappeler les forêts dont ils ne sont que les restes. Il faut de six à huit heures pour monter à leurs ports, et trois à quatre pour descendre à Ordino, premier village de l'Andorre, ou à Tabascan, dans le val espagnol de Cardous affluent de la vallée de la Noguéra. Dans le groupe que traversent ces passages, Reboul, par son dernier nivellement fait en 1816, a reconnu des points qui dépassent 1,600 toises ; ainsi c'est aux environs de Vicdessos que sont les cimes les plus élevées de toute la chaîne de l'est. En effet, du haut des côteaux de Toulouse, assez éloignés pour que les masses soient vues selon leurs élévations respectives, les pics de Mont-Calm et d'Estats prédominent sensiblement sur tout ce qui s'étend de la Maladetta au Canigou. Des hauteurs aussi importantes méritaient d'être vues de près; mais dans ce voyage pressé par le temps, je ne pus qu'en reconnaître les abords. A l'ouest s'ouvrent vers le Couserans deux autres vallons moins alpestres : celui de Saleix, qui par le port de Combebière, communique avec la belle vallée d'Aulus, et celui de Suc, qui moins élevé devait nous offrir un passage facile, mais cruellement contrarié par le mauvais temps.

Le lendemain fut consacré aux mines. Du haut du col de Sem, anfractuosité du roc de Berquié, on entre dans un petit vallon aux formes arrondies, où ne sont jusqu'aux cimes que des bruyères et quelques sapins. Sur la butte du col est une pierre druidique : un bloc de granit applati de 16 pieds sur 13, reposant sur une saillie du roc calcaire. Le lieu était bien choisi, et ce devait être un grand spectacle dans les solennités de nos ancêtres, lorsque les druides assemblés autour de ce dolmen, étaient le centre d'un immense amphithéâtre, où tout un peuple épars contemplait en silence leurs rites mystérieux que nous connaissons si peu. C'était une haute pensée que celle de pratiquer les cérémonies religieuses sous la voûte du ciel et en présence des merveilles de la nature, comme devant les seuls objets qui pussent donner une idée de la grandeur de cette cause première par qui tout a vie, et par qui tout se meut dans l'univers.

On traverse le village de Sem, peuplé de mineurs, pour monter sur un morne très élevé, que sillonnent dans sa hauteur de longues rampes, sans cesse animées par une population de femmes, d'enfants et de mulets qui charrient la mine au magasin d'en bas. C'est la fameuse montagne de Rancié, qui n'est presque que du fer et la plus importante mine de France. Sur sa pente uniforme on voit les rampes aboutir, à diverses hauteurs, à sept à huit arrachements qui indiquent les ouvertures des mines désignées dans l'ordre suivant : la mine de Laroque la plus élevée, puis celles dites de Saint-Louis, de la Grougne, de l'Auriette, de la Graillère, de l'Escudette et de Bellagre. La Grougne et la mine de l'Auriette sont les seules actuellement exploitées. L'étendue de la masse métallifère a été évaluée à mille mètres horizontalement sur une hauteur égale à celle de la montagne même qui repose sur le granit puisqu'il est en vue au-dessous de Sem. Nous mîmes une heure et demie pour arriver à l'entrée de la Grougne, la plus profonde et qu'on croit avoir atteint le fond de l'amas dans le sein de la montagne. L'un des jurats qui règlent les travaux des mineurs, s'empressa de s'offrir à nous conduire dans l'intérieur des galeries. Parmi les fonctions de ces jurats qui, mineurs eux-mêmes, surveillent tout ce qui a trait à l'exploitation, à la police comme au produit des mines, la plus rigoureusement exécutée c'est l'appel des hommes à l'entrée et à la sortie, de sorte que s'il en manque quelqu'un, tous courent aussitôt à son secours. Dans l'excavation à ciel ouvert, où est l'entrée, les ouvriers ont construit une multitude de huttes en pierres sèches couvertes de gazon, qui, disposées en rues, ressemblent à une ville de sauvages. Chaque famille a la sienne pour y déposer le minerai qu'elle extrait.

Sur les pas du jurat et de deux autres mineurs munis de lampes, nous entrâmes dans la première galerie où l'on sent toujours un vent froid, d'autant plus fort qu'il y a plus de différence entre la température de l'intérieur et celle de l'atmosphère. Après quelques boyaux tortueux, on descend beaucoup; l'humidité a disparu, le roc est sec et d'un noir de fer ; on pénètre ensuite dans une cavité vaste, haute, profonde, où de toute part la vue se perd dans l'obscurité. Ce vide creusé par les travaux s'est souvent agrandi par des éboulements qui y sont toujours à craindre. On y passe un pont étroit suspendu contre le roc au moyen de barres de fer qui y sont implantées ; et là, les mineurs engagent à jeter des pierres qui, lancées à revers de bras, ne peuvent atteindre le mur opposé, mais tombent et bondissent longtemps dans des creux dont la profondeur étonne. On se hâte de quitter ce scabreux échafaudage sur un gouffre inconnu, pour descendre longtemps de rapides zig-zags, tantôt sur le roc, tantôt sur d'autres ponts tremblants, jusqu'au fond de cette immense cavité où était alors l'exploitation.

La mine de Rancié, c'est-à-dire la montagne presqu'entière, est en amas irréguliers pénétrant une masse de calcaire saccharoïde restée calcaire schisteux à la cime. Sa position est la même que celle de nombreuses mines des Pyrénées-Orientales qui toutes se trouvent à la jonction du calcaire de transition avec le granit ou à peu de distance, ce qui appuie l'opinion que ces minerais ont été introduits dans les fentes provenant des dislocations à l'époque du soulèvement du granit et après la formation des terrains calcaires enveloppants, alors que les sublimations ignées ont donné à une partie de ces derniers leur texture saccharoïde. Les transformations qui s'opèrent sans cesse, soit par les affinités chimiques, soit par soustraction ou substitution de quelque élément nouveau qui change la nature du corps, et enfin par l'action puissante de la chaleur, doivent porter, ce semble, à reconnaître aussi une action incessante dans le règne minéral qui n'étant plus la matière inerte, participerait à la vie du grand tout. Le roc paraît quelquefois y être de fer pur dans des filons puissants comme dans des masses isolées, et il y a des géodes dont l'intérieur mamelonné présente souvent des apparences de cristallisation ; ainsi le minerai n'étant pas également riche, lorsque son produit n'est plus suffisant pour que les ouvriers y trouvent le gain jugé nécessaire, le jurat les attache à une partie plus productive. Ils n'exploitent point avec la poudre et n'ont besoin que de la masse et du pic. Il y a deux galeries de sûreté, qui de la Grougne communiquent à des mines inférieures afin de ménager des voies de salut lorsque des éboulements toujours à craindre viennent à fermer le passage commun, ce qui est arrivé en 1821.

où soixante-dix hommes se trouvèrent ainsi ensevelis à la fois. Ce fut une longue scène de désolation dans toute la vallée ; mais ils eurent le bonheur d'être retirés de leurs tombeau après dix-huit heures d'efforts surnaturels, soutenus par cette énergie du désespoir qui voit la mort suspendue sur ce qu'on a de plus cher, et par le courage de M. Vergnies, maire de Vicdessos, qui ne quitta jamais les travailleurs. Les masses où l'on opère sont peu cohérentes, et il est reconnu que les travaux actuels offrent beaucoup de danger, ce qui a donné l'idée de percer au pied de la montagne, près de Sem, une galerie horizontale afin d'attaquer plus bas le filon ferrugineux qu'on y croit plus riche et plus compacte. Des mineurs allemands y travaillent depuis quatre ans, et ne sont pas encore à la mine; mais si l'espoir n'est pas trompé, ce sera alors une grande, facile et régulière exploitation.

Les mines de Vicdessos sont les plus productives du versant français : elles fournissent par an près de 300,000 quintaux de minerai qui se distribuent à plus de 40 forges. On les exploite depuis près de six siècles, et si le projet actuel réussit, ce temps peut être renouvelé. Le travail y a toujours été fait par les habitants de la vallée que Roger Bernard, comte de Foix, confirma dans ce droit en 1273, et qui l'ont été par des chartes subséquentes. Quoiqu'elle renferme douze villages, il n'y a guère que les habitants des plus voisins, Sem, Goulier et Olbier, qui usent de ce privilége. Le traité sur les mines de fer et les forges du comté de Foix par Lapérouse, renferme des notions étendues sur leur exploitation et leurs produits.

Si les naturalistes ont cru longtemps que le fer en grandes masses était particulier à la Suède et aux autres régions du nord de l'Europe c'est que les Pyrénées n'avaient pas été explorées ; qu'on ne connaissait pas les filons si nombreux qu'elles recèlent. Les bases du Canigou, les montagnes voisines du col de Puymorin, celles d'Orlu et d'Aston, celles de Massat, d'Arbas et de Saint-Béat, en Comminges, les vallées d'Asson et d'Ossau en Béarn, et celles de Larran et de Baygorry dans le pays basque, en renferment des masses qui seraient inépuisables avec des procédés d'exploitation tels qu'on peut les employer actuellement. Partout ces amas ferrugineux sont indépendants des formations où ils sont enchassés et en contact ou rapprochés du granit. Mais le dépôt le plus considérable qui soit dans les Pyrénées paraît être la mine de Sommorostro en Biscaye, que Pline appelle une montagne de fer. Cette mine exploitée depuis les Romains possède encore, assure-t-on, des quantités de minerai doubles de celles qui existent dans les montagnes de Vicdessos, ce qui paraît douteux, celles-ci possédant des gisements de plus de huit lieues d'étendue, en y comprenant ceux de la crète d'Andorre. Les espèces de fer qu'on en retire sont principalement des mines noires spathiques et des hématites avec manganèse d'une extrême pureté, tellement propres à la fabrication des fers aciéreux que dans les chartes et actes des comtes de Foix, elles sont toujours indiquées sous le nom de mines d'acier.

Qui peut ne pas éprouver un moment de jouissance, lorsque sortant de ces vastes souterrains, on revoit la lumière du soleil ? Que sa chaleur vivifiante est douce, et qu'on se délecte à respirer l'air pur de l'atmosphère. Rendu à la clarté du jour, toute la nature avait pour moi plus de magnificence, et je jouis avec bonheur du vaste et brillant tableau que du haut du mont de Rancié m'offraient alors le ciel et les montagnes : le bassin de Vicdessos tout riant de verdure en partie caché par le roc pointu de Berquié, les vallons de Suc et de Saleix prolongés à l'ouest jusqu'à leurs ports herbeux d'inégales hauteurs, et les monts dont ils creusent les bases, la pique émoussée des Trois Seigneurs, et le tuc escarpé de Maubias, s'élevant par gradation vers les crètes et les pics granitiques de Bassiés où la neige brille en tout temps. Mais le pauvre mineur, quelle dure existence ! Consumer ainsi ses jours, ses années, enfoui sous terre et livré au travail le plus rude, le plus dangereux, pour subvenir aux besoins d'une vie de privations. Ses pères ont vécu dans ces mines; plusieurs sans doute y ont trouvé leur fin ; et lui, suivant la même voie, y passe, aussi sa vie, sans que la crainte de la mort violente dont il est à chaque instant menacé, puisse l'en éloigner.

Il était midi lorsque, malgré d'épais nuages dont les cimes s'étaient enveloppées, nous prîmes notre route à l'ouest par le petit vallon de Suc, où, le calcaire finissant au village, on ne trouve plus que du granit jusqu'au port. Les pâtis qui le terminent s'étendent d'une part sur un appendice du tuc de Monbéas, qui voit à ses pieds les beaux sites d'Aulus ; et de l'autre, sur la montagne granitique des Trois Seigneurs, qui nous séparait du val de Gourhit descendant à Tarascon et dont les mornes, élevés de 1100 toises, ont encore de la neige lorsque tout autour d'eux est terne et desséché. A une légère bruine avait succédé la pluie, qui devenait de plus en plus forte à mesure que nous nous élevions sur cette pelouse, où une croix de fer, au plus haut du col, marque la limite entre le Couserans et le comté de Foix. On y voit épars des blocs de brèche calcaire descendant de la montagne de gauche nommée Las Paloumètos, pareils à ceux qui recouvrent souvent les masses du calcaire ancien dont est composé presque en entier le chaînon qui sépare ici le vallon de Suc de la vallée d'Aulus. Nos observations y furent courtes : un vent d'ouest y glaçait, et la pluie y était si violente que nous nous hâtâmes à l'envi de franchir ce dangereux passage et de chercher plus bas des lieux moins exposés. Au revers tout s'abaisse, et le sol, maintenant partout de granit, se recouvre d'immenses pâtures en descendant vers Massat. Nous tournons l'étang de Lhers au pied de hautes roches d'un aspect lugubre sous des vapeurs qui filaient avec rapidité, regrettant de ne pouvoir y rechercher la lherzolite, variété d'ophite qui pour la première fois fut trouvée auprès de cet étang. Cette roche, rare encore, y a passé au travers du calcaire de transition. Ayant remonté le petit col d'Eret, qui verse au midi dans un affluent de la vallée d'Ercé, la pluie et le vent nous y assaillirent de nouveau avec une force qui nous aurait donné des ailes si le guide, énervé par le vin malgré ses formes athlétiques, ne nous eût déclaré qu'il ne pouvait aller plus loin sans se fortifier par sa liqueur favorite. Quel lieu pour une halte qu'une esplanade sans abri contre des ondées de neige fondue! Une sorte de violence put seule le faire avancer jusqu'à un bois voisin, où percé jusqu'aux os et tremblant de froid, chacun se hâta de poser la *Boute* sur ses lèvres pour reprendre aussitôt la course, afin de ne pas laisser se dissiper le peu de chaleur qui lui restait.

Notre marche n'était que glissades sur les rapides voies qui étaient devenues de petits torrents. Cependant le mauvais temps se calmait, et la pluie éclaircie nous laissa voir un vallon solitaire où les clairières se mêlaient partout aux bois. Descendus aux habitations elle cessa enfin, et sous les nuages qui ne formaient plus qu'une voûte continue voilant les sommités, nous eûmes sous les yeux un de ces tableaux de montagnes qui n'ont besoin que d'un peu de soleil pour être enchanteurs : le village d'Ercé dans un fond de verdure nuancé de champs, de maisons, de roches éparses, et sa vallée, toujours riche et peuplée, fuyant vers Seix entre des hauteurs parées de bois. En cheminant en bas, vers le village, je fus frappé de l'aspect pittoresque d'une de ces buttes granitiques aux flancs à pic de soixante pieds de haut portant, avec quelque grands arbres, une chapelle et les croix d'un calvaire, visibles ainsi de tous les points du bassin. Les vallées du Salat, trop peu connues, ne méritent pas l'abandon où les laissent les naturalistes et les curieux pour aller explorer sans cesse d'autres cantons plus célèbres, quoiqu'ils ne les surpassent ni en intérêt scientifique, ni en beautés.

Qui croirait que dans un pays couvert de forêts on pût manquer de bois, les habitants n'en allant chercher qu'à mesure de leurs besoins, même dans la mauvaise saison? C'est ce qui nous arriva dans l'auberge d'Ercé, où, mouillés et transis, nous n'eûmes que des branches vertes dont la fumée étouffait. Mon camarade, impatienté, s'empare de quelques balais et les met en travers du foyer. Aussitôt la flamme jaillit, s'élance et la cheminée est en feu. A cet accident imprévu nous nous écrions; tout le monde accourt en croisant sur nous des regards malveillants, et malheur à nous peut-être si l'incendie eût gagné. Heureusement il fut éteint, et notre zèle nous fit pardonner sans doute. Heureusement encore un généreux muscat du Roussillon se trouva par hasard dans ce cabaret pour réchauffer nos membres roidis et nous faire oublier notre mésaventure.

Le lendemain, tournant le dos à la crête, nous cheminions vers Seix, sous un ciel voilé, lorsque les nuages s'entr'ouvrant au midi, j'aperçus les sommités d'Aulus resplendissantes de l'éclat des neiges que le soleil frappait, et prodigieusement grandies en apparence par le soubassement vaporeux qui semblait les porter. Cette brillante vision me donna une haute idée de ces monts que j'avais déjà le projet de visiter. Après deux heures de marche le long d'une vallée toujours riante, fertile et peuplée, au village d'Oust on entre dans la petite plaine de Seix de la vallée principale, que cernent des montagnes adoucies, excepté au midi, où la gorge d'où s'échappe le Salat, obscure et profonde, se perd entre des monts escarpés qui bien haut encore portent de vieux châteaux. Je n'en ai vu que sur les Albères d'aussi élevés que celui dont l'enceinte et le donjon bien conservés occupent, au-dessus des bois, la dernière cime du chaînon d'Ustou; c'est à juste titre qu'il porte le nom de château de Mirabal. Le roc où il est posé fait partie de masses où l'on trouve de beaux marbres blanc-gris et bleu turquin. C'est ici que s'exerçait naguères, ainsi qu'auprès de Foix sur l'Ariège, l'industrie des orpailleurs. Les sables du Salat les plus productifs étaient entre Seix et Saint Sernin, dans l'espace d'une lieue, et celui du ruisseau de Nert passait pour le meilleur. Les paillettes d'or se rencontrent aussi dans les sables des alluvions anciennes de l'Ariège, de l'Arize et de la Garonne; cependant, au milieu des montagnes d'où elles tirent leurs eaux, on n'a pu encore en découvrir aucune mine exploitable avec avantage. Le versant espagnol devait être plus riche, les Carthaginois et les Romains y ayant exploité un plus grand nombre de mines de métaux précieux. Cette industrie dès longtemps restreinte a tout à fait cessé vers 1815. Ce serait une heureuse situation que celle de Seix ou du village d'Oust, presque aussi grand, au débouché commun des vallées d'Aulus, d'Ustou, de Salaou et de Betmajou, si les richesses minérales en marbres, en fer, en zinc, en cuivre, même en argent qui y existent, venaient à être exploitées.

Ainsi repoussés de la haute chaîne qu'enveloppait le mauvais temps, après une courte halte dans la petite ville de Seix, nous suivîmes pendant deux heures et demie de la plus rapide marche le tortueux et monotone défilé que le Salat s'est ouvert dans les chaînons inférieurs, où les restes du château de Lacour, perchés sur un monticule d'ophite, sont le seul objet remarquable. Ce défilé, creusé en entier dans une île de granit, forme une espèce de tranchée au travers de cette évulsion primitive, d'un relief bien inférieur et fort éloignée de la crête centrale, tout envahie ici par la bande méridionale du terrain de transition. On débouche enfin dans une plaine étendue d'où l'on voit les clochers de Saint-Girons, au-dessus de la plus riche végétation, se projeter contre la butte escarpée que couronnent la ville et l'ancien évêché de Saint-Lizier. Que manquait-il à cette opulente demeure, bâtie sur le sol antique, fort d'assiette et de position, qu'occupait la ville capitale des *Consorani*, qui, ayant deux villes à ses pieds, dominait une des plus riantes contrées que baignent les eaux des montagnes, et en face de leurs magnifiques perspectives?

Après une longue halte qu'exigeait impérieusement la fatigue d'une marche aussi précipitée, dans la jolie ville de Saint-Girons, coupée en deux par le torrentueux Salat, nous repartîmes pour descendre sa vallée, qui jusqu'à la Garonne longe le pied des basses montagnes. On passe sous les maisons et les jardins étagés de Saint-Lizier, et plus loin la beauté du pays ne se dément point dans la plaine qu'il continue à arroser. La route légèrement montueuse suit le pied des hauteurs du midi, où le château de Prat, sur un morne boisé qui renferme aussi de l'ophite, se fait remarquer par sa délicieuse position et où se succèdent des points de vue qui, ayant toujours pour fond les montagnes et les forêts de la Ballongue, offrent à l'œil des scènes variées et de romantiques sites. On laisse à droite, non loin de l'embouchure du Salat qui, cessant de mugir entre ses rives belles et planes, a conservé sa vitesse et sa limpidité, un lieu dont le nom a du rapport avec le sien, la petite ville de *Salies*, qui possède des sources salées abandonnées à cause de leur faible produit, mais qu'on commence à utiliser en bains auxquels on attribue les mêmes propriétés qu'à ceux de mer. Ces sources sortent du gypse, et l'ophite dont le soulèvement l'a produit se trouve dans des monticules voisins. Le sel paraît exister abondant dans ce sol, puisqu'on vient d'y découvrir sous le village d'Oras une masse saline qui à 200 pieds de sa surface n'a pu être traversée par la sonde quoiqu'elle y ait pénétré de 48 pieds. Après Mâne, on découvre enfin la superbe Garonne, ses rives dès longtemps nivelées par les eaux, et le large pertuis entre les côteaux de Roquefort et de Saint-Martory, par où elle s'enfuit dans les vastes plaines du nord. Ces deux chaînons calcaires, où se trouvent des poudingues de même nature, ainsi qu'on peut le voir à la sortie de Saint-Martory dans les escarpements de la route, sont les derniers qui, par quelques roches et d'incultes bruyères, présentent encore sur ses bords une apparence de montagnes. Les ruines de Roquefort et de Montpezat y sont en regard sur leurs cimes opposées. La vue de ces lieux me rapporta avec émotion à trente ans en arrière, à ce premier de mes voyages aux Pyrénées, si fécond en aimables souvenirs : cette belle matinée où à la sortie de Martres nous découvrîmes la grande brèche d'où s'échappait notre fleuve, les ruines des vieux forts qui semblent encore la flanquer, et comme dans un cadre gigantesque, le superbe amphithéâtre des montagnes, si riches alors des jeux de la lumière, que couronnaient tant de pics sourcilleux et des glaciers étincelants sous le soleil à son lever. Majestueux et brillants tableaux qui laissèrent dans ma jeune mémoire des traits ineffaçables. A Saint-Martory, où l'on passe le fleuve sur un beau pont, on foule un sol antique, celui peut-être de *Calagurris*, ville des *Convenœ*. Enfin, par Saint-Gaudens nous gagnâmes Bagnères-de-Luchon, où se termina pour moi la longue et intéressante course qui m'avait fait connaître, mais non sans projet de retour, une partie des Pyrénées de l'Est.

CHAPITRE X.

Course au Mont-Calm. — Val d'Auzat. — Nuit à la montagne. — Pics de Mont-Calm et d'Estats. — Aspects et climats polaires.

Cette portion de la haute chaîne, qui est comprise entre les ports de l'Andorre et celui de Salaou, d'où l'Ariège et le Salat tirent leurs eaux, est très peu connue, quoique les hauteurs y soient toujours considérables, que certaines même y dépassent 1600 toises, ce qui suppose des glaciers, et qu'en riches paysages, en grandeurs alpestres comme en variétés minérales, elle puisse le disputer à ces vallées, à ces monts fameux qui depuis longtemps sont en possession d'absorber les curieux et les savants. Deux fois j'en avais reconnu les approches, et souvent de divers points j'en avais observé les masses principales ; enfin en juillet 1829, je pus réaliser le projet dès longtemps conçu de les voir de près et de les parcourir avec un compagnon de voyage qui fut forcé trop tôt de me quitter.[1]

Des hauteurs de Toulouse, dont le sol n'est, suivant Andréossy, que de 70 toises au-dessus de la mer, on peut prendre un premier aperçu de ces montagnes comme de toute la chaîne de l'est. Auprès du Canigou, qui paraît au bout de l'horizon par-dessus les masses obscures de Paillers, le groupe de Mont-Louis est distinct, séparé de l'Andorre par un abaissement qui répond au col de Puymorin. La crête reprend son élévation pour s'exhausser encore au point où les contreforts qui séparent les bassins du Salat et de l'Ariège, d'une part, de la Sègre et de la Noguera de l'autre, viennent s'appuyer à elle. On y voit une longue arête monter de l'est à la tête arrondie du Mont-Calm que la neige ne quitte jamais, et qu'une légère dépression sépare d'une crête dentelée qui est la pique d'Estats, sensiblement plus haute. La pointe aiguë de Bassiés est la troisième saillie de ce groupe culminant.

[1] M. G. de Luppé.

Viennent ensuite, sur une assez longue étendue, d'autres cimes guère moins élevées : celles d'Aulus, où des pics d'un dessin hardi, Caumale, Puntussan, Mède, couronnent de grandes nappes de neige, et celles d'Ustou, où le Colat s'étend comme une longue digue dominée par les festons de Flamigelle, Montabone et Bonrepaux. Au port de Salaou, la crête s'abaisse jusqu'au Mont-Vallier, ce qui détache sa belle masse sillonnée de neige; et les pyramides de Mauberme et de Crabère, s'abaissant par degrés, terminent vers la Garonne la haute chaîne orientale.

Impatients de voir de près cette zône alpestre, nous laissons la diligence à Tarascon, et, le bâton à la main, nous nous enfonçons dans la gorge de Vicdessos, qui seule donnerait une haute idée des monts dont elle est l'avenue. La journée du lendemain fut employée à choisir un bon guide, ancien mineur, et à prendre des renseignements sur l'ascension du Mont-Calm, dont le résultat fut qu'il y avait deux routes, exigeant chacune environ douze heures de marche. Pour l'une et l'autre, on remonte pendant deux heures la vallée principale au-dessus d'Auzat, jusqu'au pont de Mare, où elle se divise. Si l'on continue à suivre son prolongement, avant d'arriver au pied du port de Bouet, passant en Andorre, il faut prendre à droite un vallon très élevé nommé *Riou-Fred,* qui monte au sud-ouest vers la base même du pic; et si l'on tourne dans le val de Lartigue, qui communique avec le val espagnol de Cardous, quittant le fond au bout d'une heure, il faut monter à gauche vers le vallon supérieur de Pla-Subra, qui naît également au pied du pic, à l'ouest de Riou-Fred, dont il n'est séparé que par une crête. Ce dernier chemin est le plus facile; il y a moins de neiges à franchir, et le val de Lartigue, peuplé de granges, offre plus de ressources pour passer la nuit; il fut donc choisi. M. Boudousquié, ingénieur des mines, en résidence à Vicdessos, voulut être de la partie, et nous décidâmes d'aller coucher aux granges d'Amperrot, chez un bon montagnard, nommé Jacole, qui nous offrit tout ce qu'il avait à notre usage, du pain, du lait et un abri.

De la forge qui est entre Vicdessos et Auzat, le Mont-Calm

se laisse voir un moment majestueux et superbe, au haut de la vallée principale enfoncée sous de belles masses. Ses larges épaules drapées de neige supportent le plateau sans tache reconnu de Toulouse, qui couvre aussi la pique d'Estats, à côté de la pointe de Pigeol, noire, élancée et en apparence à son niveau. L'entrelacement des pentes fait deviner la route jusqu'au vallon de Pla-Subra dont est sillonnée la montagne. Pour de telles courses, un ciel serein est indispensable, et jusqu'alors le temps très-incertain n'avait donné que quelques belles matinées. Confiants en notre étoile, nous nous mîmes cependant en marche vers quatre heures de l'après-midi, après une légère bruine, quoique toutes les cimes fussent dans les nues. On ne s'attend pas à voir à deux pas de Vicdessos, sous les flancs inaccessibles de Bassiès, un nouveau bassin plus fertile et cerné de hauteurs plus imposantes. Le village d'Auzat, au centre et très-peuplé, a des relations suivies de commerce avec ses voisins du midi ; c'est-à-dire qu'après la culture des champs, la contrebande y est la principale industrie. C'était un dimanche : surpris des groupes nombreux qui, sortant du village, gagnaient les montagnes dans toutes les directions, principalement dans celle que nous devions suivre, j'appris que plus de la moitié de la population de la commune, qui passe deux mille âmes, vit pendant toute l'année dans les vallons supérieurs où se trouvent de bonnes terres abritées produisant du seigle, de l'orge, des légumes et surtout des patates qui dans toutes ces montagnes sont la base de la nourriture. A plus de trois heures de marche d'Auzat, il est encore des habitations d'où tout ce qui est valide ne manque guère de descendre le dimanche, ne fût-ce que pour avoir des nouvelles dont un entier isolement rend toujours curieux, ou pour se réjouir autour d'une bouteille de vin du Roussillon qui pour les deux sexes est le nectar.

Nous cheminions accompagnés de Jacole et de ses voisins dont le bavardage m'eût fatigué, si leur genre de vie et leurs habitudes, si différentes de celles de la plaine, n'en eussent été le sujet. Dès son entrée, la gorge prend un grand caractère. A la forge d'Auzat, cachée sous de grands arbres, et près du pont voisin, le torrent qui a mis à nu le granit, fondement de l'édifice des montagnes, se précipite au milieu de jolis accidents. Un autre rideau cache à gauche l'étroit débouché de la gorge d'Arbelles qui, plus haut s'évasant sous la pique d'Andron, renferme de bonnes prairies, et conduit en six ou sept heures à un passage dans la haute chaîne, nommé le port de Rat. Les monts de Bassiès et de Canals se sont rapprochés; leurs âpres pentes où se montrent tour à tour le granit et le terrain de transition, se hérissent de rochers et d'arbres, et le chemin inégal, ombragé, s'avance comme au fond d'une vaste tranchée, tantôt au niveau de l'Oriège qui gronde, et tantôt taillé à la base de Canals. Les sites se succèdent et ont toujours de la grandeur : dans les eaux, les rochers, la végétation, tous les tons sont pleins de vigueur; tout est alpestre ou sauvage, et fréquemment l'œil s'arrêterait à de beaux effets ou à quelque étude pittoresque, si presque toujours le temps n'était compté. Dans de tels lieux où la nature est si riche dans ses contrastes comme dans ses harmonies, on passe toujours trop vite; mais les rapides impressions en restent vivement empreintes. Après une butte, nous nous trouvons au milieu d'une foule de toute part assise, qui à notre approche se remet en mouvement. Ces montagnards ont ainsi à chaque heure de marche des lieux fixes de halte, où ils ne passent guère sans prendre un moment de repos. Les jeunes couples y étaient en majorité, et se revoyaient avec d'autant plus de plaisir, que pendant toute la semaine, isolés et perdus dans leurs montagnes, ils avaient plus d'une fois rêvé aux joies du dimanche. Les filles d'Auzat qui, par la situation de leur village, voient souvent des étrangers, douaniers, espagnols, soldats, sont plus civilisées que leurs voisines; aussi ne passent-elles pas pour les plus cruelles du pays.

Il y a deux heures qu'on marche; quelques granges annoncent le pont de Mare où la vallée se divise, et sur une pelouse, entre les deux torrents, on s'arrête une minute. Qu'on est bien enfoncé sous les monts! Les masses subitement exhaussées ne laissent voir qu'en raccourci leurs pentes abruptes chargées d'accidents, et le ciel n'a quelque étendue que dans la direction des gorges. Au fond de celle de Bouet sont en vue quelques cimes brillantes voisines de son port, et à l'ouest un ressaut boisé monte au val de Lartigue d'où le torrent se précipite inaperçu ; mais à son débouché, ses belles eaux, les roches vertes de stéatite qu'il a rongées, l'épais feuillage où filtre la lumière et ce pont obscur qui figure une grotte, produisent de charmants effets. Les montagnes paraissent bien moins élevées qu'elles ne le sont réellement, vues de ces vallées, à cause de leur encaissement qui ne laisse que rarement voir les cimes, de la transparence de l'air qui rapproche les objets, et de leurs aspects raccourcis privés pour comparer les reliefs, des espaces qui environnent les groupes isolés. L'œil n'y rencontre que des périmètres durs, des surfaces brisées qui donnent à tout l'ensemble un air fragmentaire et réduit. Ce n'est qu'en s'élevant sur leurs étages successifs qu'on peut se rendre compte de leur véritable hauteur. Quelques maisons s'y cachent au-dessus du pont, dont une est un cabaret, ce qui ne me surprit pas quand j'eus vu les nombreuses habitations qui sont plus haut. Dans ce vallon supérieur tous les aspects sont uniformes : d'une part, de longues pentes en culture, où des granges en groupes épars sont abritées du vent du nord par les crêtes de Bassiès, ce qui les rend habitables même l'hiver; de l'autre, des plans redressés de taillis et de pâtures à la base même du Mont-Calm, et au fond des masses nues, d'apparence schisteuse, qui cachent le port de Tabascan. Nous passons le torrent, et montant d'écharpe au travers de champs de seigle et d'orge d'une forte végétation, nous arrivons aux granges d'Amperrot, où devait être notre gîte pour la nuit. Dans le fond du vallon le granit qui porte tout l'édifice du Mont Calm est souvent mis à nu par le torrent qui a entraîné sur ce point le terrain de transition, percé cependant près de là par les crêtes de Bassiés dont le premier forme la cime.

A notre approche, une foule de femmes et d'enfants accoururent ébahis de voir des étrangers; chargés de haillons, leur vue me fit mal. Dans ce pays rude et pauvre, sous les sales lambeaux qui les couvrent, on voit quelques jolis enfants; les jeunes filles sont encore assez bien; mais à peine sont-elles devenues mères que ne pouvant supporter à la fois leurs travaux pénibles et la maternité, elles perdent toutes les grâces de la jeunesse, et dans un âge peu avancé leurs figures pâles, maigries, annoncent leur vie dure et leur misère. Dans le comté de Foix c'est en tout l'opppsé du Béarn et du pays basque : le peuple y est affectueux, serviable et soumis; mais le beau sang cantabre ne coule plus dans ses veines. Tout fut en mouvement chez le bon Jacole, dont la famille de trois générations s'empressait autour de nous. L'air froid de la soirée nous fit rentrer dans la chambre commune, vrai taudis tout reluisant de fumée; où de pauvres grabats, rangés autour des murs laissaient à peine assez de place pour la table et les bancs du foyer. Nos provisions et d'excellent lait fournirent au repas du soir, et dans la grange quelques draps jetés sur la paille, loin des puces dévorantes, nous composèrent une couche, non pas sensuelle, mais suffisante pour nous préparer aux fatigues du lendemain, l'ingénieur et moi, car notre compagnon, épris du pont de Mare, voulut rester pour en peindre le site. Les apparences du temps étaient peu rassurantes, les hauteurs de Pla-Subra et toute la montagne restant enveloppées de vapeurs humides qui me faisaient douter du succès de notre course. Les guides cependant reçurent ordre de nous appeler à deux heures.

Cet ordre ne fut pas vain : un brusque appel nous réveille en sursaut; nous sommes debout; mais il n'est que minuit. Depuis trois heures à peine nous reposions. N'importe; les nues se sont élevées; les étoiles brillent sur quelques points; nous disons adieu à notre camarade qui se rendort, et nous partons sur les pas du mineur et de Jacole qui voulut nous conduire jusqu'à ses *orris*[1] de Pigeol, où son fils devait le

---

[1] Les *Orris* sont dans le comté de Foix, et les *Courtaous* dans le Couserans, ce que sont les *Couïlas* des Hautes-Pyrénées. Chacun des bergers à son tour garde les troupeaux, trait les brebis ou les vaches et manipule le laitage. Chaque dimanche une partie va à la messe au plus prochain village, et rapporte le soir à la colonie nomade les provisions pour la semaine et les nouvelles du pays.

remplacer jusqu'à la cime du Mont-Calm. Une descente directe au travers des cultures nous conduit au pont du torrent, où l'ascension commence à l'opposite pour ne finir qu'au terme de la course. La nuit était obscure sous un ciel demi-couvert, mais sur la pente nue que nous gravissions, nous n'avions qu'à suivre les pas de Jacole que son instinct, plutôt que ses yeux, guidait sur un sentier toujours tournant. Nous montions ainsi en silence, attentifs aux bruits vagues de la nuit : une cataracte, dans le haut du val de Lartigue, se faisait entendre, et ses sourds mugissements qu'un vent léger redoublait par intervalles, remplissant alors l'espace, ajoutaient à la solennité de la scène, au milieu des masses redressées dont les limites étaient seules distinctes sur le gris terne du ciel. Après la futaie de hêtres de Fontanals, seul bois que j'aie vu autour du Mont-Calm où les rangs sont dès longtemps éclaircis, la lune se levant derrière la montagne de l'est vint jeter sur notre route quelques atomes de sa lumière.

Après deux heures de montée la pente s'adoucit; nous passons au milieu de quelques vaches couchées ruminant en silence, et Jacole s'arrête auprès de deux petits tertres : c'était les orris de Pigeol. Tout y dormait, mais les pasteurs réveillés à la voix de nos guides sortent à la hâte; la reconnaissance se fait, le feu s'allume, et notre mineur, établi dans l'angle du foyer, se met en devoir d'attaquer les provisions, afin, disait-il, d'attendre le jour en prenant des forces. Je sentais trop le prix du temps pour le permettre, l'expérience des jours précédents m'ayant appris que je ne pouvais espérer un ciel serein qu'aux premières heures du jour, et il nous en fallait plusieurs encore avant d'être sur les sommets dont les neiges frappées par la lune brillaient devant nous. On se remit donc en marche sous la direction d'un des fils de Jacole, qui passant tous les étés sur la montagne, était familier avec les abords du Mont-Calm. Des talus moins inclinés, l'air plus frais des hauteurs et un guide plus alerte, nous faisaient aller vite dans un vallon herbeux, où au bout d'une heure nous atteignons sa plus haute combe, la pelouse de Pla-Subra, cernée d'escarpements schisteux d'où les neiges nous renvoyaient un peu plus de clarté. Avançant toujours, je cherchais à deviner dans les déchirements de leurs parois une escalade possible, lorsque le guide, prenant à droite, nous dirigea vers le côté de l'oule où les obstacles étaient moindres.

C'est ici que finit la partie aisée de la course, et plus de la moitié nous restait à faire sur des rochers en ruines ou des neiges très-inclinées, à différents degrés de congélation. Les yeux à terre, mettant en jeu toutes nos facultés, nous nous mîmes à gravir sur des arrachements hérissés de débris, jusqu'à ce que laissant enfin l'obscurité derrière nous, nous pûmes mieux assurer nos pas sur un terrain dont les difficultés étaient plus visibles, et où les premières lueurs du jour ne tardèrent pas à achever d'éclairer notre chemin.

Nous avions atteint la grande neige, où reprenant notre première direction au midi, nous montions sans difficulté, grâce à sa bonne consistance, tantôt en suivant d'écharpe des talus où le bâton ferré seul pouvait nous maintenir; tantôt gravissant de front dans de brillants couloirs projetés sur le ciel. Nous parvînmes ainsi à un large dos, où le manteau général s'interrompait çà et là pour laisser percer quelques saillies du roc. Le champ de la vue s'était étendu, et sur ce point élevé nous étions en butte au vent froid et piquant qui accompagne l'aurore. Tout-à-coup je me sens faible de jambes et de voix : un exercice toujours pénible au milieu de l'air vif des sommités exige un grand emploi de forces, et par conséquent de fréquentes réparations. Je demandai donc un moment de repos et le sac du mineur; mais sur l'observation des guides, que nous serions mieux sur une protubérance sans neige peu éloignée, j'eus recours à la gourde qui ne me quittait jamais. Dans de telles défaillances, une liqueur spiritueuse est un baume de vie; l'effet en est subit, mais ne dure pas longtemps.

Pendant que nous nous efforcions d'atteindre cette plateforme, le mineur s'était éloigné dans la direction de sa partie escarpée par où il y arriva en même temps que nous, chargé de vieilles souches de genièvre et d'herbes desséchées, qui, grâce à son briquet, servirent à allumer un feu pétillant. Les provisions sortirent alors du bissac, et, malgré le froid, nous eûmes une station très tolérable. Si quelque pasteur diligent porta alors ses yeux sur le Mont-Calm, il dut éprouver quelque surprise de voir la flamme sur un point noir au milieu des neiges. Nous accomplissions ainsi une cérémonie des Mages, et même des Celtes, nos ancêtres, qui, à certains jours, allumaient des feux sur les hauteurs au lever du soleil ; car à peine le nôtre eut-il brillé, que l'astre fit jaillir sur nous ses premiers rayons, rasant les flancs du cap d'Andron. Nous étions déjà assez haut pour dominer les montagnes de Vicdessos, et plus loin celles de Saurat; sans les vapeurs du matin, nous eussions pu voir la plaine du Couserans, mais sous nos pieds, dans le val de Lartigue et la vallée d'Auzat, régnait encore une obscurité qui contrastait avec l'éclat dont nous étions environnés.

Avare de temps, j'abrégeai la halte, et rentrant sur la neige nous atteignîmes le haut de la crête voisine, d'où nous apparut au revers une vaste et profonde combe, où le lac qui en occupe le fond et tout avait disparu sous les livrées de l'hiver. C'est la partie supérieure de Riou-Fred, et les âpres cimes du port de Bouet étaient devant nous avec la pique d'Andron, qui, en deçà de la haute chaîne, lit à son revers dans le vallon de Siguer. En parcourant des yeux ces tapis que le soleil dorait, j'aperçus une troupe de quinze isards, que nos voix avaient fait détaler. En descendant, ils volaient sur la neige et eurent bientôt traversé la combe ; mais à l'opposite, leurs fréquentes haltes faisaient assez juger de la forte inclinaison du talus qu'ils gravissaient.

Cette crête schisteuse, comme tous les rochers qui dépassaient les neiges, est un des contreforts du Mont-Calm qui s'élevait à notre droite; je pensais n'avoir qu'à la remonter pour gagner la cime peu éloignée où nous aspirions. Je fus donc désapointé lorsque les guides me dirent qu'elle était impraticable, et que nous n'avions d'autre chemin à suivre que celui que les isards nous avaient tracé vers la crête opposée. Celle-ci, d'une pente égale montant à la cime, n'est autre que l'arête inclinée que j'avais aperçue de Toulouse. Faisant alors attentivement la reconnaissance des lieux, je crus voir qu'il était possible de tourner de niveau la combe, en passant au-dessous des crêtes où les neiges, quoique fort inclinées, ne me paraissaient pas présenter de grands obstacles. Je proposai donc de suivre cette direction afin d'éviter une longue descente et une montée où les isards même n'avançaient qu'avec peine. A cet avis, tous se récrièrent sur le danger, et tranchant la délibération, les guides, l'ingénieur à leur suite, se lancèrent sur la pente. Je restai un moment indécis ; mais, me fiant à mes observations, quoique seul, je tentai l'aventure.

J'avançai d'abord aisément sur des neiges assez bonnes; j'en trouvai ensuite sous les rochers à l'ombre, de plus durcies, où il me fallait marcher avec précaution, même tracer chacun de mes pas, solidement appuyé sur mon bâton, de peur de glissades dont la pensée et l'œil étaient effrayés. Quelques plis que je n'avais pu voir ayant allongé une route des plus pénibles, je m'aperçus que mes compagnons avaient déjà dépassé l'emplacement du lac et commençaient à monter, tandis que j'étais loin encore de la moitié de l'espace. La promptitude de leur marche, à dessein sans doute, me piquant d'émulation, je redoublai d'efforts, non sans avoir besoin de recourir plus d'une fois à la précieuse gourde. Ce n'est qu'ainsi que je pus parvenir à l'extrémité du demi-cercle en même temps qu'eux, sans pouvoir dire de quel côté paraissait être la plus grande fatigue ; je reconnus encore une fois que dans les hautes montagnes on gagne rarement à s'éloigner de la seule voie connue.

Le talus neigé qui nous restait à gravir jusqu'au pied des rochers, avait une si forte inclinaison, que dans une traversée l'ingénieur tombe et glisse à la suite de son bâton échappé de ses mains. Le mineur était à la queue de la troupe : le voir partir, s'élancer et l'atteindre furent pour lui l'affaire de quelques secondes. Ce n'était pas sans danger que le brave homme s'était ainsi précipité à son secours et avait eu le bonheur de l'arrêter à l'origine d'un mouvement qui eût acquis une terrible accélération. Ils remontèrent dans la ligne où ma gourde fut encore l'indispensable restaurant ; dans de pareilles épreuves, il est bien permis d'être ému.

La crête escaladée, où je fus surpris de ne voir encore que du schiste, il n'y avait plus jusqu'au sommet qu'une montée sans difficultés sur une rampe de neige ou de débris. La certitude d'un succès désiré, l'impatience de jouir du grand spectacle que chaque pas agrandissait, nous donnèrent des ailes, et en peu de temps nous touchâmes enfin au plus haut point. Nous marchions depuis minuit et il était plus de huit heures. D'un rapide coup d'œil j'aperçus avec joie que de toutes parts les montagnes étaient découvertes, mais entre deux couches parallèles de nuages, l'une sous laquelle les plaines et les basses vallées avaient disparu, l'autre planant sur toute l'étendue de la chaîne, excepté sur les cimes du Roussillon qu'éclairait le soleil. Un tel état de l'atmosphère avertissait de se hâter d'observer; car l'immense éteignoir pouvait s'abaisser, voiler tout et rendre notre situation très critique; je m'empressai donc de mettre le temps à profit.

Ainsi perché sur la plus haute masse de la chaîne orientale, mes regards se promenaient sur les mille sommets qui la composent depuis les monts sourcilleux de la Garonne jusqu'au Canigou. C'était les perspectives des régions hyperborées: le Spitzberg ou la nouvelle Zemble étendus devant moi. Quelques fonds de vallée visibles dans la direction de Foix ou de la Seou d'Urgel, décolorés par l'éloignement, se perdaient dans ce dédale immense de roches, de pics, de neiges. Ce qui frappe toujours dans une telle vue de l'ensemble des hautes sommités, ainsi que l'a dit Saussure, c'est l'espèce de désordre qui règne dans leur disposition. Lorsque des plaines de l'Ariège, ou même de la pique de Tabe, on observe les Pyrénées, il semble que tous ces colosses sont rangés sur la même ligne; mais vus ainsi à vol d'oiseau, ils sont comme distribués en grandes masses, en groupes distincts les uns des autres, ou du moins ne paraissant liés qu'accidentellement et sans aucune régularité. Si l'on observe dans leurs dispositions ces groupes qui paraissent avoir été soulevés par des actions diverses ou successives, on y remarque un centre culminant d'où partent en divergeant des ramifications composées de massifs d'ordres inférieurs, s'abaissant progressivement, et rattachés ensemble par des cols souvent très élevés aux points où se rencontrent les rameaux émanés de deux massifs voisins, et des vallées intermédiaires commençant généralement par des cirques plus ou moins évasés tout autour des centres de soulèvement. Au midi l'horizon de la Catalogne était couvert à perte de vue de hautes cimes, qui bizarrement assemblées et entrecoupées de gorges profondes, présentaient, sans autres teintes que celles des neiges et des rochers, un grand et sévère tableau.

Je vais parcourir rapidement ce beau panorama de l'est des Pyrénées, dont la vue m'inspirait le regret que le bel art du peintre ne pût retracer ses sublimes perspectives. Mais la cime du Mont-Calm est un de ces sanctuaires où la nature accorde rarement davantage que de courts et fugitifs moments. Du côté de l'ouest, au delà de la crête où le granit est le plus rapproché, celle qui longeant le val de Lartigue va s'appuyer à la pique de Bassiés, sont groupés et confondus les monts d'Aulus et d'Ustou, où l'œil qui déjà de divers points les a observés peut seul se reconnaître : Caumale dont les prodigieux escarpements menacent le val de Garbet; Puntussan qui domine les grandes neiges et les ports de Guilou; la tête conique du Montrouïs qui voit autour de lui les plus beaux sites d'Aulus; la pique de Mède planant sur un lac solitaire et des ruines; le long et massif rempart du Colat jusqu'à Montabone, tour de cette vaste forteresse; Flamigelle, cime espagnole, et Bonrepaux qui voit à ses pieds la brèche de Martrat, principal port d'Ustou. Plus loin, vers Salaou et Aula, paraît un intervalle où des masses rabaissées sont confondues jusqu'au Mont-Vallier, comme pour faire ressortir ses escarpements et son double sommet. Derrière lui se cachent les montagnes de Luchon; à sa droite, dans l'éloignement, sont visibles quelques cimes neigées des Hautes-Pyrénées, même l'humble tête du pic du Midi, grâce à son isolement; et à gauche, au-delà d'un vaste champ de montagnes de Cardous et du Paillas, s'élève le groupe superbe d'où la Garonne tire ses eaux, commandé par le point culminant de toute la chaîne, la Maladette, reconnaissable à ses glaciers non moins qu'à sa prééminence.

Vers le nord les hauteurs s'abaissent promptement : les basses montagnes de l'Ariège et toutes les Corbières avaient disparu sous les nuages; la pique de Tabe n'était qu'une île au bord d'une mer sans limites, mais aux croupes obscures de Pailliers commence cette suite d'autres monts qui vont montrer à la mer orientale les fières Pyrénées. On y voit le cône du Roc Blanc, sommet du Laurenti dominant la brèche d'Orlu, la Maldone, le pic de Lanoux, le pic Pédrous et d'autres liés en apparence avec le beau chainon du Puigmal, qui parti de la crête au Cambredase, se voit porter dans la Cerdagne des formes toujours alpestres. Par delà un de ces cols je reconnus la tête du Canigou, et en deçà toutes les cimes de la crête depuis le col de Puymorin jusqu'au Mont-Calm, qui dominées maintenant et projetées l'une sur l'autre, n'avaient plus cette majesté, ce dessin hardi qui m'avait frappé de la pique de Tabe. Toutes ces montagnes, comme celles, leurs rivales en hauteur, qui couvrent l'Andorre et prolongent leurs sommets neigés jusqu'aux confins de la Catalogne, ne sont partout que crêtes démolies, affreux escarpements et gorges repoussantes dont on ne peut sonder les profondeurs. C'est une scène de bouleversement et de ruines, et souvent, dès que l'admiration que l'on éprouve invinciblement devant des vues si nouvelles, a cédé la place au calme de l'observation, l'immobilité générale, le silence de mort qui y règne et tant de neiges éparses au milieu de masses sombres, n'en font plus à la longue qu'une décoration funèbre, qu'une étendue de monotonie et de deuil.

Mais au premier aspect de ces mille tapis aériens, de ces monts entassés dont les bases se perdent dans les précipices des vallées, en se laissant aller aux vives impressions que produisent ces palais éternels de l'hiver, on se croirait transporté hors de la terre habitable, dans quelque monde nouveau. L'énorme promontoire que couronne le Mont-Calm projette au loin ses noirs escarpements sur les neiges et les monts du sud-ouest. Gigantesque adversaire des tempêtes et des ouragans que ce point de l'horizon lui envoie, il semble de son front sourcilleux commander à leur violence; mais infatigables pour détruire, leurs vastes et mobiles flots, incessamment soulevés, ne suspendent leurs fureurs qu'à ces courts et rares intervalles où le calme règne dans le ciel, et déchaînés de nouveau, terribles dans leurs attaques redoublées, ils reviennent ajouter des ravages aux ravages. Dans ces régions désolées les ruines marchent d'un pas rapide, et cette pierre angulaire des montagnes se mine et s'affaiblit sans nul autre témoin de sa décrépitude croissante que l'aigle insouciant, qui las de jouer dans les plaines de l'air, vient la raser de son aile. Dans ce vaste horizon où la vue s'égare, partout la solitude, l'immobilité du néant ; tout est triste même dans l'éclat insoutenable que prennent les neiges sous le soleil. Nulle part une forêt qui s'agite sur la pente des monts; nulle verdure sur les masses ternies; nul être vivant sur les champs glacés; nul oiseau, voyageur écarté, dont les chants et le vol ramènent la pensée au mouvement, à la vie; rien pour faire diversion au calme lugubre des airs que les avalanches et le sifflement des vents; des espaces sans limites et le chaos partout; voilà les traits de ce tableau repoussant et sublime. Les merveilles de l'industrie, les magiques travaux qui sont la gloire de l'homme, et ses discordes éternelles que rien ne retrace, ne s'offrent au souvenir que comme un songe. Ce n'est plus le séjour de la vie qu'on a devant les yeux; c'est la terre à ses premiers âges, alors que sa surface déserte était en proie à des convulsions dont les traces violentes ressortent encore de toutes parts.

Je fus surpris de la hauteur constante des montagnes du midi en voyant, du côté de France, leur prompt abaissement. A une assez grande distance s'y font remarquer deux cimes de l'Andorre qui étaient de bien peu au dessous de mon niveau, la Punta de Médacourbe et le pic de la Massane sur la limite de Cardous. Le Mont-Calm est cependant dominé de 32 toises par la pique d'Estats, dont le sépare un petit col, et qui se trouve ainsi le plus haut point de toute la masse. Cette saillie, que j'eusse atteinte en moins d'une heure sans l'état menaçant de l'atmosphère, n'est qu'une crête festonnée, et la dépression intermédiaire est l'origine d'une gorge qui descend comme Riou-Fred au pied du port de Bouet.

D'après l'élévation absolue de ces masses, qui dépassent 1600 toises, j'y soupçonnais des glaciers, ce que je ne pus vérifier à cause de l'épaisseur des neiges. Le fils de Jacole m'assura qu'en effet, quelles que fussent les chaleurs des étés, il restait toujours dans la gorge qui naît entre les deux sommets, comme dans d'autres dépressions à l'ouest, des étendues de glace qu'il sut fort bien distinguer de la neige. Il paraît cependant qu'il n'y a pas de glacier considérable. Au pied occidental de la Pique est le port très élevé d'Estats, au bout d'un affluent du val de Lartigue, où les bestiaux passent l'été pour aller sur les herbages de Cardous. Ainsi la masse du Mont-Calm se trouve au point où le chaînon qui sépare l'Andorre de Cardous et qui porte si haut quelqu'une de ses cimes, vient, énorme contrefort, s'appuyer à la crête centrale. C'est le plus souvent dans de telles conditions que sont les points culminants.

En suivant le fond de la vallée, j'avais vu partout le sol primitif qui porte les montagnes : à la forge d'Auzat, sur les flancs de la gorge et aux ponts de Mare et de Lartigue. Mais depuis les orris de Pigeol je ne vis que du schiste, et au plus haut ce n'était que la même roche encore, comme à la cime de la pique d'Estats, comme à toutes les crêtes voisines, où tout ce qui était visible montrait des schistes argileux fortement colorés par le fer. C'était comme une zone de formations intermédiaires d'où, pour reconnaître du granit, il me fallait porter les yeux sur les pics de Bassiés ou d'Aulus, ou sur d'autres non moins éloignés à l'est. Il paraît que l'action expansive qui a fait surgir le granit de la haute chaîne de l'est n'a été sur ce point ni assez subite, ni assez douée de force pour lui faire percer la croûte et la rejeter sur ses flancs. Elle n'a pu que le soulever en une protubérance qui a maintenu sur son dos le terrain intermédiaire ; les formations postérieures, s'il en existait sur ce point, ayant seules glissé de part et d'autre à la lisière de la chaîne. Les divers granits que j'avais vus, ainsi que ceux de Siguer et de Sem, qui paraissent être de la même époque, plus ou moins altérés ou mélangés en couches, sont loin d'avoir l'homogénéité de celui dit primitif, qui constitue la haute chaîne de l'ouest comme celle d'Aulus et d'Ustou. Comme dans les Hautes-Pyrénées, il aurait donc pu y avoir ici un soulèvement particulier qui aurait agi sur des granits moins cohérents, avec la différence que le premier aurait exhaussé un terrain crétacé et celui-ci un terrain de transition au centre, et partout ailleurs, sur le versant du nord, un mélange singulier et confus de formations diverses. Il est cependant difficile de penser que la longue traînée de granit qui constitue le chaînon septentrional à l'est de la Garonne ait été interrompu brusquement sur ce point, et qu'ainsi celui qui supporte le Mont-Calm n'appartient pas à la même éruption que les crêtes de Bassiés et du port de Bouet, si voisines de part et d'autre. Il est vraisemblable, seulement, ce qui est appuyé par beaucoup d'observations, que les agents expulsifs ont eu sur la ligne de leur action des degrés différents d'énergie. Ce groupe a besoin d'être étudié dans la saison avancée, lorsque les neiges plus fondues laisseraient mieux voir sa charpente, ainsi que ses environs, où toutes les formations sont confondues. Si le temps m'eût favorisé j'eusse exploré le contour méridional du Mont-Calm et d'Estats, où les masses sont plus escarpées, et recherché à quelle hauteur se montre le granit que je crois devoir y atteindre un relief considérable.

Nous fûmes heureux de trouver une cavité tournée au nord comme pour nous servir d'abri contre le vent du sud, qui dans ces hautes régions est le plus terrible. Le dais immense qui avait couvert toutes les montagnes, longtemps immobile, commençait à s'agiter sous l'action du soleil déjà haut, et le vent fraîchissait. Les moments étaient précieux : je les employais activement à observer le grand spectacle dont je ne devais plus jouir, tandis que mes compagnons se reposaient et contemplaient. Il n'y avait guère plus de deux heures que nous étions à la cime, que ce que j'avais craint était prêt à se réaliser; les nuages de la plaine montaient à mesure que la couche supérieure baissait, comme pour ne faire qu'une masse unique. Le grand tableau des montagnes se troublait ainsi de plus en plus : la Maladette avait disparu ; les plus hauts pics se cachaient dans la nue ; déjà nous même nous y étions à chaque instant plongés, et la tête seule du Canigou resplendissait à l'orient, comme en témoignage d'un climat plus heureux. Tout le monde s'était réfugié auprès de moi, et nous nous plaisions à la vue inusitée de ces combats de l'atmosphère, à voir glisser les vapeurs comme la flèche aux sifflements du vent. Mais ce vent était devenu violent et glacial. Transis jusqu'à la moelle des os, la place n'était plus tenable ; il fallut se résigner à fuir des lieux que l'homme ne peut affronter sans péril qu'à de rares et courts intervalles.

Notre départ fut en effet une fuite : courant et ramassant nos forces pour résister au vent, nous atteignîmes le bas de la rampe où l'air déjà moins agité nous laissa toute notre attention pour une descente difficile. A la neige la température était déjà supportable, et au fond de la combe de Riou-Fred, au travers de la nue déchirée, le soleil avait repris une partie de sa force. Repassant la crête près de laquelle nous avions déjeûné sous ses premiers rayons, nous recommençâmes des descentes qui pour moi n'étaient qu'un plaisir, en dévalant sur la neige à l'aide de mon bâton. Dans ces courses rapides ayant devancé mes compagnons, je les attendis aux premières pelouses pour reprendre ensemble le chemin de Pigeol. Non loin des orris, nos cris firent partir un isard qui paissait avec les vaches, et nous le vîmes longtemps comme il s'élevait sur les flancs de la pique voisine. Nous n'avions mis que trois heures pour descendre du sommet. L'air doux et calme qui régnait à Pigeol n'eût point fait deviner le froid et l'agitation des hautes régions de l'air. Le Mont-Calm s'était voilé ; je rappelai aux guides qu'en cédant à leurs désirs d'attendre le jour dans la cabane, nous eussions perdu tout le temps où l'observation y avait été possible, et que même nous n'en aurions pas atteint la cime. Assis au soleil sur la pelouse, nous prîmes enfin un repos bien motivé après treize heures de fatigue et j'abandonnai aux guides le bissac et les outres pour un vase de lait frais que je savourai avec délices. L'ingénieur repartit de suite avec le mineur; et moi, toujours épris de ces solitudes alpestres où l'inaction est si douce, certain de regagner Vicdessos en quatre heures, je voulus rester encore comme si j'avais pu compter sur le ciel.

Les pasteurs s'étant dispersés, je restai seul et ne pus que céder à ce besoin de sommeil qui rend les paupières si pesantes après de telles courses. Réveillé au bout d'une heure, je vis des nuages noirs et orageux grandir au-delà des crêtes de Bassiès, et de sourds roulements furent pour moi le signal d'un prompt départ. Je savais trop ce que c'était qu'une nuit passée dans ces cabanes pour risquer d'y être pris par l'orage. Appelant donc Jacole, qui m'avait attendu, nous nous lançâmes à pas pressés sur ces longues pentes jusqu'au pont de Lartigue, où je quittai ce bon montagnard pour reprendre seul le chemin de la vallée, heureux d'avoir mené à bonne fin une entreprise que l'inconstance du temps rendait si hasardeuse. L'orage grondait depuis longtemps; sans en être atteint, je vis ses masses noires remplir les bassins inférieurs et y répandre des torrents de grêle et de pluie, pendant que l'électricité, qui semble jouer dans la nature le même rôle que l'âme dans le corps humain, lançait dans toutes les directions ses redoutables étincelles. Je m'y plongeai bientôt, mais la nue s'était épuisée, et ses bruits longuement renforcés, se promenaient seuls dans les vallons aériens et dans les gorges des montagnes. Avant le pont d'Auzat je rencontrai le mineur qui, n'ayant pu résister au sommeil, s'y était abandonné à deux pas du chemin sous un roc où l'orage même ne l'avait pas réveillé.

L'important travail commencé en 1823 pour renouveler l'exploitation des mines de Rancié, avait complètement réussi. La galerie *Bequey*, qui du village de Sem avait été dirigée horizontalement, bien au-dessous de toutes les anciennes, vers le cœur de la montagne, parvenue à la distance de 872 mètres en ligne droite, avait rencontré le minerai, et en le cernant par deux galeries latérales on avait constaté, sur une hauteur de 83 mètres, un filon de 15 mètres de puissance. La mine ne peut descendre guère plus bas, le granit inférieur étant très voisin. C'est déjà une grande masse ; pour peu que son étendue réponde aux espérances probables qu'on a conçues, il y en aura pour des siècles. Cette nouvelle voie était indispensable pour la future existence de ces mines, car depuis longtemps on n'y travaille que dans les *éboulis*, au milieu de parties peu cohérentes entre elles, où les chutes du toit sont fréquentes, où les ouvriers sont toujours menacés d'événements semblables à celui de 1821. Les travaux y étant en activité, M. Boudousquié nous y conduisit. Cette allée souterraine qui ne dévie point de sa direction, semblait interminable; et du fond, son ouverture, où le soleil donnait, ressemblait à une lumière éloignée vue pendant la nuit. De chaque galerie latérale entraient dans le filon des amorces encore peu profondes où des mineurs étaient attachés. Comme les plus basses galeries de la mine de l'Auriète s'en approchaient assez, on avait ouvert de l'une à l'autre des puits verticaux qui renouvelaient l'air et pouvaient être en même temps des voies de salut pour ceux à qui des accidents auraient fermé les voies ordinaires. C'est ici, enfoncé dans les entrailles de la terre, qu'ainsi que le navigateur sur les eaux, le mineur n'a pour se diriger que la boussole, et ce guide capricieux le trompe quelquefois par de subites aberrations.

A la faible lueur de quelques lampes qui avaient peine à percer une humide obscurité, nous avancions toujours dans le sein de la montagne, lorsque nous entendîmes des battements singuliers, comme d'une grande machine. Ces voûtes sombres, à peine éclairées par nos flambeaux, et ces bruits mystérieux me transportèrent en idée dans ces redoutables souterrains où la vieille Égypte éprouvait ses néophites; et pour soutenir l'illusion, j'aurais voulu être frappé tout-à-coup de quelque étrange spectacle. L'ingénieur s'amusant de notre incertitude, nous fit remarquer des sons de gaîté qui se mêlaient à ceux de la machine. Etonné, j'avance et je découvre dans une cavité latérale un enfant de treize ans qui au bas d'un puits faisait mouvoir un ventilateur ; son service était de douze heures, au bout desquelles un autre enfant venait le relever. Pauvres malheureux, pensai je, à l'âge où l'on a le plus besoin d'air, d'espace et de lumière, être ainsi attachés pendant presque tout le temps qu'ils ne donnent point au sommeil, à un travail monotone, comme Ixion à sa roue, dans la solitude, dans la nuit, dans un silence profond ! A une question où j'avais sans doute le ton de la pitié, il me répondit qu'il était fort content ; et en effet, ce n'est que par faveur qu'il a obtenu cet *emploi* : son sort est envié. Quand nous le quittâmes il se remit à tourner sa manivelle, et je l'entendis gaiment siffler. N'importe, nous étions revenus au jour que je plaignais encore le pauvre enfant.

CHAPITRE XI.

Port de Saleix. — Val d'Aulus. — Vue du tuc de Bertroue. — Vallons de Garbet, d'Arse et de Fouillets.

Dans la reconnaissance à vol d'oiseau que j'avais faite des montagnes d'Aulus, les sommités seules en vue, domaines de l'hiver, m'avaient caché toutes les beautés des vallons qu'à deux époques éloignées j'avais pu entrevoir. Mon compagnon, dont le portefeuille commençait à se garnir, sur la foi de mes récits s'y promettait une moisson d'études et de sites. Vain projet : j'eus le déplaisir d'y rester seul. A trois heures du matin, suivis d'un mulet chargé de nos bagages, nous nous dirigeâmes vers le port de Saleix, journellement fréquenté par les muletiers qui portent la mine à la forge d'Aulus. En s'élevant vers le village de Saleix, on a d'agréables points de vue sur le fond d'Auzat, sur les vertes montagnes d'Olbier et d'Arbelles jusqu'à la pique d'Andron, que fait ressortir la masse informe de Bassiés, dont on côtoie la base, par l'opposition de ses arrachements à peine nuancés de quelque verdure. Cependant sur ses hauteurs sont de bons pâturages où se manipule un des meilleurs fromages du pays. M. de Guilhem, percepteur à Vicdessos, m'a dit y avoir vu de véritables hermines que les pasteurs appellent belettes blanches, comme dans la vallée de Gistaou, sur la montagne de Saratillo, des bouquetins qu'il décrivait exactement, nommés *Cabras montesas* par les Espagnols, qui donnent aux isards le nom de *Charcos*. Après les cultures vient la région des troupeaux. On ne monte plus ; on suit longtemps de petits sentiers tracés sur la pelouse ou s'enfonçant sous les hêtres au bord d'une large coupure que le ruisseau a creusée autour d'une jolie butte chargée de bois. Au bout du court défilé, dans un vallon solitaire, sont les orris de Saleix ; l'aspect en est plaisant et calme, et les monticules de calcaire primitif qui le bordent, quoique si près de la crête, lui donnent l'apparence d'un vallon des basses montagnes. Après la halte obligée que les mulets n'oublient jamais, on monte pendant une heure de rapides zig-zags, on atteint le port, et là il faut s'arrêter, moins pour le repos que pour la grandeur, la richesse du coup-d'œil sur des régions nouvelles.

Le temps n'était pas sûr : d'épais nuages que le soleil du matin peignait de teintes fauves passaient vivement sur nos têtes, et de longues traînées de brumes garnissaient les plis des hauteurs moyennes de Vicdessos, de Siguer et de l'Aston ; mais plus loin le Roc-Blanc, comme une tour défendant un passage aérien, et quelques cimes du même rein, dont la suite était cachée par la pique d'Andron, se dessinaient en noir sur le ciel brillant du Languedoc. En montant ces rampes, je jouissais lentement de ces derniers aspects de la région que je quittais, ne m'attendant point aux beautés nouvelles que sur un horizon plus étendu le haut du port cachait encore. Nous y touchons ; l'espace s'ouvre, et tout-à-coup se déploient de longues perspectives sur les monts du Couserans, où la magnificence le dispute à la variété. Des riches fonds d'Aulus, les yeux se portent rapidement à une longue suite de contreforts, tout bois et pâturages ou couronnés de rochers, s'élevant progressivement jusqu'à de hautes cimes resplendissantes de neiges, excepté sur quelques points que les brumes espagnoles commençaient à envahir. Dans tous ces chaînons le mouvement est extrême, et sur tant de plans successifs les tons, les nuances étaient variés à l'infini. Les crêtes de Salaou, d'Aula et la double cime du Mont-Vallier, dont le chaînon transversal porte des neiges et de fiers rochers jusqu'aux mornes boisés de la Core, arrêtaient tous les regards à l'ouest. J'avais ainsi devant moi le bassin supérieur du Salat dans toute son étendue. Les gens d'Aulus connaissent ce passage sous le nom de *Port de Combebière* à cause d'un grand pâturage de ce nom, situé de leur côté, où la vue se repose sur la verdure et les bois avant de descendre au bassin inférieur. Trois grands vallons de la haute chaîne y concourent, et la vallée s'enfuit vers Ercé, bientôt cachée par le tuc de Bertrône, haut appendice de celui de Monbéas, dont le calcaire primitif est doué de la phosphorescence et qui sur sa tête isolée et pyramidale offrirait un superbe observatoire de mille toises de hauteur. Enfin, pardelà les bois et les pâtis du joli port de la Trape, les vallons d'Ustou, dessinés parmi les masses, remontent à des sommets dignes acolytes de ceux d'Aulus et du Mont-Calm.

Le vent avait fraîchi ; le ciel se couvrait, et quelques gouttes de pluie nous chassant du port, nous en descendîmes à la course pendant qu'une troupe de mulets chargés de mine y circulait pesamment sur de rapides sentiers. Mais en bas un éclairci vint nous réjouir aux courtaous de Combebière, où la marche ne fut plus qu'un plaisir. Ce pâturage, cerné de bois qui sous la hâche imprévoyante du montagnard ne sont plus que des taillis, domine le sombre val de Garbet, où, près d'autres bois, sont encore de bonnes pâtures jusqu'à des ressauts, digues de quelques lacs qui, sous les escarpements de Caumale et de Puntussan, occupent les sites les plus sauvages. Au midi des Cabanes, sur un terrain tourmenté vers Garbet, se voit encore l'entrée de l'ancienne mine de l'Argentière, contenant plomb et fer, avec très peu d'argent et de cuivre, et qui s'étend, dit-on, très loin sous la montagne. Plusieurs fois les travaux y ont été repris et abandonnés, sans doute à cause de leur mauvaise direction, car la mine de Lacore, qui en est rapprochée, est très bonne et pourrait fournir, suivant Diétrich, à une exploitation de plusieurs siècles, tandis que ce qui reste du filon de l'Argentière est épuisé et sans espoir. Le filon de Lacore est intéressant surtout par le plomb carbonaté qu'on y trouve, très rare dans les Pyrénées. Diétrich est le premier qui ait observé les anciens travaux d'Aulus, dont Palassou avait à peine nommé les montagnes. Au bas du plateau est encore debout la tour de Castelminier, voisine d'autres mines qui se trouvent, ainsi que la première, dans le terrain de transition, et très près du granit dont les crêtes centrales sont ici formées. Suivant la tradition du pays, ce château élevé pour protéger les mineurs et le village qu'ils habitaient, a été détruit par les Sarrazins, et l'exploitation remonterait au temps des Romains. C'est une opinion générale que ceux-ci auraient retiré des richesses immenses des Pyrénées; cependant le peu de grands travaux qu'on y a reconnus, si ce n'est peut-être à la montagne de Haya en Biscaye, porteraient à croire que ce n'est pas dans ces contrées qu'ils exécutaient ces méthodes savantes qui étonnent, ces travaux de géants que Pline nous fait connaître. L'imperfection de ceux dont les traces y existent encore, annoncerait plutôt les entreprises mal conçues des Barbares, qui de toutes parts firent rétrograder la civilisation. Quoi qu'il en soit, une figurine en bronze et des marteaux de forme ancienne trouvés dans l'emplacement du village de Castelminier, sont maintenant en la possession de M. Souquet d'Aulus. Au reste, suivant les exagérations ordinaires, les habitants sont persuadés qu'il y a beaucoup d'or caché dans ces souterrains, et que les étrangers n'y viennent que pour le rechercher à l'aide de la magie.

Après une longue descente au bord des ravins qui sillonnent la masse adventice du plateau et sur un sol tourmenté où commencent des granges et des cultures, on débouche dans un des plus jolis bassins où la haute chaîne puisse lire. Le torrent formé des eaux réunies de Garbet et d'Arce le traverse à deux pas du village et, satisfait de son large lit, respecte sur ses deux rives des terres noires toutes d'humus, qui ne connaissent pas de repos. Au midi et à l'ouest, un amphithéâtre de mornes ou de mamelons couronnés d'arbres et de plis ondoyants revêtus de pelouses dont l'aimable uniformité n'est variée que par des granges ou des bouquets de bois, montre partout une nature riante et pastorale jusqu'aux plus hautes croupes de Fraichets et du Montrouïs, dont la pyramide, visible de Toulouse, s'élance au dessus de la neige qui la drape. Le hasard a fait découvrir à son pied (en 1822) une source légèrement thermale, alumineuse et purgative, dont les nombreuses vertus ont déjà été constatées. Elle surgit d'une couche tourbeuse sur la rive gauche du torrent, et chaque jour de nombreux buveurs viennent s'y gorger de ses eaux déjà souveraines pour les maux d'estomac, la bile, et même pour cette maladie, fléau de l'humanité, qu'on a voulu cacher sous l'euphonie d'un nom grec[1]. Le propriétaire y faisait bâtir une baraque à cinq baignoires. Sans doute que des recherches bien dirigées, en augmentant le volume des eaux, permettraient d'en établir un plus grand nombre, ce qui serait un avantage pour ce pays pauvre, où la contrebande et les produits modiques des troupeaux sont les seules industries. La route qui suit les fonds faciles de la vallée d'Ercé, serait à peu de frais rendue praticable aux voitures, et avant longtemps les bains d'Aulus, dans une température douce, entourés de sites délicieux et de monts superbes, compteraient parmi les plus fréquentés des Pyrénées.

Ce n'est pas une vie de sybarite que celle du coureur de montagnes; il est satisfait lorsque dans ses stations il trouve l'indispensable. Ce fut strictement notre lot à Aulus. Ce village a de l'apparence de loin avec ses toits d'ardoise; mais de près il est misérable, et le besoin, la malpropreté y attristent les yeux. C'est du luxe que d'avoir des cheminées; la plupart des habitants, accoutumés pendant l'été à vivre dans la fumée de leurs courtaous, les dédaignent, et les noirs tourbillons qu'exhale le sapin n'ayant pour issue qu'un trou au mur, tout l'intérieur y est lustré du plus luisant vernis. La soirée fut pluvieuse; nous visitâmes l'église citée dans le pays, et le digne pasteur qui, né dans quelque vallée voisine et d'abord placé dans la plaine, demanda avec instance qu'on le renvoyât dans l'air vif de ses montagnes, auprès de leurs

---

[1] La Syphilis.

eaux toujours pures. Satisfait au milieu de son troupeau demi-sauvage, d'une main ferme il en tient la houlette. Il nous avoua cependant que la fréquentation des contrebandiers et des douaniers avait porté quelque atteinte à la pureté des mœurs anciennes, et que par suite le fruit défendu était le sujet souvent répété de ses prônes. Il avait établi pour règle que les filles qui, n'ayant pas toujours su se défendre du penchant qui n'y porte que trop l'espèce humaine, viendraient à se marier, ne seraient admises qu'à genoux auprès de la porte de l'église au lieu de l'être à la sainte table, pensant qu'une telle attitude de pénitence et d'humiliation dans une circonstance aussi solennelle, serait un correctif suffisant. Les voyageurs futurs pourront savoir si les prévisions du bon curé d'Aulus se sont réalisées.

Le tuc de Bertrône élevé sur le village comme un môle gigantesque, au centre de l'éventail que forment les vallons supérieurs de Garbet, d'Arce et de Fouillets, et en face des sommités qui les commandent, est heureusement placé pour en faire une reconnaissance générale. Il faut deux heures pour atteindre la cime en gravissant le long d'un plan qui serait inaccessible si les aspérités du sol ne donnaient prise au pied, et au travers d'un taillis très fourré. Nous y trouvâmes des traces toutes fraîches d'un ours qui paraissait s'être amusé à gratter la terre, où ses griffes avaient laissé de profondes empreintes. Jean-Pierre Souladet, mon guide, robuste jeune homme, se mit alors à fureter de tout côté pour avoir, disait-il, le plaisir de lancer l'ours et de le voir s'enfuir épouvanté. Il me citait un de ses amis qui, ayant lutté corps à corps avec un de ces animaux ainsi surpris, avait eu assez de force et de bonheur pour le terrasser et le tuer; mais je l'arrêtai dans son ardeur, préférant de beaucoup laisser en paix ce redoutable voisin. Du sommet, point saillant d'une crête qui va s'appuyer au Monbéas, la vue est admirable! Rien n'est charmant comme le bassin d'Aulus, vu ainsi en plan, ses berges pastorales et ses vallons où tout est bois ou pelouses. C'est la terre brillante de fraîcheur et de jeunesse; et de ces riants tableaux les yeux se portent à la haute chaîne, qui dans une grande étendue déploie ses neiges, ses masses hardies et les pics dont elle est hérissée, domaine des aigles et des chamois.

Plusieurs points culminants, où se remontrent de toutes parts les formes granitiques, se font remarquer au milieu de ces monts entassés : le plus haut du rein que nous avions traversé la veille, Caumalo, à la suite de Bassiés, calqué dans sa forme aplatie sur le Mont-Calm, lève son large dos et ses flancs escarpés que réfléchissent les lacs solitaires de Garbet ; à son côté, dominant le port de Guilou, le moins impraticable de ceux qui d'Aulus passent dans la vallée de Cardous, s'élance Puntussan qui, à l'extrémité d'un large tapis de neige, ressemble à la tour d'un sémaphore au bord d'une plage maritime. Le vallon d'Arce qui en descend, tout noirci de sapins où brillait une cascade, paraît riche en sites variés. Entre Arce et Fouillets est le Montrouïs, plus élevé en apparence et beau dans sa régularité, avec ses bases ceintes partout de vertes draperies, jusqu'à la région des neiges qui entourent son cône large et pointu. A l'origine du val de Fouillets, une sombre pyramide domine sur un lac longtemps glacé, dont les tristes rives ne sont visitées par les pasteurs que pendant quelques jours d'août ; c'est la pique de Mède, qui à l'ouest jette ses débris dans la vallée d'Ustou. Celle-ci s'avançant plus au midi, les monts se reculent ; Colat n'y paraît qu'en partie ; mais au-dessus du cône vert de Montagnou qui sépare ses deux vallons supérieurs, Escorce et Aucèso, brillent sur des masses confuses les hautes cimes de Flamigelle, Montabone et Bonrepaux. Entre ce dernier et le cône de Crusous, une large échancrure indique le port de Martrat ou d'Ustou, le plus facile après celui de Salaou, plus éloigné. La crête se cache ensuite derrière les hauteurs d'Aucèse, pour reparaître au port d'Aula jusqu'au beau rocher du Mont-Vallier, drapé d'une longue traînée de neige, et redressant sa tête tronquée au-dessus des masses qu'il envoie jusqu'au passage de la Core versant dans le Castillonnais. Tout ce qui était visible des basses montagnes d'Ustou m'en donnait une agréable idée ; plus loin, sur Conflans et Betmajou, ce n'était que chaînons confondus, et mes yeux revenaient se poser sur le beau pays d'Aulus tout bigarré de bois et de pâtures, jusqu'aux ravins redressés qui des régions supérieures y versent des ruines. Couché contre une roche où le soleil me réchauffait de la rosée du matin, je ne pouvais me lasser de les promener sur ce bassin fertile, sur toutes ces clairières semées de bosquets, où s'entrevoyaient mille retraites charmantes, comme sur les masses superbes dont les éblouissants tapis se dessinaient dans l'air, mais dont l'état de dégradation et les champs glacés étaient d'un parfait contraste avec la vie et la fraîcheur de leurs bases. Ce bel ensemble, où le charme des détails n'est surpassé que par l'harmonie des oppositions, où tout ce qui plaît dans les vallées se trouve à côté de beautés alpestres, forme un de ces tableaux riches, sublimes, qui ne peuvent exister qu'au sein de ces monts, les premiers dans leurs rangs, qui plongent dans les zônes toujours glacées de l'atmosphère. Ainsi se trouvait vérifiée ma prévision, lorsqu'auprès d'Ercé la nue déchirée me laissa voir pour la première fois quelques points de ces aériennes et fantastiques régions.

M. Charpentier désigne le pic de Fraichets comme une des premières cimes d'Ustou, visible de Toulouse. C'est une erreur; le seul pic de ce nom est entre Fouillets et Ustou, sur le contrefort qui monte à Mède, auquel il est bien inférieur. Je le voyais au-dessus du grand pâturage d'Escots verdoyer jusqu'à sa cime, et de Toulouse il ne peut que se confondre dans le chaos des montagnes. Au revers du Tuc, nous prîmes pour descendre un petit vallon où après le bois, des prairies semées de granges, alors solitaires, nous conduisirent tout en bas jusqu'à la route d'Ercé, près de la grande source de Naufons qui à son pied surgit du calcaire primitif pareil à celui du Monbéas. Son abondance peu variable indique que la caverne d'où elle sort, dans laquelle on ne peut pénétrer à cause des eaux qui l'obstruent, doit être considérable; mais l'opinion commune que cette source serait la décharge de l'étang de Lherz, est peu probable en ce que ce réservoir en est éloigné de près d'une lieue.

Nous trouvâmes tout en rumeur à Aulus : une fille venait

d'arriver du bois de Carentos, vers Combebière, où elle avait été rencontrée par huit *Demoiselles*, qui lui avaient fait grand'peur, mais point de mal. Depuis Toulouse, l'histoire de ces demoiselles, remplie d'obscurité et d'extraordinaire, était le sujet de toutes les conversations. Il semblait qu'une armée d'amazones tombée du ciel, se fût emparée de tous les bois, de tous les lieux écartés des Pyrénées, pour faire des apparitions à la fois sur tous les points. Dès avant 1829, des bruits étranges de soulèvement s'étaient répandus, et l'année suivante, d'Ax à Cagire, les cornets se répondirent sur les montagnes. Dès lors l'anxiété devint universelle. Dans les vallées de Betmale, de Sentein, d'Ercé, d'Aulus, de Massat et de Ballongue, on avait vu errer le long des bois des hommes armés, la figure noircie et les chemises par dessus leurs habits, ce qui leur avait fait donner le nom de *Demoiselles*. Des gardes forestiers avaient été attaqués, même tués. Les uns, imbus de politique, prévoyaient quelque vaste complot prêt à éclater, ou même une armée espagnole, des agraviados déguisés. D'autres, mieux instruits, n'y voyaient qu'un mouvement local, une insurrection contre les gardes des forêts dont plusieurs, disait-on, avaient été déjà victimes. La mise en vigueur du nouveau code forestier, en mettant des restrictions trop onéreuses à l'usage des bois et des pâturages communaux, avait irrité généralement le peuple des montagnes, plus qu'un autre d'ailleurs ami du merveilleux; et les habitants les plus paisibles qui ne les voyaient attaquer que ceux-là même avec qui ils étaient toujours en guerre, étaient tout disposés en faveur des *Demoiselles*, dont ils paraissaient désirer l'approche et le succès. Enfin la force publique dut s'en mêler. Déjà toutes les troupes disponibles de Toulouse et de Foix étaient sur la route du Castillonnais ou dans les bois les plus reculés de la Ballongue, où l'insurrection avait pris naissance; et après quelques résistances impossibles, tout a fini devant la cour d'assises de Toulouse.

Impatient de voir de près les trois beaux vallons supérieurs dont je venais de faire la reconnaissance à vol d'oiseau, le lendemain, avant le jour, sur les pas de Jean Pierre je pris le chemin du port de Guilou. Après la forge on passe le torrent pour monter d'écharpe vers le vallon d'Arce, qui dès son entrée est serré entre le Pouech de Guas tout rochers ou broussailles, et un apendice du Montrouïs, qui n'a que des bois et des prairies. Dans le fond de la tranchée on a reconnu plusieurs filons cuprifères dont aucun n'a été exploité. Un de ces filons découvert par un ancien curé du lieu, descend du Pouech et traverse le torrent pour se perdre dans le Montrouïs. Le crépuscule croissait peu à peu, et le torrent encore inaperçu mugissait sous nos pieds; ce ne fut qu'après une montée que la partie inférieure du vallon nous apparut dans sa grandeur sauvage. Le fond s'élargit et s'entoure d'escarpements que drapent des sapins, jusqu'à un ressaut considérable de granit et très-accidenté, d'où tombe une cascade en trois branches du plus grand effet. Plus haut, les cimes de Tourte, appendices du Puntussan, avec les teintes de l'aurore, semblaient jeter leurs neiges et leurs roches festonnées au devant du soleil prêt à surgir. Ce paysage alpestre, ainsi vu sans ombre, sous une lumière également répandue et dans le calme du matin, avait quelque chose de vague et de favorable à l'illusion qui lui donnait un attrait particulier. Le froid hâtait notre marche; il fallait franchir le ressaut en face inaccessible, pour atteindre le vallon supérieur qui est l'avenue du port. Prenant à gauche, nous commençons une forte montée dans un bois touffu, où l'hiver précédent, le guide et ses amis avaient tué un vieux ours, dont j'eus le temps d'écouter la longue histoire et les prouesses; puis sur d'anciens éboulements de granit que la mousse, le rhododendron et les daphnés avaient dès longtemps envahis. Rapprochés des cascades, nous rampions en suivant le pied de leurs murailles où mes haltes étaient fréquentes, moins pour le besoin de prendre haleine, qu'arrêté par le nombre et la beauté des plantes sous-alpines qui y croissaient. Parvenu à la hauteur du ressaut, je pus enfin aller m'asseoir sur le bord de sa haute terrasse, en parcourant de l'œil les fonds où je m'étais longtemps traîné, en présence d'objets qui, sous un jour nouveau, avaient moins de grandeur peut-être et plus d'étrangeté.

Le plateau très borné où nous nous trouvions, est sur le dos d'une protubérance de granit où, avant de se précipiter, le ruisseau circulait sur une pelouse parmi des blocs et de petits étangs, et entouré de trois côtés de masses granitiques aussi où les bois ne s'élèvent plus. En amont, un court défilé, nommé *Las Touètes*, obstrué d'éboulis, se terminait à une brèche étroite donnant passage vers une région où le jour et l'espace semblaient s'accroître, et dont le plateau n'est que le vestibule. Des vaches y rôdaient, indice de quelque courtaou, et bientôt nous fûmes joints par un pasteur dont les moutons, sous la garde de deux chiens, gravissaient la montagne de l'ouest, déjà atteints par le soleil que je leur enviais. Continuant notre route au milieu de ces âpres décorations, nous escaladons les blocs entassés dans le défilé, nous passons entre deux hautes parois de granit, et une région nouvelle, en effet, s'étend au loin devant nous : un large vallon où l'herbe commençait à peine à poindre, et des fonds tout neiges et débris jusqu'aux grands tapis qui montent aux dernières crêtes; tel est le site abandonné qui précède le port de Guilou, dont tout le chemin est en vue. Ce port a deux passages séparés par un morne : celui de l'est n'est qu'une brèche sous une cime nommée *Très-Comtés de Guilou*, autre dépendance du Puntussan qu'elle cache, et d'un abord toujours difficile; l'autre, le port de Sounou, au pied du mont Ramonat, lorsque les neiges sont fondues, offre passage aux vaches qu'on mène sur les pâturages espagnols. Quelle barrière entre les Etats que celle où les meilleures voies toujours dangereuses, ne sont praticables que pendant deux ou trois mois de l'année ! Sur toutes ces rampes, comme dans les masses culminantes qui y jettent leurs ruines, l'œil ne voit que le granit qui, depuis Bassiés, a repris sa place à la haute chaîne.

Il était temps de songer au déjeûné. Nous choisîmes pour notre station un mamelon exposé au soleil au milieu de ces froids déserts, rarement fréquentés par tout autre que par le contrebandier qui va à la rencontre de son camarade espagnol, parti de Tabascan. J'avais eu le projet de passer le port, mais j'en fus éloigné par les avanies, les périls même auxquels tout Français était alors exposé, sous la dure verge du comte d'Espagne qui commandait en Catalogne. Revenant donc sur nos pas jusqu'au plateau des Cascades, nous gagnâmes à l'est un autre courtaou, d'où un joli sentier au travers du bois, nous conduisit à la cime herbue du Pouech, avant-corps de la montagne, où je trouvai enfin des schistes de transition qui occupent si peu de place dans la vallée d'Aulus. Ressentant déjà la fatigue, je m'y laissai aller au besoin du sommeil, qui est toujours très doux dans le calme de ces solitudes et sur un gazon réchauffé. La cime du Pouech rapprochée de Combebière et lisant dans le fond de Garbet, se trouve justement en vue des ports de Guilou, par l'ouverture de *Las Touètes*; et de l'autre côté, projetée en avant sur Aulus, dans la direction de la vallée d'Ercé, elle plane sur un champ très étendu vers les basses montagnes de Seix et d'Alos, jusqu'aux derniers chaînons de la plaine du Salat. C'est le plus beau point de vue après Bertrône.

Je me promenais sur la crête, lorsque tout d'un coup je me trouve en face de deux pasteurs : m'apercevoir, tourner le dos et s'enfuir, fut plutôt fait que dit. Surpris, j'éveille Jean-Pierre, et nous ne pûmes expliquer une telle conduite inusitée qu'en pensant que j'avais été pris pour quelqu'une de ces terribles demoiselles qui occupaient toutes les imaginations du pays. Pour descendre vers Garbet on pénètre dans les bois épais qui au revers du Pouech couvrent de longues pentes des plus rapides. Nous mîmes plus d'une heure à y plonger par les innombrables lacets que les charbonniers y ont tracés, jusqu'à ce que sortis enfin de leur obscurité, nous nous trouvons au milieu d'une scène calme et retirée, dont l'aspect inattendu repose l'imagination et les yeux. Une pelouse large et plane profondément enfoncée entre des montagnes, nues d'une part, et de l'autre revêtues de forêts sur tous les points, se prolonge jusqu'à un ressaut fort élevé d'où tombent quelques cascades, et que surmontent les flancs noirs de Caumale. Ici, ni variété ni riants détails : les formes sont simples, les masses larges, les aspects monotones peut-être ; mais dans leur grandeur sévère de tels sites, en parlant à l'âme, ne plaisent souvent que mieux. Quelques vaches erraient sur ce vaste tapis ; les pasteurs à l'appel de Jean-Pierre, nous portèrent du lait que je savourai au pied d'une roche éboulée de l'Argentière, ressemblant de loin à une cabane dont le toit eut été émaillé de fleurs. En passant près de la tour de Castelminier, je vis les restes de l'église de l'ancien village, et sur l'autre rive du torrent, à la base du Pouech, plusieurs entrées de mines maintenant bouchées. Sur le sol on peut suivre une longue tranchée produite par l'affaissement de la voûte d'une galerie dont par quelques soupiraux restés ouverts se voient les cavités intérieures. Il paraît que les anciens mineurs ont longtemps suivi le filon, mais sans doute faute de machine pour épuiser, ils ont abandonné la mine lorsque l'eau l'a eu gagnée. Tous ces travaux ne pourraient être repris qu'à grands frais après les dégradations que le temps y a accumulées. A côté sont des tas de débris provenant de ces excavations, dont la végétation, toujours prompte à étendre l'empire de la vie, s'était dès-longtemps emparée ; des fraises mûres en émaillaient la surface.

Peu de cantons dans les Pyrénées offrent aussi près de la haute chaîne autant de variété que celui d'Aulus : la physionomie même de ses vallons est différente, et chacun d'eux pourrait servir de type à un des genres de beautés naturelles qu'on cherche dans les montagnes. Nous avons vu le vallon d'Arce, riche d'oppositions, toujours pittoresque et sauvage ; celui de Garbet a de la grandeur dans ses uniformes décorations, et celui de Fouillèts va nous montrer ce que les scènes pastorales ont de plus gracieux.

Au-dessus de la source thermale, on monte à la base du Montrouïs, on traverse quelques prairies et l'espace s'ouvrant, on entre dans un bassin inégal semé de buttes gazonnées comme des tumulus ou escarpées sur le ruisseau, et de toutes parts dominé par des bois ; non de ces bois sombres, continus, comme à Garbet, mais interrompus par des clairières et divisés en bosquets où l'œil se plaît à s'égarer. Des clochettes invisibles s'entendaient çà et là, et quelques pasteurs immobiles sur les pointes des rocs ne nous perdaient pas de vue. Il est si rare de voir des étrangers dans ces lieux reculés où nul intérêt social ne les attire, que le peuple, toujours persuadé qu'ils n'y viennent que pour découvrir des trésors, ne se lasse point d'exercer sur eux une active surveillance. Plus haut, l'enceinte est plus vaste : on voit les derniers bois, et des bords du ruisseau les pelouses s'étendent et montent au loin sur le Montrouïs, comme sur le pic de Fraichets où sont des courtaous dans les nues, et jusqu'aux derniers gradins, soubassements neigés de la pique de Mède où toute végétation s'arrête ; mais le plus beau de ses sites fût resté caché pour moi, si du haut de Bertrône je ne l'eusse déjà reconnu. De sa cime à Aulus, le Montrouïs ne formait jadis qu'un rein large et massif ; sa plus basse croupe est restée intacte ; mais plus haut, jusqu'au pied des rampes qui portent la neige, s'y est creusé un vallon dont je devinai la beauté. Montons à gauche dans le bois, le long d'une traînée où dans un réduit se cache une cabane ; traversons les jolies clairières qui occupent le plateau, et du haut d'un de ces mamelons qu'ornent de vieux hêtres, jouissons un instant d'un riche coup d'œil sur Aulus et la vallée d'Ercé, avant d'entrer dans un labyrinthe que la main de la nature a dessiné. Là, pendant une heure, nous errerons sur des pelouses aussi douces que le velours, au milieu de bouquets de hêtres que la dent des troupeaux a taillés ; et ces réduits charmants sont enfermés dans un long berceau, s'évasant de plus en plus sous des crêtes couronnées de roches en festons. Après les hêtres, le gazon règne seul dans une espèce d'oule cernée par les murs qui supportent des rampes occupées par la neige jusqu'aux escarpements de la cime. Quels buts de promenade pour les buveurs futurs d'Aulus que ces sites enchanteurs du Montrouïs, où tout ce qui peut plaire aux yeux se trouve réuni ! Et quelle santé délabrée ne se rétablirait dans son air pur et salubre ?

Nous montons toujours dans le val de Fouillets : au courtaou de Laspeires deux pasteurs avertis par le chien se montrent à la porte ; mais Jean-Pierre passe sans s'arrêter et sans mot dire. Les hauteurs toujours plus escarpées se rapprochent, et nous entrons dans l'enceinte de *Casiarens* dont la régularité me frappa. C'est un ovale parfait qu'entourent de hautes murailles de granit drapées de quelques filets d'eau, sans autre issue qu'une entrée assez étroite. Un peu d'herbe y croît à peine, et le soleil du solstice n'en voit qu'une partie. Au dessus sont, d'une part, des pentes de gazon très étendues, d'une telle rapidité qu'on n'ose y conduire les troupeaux, et de l'autre, des escarpements et des neiges. Cette arène toujours dans l'ombre est triste et mélancolique ; sa sombre solitude me faisait impression avant de savoir qu'elle avait été naguère le lieu d'un horrible attentat. En repassant le seuil, nous rencontrons un jeune homme avec qui mon guide ne fit qu'échanger des regards malveillants. Etonné d'une conduite si peu ordinaire parmi les pasteurs, je l'interroge, et sa réponse m'affligea. Les crimes assez fréquents aux deux extrémités de la chaîne, sont très rares partout ailleurs.

Depuis longtemps les bois et les pâturages de Fouillets sont en litige entre Ercé et Aulus ; de là des procès et des haines particulières. Il y a deux ans qu'un brave homme d'Aulus, père de famille, monta seul au bois selon son usage. La nuit était avancée qu'il n'avait pas reparu. On conçoit des craintes ; aussitôt ses parents, ses amis, tous les jeunes gens du village, avec des torches et des lanternes partent pour la montagne. Toute la nuit s'écoule en recherches inutiles. Les pasteurs de Laspeires, habitants d'Ercé, assurent ne l'avoir point vu ; mais au jour, entre leur courtaou et Casiarens, son corps, à demi-caché sous des pierres et défiguré, est découvert dans un trou. Le malheureux avait été assommé à coups de bêches par huit hommes d'Ercé, qui, sans motif particulier, avaient assouvi sur lui la haine qu'ils portaient à la commune. Deux seuls sont aux galères. Les pasteurs de Laspeires avaient été fortement soupçonnés d'avoir pris part au crime, et le jeune homme est fils de l'un des condamnés. Voilà deux villages voisins à jamais ennemis.

J'espérais atteindre le pied de la pique de Mède et l'étang qui s'y cache avant que les brouillards qui erraient sur les cimes se fussent abaissés. Escaladant à l'ouest les rochers à peine praticables qui précèdent l'oule de Casiarens, nous parvenons sur le couronnement des murailles d'où l'arène ne paraît plus que comme une vaste citerne, et continuant pendant une heure et demie une pénible ascension sur des neiges et des rocs fracturés, nous atteignons enfin le plateau où est l'étang le plus étendu du canton. Quel site désolé! Les brouillards, qui depuis longtemps roulaient autour de la pyramide, commençaient à voltiger sur ces neiges, sur ces ruines, et donnaient un aspect lugubre aux crêtes ravinées que leurs masses mouvantes cachaient par moments. De là, une montée d'une heure conduit au port d'Aulus tellement scabreux que les contrebandiers même l'évitent. Cet état de l'atmosphère, dont je connais le danger dans de tels lieux, m'interdit une plus longue excursion, et battant en retraite, je descendis sans m'arrêter jusqu'aux courtaous de Fraichets où je fis halte ayant sous moi les profondeurs du vallon que j'avais parcouru, et en face le tuc de Bertrône et la pyramide nue du Monbéas qu'il appuie.

Dans les clairières et sur les basses pentes j'apercevais des vaches en assez grand nombre, mais les troupeaux de moutons y étaient très rares. Surpris de voir tant de bons pâturages presque déserts, j'en parlai aux pasteurs qui me dirent que les plus étendus se trouvant sur des pentes trop rapides, n'étaient propres qu'aux moutons, et que le manque de capitaux seul empêchait les habitants d'en avoir la quantité qu'ils pourraient nourrir. Que d'excellents herbages sont ainsi perdus pour eux, lorsque les Espagnols de Cardous ne viennent pas les leur louer! Ce serait pour un capitaliste une bonne spéculation que d'y faire un établissement pour quelques milliers de moutons; en payant à la commune une redevance de deux ou trois sols par tête, de grands bénéfices lui seraient assurés.

Descendant d'écharpe sur les pelouses, je gagnai un bois de sapins et plus bas les cabanes de Lartigue, pittoresquement groupées sur une butte auprès d'une combe de verdure voisine du pâturage d'Escots qui se déverse à l'ouest. Je hâtais la marche vers la crête herbeuse qui les sépare, pour jeter un coup-d'œil sur les versants d'Ustou, lorsque les brumes, qui semblaient me poursuivre, envahissant à la fois la combe et les hauteurs me forcèrent de reprendre le chemin du fond. Une descente directe d'une heure parmi des sapins sur un sol tout imprégné d'infiltrations ferrugineuses, et dans les taillis inférieurs, m'amena en bas, où, lorsque je me reposai près du ruisseau, les nues ramassées à mi-montagne en une voûte continue, me firent voir que j'avais quitté bien à propos le scabreux désert de Mède.

Ce fut alors que mon guide, comme je lui parlais avec intérêt de ses compatriotes et de son pays, n'y pouvant plus tenir, dit-il, voulut m'apprendre tout ce que notre arrivée avait soulevé dans Aulus de curiosité et d'inquiétude. Toutes les têtes, agitées par ce que chaque jour leur apportait des exploits vrais ou faux des demoiselles, ne purent voir en nous que leurs agents ou leurs précurseurs. Dès-lors tout fut en émoi ; les autorités du lieu, le maire et le brigadier des douanes avaient décidé de nous arrêter pour nous conduire à Saint-Girons ; mais sur l'avis de quelque bon esprit, on donna sursis à l'exécution de cette mesure acerbe, et nous ne fûmes soumis qu'à une rigoureuse surveillance de leur part, tandis que nous étions vus de bon œil par le peuple qui n'était rien moins que l'ennemi de ces mystérieuses bandes. Resté en ôtage, ce qui seul procura à mon compagnon sa libre sortie d'Aulus, on vit que si je partais de jour comme de nuit, ce n'était qu'accompagné de Jean-Pierre, brave garçon bien connu. A chaque retour, soumis à un minutieux interrogatoire, ses réponses dissipèrent toutes les méfiances politiques, il ne resta plus qu'une vive curiosité de savoir ce qui pouvait m'attirer dans leurs montagnes les moins fréquentées. Les têtes ainsi calmées, le marguillier du village, conseiller municipal, qui recevait avec gravité le respect dû à son savoir, car il pouvait lire et possédait maint secret, se hasarda jusqu'à me prier de lui faire connaître les vertus de quelques herbes de la montagne, persuadé, disait-il, qu'aucune ne m'était cachée. Sa requête fut octroyée, et à chaque plante nouvelle je m'évertuais à lui faire part de mes connaissances officinales. Jean-Pierre, désireux à son tour de toucher à l'arbre de la science, écoutait de son mieux ;

jamais professeur en plein air n'eut des élèves plus attentifs et plus zélés à fureter. Grande fut la reconnaissance du marguillier qui la propagea dans le village, tellement que lorsque je dus partir pour Ustou, les figures déridées et plusieurs mains cordialement tendues me prouvèrent que j'y laissais presque des regrets. C'est un bon peuple que celui de ces montagnes : à une époque où les esprits sont si généralement portés vers ce qui est bon et utile, l'autorité ne prendra-t-elle pas quelques soins pour éloigner de lui deux fléaux : l'ignorance et la pauvreté?

Dans tout le canton d'Aulus, il y a eu plus de régularité dans les formations que dans celui de Vicdessos. Les roches schisteuses qui, au Mont-Calm, ont envahi une étendue de la crête, n'occupent ici que très peu de place. D'un côté, une partie du port de Saleix, le Monbéas et ses dépendances, Bertrône et les chaînons qui longent la vallée d'Ercé appartiennent à cette bande de calcaire primitif qu'on peut suivre depuis les montagnes à l'est de la mine de Rancié jusqu'au port de la Core à l'ouest de Seix ; de l'autre le granit en place se montre dans tous les vallons d'Aulus, presque dès leur entrée, et règne dans tous les espaces supérieurs. Ainsi, le système de transition qui existe à l'Argentière, au Pouech, aux bases du Montrouïs et vers Escots, est étroitement serré entre de vastes formations de calcaire et de granit ; mais il se développe en avançant vers l'ouest, et dans la vallée d'Ustou il couvre déjà un large espace.

CHAPITRE XII.

Montagnes d'Ustou. — Vallons d'Escorce et d'Aucèse. — Port de Martrat. — Étang d'Elloth. — Simon, le vieux chasseur d'ours.

Le trajet d'Aulus à Ustou est court : en moins de trois heures on atteint Saint-Lizier, chef-lieu de la vallée. Ce ne fut donc qu'une promenade dans un jour de repos, et vers midi seulement je pris le chemin du port de la Trape. Sur sa rapide pente, dans des prairies closes où le soleil dardait des rayons brûlants, des myriades de mouches aux ailes bigarrées, inconnues dans la plaine, nous harcelaient ; ce ne fut que sous les hêtres d'en haut où ne s'élèvent jamais ces tribus incommodes, que nous pûmes en repos respirer un air plus doux. De ce point, d'où j'avais vu Aulus pour la première fois, toutes les beautés qui l'environnent semblaient s'être réunies en tableau pour se faire regretter. Que n'eussé-je point donné pour pouvoir les reproduire sur la toile avec toute la vigueur de coloris que leur prêtait alors un beau ciel ! Ce petit port semé de granges est tout-à-fait pastoral, et le vallon qui le suit, tout prairies ou bois, est toujours gracieux. La pente s'accélère ; le bas de la vallée d'Ustou commence à paraître, ouverte et monotone ; mais sur le rein escarpé de droite, où le calcaire est partout caractérisé par le buis, est le plateau de Fauguerolles, charmant oasis au milieu de mornes boisés. Dans le lointain, la chapelle de la Font-Sainte qui attire de toutes parts des foules pieuses, les pittoresques ruines de Lagarde, les masses du pont de la Taoule, et le Mont-Vallier au fond, relèvent la perspective. Du village de Cérat, enfin, toute sa partie haute découverte à la fois, tournant droit au midi, fraîche, variée, superbe, vient réaliser l'idée que du haut de Bertrône j'en avais conçu.

Deux grands villages, Trein et plus haut Saint-Lizier avec le hameau de Bielle à égale distance des deux, et des groupes de maisons au loin dispersées, animent singulièrement des lieux que j'avais cru d'abord à peine habités. Ce ne sont pas les broderies de bosquets et les sites romantiques d'Aulus, mais la verdure et les bois couvrent les montagnes ; les sapins à rangs pressés y montrent leurs noires flèches, et par-dessus cette base obscure, des sommités neigées d'un dessin large et fier, donnent les derniers traits à des scènes grandioses. A trois quarts d'heure de Saint-Lizier, au pied des cônes superposés de Picou et Montagnou, la vallée se divise en deux branches de physionomie très-diverse : le val d'Escorce à l'est, fermé par la longue et sourcilleuse digue du mont Colat, s'élevant vers Montabone, abonde en sites gracieux ou sauvages toujours grands; et celui d'Aucèse, profondément creusé entre d'âpres et monotones hauteurs, se termine au port de Martrat.

Au-dessous de Cérat, au fond de la vallée, on traverse le ruisseau qui roule à plein bord entre de fertiles rives, et tournant la butte et le village de Trein, on monte au bassin supérieur où Saint-Lizier, plus riche et mieux bâti qu'Aulus, offre aussi plus de ressources au voyageur. Dans les montagnes où la vie est souvent misérable, où les forces, sans cesse en action, auraient plus qu'ailleurs besoin de tout ce qui est confortable, c'est un bonheur de trouver de bons gîtes et d'être, ainsi que je le fus chez Mme Gali, l'objet des soins empressés d'une famille obligeante. J'étais sorti pour observer un pays nouveau et respirer l'air frais du soir : assis sur une roche, à quelques pas du village, je dessinais le fond superbe de la vallée, lorsqu'à une certaine agitation parmi les habitants et à l'aspect de deux gaillards s'avançant vers moi d'un air résolu, je compris qu'il se passait quelque chose de sérieux. En effet, ils venaient me signifier de la part du maire de me rendre sur-le champ auprès de lui, avec ordre de ne pas me perdre de vue. L'intimation était brusque et le procédé tant soit peu despotique, car le maire était à Saint-Lizier, lors de mon arrivée, et peu soucieux de la fatigue d'un voyageur pédestre, il venait de s'éloigner en hâte, afin de me donner audience à demi-lieue de là, dans le mince château qu'il habitait au Trein. J'exhalai mon dépit; mais, mon dessin fini, il fallut obéir, escorté dans ma marche d'une suite nombreuse qui était loin d'être hostile. Le magistrat m'attendait dans sa dignité : après quelques froides questions et des réponses un peu vives, il fut découvert que précisément mon compagnon et moi lui avions été recommandés par son sous-préfet. Notre homme s'excusa en me disant qu'il m'avait pris pour un espion des demoiselles. A mon retour, objet de l'intérêt général des bons montagnards, je compris que, les gardes-champêtres et forestiers à part, j'avais pour moi tout le village, qui justement était en procès avec le maire pour ses communaux.

Une matinée pluvieuse ne fut pas un temps perdu ; des intervalles de repos sont nécessaires pour réparer les forces et se préparer à de nouvelles fatigues. Dans l'après-midi, j'allai à Tramesaïgues, hameau ainsi nommé de sa position au confluent des deux torrents d'en haut, chercher *Pey de Simon*, vieux chasseur d'isards et d'ours, que l'on m'avait désigné comme le meilleur guide du pays. A l'aspect d'un vieillard rabougri, misérable et demi-nu, je crus presqu'à une plaisanterie. Cependant, lui ayant fait mes propositions, mon homme quitte le sabot qu'il taillait, un sourire anime sa physionomie desséchée, et il me répond gaîment que fallût-il aller à Montabone, il était prêt à m'y conduire. Son œil encore vif, son ton décidé et sa poitrine nerveuse me donnèrent de la confiance. En effet, à soixante-dix-neuf ans, Pey de Simon était encore un bon guide. Il fut convenu que le lendemain nous gagnerions la cime de Montagnou, comme un lieu d'observation d'où nous réglerions notre marche ultérieure vers les masses voisines qui sont la haute chaîne.

Afin d'épargner au vieux chasseur un chemin inutile, avant deux heures, muni du sac des provisions, je m'acheminai vers Tramesaïgues. Le peu de lumière que m'envoyaient quelques portions du ciel où brillaient des étoiles me suffisait à peine pour me guider sur une voie déjà reconnue, et à la sortie du village où le torrent s'est creusé sous de grands arbres un profond canal, le mugissement de ses eaux au fond d'un gouffre invisible avait, au milieu de la nuit, quelque chose de solennel et de menaçant qui, sans réflexion, me faisait hâter le pas. Tout dormait dans la vallée ; le coq muet encore n'avait pas annoncé l'approche du matin, lorsque j'atteignis la maison de Simon qui, quoique averti, ne répondit pas à mon premier appel ; mais diligent comme à vingt ans, au bout d'un quart d'heure il fut prêt. Il endosse le sac indispensable ; il se munit du bâton ferré, vieux compagnon de ses courses ; il me devance sur le pont d'Aucèse, et nous commençons à gravir sur la base de Picou, dans le bois de hêtres qui la couvre tout entière.

Pendant près de deux heures nous nous élevons sur des

talus redressés sans autres vues que de rares échappées. L'état du ciel m'inquiétait; de gros nuages venant d'Espagne étaient chassés par dessus les cimes, et des brumes se formaient et disparaissaient le long des basses pentes. Je voyais Simon s'arrêter par moments, porter les yeux sur tous les points et reprendre sa marche; et moi, confiant dans une expérience de trois quarts de siècle, je le suivais sans mot dire. L'interminable bois a cessé; de la crête herbeuse d'en haut mes regards plongent à la fois sur deux vallons alpestres et parcourent leurs redoutables enceintes. Mais que l'aspect en est différent! quelle nudité, quelle monotonie dans les masses qui cernent celui d'Aucèse, comme sur les bords du torrent qui les ronge, malgré la fierté des cimes dont est flanqué son passage en Espagne, le port de Martrat! Quelle variété, quels riches contrastes dans les fonds de Cagateille, extrémité du val d'Escorce, et quelle grandeur simple, sublime, dans les monts granitiques qui le ceignent!

Ce dernier, après un long défilé où s'arrêtent les granges et les pentes fauchées, se dilate en un large ovale que peignent les agréables teintes de la verdure et des bois. D'autres bois, d'autres pelouses montent sur les berges de l'est jusqu'aux pâturages d'Escots et de Gérac, qui, rampant autour des bases de Fraichets, vont joindre ceux de Fouillets; et à l'opposite, comme sous nos pieds, des fourrés plus épais et des sapins pressés couvrent des talus plus abruptes, souvent impraticables pour tout autre que pour l'ours et son intrépide ennemi. Simon s'était assis et souriait à mes exclamations, satisfait des impressions que me faisaient ses montagnes; car c'était son pays. Sur tous les points en vue, il avait mille fois traqué les habitants des neiges et des bois; c'était là qu'il avait passé sa vie. Il me fit remarquer une butte aux flancs redressés visible du village qui, noire de sapins et hérissée de longues arêtes, avait un aspect repoussant et sauvage....« Voilà, me dit-il, le lieu le plus fréquenté des ours;
« c'est leur asile le plus impénétrable. Dans nos grandes
« chasses nous placions toujours quelques bons tireurs au
« bas de ce ravin qui sépare la butte de la montagne, cer-

« tains que l'animal, traqué dans les autres bois, ne man-
« querait pas de passer à leur portée pour s'y réfugier. Pour
« mon compte, j'en ai tiré bon nombre. » De hautes murailles granitiques drapées de cascades comme des filets d'argent sur un fond terne et des masses isolées, dominent le pourtour de ce cirque irrégulier en portant de larges talus de ruines et de neiges qui montent jusqu'aux cimes. Quelques avant-corps opposent leurs flancs noirs déchirés à de brillants tapis, et les pointes du Colat, festons largement espacés, sont la couronne de ce magnifique ensemble dont les points extrêmes, la pique de Mède et Montabone, sont aussi les points dominateurs. La cascade la plus considérable, ou plutôt la plus longue suite de chutes cachées çà et là dans les anfractuosités de tous ces escarpements superposés, vient de l'étang d'Elleth sous Montabone, source du principal torrent de la vallée d'Ustou.

Le peintre use souvent des contrastes pour ajouter à l'effet : ici la main puissante qui a dirigé la structure de ces monts n'avait pas besoin d'opposer Martrat à Cagateille pour rehausser ses grandeurs. Se dépouillant bientôt de quelques maigres cultures et des bois de Picou, le vallon d'Aucèse s'avance au midi serré entre des masses nues. Le piéton qui suit la route du port ne voit au-dessus de sa tête, sur Montagnou comme sur Reich, que d'interminables pentes creusées en longs sillons par les neiges au printemps et nuancées de verdure, mais trop dangereuses pour qu'on ose y hasarder des troupeaux. Un seul courtaou s'y montre à mi-montagne, dans un arrachement où quelque source a fait prospérer l'herbe, et plus bas des lacets sans nombre sont l'indice des fatigues du pasteur, pour atteindre sa haute et solitaire station. Le fond de Martrat n'est qu'un espace stérile où le sentier du port rampe sur d'arides éboulis, au pied de sommités qui ont de la grandeur encore malgré leur décrépitude. Le passage, profonde et large brèche comme celui de Pinède, praticable plus de la moitié de l'année, est ouvert entre les masses de l'Allio, qui s'exhaussent vers le pic de Bonrepaux et la pyramide de Crusous, où sur ses faces en ruines quelques lambeaux de neiges étaient épars. Entre cette dernière et Reich est la *Core* de Crusous, qui communique avec une dépendance de Salaou.

D'après Pey de Simon, voici les noms des principaux points de la haute chaîne d'Ustou. A l'ouest de la pique de Mède : — Port d'Aulus. — Le mont Trégula, beaucoup plus bas que Mède. — Port de Colatch. — Montagne de Colatch, très allongée et n'ayant pour cimes que quelques pointes écartées. — Montabone, la plus haute de toutes, et Flamigelle, au midi de la limite, qui lui cède à peine la prééminence. — Port de Montabone. Vient ensuite une cime qu'il appelle *Thèze d'Elleth*. C'est peut-être celle que M. Charpentier appelle *Trailetto*, en défigurant le nom local; dans toutes les dépendances d'Ustou, je n'ai pu découvrir de sommet de ce nom. — Bonrepaux. — Port de l'Allio. Jusque là tout est granit; le terrain de transition se montre ensuite à la haute chaîne comme dans son voisinage. — Montagne de l'Allio. — Port de Martrat et mont Crusous, qui est à la limite de Salaou. Jusques là c'est la haute chaîne et tout y est granit. En revenant sur le chaînon de l'ouest que longe Aucèse, il continua de nommer *Core* de Crusous. — Les monts Reich, Peyrenère, Soubirou, Lerpent et l'Isert; ces derniers ayant entre eux le col de Rouze, qui de Saint-Lizier mène directement à Conflans de Salaou.

Des cris lamentables partaient d'un petit courtaou à la lisière du bois : c'étaient de jeunes agneaux qu'on y avait enfermés pendant que le troupeau paissait sur la montagne. Les faibles murs de leur prison ne les eussent point sauvés des loups si un homme de paille, le bâton haut, n'eût été en faction à la porte. Descendus sur le petit col qui nous séparait de Montagnou, pendant plus d'une heure encore nous en gravissons l'arête gazonnée et à peine accessible, tandis que le vent du sud-ouest, fraîchissant toujours, nous forçait par fois à nous tenir sur le revers opposé où donnait le soleil, ce qui nous rendit cette ascension très pénible. Je l'eus enfin sous mes pieds, ce colosse de verdure qui, de Saint-Lizier, semble porter son front aigu plus haut que Montabone, et qui, de Bertrône, se projette contre ses flancs de neige. La scène est changée : au niveau des régions moyennes, où le granit règne seul, je planais sur l'espace désolé qui précède les dernières crêtes, et touchant des yeux à toutes ces cimes que me nommait Simon, je m'égarais sur leurs neiges ou dans leurs redoutables intervalles. Montabone est grandi et cachant Flamigelle, domine sur toutes les masses; plus loin, Bonrepaux porte encore bien haut sa tête obtuse; mais après lui, d'un décroissement rapide, tout s'abaisse vers le port de Martrat. Au-dessous d'un talus immense de neige et de débris descendus de Montabone, s'apercevait la dépression qui renferme l'étang d'Elleth, que je me proposais de visiter.

Tapis devant un soleil trop souvent voilé, sous une crête de rochers qui nous abritait du vent, nous prîmes quelques moments d'un repos bien acheté, et mes yeux ne furent point oisifs dans ce beau champ d'observations. Les fonds de Cagateille, bigarrés de noir ou d'une terne verdure, avaient perdu leur charme dans l'éloignement, mais tous ces fiers sommets s'élançant de leurs déserts polaires, perdus parfois dans les nues qui volaient dans l'espace, avaient des beautés plus attachantes. Le passage nous étant interdit du côté du sud-est, où Montagnou n'est qu'affreux escarpements formés par le redressement général des couches vers la haute chaîne, il nous fallut descendre au midi le long de la crête, où nous fûmes exposés à toutes les fureurs d'un vent très-froid, dont nous n'osions nous plaindre, car c'était notre seule garantie contre le mauvais temps. Il était devenu si terrible, que par moments il nous coupait la respiration. Au milieu de notre embarras, c'était un spectacle curieux de voir d'immenses nues, diversement colorées, filer autour des cimes dont les pitons hérissés leur faisaient obstacle, s'échapper dans l'air, diminuer peu à peu et presque se dissoudre sous le soleil de France. De temps à autre, s'élevant en masse le long des revers du midi, elles envahissaient à la fois toutes les brèches et s'engouffraient dans l'ouverture de Martrat, qui n'était plus alors que la bouche d'une vaste fournaise, d'où jaillissaient des torrents de fumée que la force du vent faisait tourbillonner le long des pentes du nord. Dans de tels conflits de l'atmosphère, nul être humain n'eût pu passer ce port, et malheur à celui que l'ouragan y aurait surpris.

Au bas du pic nous retrouvâmes un air tranquille et doux. Nous y fûmes joints par un homme qui allait au port de l'Allio chercher une poche de blé que son correspondant espagnol avait dû y déposer dans un lieu convenu. C'est ainsi que sur les deux versants les habitants font la contrebande en toute sûreté pour leur usage. En passant près des courtaous d'Estouë, les pasteurs qu'y avait ramené l'herbe nouvelle, ayant reconnu Simon, l'appelèrent à grands cris, en lui offrant toutes les douceurs de la colonie alpestre. Le temps était trop précieux pour y répondre, et avançant toujours de niveau sur un terrain très inégal semé de neige et de flaques d'eau, nous parvinmes à une croupe au-dessus de l'étang d'Elleth. Cette belle nappe en carré long, dans un cadre triste et nu, est plus grande que le lac d'Escoubous et de toutes parts bordée d'escarpements dont les neiges rendaient ses eaux plus noires. Le vent qui glissait de Montabone les poussait violemment alors contre la digue de granit poli par le temps qui les retient au nord, percée seulement à l'étroite issue d'où elles s'échappent pour aller par des chutes sans fin se précipiter au fond de Cagateille. Suivant les bords de ses falaises, nous allâmes chercher plus bas sur un lopin de pelouse abrité une température plus douce, pour y reposer une heure et prendre le frugal repas du coureur de montagnes, ce qui suffit pour dissiper toute fatigue. Dans cet air vif et pur on respire la force; sa tonicité et la grandeur des scènes qui émeuvent, agissant à la fois sur le physique et le moral, donnent une énergie de corps et de pensée nulle autre part connue.

Notre horizon ne s'étendait que vers le nord dans la direction de la vallée du Salat. L'angle sous lequel j'apercevais tout l'éventail des vallons et des montagnes d'Ustou, d'Ercé, de Seix et de Massat, me faisait juger de la hauteur de notre station. Je planais sur les cols de Port, de Lhers, d'Eret et de Combebière; hors des Pyrénées, Saint-Girons et Saint-Lizier étaient en vue, même les plaines de la Garonne, par-delà les côteaux du Salat. Fatigués de leurs efforts pour reconnaître ces points éloignés, les yeux revenaient se porter en face sur les pelouses pastorales d'Escots et de

Gérac, ou plonger sur le dédale des bois de Cagateille. En présence de ce théâtre de ses longs exploits, le vieux Simon se sentit rajeunir et se mit à me conter ses prouesses avec les ours, dont la dernière ne datait que de l'hiver précédent. Le conteur était en rapport avec la scène et je l'écoutais avec intérêt, admirant sa persévérance, son courage, porté souvent jusqu'à la témérité ; car malgré ses dangers la chasse avait toujours été sa passion. Les faibles gains qu'il retirait des isards et des peaux d'ours étaient peu pour sa pauvreté ; tant qu'elles lui procuraient à discrétion de la poudre et des balles, il était content. « Voyez-vous, me dit-il, ce trou sous
« une roche de Montagnou ? Un jour d'avril, sachant qu'un
« ours s'y enfermait, j'y vins seul. La neige le bouchant
« presque entier, avec mon bâton je la remuai plusieurs
« fois ; rien ne parut. Croyant alors la tanière vide, je m'é-
« loignai ; mais à quelques pas, ayant glissé sur des pierres,
« au bruit de mes sabots l'ours sans doute éveillé, sort. Il
« était énorme : surpris, je tire et je rate. L'animal court sur
« moi, saisit avec ses griffes et ses dents le bout de mon
« fusil, et nous voilà tirant à qui mieux mieux. Une telle
« lutte ne pouvait durer longtemps ; je prends mon parti.
« Je donne une poussée de toutes mes forces, et, lâchant le
« fusil, l'ours tombe à la renverse. Comme il se relève, je
« lui applique sur la tête un grand coup de bâton qui le
« renverse de nouveau et le fait dévaler assez loin dans la
« neige. Remis sur ses pieds, et fatigué sans doute aussi de
« cette lutte où il n'avait pas brillé, il s'enfuit dans les bois.
« C'est alors que, rendu à moi-même, je sentis toute ma
« peur ; mais Dieu avait voulu que je ne perdisse pas la
« tête. » Quelle position dans ce désert !

Son frère, moins âgé, n'avait pas été aussi heureux. Un jour qu'ils chassaient ensemble, un ours blessé à mort se rue sur lui ; ils se saisissent et tombent ; alors le malheureux, la face contre terre, n'oppose plus de résistance à l'animal furieux qui le déchire. Il lui emporta trois doigts d'une main, une portion d'un gras de jambe, et partout lui fit des plaies profondes. Simon, au désespoir, n'osait tirer de peur de tuer son frère ; heureusement l'ours tombe et meurt sur lui avant de l'achever ; il faillit en mourir lui-même et en est resté estropié. Simon avait écorché dans sa vie trente-neuf ours, dont il avait tué le plus grand nombre. Il se plaint que maintenant les peaux n'ont plus de valeur. Il en tua un très vieux dans un fourré d'Escorce, qui était tellement gras qu'il rendit deux quintaux de graisse. On lui trouva seize balles entre peau et chair et un lingot de fer que Simon reconnut pour sien de l'année précédente. De tels faits ne doivent pas donner beaucoup d'assurance au chasseur qui n'a que sa balle contre une vie aussi dure. Les ours vont toujours diminuant en nombre dans les Pyrénées comme dans les Alpes, à mesure que les bois s'éclaircissent, et sans doute ils subiront le même sort que leurs devanciers, les ours fossiles, dont les ossements se trouvent dans les cavernes et dans des terrains d'ancienneté très diverse. Ces restes proviennent d'une espèce unique et presque gigantesque autrefois très commune en Europe, qui paraît s'y être éteinte, non par suite de changements dans les conditions extérieures de la terre, mais à mesure que l'espèce humaine, s'y développant, lui faisait des conditions d'existence moins favorables.

Nous descendîmes aux courtaous d'Estouë ; mais point de lait dans ce canton, où dès le matin on fait tout bouillir pour le fromage. Nous n'y trouvâmes qu'un petit-lait épais et dégoûtant dont les pasteurs se gorgent, et qui rafraîchit beaucoup quand on peut surmonter la répugnance qu'inspire un tel breuvage. Une longue pente herbeuse entre de hautes roches à pic, où mille fleurs se balançaient à l'abri de toute atteinte et où le pasteur hasarde sa vie pour faucher quelques brins d'herbe, nous conduisit jusqu'aux premiers bois. Le site charmant de la fontaine de Lescale m'y arrêta : ses abondantes eaux, toujours à la température de la glace, sortent du pied du roc et se divisent sur une pelouse qu'ombragent de vieux hêtres. Entre ces murailles nous avions retrouvé la force du soleil qui sous une atmosphère orageuse était devenu brûlant. Le calme du lieu, sa fraîcheur, son demi-jour étaient autant de séductions que tout nous porte à écouter, et nous nous y abandonnâmes à un sommeil devenu pressant. Mais ces ombres, ces fraîches eaux, tout ce comfortable des bois, bien connu et hanté de tout ce qui errait d'habitude dans le voisinage, n'était pas pour nous seuls ; nous ne devions pas longtemps en jouir. Réveillé par des clochettes, je me vis entouré de vaches sans gardien qui venaient boire à la fontaine et semblaient vouloir y stationner. Cédant forcément la place à ces hôtes importuns, nous descendîmes jusqu'à Cagateille, que je me plus à parcourir. Vus de près, ses petits bois où le sapin se mêle au hêtre séculaire ; ses jolies clairières et mille retraites toujours pittoresques sous d'imposantes masses, répondent à tout ce que son délicieux aspect promet d'en haut. J'y rencontrai le frère de Simon, qui me montra sur son corps mutilé les traces des ravages que l'ours y fit jadis. Deux heures de marche par de petits chemins ondoyant dans les prairies ou parmi d'agrestes habitations me ramenèrent à Saint-Lizier, après avoir déposé chez lui mon vieux guide, que je quittai aussi enchanté de ses montagnes qu'émerveillé de la force que lui ont laissé seize lustres passés dans une vie des plus dures.

Les peintres et les naturalistes, jusqu'à présent trop fidèles aux traces de leurs devanciers, toujours attachés la plupart à cette vieille route que leur ouvrit Tournefort, quand viendront-ils réparer l'oubli où jusqu'à ce jour ils ont laissé des montagnes qui par leur élévation, l'ordonnance classique des terrains qui les composent, leurs richesses minérales, forestières et botaniques, et leurs races diverses, réunissent tous les genres d'intérêt ? Toute la haute chaîne, en effet, d'où l'Ariège et le Salat tirent leurs eaux, serait si digne de leurs observations et de leurs études par la forte végétation qui fait la parure de ses vallées et par la hauteur des monts qui les terminent, comme par tous les phénomènes qui en dépendent, qu'on est surpris d'une telle indifférence. Dans quels cantons des Pyrénées le paysagiste trouverait-il réunis plus de fraîcheur dans les détails, plus de grandeur dans l'ensemble, plus de sites pittoresques et d'aspects majestueux qu'à Aulus, Ustou et Vicdessos ? Le botaniste, où ferait-il de plus intéressantes récoltes que dans leurs régions moyennes où abondent les bois, comme sur les clairières et les pentes abruptes où croissent tant de plantes que les plaines ignorent? Que de plaisirs la science aimable qu'il cultive lui donnerait sur ces hauts talus du Mont-Calm, de Mède et de Montabone, où, près des neiges éternelles, les pelouses veloutées et les flancs des rochers sont, comme aux sources culminantes de la Garonne et du Gave, embellis pendant l'été de tout ce que la Flore alpine a de plus rare et de plus joli. Et si l'on prend pour but de ses études le globe, ses éléments et sa structure, où existe-t-il plus de variété dans les espèces et dans les gites minéraux, plus de facilité à reconnaître les formations diverses et à les suivre dans leur disposition géognostique, et plus d'accidents singuliers dans les masses? Où peut-on mieux rechercher les traces des convulsions qui l'ont défiguré, pour remonter à l'aide de la science jusqu'à ces âges nébuleux où les causes premières en action jetaient les fondements de notre sol, qu'autour des cimes colossales qui voient naître l'Oriège et les affluents orientaux du Salat, où les éléments divers dont est formée son écorce enfouis dans les plaines sont disposés dans un ordre si régulier quoique ayant subi tant d'altérations manifestes, dont les flancs profondément déchirés laissent leur sein à nu, et dont quelques sommités portent encore, comme Vignemale qu'elles rivalisent en hauteur, des lambeaux de sa primitive surface, étonnés de s'y voir au sein des nues? Cette belle partie des Pyrénées n'eût pas été si longtemps oubliée sans doute, si les eaux thermales que la nature ne lui a pas refusées avaient su, comme leurs voisines, attirer le voluptueux Romain d'abord, et de plus en plus l'élite de la population de l'Europe; et si les métallurgistes eussent pu y voir autre chose que les mines de Vicdessos ou d'Aulus. Mais les travaux de Reboul et le grand nivellement des géographes ont fait connaître la hauteur de ses monts, qui ne le cèdent guère aux premiers de la chaîne; et le beau pays d'Aulus, riche de tous les dons qui résument l'attrait des montagnes, ne peut que voir bientôt des foules choisies accourir à ses eaux salutaires avec des amis de la nature qui témoigneront de la vérité de mes récits. Il est donc permis d'espérer que ce long oubli, si peu mérité, n'est pas loin de son terme.

QUATRIÈME PARTIE.

SOURCES DE LA GARONNE.

CHAPITRE PREMIER.

Désignation des sources. — Antiquités de Martres-Saint-Gaudens. — Vallée de la Garonne. — Saint-Bertrand. — Bassin de Luchon.

J'avais vogué toute la nuit sur les eaux de la Gironde, lorsqu'au matin, apercevant ses rives que de basses vapeurs suffisaient pour voiler, j'admirai la vaste étendue que prend vers son embouchure le plus beau fleuve des Pyrénées, et je formai le projet d'en visiter les sources. C'était en effet une lacune qui me restait à remplir. Habitant des plaines qu'il fertilise et ne ravage que trop, j'avais plus d'une fois suivi son cours, depuis les montagnes jusqu'aux rochers du grand phare, qui a remplacé la tour de Louis-le-Débonnaire,[1] où ses eaux viennent choquer des vagues de l'Océan toujours fertiles en naufrages. Que de fois aussi j'avais porté un œil d'envie sur les sommités glacées d'où découlent les mille torrents qui concourent à le former. Les monts qui les

[1] La tour de Cordouan fut bâtie en 1585, par Louis de Foix, le meilleur architecte du 16e siècle, sur le rocher où Louis-le-Débonnaire avait fait construire une tour basse, d'où l'on donnait du cor nuit et jour, pour avertir les navires. Louis XIV la fit reconstruire magnifiquement en 1665, sur les dessins de Vauban.

voient naître, situés à égale distance des deux mers, portent les plus hauts pics, les glaciers les plus étendus; et la Maladette, point culminant de leur groupe comme de toute la chaîne, en domine les divers cours. Ainsi, en faisant un pélerinage aux chaînons extrêmes où sous des sommités d'Espagne comme de France, se cachent les sources du fleuve des Gascons, je devais voir la partie la plus haute des Pyrénées, celle où les circonstances qui accompagnent les grandes hauteurs du globe sont plus marquées, où les phénomènes qui en dérivent ont plus d'énergie. Que d'intérêts réunis dans ce voyage!

La Garonne tire probablement son nom de deux mots celtiques, *garv avon*, *rapide rivière*. Cette terminaison *avon*, dont nous avons fait *aône* et simplement *one*, est commune à un grand nombre de rivières situées dans l'ancien territoire des Celtes. Les cours d'eau qui la composent étant très nombreux, je précise ceux qui par leur importance méritent d'être appelés ses sources. Laissant donc de côté ses trois grands affluents, la Neste, le Salat et l'Ariège qui ne s'y réunissent que dans les plaines, je ne considère comme tels que ceux qui concourent dans l'intérieur des montagnes, et qui naissant dans la haute chaîne, ont un volume d'eau considérable. De ceux-ci j'en reconnais cinq, dont les trois premiers sont sur le territoire français, savoir:

1° Le *Go* qui sortant des glaciers d'Oo, parcourt la vallée de l'Arboust jusqu'à Bagnères-de-Luchon.

2° Le torrent de *Lis* qui né dans les glaciers de Carbious et du Maupas, arrose un des plus beaux vallons des Pyrénées.

3° Celui qui descendu du port de Vénasque prend le nom de *Pique* où *Garonne* jusqu'au-dessous de Cierp, où il se jette dans la Garonne espagnole.

4° Le *Djoueou* qui prend sa source au grand glacier de la Maladette et s'engouffre sous la montagne du Toro, pour ressortir au fond de la vallée d'Artigue-Déline et s'unir à la Garonne sous la butte où fut Castelléon.

5° Enfin la *Garonne* proprement dite, qui depuis le col de Béret, où deux jolies fontaines lui donnent naissance, parcourt toute la vallée d'Aran dont elle reçoit les eaux, se grossit du Djoueou, et au-dessous de Saint-Béat, de la Pique qui lui porte le tribut des eaux françaises et sort des montagnes après Saint-Bertrand.

Le Rio-Negro de Viella, le Rio d'Artiez et quelques autres du Haut-Aran, quoique descendus aussi de la haute chaîne, sont trop peu considérables pour être comptés.

Tels sont les torrents que je considère comme les sources de la Garonne et les groupes divers que je me proposais d'explorer.

De Toulouse, on a une vue très étendue sur toutes les Pyrénées de l'est depuis les monts de la Garonne jusqu'au Canigou. Sur cette longue barrière que la neige partout couronne, où cent pics peu distincts sont les cimes culminantes qui envoient à l'Océan l'Ariège, le Salat, la Neste et la Garonne, comme d'autres eaux à l'autre mer, toutes dominées à l'est des Monts Maudits, par les larges épaules du Mont-Calm et de la pique d'Estats, les Pyrénées n'ont rien perdu de leurs grandeurs. Toujours fières de leurs têtes glacées où se jouent les tempêtes, elles vont se mirer dans ces flots moins bruyants que le soleil voit les premiers battre leurs roches tout à coup abaissées, tandis que la grande mer n'a sur ses bords que de monotones chaînons, riche et fantastique rideau qu'admirent le savant, le peintre, le poète, impatients d'y porter leurs explorations ou de s'inspirer de leurs sublimes scènes. Le plus beau point de vue est du haut du côteau voisin du village de Vieille-Toulouse, que Soult fit fortifier lors de ce grand fait d'armes où fut complétée sa couronne militaire, et qui compte dans la gloire française. Ce plateau célèbre à plusieurs titres, passe pour avoir été le lieu de la cité des Tectosages; opinion fortifiée par la grande quantité de monnaies phéniciennes, celtibériennes et gauloises qu'on y a trouvées.

J'y visitai à cette époque, avec beaucoup d'intérêt, un monument d'une éminente utilité, dont j'avais vu jeter les fondations trois ans auparavant : le château d'eau construit au bout du pont vers Saint-Cyprien, pour fournir de l'eau dépurée à toutes les parties de cette grande ville. Le système en est fort simple : dans le gravier voisin, on a creusé un bassin entouré de digues assez élevées pour dominer les grandes crues, et l'eau de la Garonne qui, rapide et légère, est très salubre, filtrant au travers d'une grande épaisseur de sable et de cailloux, où elle se dépouille de toute souillure, le remplit d'une eau excellente. De là, un canal souterrain la conduit au château-d'eau, qui consiste en un soubassement circulaire, servant de base à une haute tour. Deux pompes aspirantes et foulantes, mues par la chute d'un petit courant dévié de la Garonne, élèvent les eaux purifiées jusqu'à un réservoir circulaire dans l'étage supérieur où c'est plaisir de les voir en tout temps circuler pures et limpides. De là, tombant de tout leur poids, elles remontent dans des tuyaux pour traverser le pont et par cent fontaines intarissables, dont plusieurs d'un dessin charmant vont embellir les places principales et répandre dans toute la ville l'élément indispensable comme la fraîcheur et la salubrité si précieuse dans le Midi. Ce beau projet, conçu et arrêté sous l'administration d'un maire de Toulouse,[1] a été exécuté sous celle d'un autre dont le nom y est gravé sur le marbre. *Sic vos non vobis*....

Dans la diligence de Luchon, était le segnor Troï, le plus riche Espagnol de la vallée d'Aran, quoique son costume et ses manières le distinguent peu du commun des Catalans. Tout glorieux d'un château qu'il venait de faire bâtir à Arros, lieu de sa résidence, et l'admiration du pays, il m'invita à aller en juger moi-même quand je visiterais sa vallée. A Muret, existent encore quelques vieux pans de ces remparts qui le défendirent contre le roi d'Aragon, lorsque ce prince perdit la vie dans les champs voisins, après avoir vu son armée taillée en pièces par Simon de Montfort. La vaste plaine semble s'étendre encore, et ces longues routes, dont les clochers de Noé, puis de Martres, sont les éternels points de mire, seraient des plus monotones sans quelques aspects riants de la rive droite de la Garonne et les vues lointaines des Pyrénées; mais au défilé de Martres, entre les hauteurs de Montpezat et de Roquefort, premiers degrés

---

[1] M. de Bellegarde. L'architecte est M. Labadie.

de ces montagnes, qui portent des ruines féodales, le voyageur commence à jouir de leurs riches paysages.

Martres, depuis peu, a compté dans l'histoire des antiquités du pays. Un paysan avait longtemps promené sa charrue sur des richesses inconnues, lorsqu'en 1826, un orage ayant ravagé son champ, les travaux qu'il fit pour le réparer, découvrirent des fragments de statues qui attirèrent l'attention de l'académie de Toulouse. M. Du Mège, savant auteur d'un ouvrage très remarquable sur les antiquités du Midi, fit faire des fouilles qui mirent au jour un grand nombre de bustes et de bas-reliefs dignes des beaux temps de la sculpture antique. On les voit dans une des galeries du musée, dont ils sont le plus bel ornement. M. Du Mège pense que le monument qu'ils décoraient, a pu être la *Villa* d'un personnage opulent, ou quelque palais des préfets de la province, les bustes des empereurs y étant ordinairement prodigués; ou enfin, la basilique du municipe de *Calagurris* des *Convenæ*, qui se trouverait ainsi plus rapproché de Martres que de St-Martory, qu'on croit avoir été bâti sur ses ruines. Si la terre couvre la plupart des monuments romains dans cette contrée, il en reste encore à sa surface. A l'entrée de St-Martory, on voit, servant de piédestal à une croix, la base d'un de ces massifs carrés qu'ils élevaient le long des grandes voies avec la statue du *Mercurius-Viator* dans une niche. Un peu plus loin, à l'Estelle, on en voit un autre bien conservé, de plus de quarante pieds de haut; et à Labarthe-de Rivière, après Saint-Gaudens, deux autres guère plus dégradés, sous l'un desquels en fouillant on trouva une main et une cuisse d'un beau travail, restes sans doute du Dieu protecteur des voyageurs. Ces constructions, maintenant sans but au milieu des champs, et dont le peuple s'étonne, ne sont plus pour nous que les jalons de la voie romaine, allant de Toulouse à St-Bertrand (*Lugdunum Convenarum*), dont M. Du Mège a retrouvé d'autres traces à Mancioux (*Mansio*), à Stancarbon, Valentine et Ardiège. J'ai vu d'autres monuments semblables, l'un à Arcisac, entre Tarbes et Bagnères, sur la voie qui de Dax (*Aquæ tarbellicæ*), conduisait à Saint-Bertrand, par Lescar (*Beneharnum*), qu'on appelle aussi l'*Estellou*; un autre près de Damazan, en Agénois, connu sous le nom de Tour de Peyrelongue, sur l'ancienne voie dite Ténarèse, qui, des Landes, se prolonge dans la vallée du Lot; et un troisième entre Auch et Eauze, près de Jégun sur la voie d'*Augusta Ausciorum* à *Elusa*.

Avant Saint-Gaudens, sur la cime d'un morne isolé de la rive droite, s'élèvent du milieu d'un bois les ruines du château de Montespan, dont le nom figure dans nos annales. C'est dans ce manoir, éloigné de Paris, qu'un époux forcément solitaire, se résignait, tandis que la favorite ambitieuse qui avait fait oublier la tendre La Vallière, s'énorgueillissait à la cour du grand roi. Cette ville est dans la plus heureuse situation à l'extrémité d'un plateau d'où elle domine, de Montespan à Montréjeau, la plus jolie plaine qu'arrose la Garonne; et du côté des montagnes, la vue réunit toutes les beautés. Les premiers mornes déjà hauts, cachent en partie les frais vallons d'Aspet et d'Encausse, où sont, ainsi qu'à Labarthe-de-Rivière, des eaux thermales salines qui avaient autrefois de la célébrité. Plus loin, la grande vallée de la Garonne se fait reconnaître à sa large échancrure, et par-dessus des gradins étagés, les hautes montagnes d'où découlent ses eaux, portent dans les nues leurs pics, leurs neiges et leurs glaces. Ce bel ensemble a du rapport avec la vue de Pau, mais il reçoit plus de grandeur de l'élévation relative des monts qui sont en face. Une cime isolée se fait remarquer à l'ouest : c'est le pic du Midi de Campan, dont l'aspect éloigné a pour moi tout le charme des souvenirs, lorsque je vois sa tête obscure surmonter l'horizon de nos Landes.

On peut prendre une idée de la bonté de cette plaine en y comptant, de Saint-Gaudens à Montréjeau, dans un espace de trois lieues, une autre ville, Valentine, et quatorze grands villages, dont celui de Miramont renferme des fabriques de draps communs. Rien de plus agréable à l'œil que les points de vue dont jouit aussi l'habitant de Montréjeau, du haut de sa colline, rendue pittoresque par les massifs de verdure et les fabriques du beau jardin que M. de Camon sut créer dans ce vallon qui, en l'an VII, fut arrosé du sang français, lorsque des royalistes venus d'Espagne pour prendre part au mouvement qui à cette époque agita le Midi, y furent défaits et contraints de regagner précipitamment la vallée d'Aran. Il voit notre fleuve, après avoir baigné les champs de Valcabrère, qui furent le site de l'antique Lugdunum, où la terre ne peut être fouillée sans mettre au jour des souvenirs du grand peuple, s'échapper dans son cours tortueux du milieu de buttes escarpées ou de mamelons boisés, soubassement gracieux des montagnes de la Barousse, dont le sombre amphithéâtre monte vers les neiges qui couronnent tout.

D'après la légende, saint Gaudens, qui donna son nom à cette jolie ville, fut un de ces chrétiens qui, en 470, reçurent le martyre du féroce et vaillant Euric, soutien de l'arianisme, moins illustre que son fils Alaric, qui avait cessé les persécutions, lorsque jeune encore et regretté, il mourut de la main de Clovis dans les champs de Vouglé.

A la Broquère, un déjeûné passable me fut servi par de jeunes filles qui, aussi fraîches que les fleurs de leurs montagnes, m'auraient paru bien gentilles, si de leurs bouches qu'animait le vermillon de la rose, ne fussent sortis ces accents désagréables qui rendent le patois du pays si grossier. On ne peut suivre les Pyrénées sans être frappé de la diversité des idiômes et des races qui s'y succèdent, et sur les points extrêmes, avec des caractères aussi tranchés que du français à l'allemand. Comment en être surpris après toutes les révolutions qu'ont subies ces contrées, à la suite des peuples qui les ont envahies. Les Phéniciens, les Carthaginois et les Romains s'y montrent en première ligne; puis, les Alains, les Suèves, les Goths, les Visigoths, les Francs et enfin les Sarrazins viennent s'y mêler et s'y fondre avec les indigènes, presque tous de la grande famille celtique. De cette multiplicité d'origines et de tendances qui jettent tant de variété sur la physionomie morale et physique de ces montagnards, ont surgi cependant deux traits principaux : une bravoure fanfaronne qu'ils tiennent des barbares du Nord, essentiellement chasseurs et guerriers, et un esprit chevaleresque, ami des aventures et du merveilleux transmis par les Maures; qualités brillantes qu'entretient et anime la contrebande qu'à leurs risques et périls ils exercent journellement sur une frontière si propre à déjouer toute surveillance. De tels hommes sont tout façonnés pour les carrières aventureuses, mais sur leurs steppes alpestres, au milieu de leurs solitudes sublimes, on chercherait souvent en vain cette bonhomie naïve, cette simplicité de mœurs qui donne tant de charmes à celles des peuples pasteurs. Une seule parmi les nations primitives sut se conserver pure au milieu de tant de confusions et indomptée au milieu de tant de défaites. C'est la race des Basques, qui parlent encore comme parlaient leurs ancêtres dans la plus haute antiquité, avant que Rome n'eût cherché à les assujétir. Leur langue, sans rapport, ainsi que nous l'avons vu, avec aucune autre actuellement parlée, est la seule du midi de l'Europe qui partage avec le celtique des deux Bretagnes, le privilége de n'avoir éprouvé que peu d'altérations depuis plus de deux mille ans, parce que les Cantabres et les Celtes, retranchés dans les parties les plus reculées du continent, ou sur des monts d'un difficile accès, battus par l'Océan, n'ont jamais entièrement subi le joug des vainqueurs qui ont désolé ces belles contrées.

De la Broquère, on a la vue du bassin de Saint-Bertrand qui, très-boisé et semé de buttes dont la principale, couronnée des maisons de la ville, domine tout le bassin, comme l'ancienne cathédrale qui, sur son site culminant remplace le donjon de la citadelle antique, commande à toutes les habitations groupées autour d'elle, et offre un tableau des plus gracieux. Là sont tous les restes du *Lugdunum Convenarum*. On sait qu'après la mort de l'héroïque *Viriathus*, l'un des plus redoutables ennemis qu'aient eu les Romains, les Celtibères, les Arévaces et les Vaccées, trompés par la mauvaise foi de leurs vainqueurs, avaient été forcés de s'expatrier de l'Espagne et s'étaient réfugiés dans les Pyrénées. Plus tard, réunis aux Cantabres et à d'autres peuples de la Péninsule, ils prirent part à la guerre civile de Sertorius, et après la défaite de leur chef par *Pompée*, furent de nouveau chassés de l'Espagne. Leurs bandes indisciplinées et habituées au pillage, comme les grandes compagnies du temps de Du Guesclin, auraient pu devenir dangereuses, si le sage vainqueur, préférant assurer l'ordre par ses bienfaits, au lieu de les exterminer, ne les eût rassemblées sous le nom de *Convenœ*, et organisées en corps de nation, compris dans la Novempopulanie, en leur faisant fonder, 66 ans avant Jésus-Christ, le nouveau *Lugdunum*, dont le nom rappelle l'origine. Un beau climat, un sol fertile, une riche position et le voisinage de plusieurs eaux thermales, accrurent rapidement la nouvelle colonie qui, devenue cité romaine, fut longtemps prospérante et embellie de monuments. La citadelle occupait le plateau d'un large roc isolé, où est la ville actuelle, et commandait ainsi la ville étendue jusqu'à la Garonne, dans la plaine de Valcabrère, où l'on ne cesse de découvrir des sculptures, des mosaïques, des autels, des médailles et toutes sortes d'antiquités gauloises et romaines.

Après la destruction et le partage de l'empire romain par les Barbares, la décadence de la métropole des *Convenœ* commença et se continua sous la domination des rois francs, goths et visigoths jusqu'en 585, que Gondovald, bâtard de Clotaire, roi de Soissons, après s'être fait couronner à Brives par quelques séditieux, fut poursuivi dans le Midi par Leuwegilde, général de Gontran, fils de Clotaire et roi d'Orléans. Celui-ci traverse la Garonne au Mas-d'Agenais, petite ville qui fut romaine *(Velanum)* ainsi que son église, repasse ce fleuve à Stancarbon, et ne joint le fuyard que sous les murs de Lugdunum, où il l'assiége. Gondovald ayant été trahi par ceux qui l'avaient élevé sur le pavois, la ville fut livrée à son ennemi, saccagée, et lui-même mis à mort, précipité du haut d'un rocher qui, dans le patois semi-espagnol du pays, porte encore le nom de Matacan (*Tue Chien*). Lugdunum ainsi détruit avec la barbarie du temps, resta désert et enseveli sous ses ruines pendant plus de 500 ans. Ce ne fut que vers le milieu du XII° siècle, que saint Bertrand vint le relever en rendant habitable le plateau supérieur; il réédifia splendidement la cathédrale, bâtit un couvent pour les chanoines, et enfin y rappela des habitants qui lui donnèrent le nom de leur nouveau bienfaiteur. Saint Bertrand fut le 18ᵉ évêque de Lugdunum depuis l'an 453 que paraît avoir été institué le premier, et que fut sans doute bâtie la première cathédrale sous Théodoric II, roi des Visigoths, qui acheva de conquérir l'Aquitaine, et pendant une partie de son règne toléra les catholiques.

Après ce saint évêque, la ville qui lui devait ainsi sa résurrection, devint un pèlerinage fameux, glorifié par maints miracles, où les montagnards français et espagnols affluaient en telles foules, que la ville et le faubourg inférieur, jusqu'aux champs et aux vergers, tout regorgeait de ces rustiques dévots. Maintenant, la belle cathédrale, les gloires du moine de Capadour et les honneurs toujours rendus à ses reliques, n'y rappellent que ses splendeurs du moyen-âge; et son antique illustration ne repose plus que sur les souvenirs de l'histoire. Saint-Bertrand est un des points les plus intéressants et les plus visités des environs de Luchon, d'où l'on s'y rend en quatre heures en voiture. Dans la plaine de Valcabrère sont épars quelques lambeaux de construction romaine, comme à son extrémité vers la Garonne, et des restes d'arènes au bas de la rampe qui monte au plateau couronné de maisons. Mais ce qu'il ne faut pas oublier, c'est cette vieille église de Saint-Just qu'on aperçoit isolée auprès du village et qui passe pour avoir été bâtie sur l'emplacement d'un temple de Minerve, avec les matériaux provenant de ce temple et d'un arc-de-triomphe élevé à Pompée par les *Convenœ*. Son style romano-byzantin en fait remonter, en effet, la construction à cette époque de transition dont fut suivie la destruction de la civilisation romaine. Cette église, qui n'est qu'un reste du monument primitif, devenue celle d'un village, n'a conservé de ses anciennes décorations que quelques statues en marbre, des inscriptions, des bas-reliefs représentant des combats, qui peuvent être antiques, et dans l'escalier du clocher un autel votif J. O. M. (*Jovi optimo maximo*). Parmi les autels déterrés à Valcabrère, il en est un dédié à *Herta*, ou la Terre chez les Gaulois et les Germains, et beaucoup d'autres à des divinités inconnues; l'une d'elles, le dieu *Bœsert,* a donné son nom au canton de Basert, près de la Broquère. Au temple qui y existait, on substitua dans le moyen-âge une chapelle dédiée à Notre-Dame de Basert, où les pélerins ne cessèrent d'accourir. Ce nom viendrait-il de la langue basque où Basart signifie lieu sauvage? Au plus haut de la rampe on jette un coup d'œil sur le riche bassin où fut la cité romaine, avant d'entrer par une porte étroite dans l'enceinte de la ville du moyen-âge. Çà et là quelques portes aux piédroits et aux ceintres ouvrés, indiquent le modeste évêché et les logements des chanoines. On longe les fondations évidemment romaines du temple chrétien, et, montant toujours, on se trouve en face de l'énorme donjon, d'une construction massive et commune, qui a remplacé sa façade antique, représentée seulement par un petit portail roman aux moulures ornées. C'est l'intérieur qui offrira à l'archéologue un vif intérêt : il y verra une basilique aux voûtes hardies, à l'élégance et à la légèreté des formes qui appartiennent aux belles époques gothiques; des constructions de temps divers, depuis l'époque romaine; des vitraux délabrés, mais qui ont conservé la vivacité et l'harmonie des couleurs qui distinguent les verrières du xiiie siècle; des restes d'orgues qui ont résisté au temps; des sculptures en marbre blanc sur des mausolées d'évêques; et enfin un vaste chœur où sur le chêne que le temps a rendu noir, on admire la richesse des sculptures et l'infinie variété des sujets prodigués sur ces longues lignes de stales depuis si longtemps vacantes.

Il faut voir aussi la chasse vénérée où reposent les restes du saint évêque qui sont la gloire du pays ; sa chappe autrefois riche, dont les dessins de soie, d'argent et d'or ont bien le droit d'être fanés après sept siècles ; sa petite mitre et ses sandales de même étoffe ; ses gants de soie rouge argentés et autres reliques qui devraient être plus religieusement conservées, à l'abri des larcins pieux des visiteurs. Mais ce qui attriste le cœur, c'est de voir l'état de délabrement où ce beau monument est tombé, livré depuis longtemps à la destruction qui marche sans relâche. La glorieuse basilique, pendant tant d'âges vénérée et maintenue dans ses splendeurs par les dons de nos pieux ancêtres, n'est pas plus maintenant qu'une pauvre église de village. Parmi tant de puissances du jour qu'attirent les bains de Luchon, ne s'en trouvera-t-il point qui, par respect pour la religion ou pour les beautés de l'art, fasse enfin cesser cet abandon et classer comme digne d'être conservée, une de ces magnifiques fabriques, si clairsemées dans notre France, qui sont l'honneur du moyen-âge.

Au bout de la petite plaine, qui, après le pont sur la Garonne, prolonge celle de Saint-Bertrand, on traverse l'Ourse, descendue de la fraîche et populeuse Barousse, où sont les plus grands bois du pays et, auprès de Sost, une carrière de marbre statuaire. La vallée se resserre au château de Luscan; quoique peuplée de beaux villages, sous des masses qui s'exhaussent, le voyageur déjà blasé, n'y jette que des regards indifférents jusqu'à la jonction de la Pique à la Garonne, où tout se revêt de plus de grandeur.

Impatient de gravir, je m'élevai sur le morne qui voit Cierp à ses pieds, pour planer sur la réunion des deux Garonnes, au centre d'une riche et majestueuse arène. Le soleil, en dissipant les nues humides qui le voilaient, venait de répandre la vie sur les paysages, et pour la première fois, depuis longtemps, au milieu des sites imposants des montagnes, je respirais leur air pur, embaumé par mille plantes où brillait sous la rosée le vif incarnat de la lychnide des Alpes. En face, se montrait à une demi-lieue la gorge où la ville de Saint-Béat attend que les rocs qui la menacent viennent enfin l'écraser; et aux deux côtés, dans des enfoncements spacieux, se détachaient sur des fonds de verdure, des châteaux, des clochers ou de vieilles tours, ici, abrités des vents froids par les pics tout calcaires de Gar et de Cagire, dont les têtes escarpées blanchissent au-dessus de leurs bois, et là, sous Bocanère, première cime du chaînon, entre Pique et Garonne, indivis entre les deux états, renommée pour ses belles perspectives. Le pic de Gar eut autrefois son apothéose, car dans le voisinage on a trouvé quelques inscriptions consacrées au dieu Gar. Cagire, dans son isolement, a aussi sa célébrité; quoique rapprochée des plaines, elle atteint déjà mille toises d'élévation, et la première offre quelques traits des hautes montagnes, au-dessus des plus riants mélanges de bois, de roches nues et de petits vallons bien connus des botanistes qui savent que les plantes sous-alpines y croissent belles et nombreuses. M. Layerle-Capel, célèbre marbrier de Toulouse, qui a découvert ou retrouvé beaucoup de beaux marbres des Pyrénées, a rouvert à Rap, près Saint-Béat, une carrière de marbre statuaire, dont on a tiré une coupe de huit pieds pour une des nouvelles fontaines de cette ville. J'ai vu au Capitole un bloc de ce marbre pesant 240 quintaux. On m'a dit qu'au Maïl de las Figuras, dans le voisinage de Rap, étaient des figures romaines et gauloises taillées sur la roche. Plusieurs de ces carrières avaient été exploitées par les Romains, et j'ai pu voir encore dans la brèche calcaire de la Sère Saint-Martin un vaste arrachement qui ne semble ouvert que d'hier. Mais il est probable qu'ils exportaient le beau marbre blanc de Rap, car dans tout le pays on n'a pas trouvé de monument qui en fût construit.

Quelle bizarrerie dans les circonscriptions politiques, que les sources d'un des plus beaux fleuves de la France, qu'une partie même de sa vallée soient dépendantes de l'Espagne; mais les mœurs sont toujours plus puissantes que les divisions physiques, et les Aranais, Espagnols seulement depuis le douzième siècle, le sont dans toute la force du terme. Les montagnes qui longent la Barousse, en augmentant de hauteur, sont de plus en plus âpres, et leurs bois, leurs roches hardies et pelées offrent de belles oppositions. Dans la montagne de l'ouest, dont les escarpements se redressent menaçants au-dessus de Cierp, on voit nettement les couches du calcaire et du marbre rouge de transition qui s'étend vers la vallée de Luchon. Palassou a donné le dessin de ces couches singulièrement mêlées et contournées. Les masses voisines renferment également des schistes argileux et des calcaires primitifs sur lesquels s'étend indistinctement une formation de grès rouge. C'est un point intéressant à étudier. On y voit plusieurs cavités dont les habitants mystérieux, disent les bonnes femmes, viennent parfois prendre le soleil à l'entrée.

Quel que soit le but qui amène à Bagnères de Luchon, sa vallée est une des plus attrayantes que renferment les Pyrénées, et qui mérite le plus d'être bien vue. D'une extrême variété dans ses aspects, elle charmera encore ceux qui connaissent le Lavedan, Campan et les gracieuses montagnes qui fertilisent de leurs eaux ces riches bassins. Tout ce que l'imagination peut concevoir, en effet, de scènes aimables, de sites ravissants, de contrastes d'une nature repoussante et sauvage et des traits les plus doux, les plus harmonieux dont plus qu'ailleurs elle s'y pare ; et de ces tableaux, enfin, si grands dans leur étrangeté, des cimes éthérées où l'esprit s'exalte malgré soi, où l'âme demeure profondément émue, tout, jusqu'à de précieuses eaux thermales qui des profondeurs de la terre viennent surgir de ses rochers, tout se trouve dans cette magnifique région que l'illustre Ramond regrettait de n'avoir pu qu'ébaucher, lorsqu'il disait que dans toutes les Pyrénées il ne connaissait pas de contrée qui fût plus riche pour les exploitations alpestres.

La vallée de Luchon, depuis Montréjeau jusqu'au port de Vénasque, considérée dans son ensemble, présente trois parties distinctes : la première, jusqu'à Cierp, se compose de bassins successifs où, au-dessus de fonds généralement planes et ornés de la plus luxuriante végétation, s'élèvent de larges pentes uniformes; la seconde, de Cierp à Luchon, serrée entre des monts toujours s'exhaussant, se revêt d'un plus grand caractère, et la Pique, rarement aperçue, ne cesse d'y gronder sous une suite de monticules et d'aspérités incessantes où se déroule, malgré la difficulté des lieux, une bonne route construite par d'Etigny, bienfaiteur de toutes ces contrées, et récemment rectifiée; moins étonnante cependant que celle de Pierrefitte, qui y a éternisé sa mémoire comme celle de la Bauve et de Polard. La même irrégularité s'observe sur des hauteurs que peuplent des villages avec leurs petits châteaux, et partout en culture sur les plans les plus rapides, depuis des terrasses qui semblent voisines des sommets, jusqu'aux talus glissants où le faucheur va poursuivre les dernières fleurs, ornement du précipice, qu'humectent les vapeurs du torrent. La troisième, au-dessus du bassin de Luchon, n'est que profondes gorges revêtues de forêts ou de pâtis inhabités jusqu'à ces cimes colossales autour de qui tout s'abaisse, où les glaces s'amoncèlent, où la neige ne fond plus, dangereux déserts, étendues désolées, mais où la nature grande, énergique, a établi ses secrets laboratoires et réservé pour l'observateur des phénomènes particuliers, des tableaux sublimes.

Dans de tels lieux les haltes sont fréquentes. Assis sur un des roules du moulin à scie, que menace à l'entrée de la gorge un escarpement couronné d'arbres, ou au pied de la modeste croix de Burgalaïs, dont la chapelle ruinée couverte de noisetiers et le petit clocher drapé de lierre offrent plus haut une étude à l'amateur, je m'oubliais à contempler ces aspérités de notre globe qui en sont le plus bel ornement, à méditer sur les actions terribles qui les ont fait surgir de son sein.

Enfoncé sous des pentes croisées, on découvre parfois, comme au haut des airs, quelques portions des glaciers du Maupas ou de Carbious, étincelants sous le soleil, et ces visions, trop tôt disparues, redoublent l'impatience de voir de près ces étranges hauts lieux où l'hiver a bravé les ardeurs de tant de canicules. Enfin après un long défilé la vallée s'ouvre et paraît la jolie plaine dont le sol nivelé, la riche culture étonnent sous des masses gigantesques. On aimerait à croire que ce riant oasis, cerné d'imposantes barrières, sert d'asile à des humains séduits par la paix qui semble y régner. Vaine illusion ! Quel lieu a plus d'éclat et d'agitation que Luchon dans la saison des eaux, et en d'autres temps qu'a-t-il de plus qu'une petite ville ? Mais ce qui n'en est pas une, c'est la majesté des sommets de la crête qui dans le lointain portent avec une rare fierté leurs festons de granit et leurs neiges éternelles, au-dessus des bois toujours sombres qui tapissent les gorges. L'œil ne s'y trompe pas : leurs formes alpestres, et dans les beaux jours ces légères teintes d'azur qui n'appartiennent qu'aux hautes régions de l'atmosphère, plus sensibles sous les rayons du couchant, disent au voyageur que c'est vers des monts du premier ordre qu'il s'avance. Quelques nuages en flocons allongés autour de leurs pitons les isolaient de la terre et ajoutaient à tout ce que leur apparence avait déjà d'aérien, de céleste. De cette barrière du midi, dont les périlleux déserts repoussent l'homme, les regards s'abaissent avec un plaisir qu'augmente le contraste, sur un amphithéâtre de forêts, sur un bassin fertile où partout les prairies sont mélangées aux moissons, et les villages demi cachés dans les arbres, comme Juzet et Montauban, ou pittoresquement perchés comme Casaril et Lartigue. La Pique, dont les aulnes dessinent le cours, n'y roule plus que des eaux rapides qui ont laissé leur fureur, le fracas et l'écume dans les rudes vallons qui les vomissent ; mais le charme le mieux senti de ces grands tableaux réside toujours dans l'opposition des fonds riches et frais, où tout plaît à l'œil, où toutes les formes sont douces, avec l'âpreté, le colossal des cimes.

On passe la Pique, et Luchon se montre au pied du petit bois des bains rampant à la base de Super-Bagnères. On avance; on roule sur un sol nivelé, et après Barcugnas, courtille de Luchon, après son allée de platanes, (on entre dans ce lieu privilégié, où les souffrants comme les heureux du jour viennent chercher santé et plaisir. Fatigué par d'officieux intéressés, je me case à la hâte, et de ma fenêtre ayant jeté les yeux sur la vallée, je fus frappé de cette vue des monts maudits empreinte encore dans ma mémoire. C'était la même chambre qui me fut assignée lors de ma première course à Luchon avec d'aimables voyageuses ; c'est à cette fenêtre qu'après une soirée charmante je passai une partie de la nuit absorbé dans de douces pensées, ou m'oubliant à contempler, à cette heure de calme et de silence, leurs larges masses où la lune jetait alors ses lueurs mystérieuses, et que je m'étais promis de revoir. Que les souvenirs des temps heureux de la vie ont de charme quand l'âme en est ainsi frappée à l'improviste! C'est l'aspect lointain d'une plaine riante que le voyageur transi dans les brumes des montagnes aperçoit tout-à-coup derrière lui au travers de la nue déchirée. Enchanté de ce dont je ne voulus point faire honneur au hasard, je promis à la fée bienveillante qui m'avait ainsi conduit, celle sans doute que j'avais invoquée à haute voix dans une des cavernes de Cierp, de ne jamais venir à Luchon sans occuper ma chambre favorite.

Depuis longtemps Luchon, marchant dans la voie du progrès, s'est agrandi et embelli. L'allée d'Etigny n'offre plus de vides ; des maisons spacieuses, de riches hôtels rivalisent d'élégance dans toute son étendue, et l'ancien établissement, devenu insuffisant, va être remplacé par un magnifique bâtiment de bains actuellement (1849) en construction, sous la direction de M. François, ingénieur des mines. La dépense n'en sera pas moindre de 800,000 francs, et à la charge presqu'en entier de la commune, qui, sagement prévoyante, use de toutes ses ressources pour assurer un avenir qui ne peut qu'être en rapport avec le nombre de ses baignoires. M. François, par un système de galeries de niveau, habilement dirigées dans le sein de la montagne d'où surgissent les sources, va capter de nouveaux griffons d'eau thermale à leur sortie immédiate du granit ou du schiste micacé qui l'enveloppe. Il entoure ces griffons d'un béton imperméable en les isolant des eaux froides qui, maintenues dans tout le pourtour à un niveau supérieur, déterminent une pression sur l'eau thermale, dont l'effet est de la rendre plus abondante en l'empêchant de se répandre. Par cette heureuse idée le savant ingénieur a augmenté le volume des eaux disponibles et procuré de nouvelles températures ; car tous ces griffons, provenus d'une source unique et très profonde, ne doivent leurs degrés divers de chaleur qu'à celle des milieux qu'ils traversent en surgissant, qu'aux routes plus ou moins longues qu'ils y parcourent, ou à quelques mélanges d'eaux froides. Ces températures varient de 17° à 66° centigrades, qui est celle d'un des derniers griffons captés, mais non encore utilisés, et non compris dans le tableau suivant, que je dois à l'obligeance de M. François :

(Suit le Tableau d'autre part.)

TEMPÉRATURE DES NOUVELLES SOURCES,

LE 20 JUILLET 1849.

	Température. Centigrades.	
Source de Ferray, n° 1 (anc.e source). (*Bain et boisson*)................	33°	50
Source de Ferray, n° 2, captée récemment. (*Bain et boisson.*)................	39°	75
Mélange des deux Sources................	35°	50
Source de la Blanche (remaniée), au Griffon. (*Bain et boisson*)................	53°	»
Source de la Tempérée, au réservoir.......	37°	»
Source de l'Enceinte (remaniée). (*Boisson*).	40°	»
Source d'Étigny, n° 1 (nouvelle). (*Bain et boisson.*)................	45°	»
Source d'Étigny, n° 2 (nouvelle). (*Bain.*).	29°	»
Mélange des deux Sources................	38°	»
Froide. (*Bain et boisson.*)................	17°	»
Galerie supérieure du Sud :		
Source n° 1 (nouvelle) (*Bain.*).	37°	»
Source n° 2 id. id....	36°	50
Source nos 3, 4 et 5 id. id....	36°	50
Mélange de ces Sources................	35°	50
Galerie inférieure de distribution du Sud :		
Source n° 1 (nouvelle). (*Non utilisée.*)...	48°	»
Source n° 2 id. id........	42°	»
Source n° 3 id. boisson.......	37°	»
Source n° 4 id. id........	37°	50

La médecine thermale va se trouver ainsi dotée, à Luchon, de moyens plus puissants et plus variés. Déjà un habile médecin, auteur d'études scientifiques sur les eaux sulfureuses des Pyrénées et d'autres parties de l'Europe, et dont la bibliothèque et le cabinet sont pour le naturaliste isolé d'utiles ressources obligeamment offertes, M. le docteur Fontan, par l'usage alternatif de bains minéraux, naturels ou mélangés de substances et de bains émollients, a rendu les eaux actuelles applicables avec succès à des affections morbides qui jusqu'alors n'avaient pu les supporter. Ces nouvelles eaux, parmi lesquelles il paraît devoir s'en trouver d'une action douce et peu irritante, qualités précieuses sur ce point, vont exiger de nouvelles études qui agrandiront le champ des cures dans ce lieu privilégié qui depuis l'antiquité gauloise a soulagé tant de douleurs. Le nouveau bâtiment, conçu sur un plan large et grandiose, réunissant en bains, douches, piscines, bassins, même pour natation, et salles de conversation où l'on respirera les gaz thermaux comme au Vernet, tout ce que la science médicale a reconnu d'utile, sera peut-être l'établissement le plus vaste et le plus complet qui soit en Europe; et cet autre Bagnères avec ses montagnes si belles, ses courses si variées, son climat si doux quoique sous les glaciers, payé de ses sacrifices, ne pourra que marcher rapidement dans une prospérité croissante.

CHAPITRE II.

Serrat de Montauban. — Montagne de Bocanère. — Vue de la haute chaîne de la Garonne.

Ma première reconnaissance fut au Serrat de Montauban, une des cimes du chaînon limitrophe d'où l'on domine les vallées de Luchon et d'Aran, comme le passage nommé le Portillon, qui les fait communiquer. Les prairies et les chalets qu'on y découvre au-dessus des bois plaisent à l'œil dans cette haute région, où le buveur peut faire même à cheval, par Juzet, une intéressante promenade. Dès l'aube j'étais en route, muni à l'ordinaire d'un bâton ferré, ma défense contre les chiens, d'une boîte de ferblanc bien garnie, qui me sert à deux fins, et de l'indispensable flacon. C'est dans de telles courses qu'on en sent tout le prix : gourmets délicats, vous n'appréciez le jus de l'arbuste tortueux que le nord nous envie que lorsqu'il ranime vos palais blasés, par le bouquet du Médoc, le parfum du silex ou par cette saveur généreuse qu'il puise sur les collines ardentes du Languedoc ou de l'Espagne; mais moi, lorsqu'épuisé de fatigue mes jarrets s'efforcent péniblement et que ma poitrine haletante a séché mon palais, j'y ai recours avec plaisir, ne contînt-il que le vin le plus dur du Bigorre; pourvu qu'il ranime mes forces abattues, je ne lui demande pas davantage et il ne me trompe jamais.

Traversant la plaine et le village de Montauban, je n'eus garde d'oublier la cascade qui s'annonce de loin. A la sortie de la forêt, le ravin où coule le ruisseau devient tout-à-coup une fondrière profonde sous des escarpements d'où se précipitent les eaux. Ces roches bizarrement fracturées qui surplombent un sombre entonnoir, et cette gerbe plusieurs fois brisée, seraient une belle étude pour le peintre. De petites filles, toujours empressées de servir de guides, m'avaient suivi jusqu'au pied de la chute, où leurs folâtres cris et leur gaîté étaient comme des sons discordants au milieu d'un chant majestueux. Monté au point d'où elle s'échappe, sur la corniche étroite où je m'étais aventuré, grâce à l'appui d'un vieux sorbier, je ne restai que quelques secondes; ma tête n'était pas à l'épreuve de ce trou effrayant, d'où sortent sans relâche de formidables voix.

Du village à la cascade ce n'était alors qu'une pente nue et fatigante; il faut y voir maintenant le parti qu'un homme de goût, M. le curé de Montauban, à l'aide du temps et de travaux patients, a su y tirer d'un unique filet d'eau et des accidents d'un terrain escarpé. C'est une succession de pelouses, d'ombrages superposés, de petites cascades et de bassins, de retraites sous les rochers, tout frais, varié, riant et de partout des aspects sur le beau pourtour de Luchon. C'est un coup de baguette de fée, la transformation complète d'un sol repoussant en un pittoresque jardin.

Je marchais sous de vieux hêtres dont les corps noueux et les grands rameaux étendus jusqu'à terre étaient l'indice des assauts que leur avaient livré les avalanches, et autour de leurs robustes racines brillaient, comme des rubis sur la mousse, des fraises qui avaient échappé à l'œil empressé des enfants. La pente devenait plus rapide ; de petites clairières laissaient voir en avant les sapins dont les pyramides embriquées montaient sur les hauteurs, et bientôt je n'eus plus autour de moi que ces noirs enfants des monts, devenus si épais sur le sol presqu'à pic, que leurs branches cent fois croisées doivent être impénétrables à la pluie comme au soleil. Je gravissais sous leurs voûtes obscures, asile constant du silence, lorsqu'un bruit sourd m'attira vers le milieu de la forêt. J'avance très péniblement sur des éboulis cachés par des mousses perfides, lorsque le jour se faisant de nouveau, je me trouve en face d'une autre cascade que j'ignorais, tombant comme des nues. C'étaient les mêmes eaux que j'avais vues plus bas ; mais que les décorations étaient diverses ! Je m'assis sur une roche revêtue des moelleux coussins de la sphaigne pour contempler cette scène romantique, ce cirque de verdure, symétriquement divisé par une large et haute chute qui répandait ses humides vapeurs sur les innombrables flèches des sapins dont se tapissent les flancs redressés de l'entonnoir supérieur. Ce site reculé, où aboutit un petit sentier pour le traînage des bois qui tombent avec l'eau, ne mérite pas de rester inconnu. Le précipice dans toutes ses parois, depuis les roches sur lesquelles se brise la cataracte jusqu'aux saillies où de jeunes sapins se balancent autour de son point de départ, est drapé d'arbrisseaux et de plantes brillantes d'humidité, où la spirée élève des panaches qui ne connaissent pas le repos. L'éclat de ces eaux sur de sombres tentures, l'obscurité du ravin où elles courent disparaître, leur mouvement et leur bruit monotone au milieu de l'immobilité qui règne dans ces vastes bois, tout se réunit pour faire de cette scène de forêt une imposante solitude. Mais sont-ce des solitudes que ces lieux inspirateurs où la nature se revêt de sévères beautés, où l'intelligence est le plus en communication avec son sublime créateur ?

There is a pleasure in the pathless woods,
There is a rapture on the lonely shore,
There is society where none intrudes,

> By the deep sea, and music in its roar;
> I love not man the less, but nature more,
> From these our interviews, in which i steal
> From all i may be, or have been before,
> To mingle with the universe, and feel
> What i can ne'er express, yet cannot all conceal.[1]

J'eus de la peine à franchir le ravin et à m'ouvrir une voie au travers du fourré jusqu'à la croupe du nord, où je joignis des troupeaux montant aux pâturages. A ma vue les chiens s'élancèrent en gardant l'avantage du terrain; mais, confiant en mon arme de longueur, je m'avançai sans crainte. Ayant dépassé les premiers, j'en joignis un autre dont le jeune pasteur, nomade demi-sauvage dans sa mine et son accoutrement, tenait la même route que moi vers les plateaux où l'herbe commençait à paraître. Son beau chien aux regards de travers, eut besoin de me voir longtemps côte à côte avec lui pour cesser de gronder. Il était encore dans l'âge où la colère se dissipe aisément, et déjà son courage avait été mis à l'épreuve, car il portait à la cuisse une trace de son dernier combat. Quelquefois il s'oubliait confondu avec les moutons, mais à la voix du maître il regagnait vivement la tête, où son devoir est de veiller aux surprises du loup qui peut s'élancer sur les bêtes les plus avancées, et s'échapper avec sa proie avant que le secours arrive. La *ramade* en longues files ondoyait parmi les arbres, ou groupée dans une clairière était forcée de s'ouvrir autour des racines d'un vieux hêtre. Les sites agrestes que nous traversions, ces clochettes dans le bois, ce chien marchant à la tête et qui déjà courait à mon premier appel, les noires étendues de sapins, l'aspect des monts glacés de la crête, et les bruits sourds des chutes, tout me plaisait dans cette scène alpestre, et j'aurais pu sans grand effort me croire un pasteur des Pyrénées.

Les bois s'ouvrent pour ceindre un large plateau inégal où des granges et des bouquets d'arbres varient l'uniformité

---

[1] Byron's *Childe Harold.*

de la verdure ; c'est l'*abat de Montauban*, qui du bas de la vallée, aperçu en raccourci, laisse deviner ses sites agréables. Plus haut ce n'est qu'un grand pâturage, d'où partait alors un bourdonnement confus, indice de sa population nomade. Monté sur un des reins qui le divisent, au revers j'aperçus, en effet, des couilas, des troupeaux et force chiens. Rebroussant aussitôt chemin, je hâte ma marche vers un petit col au midi, croyant n'avoir pas été vu ; mais comment échapper à tant d'yeux à la fois ? Les traîtres venaient sans bruit : tout-à-coup les deux plus avancés se montrent au-dessus de ma tête, et aboyant avec fureur se précipitent sur moi. Je n'eus que le temps de mettre lance en arrêt, et j'étais à faire volte-face de côté et d'autre, lorsqu'un pasteur vint à propos me dégager. Au pied du col je trouvai mon guide avec d'autres jeunes pâtres mollement étendus sur la pelouse, comme de vrais Tircis ; il ne leur manquait que des Galatées, qui sur ce point, quoique presque espagnol, eussent été moins séduisantes que les bergères idéales du Tage ou du Guadalquivir. Le sol, tondu par mille bouches, n'était qu'un ras tapis, excepté dans des buissons de genièvre où des sylvies, des bulbocodes et des aconits non épanouis, croissaient protégés par l'humble arbuste. C'était la limite du printemps. Au-dessus, des hépathiques, de frêles érythrônes, des renoncules et des soldanelles s'efforçaient de parer un sol qui portait encore les livrées de l'hiver.

J'atteins le haut du col. A son revers la montagne toute entière n'est qu'un escarpement drapé d'arbres, plongeant sur les bois et les prairies de la Burbe, avenues du Portillon, qui vus ainsi à vol d'oiseau offrent un coup d'œil charmant, comme au fond d'un vaste et riant précipice. De là, suivant la crête, je gagnai le sommet où un mur de neige me servit d'abri contre un vent assez piquant. J'avais en face les montagnes d'Aran et sous mes pieds les forêts du Portillon. Aran est une grande vallée de dix lieues d'étendue, avec trente-deux villages et 16,000 âmes de population, profondément creusée sous des masses dignes du beau fleuve qu'elles voient naître, et séparant dans sa position remarquable les extrémités des deux lignes de monts qui d'une mer à l'autre se partagent l'honneur d'être la haute chaîne. De tous ses fonds n'était visible que le petit bassin, où derrière le rocher de Castelléon se montrait Las Bordes, à la réunion des deux Garonnes d'Aran et d'Artigue-Déline. Au-delà elle se dessinait par ses pentes croisées sous le pic de Montarto, dernière sommité marquante de la chaîne de l'ouest, qui de la Maladette descend par de brusques ressauts jusqu'aux hauteurs moyennes de la Ratière et de Bonaïgue. Cette ligne qui opère la division des eaux entre les versants opposés, devrait être aussi la limite politique bizarrement rejetée à quelques lieues plus au nord.

J'avais sous les yeux le tableau de cette singulière transition par laquelle le chaînon septentrional se substitue parallèlement à celui du midi qui depuis l'Océan a été la crête des Pyrénées, pour l'être à son tour jusqu'à la mer de l'est. Je le voyais naître au défilé du Pont-du-Roi, limite inférieure d'Aran, et s'élever rapidement par les montagnes de Tentenade et de Crabère, jusqu'au tuc de Mauberme où, la ligne culminante du midi s'y réunissant après s'être fortement déprimée entre les sources de la Garonne et de la Noguera, il s'exhausse encore jusqu'au Mont-Vallier, pour opérer désormais la séparation générale des eaux, sans rien perdre jusqu'à la Méditerranée de sa grande élévation.

Au midi, les masses ternes de Guardero et de Couradille, laissant entre nous le col boisé du Portillon, me cachaient la Maladette, comme les montagnes du port de Vénasque; et celles qui plus loin commandent aux vallons de Lys étaient enveloppées de nuages qui, en s'ouvrant parfois, laissaient voir leurs glaciers et leurs roches noircies comme derrière un cadre vaporeux. A l'ouest, ainsi qu'un panneau fertile, je découvrais la vallée de l'Arboust, ses habitations groupées et ses verts pâturages; par-dessus le port de Peyresourde, les montagnes d'Aure et de Barèges étaient en vue, comme au nord, les hauteurs émoussées de la Barousse où l'œil était surpris de voir autant de neige sous le soleil de juin.

Tapi solitaire dans mon gîte aérien, je n'étais par moments entouré que de froides vapeurs glissant sur les neiges et les rocs décharnés, et je me plaisais à observer les étranges effets des nuages qui, roulant sur ma tête ou dans le vide des vallées, m'offraient à chaque instant quelque vue nouvelle, une sommité brillante, un champ de neige éloigné, ou quelque fond verdoyant. Le froid me saisit à la fin, et les brumes amoncelées me faisant craindre de m'égarer, je quittai mon poste à la course et faillis mettre le pied sur un coq de bruyère, dont les gloussements sauvages, en fuyant à tire-d'aile, semblaient se plaindre que j'eusse troublé son repos. Prenant la ligne directe, je descendis d'abord par une pente très rapide, embarrassée de genièvre et de rhododendron desséchés; puis, sur des talus plus doux que la neige venait d'abandonner, j'admirai d'innombrables érythrones et narcisses bulbocodes, jolies fleurs qui, de ces pâtis alpestres, mériteraient de venir dans nos parterres. Je parvins ainsi à un bois de sapins, descendant par le vallon de Coumelongue sur le village de Juzet; la neige, qui le rendait impraticable, me força de regagner la plaine par le chemin que j'avais déjà suivi.

Dans cette première course, je remarquai que Bocanère, point le plus haut du groupe qui domine la cabane de Lartigue était le lieu le plus favorable pour faire une reconnaissance générale de la haute chaîne de Luchon. Cette cabane est un établissement d'été sur le mail de la Cigalère, qu'on loue aux Espagnols de Beauzens, village situé au revers sur de stériles rochers. Ce fut donc ma seconde excursion.

Ayant traversé les prairies de Juzet, je gagnai d'écharpe le hameau de Sode, et plus haut la plate-forme où de tous les points de la vallée paraît le village de Lartigue, au-dessus de longs escarpements dont la Pique baigne le pied. Une certaine étendue de terre végétale y suffit avec les pâturages supérieurs, pour soutenir sa population. Dans ce site élevé, le climat est rigoureux; au mois de mai il y neige souvent. Il faut près d'une heure encore pour monter à la cabane par des pentes toujours faciles que couvre la bruyère; parvenu au large tapis vert qui la précède, des bonnets rouges au milieu du parc m'annoncèrent de loin que les Espagnols l'occupaient. Ils étaient à traire leurs brebis, et m'accueillirent comme je l'ai toujours été par les montagnards, avec franchise et cordialité. Assis donc au soleil devant la cabane où ils m'avaient porté du grust et du lait encore chaud, je fis un déjeûner de sybarite. Se reposer après la fatigue; satisfaire avec quelque recherche un vif appétit, et repaître ses yeux d'un magnifique spectacle, sont toujours des plaisirs, et j'en jouissais à la fois. Survinrent quelques enfants du village, amis habitués des Espagnols qui s'empressèrent de donner à chacun un vase de hêtre rempli d'une bouillie de petit-lait où mes bonnes gens, trempant leur pain noir, se mirent à déjeûner à mes côtés. Les pasteurs espagnols sont mieux logés dans leurs établissements que les français, qui ne se construisent que de véritables tanières. Leurs cabanes sont souvent aussi grandes que les chalets de la Suisse. Celle-ci était partagée par une cloison de branchages : le fond servait de magasin pour les fromages et autres provisions, et dans la pièce antérieure, où près de la porte se fait le feu, chaque pasteur avait son lit élevé sur des piquets et tressé de branches de sapins, couche plus commode et plus saine que les litières des nôtres. Tout autour étaient de gros tronçons d'arbres creusés, contenant les diverses espèces de laitages.

De la cabane on s'élève en contournant au nord la tête rocailleuse du Maïl, et par des pentes herbeuses toujours faciles, même aux chevaux, on atteint en une heure et demie le mamelon culminant qui est Bocanère, d'où la vue est, en effet, d'un grandiose indicible, puisqu'elle s'étend des hauteurs de Seintein, dans le Castillonnais, en un cercle immense développant sans interruption tous les festons de la crête jusqu'au Pic-du-Midi de Bigorre. C'est un des magnifiques panoramas des Pyrénées. Quel grand et singulier spectacle que celui de tant de masses vues de près, confusément entre-croisées, surmontées d'une longue zône de sommités où le granit primitif atteint sa plus grande hauteur, et projetant sur le bleu du ciel leurs formes aiguës et leurs aspects polaires. La vive impression de tels tableaux ne se comprend que sur les lieux, ou par les souvenirs ineffaçables qu'ils ont laissé. J'avais sous mes pieds une des grandes vallées des Pyrénées, et en face, leurs amas de glace les plus étendus et leurs plus hautes cimes, que par un bonheur souvent poursuivi et rarement atteint, un soleil encore sans nuages me laissait voir nettement. La Maladette enfin s'élançant du chaos de pics qui de toutes parts l'environne, déployait devant moi, par-dessus la chaîne du port lui servant de piédestal, ses longs glaciers et sa couronne à fleurons gigantesques, qui voit tout s'abaisser vers l'une et l'autre mer. L'insouciant baigneur, détracteur parfois de tout ce qui anime l'imagination, de tout ce qui élève la pensée, devant des beautés si nouvelles, devant ces sublimes visions, pourrait-il ne pas partager l'enthousiasme de l'ami de la nature?

Je vais indiquer, de l'est à l'ouest, cette partie centrale des Pyrénées dont toutes les eaux du nord coulent dans la Garonne.

Du côté des plaines, par échappée aperçues, ce n'est que cimes émoussées d'où se détachent seuls Gar et Cagire. Le défilé de Saint-Béat reste caché dans ses profondeurs comme sa riche vallée sous les masses inférieures, si ce n'est le village de Lez et quelques autres points d'Aran visibles au bout des plis rayonnants qui se précipitent à l'est. Au midi, l'œil circule sur les hauts vallons de la Pique remontant couverts de bois, aux ports de la Picade et de Vénasque, tandis qu'au-dessus des combes riantes de Gouroun et des pelouses de Super-Bagnères, une longue croupe cache le délicieux vallon de Lys en s'élevant aux crêtes de Cériré. Tels sont les plans inférieurs; passons à la haute chaîne.

Dans les montagnes confuses de l'est ne se faisaient remarquer que les premières cimes de la chaîne orientale, Crabère qui cachait le mont Vallier, et le tuc de Mauberme au fond du vallon de Canéjan. Le large groupe dont le pic de Sénère est le plus haut point, couvrait ensuite toutes les masses rabaissées du haut Aran qui font la soudure entre les deux moitiés de la grande chaîne jusqu'au pic de Montarto. La chaîne occidentale se relève sur Viella et plus encore au fond d'Artigue-Déline, où l'on voit, par delà les hauteurs herbeuses de Campsaure, successivement, la cime fourchue de Bailléta ou Saouerat; le cône élancé dont la profonde bifurcation ne peut se comparer qu'à celle du pic du Midi de Pau, montagne bien connue des chasseurs et des contrebandiers, que les Français nomment

Pique Fourcanade et les Espagnols Maïl d'Espouïs ; le Toro qui cache sous ses racines le canal où s'engouffre, au pied de la Maladette, une des sources de la Garonne, pour ne reparaître qu'en Artigue-Déline, et le large cône brillant de neige du pic de Barrans, appendice du colosse auquel le joint un col très élevé fuyait derrière la masse obtuse du Poméro. Entre celui-ci et le Toro est le port de la Picade, d'où l'on passe de la vallée de Vénasque dans celles d'Artigue-Déline et de Luchon, et un peu à droite le contrefort des pics de Fraîche et celui qui s'appuie au pic du port ou de Sauvegarde, renfermant entre eux le vallon qui de l'hospice de Bagnères monte au port de Vénasque dont l'étroite coupure est visible. Ces dernières sommités sont celles qu'on aperçoit de Luchon. C'est par delà toutes ces masses, depuis le port de la Picade, où le terrain intermédiaire atteint une hauteur considérable, que je voyais s'élancer une grande montagne dont les larges flancs n'eussent montré que des neiges, sans les noires dentelures qui festonnent ses cimes. C'est la Maladette, point dominateur des Pyrénées, sanctuaire aérien presque toujours voilé, qui le plus souvent ne m'était apparue qu'au milieu des vapeurs qui cessent peu de rouler autour de sa ceinture de glaciers. Les roches sourcilleuses qui sont sa longue cime diffèrent peu de hauteur, si ce n'est le pic de Néthou, le plus oriental, cône toujours sans tache, ainsi que les coupoles du Mont-Perdu et du Mont-Blanc. Ce pic, qui est ainsi le sommet de la Maladette et le point culminant de la chaîne entière, d'après le dernier travail des ingénieurs géographes a 3,404 mètres d'altitude, et son voisin le pic de Malahitta, ainsi nommé d'un village de son pied méridional, en a 3,384. Ces sommités premières sont encore vierges, malgré nombre de tentatives, rendues très dangereuses par les glaciers qui en défendent l'approche. Cependant ces obstacles ne sont pas comparables à ceux qu'offre l'ascension du Mont-Blanc, et sans doute avant peu quelqu'observateur plus heureux aura eu la gloire et le plaisir de les voir sous ses pieds et d'en ouvrir la route. Ceux qui jusqu'à présent sont parvenus le plus haut n'ont atteint que le bas des crêtes occidentales.

La chaîne s'abaisse au port de la Glère dont le vallon, boisé à sa base, est d'un aspect moins triste que celui du port de Vénasque; elle se relève au pic de Sacroux, qui laisse entre lui et le Maïl Pintat un passage plus élevé, nommé port d'Estaouas, très dangereux à cause d'une corniche qu'il faut suivre au-dessus d'un précipice. Entre ce dernier et le Maïl Barrat est un autre port de contrebandiers moins difficile, nommé le port Vieil. Un vallon alpestre, que de la cascade de Lys je voyais se dessiner au bas des glaciers du Maupas et du Maïl Barrat, est la rude avenue de ces deux ports. C'est là que commencent d'autres glaciers jusqu'au port d'Oo, dont l'étendue, d'au moins six mille toises, l'emporte peut-être sur ceux de la Maladette. On y voit à la suite le tuc de Maupas dont la tête tronquée se détache en noir au-dessus de la glace qui le drape, le pic de Carbious, un peu moins haut, au sommet bilobé, coupé en longs escarpements au-dessus de son glacier, est comme coiffé par la cime espagnole de Perdighero. Après le pic Quairat, par l'abaissement de la crête, paraît la calotte neigée du pic espagnol de Posets qui ne le cède qu'à la Maladette; c'est la même montagne dont l'aspect majestueux frappe lorsqu'on a traversé les ports d'Oo, et que Ramond appelle l'Astos de Vénasque, quoique ce nom n'appartienne qu'au vallon intermédiaire; le Portillon, enfin, sommet tronqué qui porte au-dessus de ses murailles une losange de neige, et commande le port oriental d'Oo. C'est là que se rattache à la crête le contrefort qui sépare le val de l'Asto de celui de Lys, où en deçà de la pyramide du Quairat, presque aussi élevée que le Portillon, on voit le pic de Montarouye et plus bas les arêtes aiguës du Cériré, dominant à leur tour les croupes herbeuses qui descendent vers l'Arboust.

Tous ces glaciers, du Maupas au Montarouye, disposés sur les flancs circulaires d'un vaste entonnoir couronné de gigantesques fleurons, sont ceux qui donnent à la vallée de Lys, au-dessus des prairies et des bois, les décorations des Hautes-Alpes. Au centre de ce demi-cercle de glace se voit une petite oule; et plus bas cette noire fissure, où se précipite une cascade, est le goulot de l'entonnoir. A droite du Montarouye, paraît le port occidental d'Oo, encombré de neiges sous les aiguilles du Spujols, dont le glacier se prolonge vers les montagnes de Clarbide, qui, vues par-dessus Cériré, n'offrent que des masses confuses; et vers le nord, sur le contrefort qui sépare l'Asto de Louron, les pics d'Hermitans, de Nère et quelques autres, se détachent des groupes. Plus loin, par-delà les chaînons d'Auro, se redressent les terrains granitiques et crétacés des Hautes-Pyrénées, vastes amas hérissés de pics, où l'ordre général est interrompu, où la haute chaîne est double, où sur ses masses rivales brillent d'autres glaciers. Enfin, après une interruption correspondante au val de Bastan, un petit groupe bien connu, en saillie vers la plaine, termine à l'ouest la vue des montagnes. On s'étonne de voir des formes âpres et de la neige encore là où l'on ne s'attendait qu'à trouver des croupes surbaissées; et plus encore en se rappelant que le cône obtus qui le domine, visiblement du troisième ordre, est ce Pic-du-Midi fameux qui longtemps usurpa le premier rang.....

Du haut du pic de Bergonz, j'avais contemplé la grande crête calcaire; maintenant était devant moi la plus haute chaîne granitique, plus importante par sa hauteur et ses glaces, mais moins étrange et moins curieuse pour l'observateur. J'étais ainsi sur les lieux où l'action expansive au plus haut point de son énergie, a poussé à la plus grande élévation qu'ils atteignent dans les Pyrénées, le micaschiste, résultat des précipitations qui commencèrent l'enveloppe terrestre, le gneiss, le granit homogène et fondamental, ainsi que les porphyres, les roches trappéennes et les basaltes, les derniers formés et les plus profonds qu'on ait jusqu'à présent reconnus. De ce qui a continué à se former plus bas, nous ne savons rien avec certitude, parce que les déjections des volcans, dont les foyers toujours approfondis existent sous l'écorce actuelle, et qui seuls maintiennent encore la communication autrefois si active de l'intérieur fluide avec l'atmosphère, ont toujours subi plus ou moins d'altération. Il est remarquable qu'à l'extrémité de la zone où cette force expulsive, qui venait de mettre au jour une ligne peu interrompue de sommités du granit le plus pur depuis la vallée d'Ossau jusqu'à celle d'Aran, avait acquis le plus de puissance, elle ait faibli et cessé pour ainsi dire tout-à-coup aux sources orientales de la Garonne. Ce n'est que postérieurement sans doute, quoique à une époque rapprochée, qu'ont dû avoir lieu les éruptions diverses d'où est résulté le chaînon septentrional qui, de ce fleuve au cap Cerbères, forme la nouvelle ligne culminante. Le granit occupant de plus grands espaces, mais moins élevé, y est disséminé jusqu'au bord des plaines, et sa composition, souvent moins pure et ses éléments plus nombreux, le rendent généralement plus altérable aux agents météoriques, surtout dans le Roussillon.

De ma station élevée il m'eût été facile de faire le plan de mes courses, si l'abondance des neiges partout répandues malgré la saison avancée, ne m'eût interdit encore l'accès des hautes régions. Il y avait trois heures que couché sur la pelouse j'observais les montagnes que des nues orageuses commençaient à envelopper. Je ne quittai qu'à regret ces pâturages tranquilles où nul bruit ne m'avait distrait, si ce n'est le cri plaintif des corneilles et le frôlement de leurs ailes quand dans leurs jeux elles passaient près de moi, où l'air était frais et doux et le repos si agréable, pour retourner dans l'air brûlant de la vallée. Ce jour fut un des plus chauds de la saison; une semaine de pareils eût rendu tous les ports praticables.

CHAPITRE III.

Castel-Vieil. — Val de Lys. — Aspect des Hautes-Alpes. — Val de Gouroun. — Super-Bagnères. — Pic de Céziré. — Les Glaciers.

Que ceux qui ne connaissent point la Suisse aillent voir toutes les beautés des Hautes-Alpes, réunies dans le val de Lys, cette Arcadie de Luchon. Cependant les glaces n'y descendent pas au milieu de la verdure et des bois, comme à Chamouny, mais sur les degrés du même amphithéâtre on voit des prairies et des chalets, des sapins, des glaciers et d'inaccessibles cimes. Ce beau vallon n'est qu'à deux heures de la ville et on s'y rend aisément à cheval.

Après les bains on peut voir sous le bois cette roche remarquable découverte par Lapeyrouse, où, dans un granit à gros grains, se trouvent des gerbes rayonnantes en panache d'un mica argileux presqu'à l'état de talc. Au bout du bassin que ferment de sombres masses il faut s'arrêter sur la butte de Castelvieil, dont la haute tour, qui surveillait autrefois les défilés du Portillon et de Vénasque, triste ruine maintenant qu'habite seul l'oiseau de nuit, est si solidement construite que pendant l'une des dernières guerres on avait hissé une pièce de canon sur sa plate-forme délabrée. De son pied, la vue s'étend sur la riche enceinte prodigue de moissons, de pâtis, de bosquets et d'ombrages, où sont des villages populeux, épars au pied des monts, adossés à leurs flancs ou couronnant leurs rampes, et Bagnères brillant de luxe et de civilisation sous une grandiose nature, comme sur les hauteurs d'où la Burbe descend avec ses étendues d'arbres et de clairières qui se succèdent pour le plaisir des yeux; tandis que plus haut la Pique et le chemin du port s'enfoncent dans une gorge toute noire de sapins. Sous la butte sont quelques restes de la manufacture de safre et d'azur que le comte de Beust y établit jadis, autorisé par un arrêt du Conseil en 1784, pour exploiter toutes les mines de cobalt qui se trouveraient en France, comme celle qui est sur le territoire aragonais. Cette mine de cobalt arsenical située dans le terrain ardoisier sur la montagne en face et au nord-est du port de Plan, fut découverte au commencement du dernier siècle par un paysan qui, la croyant d'argent, l'envoya à Saragosse, où personne n'en fit cas. Des Allemands ayant reconnu sa richesse, commencèrent à l'exploiter, mais le transport en Allemagne leur revenant trop cher, ils l'abandonnèrent en 1753. Vint ensuite M. de Beust à Saint-Mamet, qui choisit un site écarté à cause des vapeurs arsenicales s'exhalant du minerai, et l'établissement, construit sur un plan large, fut bientôt en activité, produisant 6,000 quintaux par an de safre et d'azur, plus que suffisants pour toutes les peintures d'émaux et les fabriques du royaume où ces substances sont employées.

Mais dans les Pyrénées un sort fatal semble depuis longtemps jeté sur presque toutes les entreprises qui ont été formées pour utiliser les richesses qu'elles renferment. La manufacture ne put prospérer, d'énormes capitaux furent perdus, et sans les quelques ruines qui sous la roche de Castelvieil, font pendant à celle du moyen-âge, il n'en resterait plus trace. Puisse-t-il ne pas en être de même pour la nouvelle usine qui vient d'y être construite à grands frais! Le bassin de Luchon est riche en filons dont certains, suivant Diétrich, seraient susceptibles d'exploitation. Auprès de Lartigue il en est un de cuivre pyriteux qui traverse la montagne vers Beauzens en Aran ; à Montauban un autre contenant cuivre et plomb; près de la cascade de Juzet, dans un schiste ferrugineux, du quartz avec cobalt qui fut exploité par M. de Beust; sur les montagnes de Lys, plusieurs mines de plomb et d'argent, et jusqu'auprès de Luchon, sur les bords du Go, dans un schiste quartzeux, du fer et des grenats rouges. Récemment encore les paysans de Saint-Mamet se vantaient d'avoir une mine d'or dans les rochers opposés à Castelvieil, et ce n'était qu'une roche feldspathique quartzeuse que des parcelles de cuivre marquaient de points brillants. Que d'illusions pareilles se sont ainsi évanouies !

Au pont, on laisse la route d'Espagne pour continuer à suivre une berge herbeuse au niveau de la Pique, dont les eaux noires coulent à pleins bords sous les branches croisées des vieux hêtres, des saules et des aulnes, qui, dans les cavités de leurs racines, offrent des retraites sûres à la truite, seule habitante de ces froids torrents. Quels siéges délicieux, lorsque le soleil brûle la plaine, la main de la nature a préparé sur ces troncs couverts de mousse, pour lire ou s'abandonner à de vagues rêveries, dans leurs ombres toujours fraîches et dans une paix qu'interrompent seuls le murmure des eaux, la voix du muletier qui monte au port, ou les cris du bûcheron dans la forêt. Un vieux saule qui avait vu cent hivers, tombé en travers du torrent, y formait un pont naturel pareil à ceux que le voyageur rencontre dans ces forêts vierges que la terrible coignée n'a pas encore dévastées.

La vallée principale se prolonge au midi, et le débouché de Lys n'est qu'une haute coupure entre d'épaisses forêts. Le lieu mérite un regard : ces monts, qui dans les profondeurs où mugissent les torrents dont au travers du feuillage on distingue les eaux blanchissantes, comme sur leurs abruptes talus, n'offrent d'autres nuances que celles des sapins et des hêtres ou des saillies de rochers qu'ils couronnent, composent un site toujours sombre, sévère, et qui devient lugubre lorsque les brumes abaissées, s'y mouvant en silence, redoublent l'obscurité de ces forêts et des ravins qui les sillonnent. Un bois de hautes tiges, où la lumière pénètre à peine, ne s'ouvre un moment que pour laisser voir quelques prés et une grange, comme la première habitation du colon américain au sein des fourrés solitaires qu'il défriche. C'est la combe de Boncou, montant rapidement vers les hauteurs d'Estaouas et du Maupas. L'aspect des lieux change : le sol est parsemé de blocs de granit, produits d'antiques éboulements que de vieux arbres embrassent de leurs fortes racines. Je fus étonné du nombre des espèces réunies sur ce point : j'y reconnus le chêne à feuilles lisses, divers tilleuls, deux sureaux, l'ormeau à larges feuilles, le frêne, des aubépines et des coudriers de fortes dimensions, l'érable, le sycomore, le hêtre, l'alisier, le sorbier des oiseaux, et çà et là le sapin descendu des hauteurs. Leur vieillesse, leurs bizarres nœuds et toutes les harmonies qui résultent de la diversité de leurs feuillages et de leurs nuances, donnent à cette partie du vallon une physionomie particulière qui ajoute au plaisir des promeneurs.

On sort des bois ; une pelouse élastique tapisse les sinuosités du sol jusqu'au bord du ruisseau, lorsque des roches ou des touffes d'arbrisseaux ne viennent pas en obstruer le lit. J'aimais à suivre ces rives sinueuses où d'agrestes retraites étaient ménagées, où des conques remplies d'une eau limpide figuraient des bains charmants offerts aux nymphes des montagnes. J'entends le bruit d'une chute : je me hâte, mais des bords redressés me fermant tout passage, je gravis une butte, et me trouve en face d'une jolie nappe tombant comme dans une coupe sous des rochers à pic, ombragés de sorbiers et d'alisiers en fleurs. Quelle étude pour le pinceau! Afin de la mieux voir, je cherche à descendre sur quelqu'un des blocs que baignait une eau d'émeraudes liquides. Ce fut en vain; aucune fissure, aucune anfractuosité ne vint me prêter son secours; mais j'y passai un doux quart d'heure à me reposer sur la mousse, les yeux fixés sur la gerbe brillante et le bassin arrondi qui la reçoit, les eaux s'enfuyant sous mes pieds et des rameaux fleuris balancés sur ma tête.

Des granges paraissent enfin; les masses se reculent, et bientôt je pus embrasser d'un coup d'œil ce vallon renommé que les monts et les forêts semblent vouloir dérober aux profanes. Je le vis dès-lors supérieur à ce que mon imagination prévenue avait pu lui créer de beautés, car tout ce que les poètes peuvent prêter de charmes à la nature s'y trouve réuni aux scènes alpestres, à des tableaux les plus majestueux de la chaîne. Quel ensemble, en effet, de grâce et de grandeur que ces fonds prolongés de verdure, semés de bouquets d'arbres et de chalets, tournant doucement au midi par une large courbe; ce ruisseau rapide, abondant, qui fuit et murmure sur l'herbe, ou s'échappe avec bruit sous des promontoires chargés de sapins; et ces bois épais, sombres d'une part, et de l'autre couvrant de hautes berges de leurs rameaux tendus, laissant entrevoir au loin d'autres granges éparses? Quelle vallée se décore avec plus de magnificence que ces zônes superposées d'escarpements où brillent des cascades, de noires forêts, de verdoyants pâtis, de neiges et de glaces s'élevant en un amphithéâtre toujours plus agrandi, pour former dans la région supérieure un vaste cirque de glaciers que couronnent les plus hautes sommités des Pyrénées?

Le val de Lys appartient aux deux communes de l'Arboust, Castillon et Saint-Aventin. Tout y était alors désert. Ce n'est qu'à la coupe des foins que ces prairies et ces chalets sont pleins de vie, de mouvement, et que tous leurs échos si rarement troublés, retentissent des éclats des faucheurs ou des chants des faneuses. Le nom de val de Lys ne viendrait-il point de la grande quantité de liliacées, du genre de l'ornithogale surtout, qui y croissent? Je mis une heure à traverser cette verte étendue, tantôt suivant les routes alors presque effacées qui lient les cabanes, et tantôt me plaisant à cotoyer le Lys. Quoique si près des cimes redoutables, siége éternel de l'hiver et des ruines, ce n'est pas de ces torrents dont le fracas épouvante, qui semblent attaquer les racines des monts et prêts à tout bouleverser en égalant leur ravage à leur bruit ; c'est un de ces gaves des basses vallées, rapides et d'un murmure doux, qui courent à travers de romantiques sites, réflétant sur leur nappe à peine ridée l'éclat du ciel, leurs bords émaillés et les forêts qu'ils humectent ; qui jetant çà et là des lueurs à tout ce qu'ils rencontrent, laissent voir sous le cristal de leurs eaux limpides, où la truite au soleil fait jaillir des éclairs, un cours peu profond qu'aiment à suivre les yeux ; ce n'est plus qu'une eau vive qui plaît et qui féconde. De vigoureux pâtis embarrassés d'arbres et de roches se prolongent à la suite jusqu'à la petite maison construite pour la halte des promeneurs, et jusqu'au pied du mur inaccessible qu'a rongé la cascade, et qui, drapé d'une terne verdure et de toutes parts surmonté de sapins, forme une sauvage et grandiose toile de fond. Vue de son pied, cette chute est très-belle ; partant autrefois du haut d'un escarpement du schiste le plus dur, elle l'a tellement usé, qu'elle ne s'élance plus que des deux tiers de sa hauteur, d'où elle jaillit au sortir d'un canal obscur, obombré de sapins qui tout en haut s'y croisent, et tombe par une canelure profonde qui sillonne la masse. Quel temps n'a-t-il pas fallu aux eaux pour se creuser de telles voies ? Mais dans les travaux de la nature le temps n'est qu'un agent toujours à l'œuvre.

Je m'établis pour déjeûner sur un de ces blocs de granit qui, fréquemment détachés d'en haut, après des bonds énormes, viennent joncher le sol. C'est alors que, portant les yeux sur les frais espaces que divise le torrent, j'aperçus à peu de distance contre une pelouse desinée en cœur, une autre cascade échappée d'un massif de sapins qui faisaient ressortir l'éclat de sa nappe argentée. C'était un nouveau trait dans un tableau bien riche. Cette eau provient du vallon alpestre, où est le petit lac *d'Esgraouets*, que j'avais vu de la cabane de Lartigue monter à la crête vers le port d'Estaouas et le port Vieil. Lorsque celui-ci, le moins dangereux des deux, est le plus dégagé de neiges, les contrebandiers se hasardent quelquefois à y faire passer des mules. Ce vallon reçoit ainsi les eaux des glaciers du Maupas et du Maïl Barrat, et le cours principal recevant celles qui viennent à la suite, sur les flancs du Carbious, du Portillon et du Quairat, il s'en suit que le torrent de Lys est, de toutes les sources de la Garonne, celle qui est due aux plus grands amas de glaces, car le trou du Toro, source réelle du Djoueou, et le lac de Saounsat, à la source du Go, n'en voient point autour d'eux d'aussi étendus.

Les sons de nombreuses clochettes m'annoncèrent l'approche d'une troupe de vaches, dont je fus bientôt environné. Ne me fiant guère à ces nouveaux voisins, je ne fus pas fâché de voir venir leurs gardiens, trois jeunes gens de Castillon, auxquels le soin du troupeau commun était confié. La vie qu'ils mènent pendant plus de la moitié de l'année dans leurs solitaires campements, leur donne un air rude et grossier, qui, le plus souvent, n'est qu'extérieur. Dans ces lieux presque toujours déserts, où nul mauvais dessein ne peut attirer, toute figure humaine est vue avec plaisir; c'est un secours qui survient. Je n'acceptai de leurs offres que d'excellent lait, qui fut trait aussitôt. Déjà familier avec mes nouveaux compagnons assis ou nonchalamment étendus à mes côtés, nous reposions auprès d'un vieux hêtre dont les branches couvraient le ruisseau, où plus loin, quelques vaches immobiles prenaient le frais, tandis que le reste était épars dans les clairières vers la cascade du Cœur. Il eût été difficile de placer une scène pastorale dans un site plus romantique et plus grand. Que n'eussé-je pas donné pour avoir une fois seulement le talent de Duperreux ou de Taunay, pour en fixer l'aimable tableau. Tous ces pâtres sont imbus d'idées superstitieuses, et peu s'en faut que dans leur croyance le malin esprit ne joue le principal rôle. « Je « voudrais avoir tout l'argent et l'or qu'il y a dans le glacier « de Carbious, me dit l'un d'eux; mais on ne peut l'en « tirer. — Pourquoi donc? — Ha! on l'a tenté souvent; il

« n'y a pas longtemps que le plus intrépide chasseur d'Oo,
« y alla fouiller dans un endroit où il était sûr qu'il y avait
« de l'or en quantité; son ouvrage était à peine commencé,
« qu'il survint un grand mauvais temps, de la grêle et des
« tourbillons qui fermèrent le trou, et le chasseur épou-
« vanté faillit y périr. Depuis cette aventure personne n'a
« osé y retourner. — Dieu ne veut pas qu'on y fouille? —
« Oh! ce n'est pas çà! C'est l'autre!... » me répondit-il,
avec un air significatif qui parut également sur le front
rembruni de ses compagnons, comme s'ils redoutaient de
nommer cet *autre*. Il n'est pas surprenant que le pays fantastique où ces hommes simples passent leurs jours, leur
inspire de telles idées; sans cesse témoins d'événements
étranges et de grands accidents, ils ne peuvent dans leur
naïve croyance les attribuer qu'au génie du mal. De tels
contes ne sont pas sans prétextes : la montagne de Carbious
est riche en mines, et au-dessous d'un filon tenant plomb et
argent on peut y voir encore des traces d'anciennes fouilles
d'où tout le monde croit, ainsi que mon superstitieux conteur, qu'on a retiré jadis de grandes richesses.

Un autre qui avait été chasseur de montagne pendant la
guerre de l'indépendance, auquel des traits durs et une
barbe rouge donnaient un air sauvage, me conta un accident
où il avait risqué sa vie, avec un ton de simplicité qui me
toucha : « Voyez-vous, me dit-il, cette butte vers le col de
« Gouroun? Un jour du mois d'avril dernier, j'étais venu
« seul pour voir si les herbes se découvraient. En longeant
« sa pente, la neige glisse sous moi; je tombe et roule avec
« elle dans un fond où je demeurai enseveli. Je me crus
« perdu : j'étais couché sur le côté droit, et comprimé par
« la neige, je respirais avec peine. En m'agitant, je me fis
« une petite place devant la figure, ce qui me soulagea un
« peu, mais n'espérant pas du secours, je me livrai au
« désespoir en pensant aux miens et au village. Je me mis
« ensuite à prier; je ne m'occupai plus que de Dieu, et
« alors je fus consolé de mourir... Cependant ayant le bras
« gauche moins serré, je réussis à l'étendre, et la lumière
« me parvenant aussitôt, je vis qu'il avait percé la neige.

« Ce fut une bien grande joie pour moi qui ne comptais plus
« revoir la clarté du ciel. Je repris de l'espoir, et avec ma
« main libre, je me mis à prendre la neige qui était devant
« ma figure ou qui me serrait la poitrine ; j'en faisais des
« boules que, l'une après l'autre, je jetais dehors. Parvenu
« ainsi à pouvoir bouger un peu, j'agrandis l'espace en
« pressant la neige tout autour de moi, et je finis par déga-
« ger mon bras droit. Dès ce moment mon travail avança :
« bientôt me déterrant tout à fait, je montai sur la neige et
« je fus bien content. » Ce récit, auquel je n'ai changé aucun de ses traits naïfs, surtout ce *consolé de mourir*, me
touchèrent vivement. Ah ! si les hommes, défigurant sa céleste origine, ne l'eussent trop souvent empreinte de leurs
passions et de leurs faiblesses, la Religion serait restée pour
tous ce que Dieu l'a faite, le plus grand bien qu'il pût leur
accorder, puisqu'elle a le pouvoir de les consoler dans leur
détresse et de les sauver du désespoir.

Revenu sur mes pas jusqu'au bout des prairies, un petit
sentier tracé dans les escarpements du nord me conduisit
aux terrasses herbeuses où s'étendent, en files régulières,
les granges de Saint-Aventin. Plus haut sont des pentes sans
fin et d'un talus égal, où l'herbe incessamment tondue est
toujours rase, si ce n'est que des iris, des narcisses, des
gentianes ou des vératres, protégés par l'âcreté de leurs
sucs, y élèvent çà et là leurs touffes intactes. Après plus
d'une heure de fatigue, j'atteignis enfin le col de Gouroun
où voluptueusement je m'étendis parmi des bartsies et des
arniques en fleurs, prenant ainsi possession de ces longues
pelouses qui unissent les plateaux de Super-Bagnères,
dont la vue est justement citée au pic de Céciré. Tour à
tour dessinant ou herborisant sur place, je passai sur le
col une autre heure dont le charme était augmenté par
le besoin du repas. De telles solitudes, au milieu du
calme et des grandes scènes des montagnes, ont un
attrait que ne firent jamais sentir les plus beaux sites des
plaines. Mais, ô désappointement ! les nuages qui depuis
midi voltigeaient autour des monts, rapidement étendus
pendant ma longue ascension, me cachèrent peu à peu les

glaciers et les cimes. Une fois seulement, une masse de vapeurs déplacée comme un voile soulevé, me laissa voir, au-delà du port d'Estaouas, une large crête surmontée de festons, dont le soleil frappait les neiges. C'était la première des Pyrénées qui pouvait se passer du prestige de ces vapeurs roulantes, pour paraître sublime. Les brouillards m'ayant enveloppé, je pris un sentier qui, descendant au revers, devait me conduire à Gouroun ; mais privé de tout repaire, je me serais égaré, si un bruit de clochettes ne m'eût attiré en face d'une grande figure immobile sur un roc. C'était le pasteur qui me remit dans la voie. Bientôt, au-dessous des brouillards, je traversai des sapins en proie à la hache, et plus bas des prairies où les eaux, qui manquent sur les pentes nues de Lys, étaient plus qu'abondantes. Les sentiers y étaient devenus de petits torrents fort incommodes, et l'herbe fougueuse était surmontée de plantes d'une rare vigueur ; des spirées de hauteur d'homme balançaient leurs panaches au-dessus des élégantes houppes des pigamons ; les ériophores secouaient leur soie sur les géraniums ; de brillants ornithogales se mêlaient aux valérianes, aux cacalies, et mille fleurs plus humbles nuançaient la verdure. Après un instant de repos au village d'Eté, semblable à un camp par la disposition régulière de ses granges, en face de la jolie vallée d'Oueil et des rochers qui portent Cazaril et la tour de Castelblanquat, des talus dont l'inclinaison force la marche me ramenèrent directement sur Luchon.

Du mail de la Cigalère j'avais remarqué que le pic de Cériré, situé en face de tous les glaciers qui versent à Lys, était le point le plus favorable pour les observer, mieux peut-être qu'en parcourant le dédale dangereux de leurs saillies, de leurs dépressions et de leurs mille crevasses. Je voulais aussi me dédommager du mauvais tour que m'avaient joué les brouillards sur le plateau de Super-Bagnères. Dès que je fus assuré d'un beau jour, j'en pris donc la route par les bois de Gouroun, dont l'extrême froidure me faisait gravir lestement. Ils cessèrent, et je pus jouir du soleil sur un large pâturage cerné dans sa partie inférieure de ces autres bois qui tournent vers Lys, où se trouve tout à point une fontaine pour une halte restaurante dont les premières fatigues font sentir le besoin. De là j'atteignis aisément le point culminant de Super-Bagnères, promenade classique où des curieux vont à peu de frais jouir d'une belle vue. Planant sur le bassin de Luchon, en face du vallon de la Burbe et des plateaux de Montauban, on suit tous les développements de la vallée depuis le fond où sous les crêtes du port se distinguent l'hospice et les grands pâturages de Campsaure, jusqu'au-delà de Cierp; mais on délaisse ces sites inférieurs pour la haute chaîne qui était au-dessus de toute beauté, avec ses masses colossales, leurs pics et leurs dentelures projetés sur un ciel d'un bleu noir, et le vaste manteau qui les ceignait éblouissant sous un soleil de juin. La tête du Maupas surtout et ses fiers acolytes, qui portent si haut leurs rochers noircis par le temps, brisés par les orages, tranchant avec des neiges aussi pures que l'azur où elles étaient plongées, semblaient appartenir à des régions célestes.

La fatigue d'une première ascension était oubliée, et le plaisir que me donnait un jour serein au milieu des plus belles scènes de la nature, avait doublé mes forces. Sans délai je partis en suivant les pelouses du col pour escalader le Cériré, dont l'étroite arête s'élève brusquement à l'ouest jusqu'à sa cime festonnée, formant le demi-cercle au-dessus de la combe jonchée de ses débris, où le val de Gouroun prend naissance. Déjà les narcisses commençaient à percer de leurs jets pointus les minces plaques de neige qui couvraient encore la terre, comme impatients de se débarrasser de leurs dernières entraves. J'avançais sur ces doux tapis, caressant de l'œil la charmante vallée de Lys, comme un autre Eden que cernent des forêts, des glaces et des pics. Le voyageur qui admire ses beaux sites fait des vœux pour que les terribles lavanges qu'il voit suspendues aux masses du midi, la respectent, et qu'elle soit longtemps conservée pour le plaisir des yeux, comme pour les hommes simples dont elle fait la richesse. Quels regrets, si le plus délicieux asile, peut-être, que cachent les Pyrénées, venait à disparaître sous le triste manteau de l'hiver! Si l'opinion de quelques naturalistes sur l'accroissement progressif des glaces est vraie, ce sort funeste lui est sans doute réservé, ainsi qu'on l'a vu dans plusieurs vallons des Alpes qu'elles ont envahis. Il est pénible de penser que là où nous ne voyons que de frais bosquets et des pelouses fleuries, nos neveux n'auront peut-être en vue que des glaces. De telles craintes sont cependant diminuées depuis la belle expérience de M. Venetz sur le glacier du Getroz, en Valais, dont la fonte subite ravagea la vallée de Bagnes en 1818, qu'il a fondu tout entier en l'arrosant d'eau de neige dont la température est toujours supérieure à celle de la glace. Un glacier ne peut ainsi presque plus s'étendre que là où l'homme consent qu'il se forme, puisqu'il suffirait, pour le faire fondre, de diriger dessus, ce qui est toujours possible dans les montagnes, quelques ruisseaux des neiges qui pendant l'été sont toujours en fusion plus haut.

Mais éloignons des pensées affligeantes que nous ne devons point voir réaliser, et jouissons du présent, puisque les forces que la nature nous a départies sont à peine suffisantes pour ces épreuves que chaque jour nous envoie. Telles étaient mes réflexions pendant un court repos sur la même pierre d'où j'avais eu la première apparition de la Maladetta enveloppée de brouillards, maintenant brillante de clartés ; et je me remis en marche en répétant les préceptes du poète romain, qui ne sont autres que ceux d'un bon sens raisonné :

> Consultez la sagesse ; épuisez votre vin ;
> Modérez vos désirs ; bornez votre espérance ;
> Saisissez le moment qui fuit sans qu'on y pense,
> Et ne comptez pas trop sur votre lendemain.

Au-dessus des premières pentes, l'arête, qui toujours se rétrécit, prit une inclinaison beaucoup plus forte que je ne l'avais jugé, et bientôt je me trouvai sur une crête aiguë dont les aspérités étaient une suite de petits pics difficiles et dangereux, où j'étais comme suspendu sur deux précipices à la fois. A chaque nouvel effort, je croyais approcher du sommet ; cependant les pitons que je ne cessais d'escalader avec une extrême fatigue, allaient toujours se haussant, et de chacune de leurs cimes je voyais celle où je tendais me dominer encore. La composition de la montagne explique une telle disposition : c'est une masse d'un schiste micacé très fissile dont les couches fortement redressées au sud est, comme celles du Mounné, en proie à l'action des météores qui les rongent et les fracturent de toutes manières, ne sont que festons et débris. Enfin je me vois au pied du dernier ; je l'escalade, et du premier coup d'œil jeté d'en haut, je restai surpris de l'immense quantité de neige qui couvrait tous les revers. Je fus heureux d'y trouver à sec une saillie du rocher pour m'asseoir ; mais quel siége qu'un promontoire en surplomb sur des profondeurs effrayantes ! Ma tête y était faite : je ne songeai qu'à observer le grand panorama que j'avais sous les yeux.

Du côté du nord, la vue est très étendue sur les vallées de l'Arboust et d'Oueil, jolies cartes de topographie encadrées de bruyères et de bois, et sur les basses montagnes d'Aure et de Barousse, comme sur la vallée de Luchon aperçue tout entière, ainsi qu'un grand sillon d'inégale largeur entre des masses tourmentées, jusqu'au point où elle se perd dans la plaine. Au-delà du chaînon limitrophe que je suivais de l'œil depuis Bocanère jusqu'au col de Pouylané, sous le Poméro, se montraient toutes les montagnes de la vallée d'Aran circulairement creusée autour du groupe que surmonte le pic de Senère, rival et voisin de Crabère, jusqu'à la cime isolée du Mont-Vallier ; et derrière le cône de Montarto, je découvrais une confusion de sommets neigés du Paillas et de l'Andorre. Ces masses éloignées où quelques points seuls étaient distincts, ouvraient à l'imagination un champ vaste pour errer sur la montueuse Catalogne, jusqu'aux derniers promontoires d'où naguère j'avais plané sur la Méditerranée et ses flots azurés.

Laissant ces lointains vaporeux, je reportai les yeux aux glaciers étendus devant moi et à leurs fiers pitons sillonnés par la foudre qu'ils soutirent des nues. De tous ces colosses, Montarouye et Spujols, Maupas et Carbious, Quairat et Portillon, grâce à la pureté de l'air, rien ne me voilait les fantastiques avenues, éblouissants déserts, sans mouvement que celui des vapeurs qui roulent autour des masses ou des neiges qui s'en détachent ; sans bruit que celui des orages qui les assiégent ou des lavanges qui se précipitent et qui repoussent tous les êtres vivants, excepté l'isard au pied léger que le chasseur poursuit, et le tyran des airs qui vient à son aise y dévorer sa proie ; mais où la sagesse éternelle a placé le dépôt de l'élément indispensable à la vie, source de toute fertilité. L'entrelacement des formations primitives et la disposition du terrain granitique en groupes très distincts, est remarquable sur ce point central et culminant de la chaîne. Le plus élevé, celui de la Maladette, et le plus vaste par les rameaux qu'il jette au sud et à l'est, est complètement isolé par le Plan des étangs du port de Venasque, dont les crêtes sont de terrain de transition, et par la vallée de l'Essera de cet autre groupe situé au sud du port d'Oo, jusqu'au col de Sahoun, dans la vallée de Gistain, comprenant Perdighero, la Punta de Lardana, nommé aussi pic d'Irré, et qui, dans le pic Posets, atteint une hauteur peu inférieure à celle du pic de Netho même. Le schiste micacé à son tour s'empare, au port de la Glère, de la crête qu'il suit par le pic de Sacroux, le maïl Pintat et le maïl Barrat jusqu'au Tuc de Maupas, où commence un autre groupe de granit isolé du précédent par le val de Lastos de Vénasque, pour ne finir qu'au-delà des montagnes d'Oo et de Clarbide, tandis que ce schiste, auquel appartient le Cériré, en s'allongeant sur les vals de Lys et de l'Asto et sur la vallée de Louron, ne cesse d'embrasser au nord cette vaste protubérance de granit.

Le glacier qui tapisse le contour de l'entonnoir de Lys, d'une forte inclinaison, rempli de crevasses et de dépressions, me parut impraticable, ou du moins d'un accès beaucoup plus dangereux que celui du Maupas qu'il continue. Sa communication avec ceux du port d'Oo a lieu par un col très élevé situé entre le Portillon et le Quaïrat, d'où le glacier qui le remplit se déverse à l'est et à l'ouest, et même par un autre col plus bas qui est entre le Quaïrat et le Montarouye. Je ne sais si toutes ces glaces réunies ne l'emportent pas en étendue sur celles de la Maladette même ; ces deux amas sont sans contredit les deux plus considérables des Pyrénées. La cime espagnole de Posets était visible au-dessus de l'ouverture d'Oo. Au-delà du Spujols, vers Clarbide et la Pez, ce n'étaient que neiges immenses et monts entassés jusqu'aux Hautes-Pyrénées, dont toutes les sommités du côté d'Aure, brusquement redressées en un chaînon colossal courant au nord, étaient en vue depuis le pic d'Arbizon jusqu'à celles qui menacent la chapelle de Héas ou qui ceignent la savane de Troumouse. Plus loin, autour du Pic-du-Midi, l'échancrure du Tourmalet, les pâtis et les bois de la Hourquette, et les montagnes pastorales de Campan, vinrent me rappeler d'aimables promenades. Si l'œil n'y est point frappé de ce grandiose de formes et d'accidents qui caractérise les hautes chaînes, il s'y plaît à errer sur des contours plus doux, sur des pelouses qui le flattent ; et entre les bois de leurs vallons, l'homme du moins peut se choisir d'agréables retraites, établir en sûreté sa demeure. Les neiges trop molles m'empêchèrent de pousser plus loin vers les hauteurs d'Ounsèche, d'où j'espérais découvrir les lacs d'Oo dont j'entendais la cascade. Tout-à-coup retentit de ce côté la chute d'une avalanche sans qu'aucun mouvement, aucune fumée de neige m'indiquât le lieu où elle était tombée ; tout resta immobile, l'air seul fut un instant troublé.

Qu'elles sont vives les impressions sur ces points saillants du globe, d'où, comme du haut du ciel, on plane sur une immensité d'objets ; où l'on voit de près ces aiguilles gigantesques qui vont chercher la foudre au sein des hautes nues, leurs sauvages approches et leurs bizarres décorations ! Qu'il serait surpris celui qui, ne connaissant que les plaines et leurs sites de paix, s'y trouverait tout-à-coup transporté ! A la vue de ce spectacle extraordinaire, à l'aspect de tant de grandeurs et de ruines, témoignages muets de violences passées, ne se croirait-il pas entouré de prestiges avant que ses yeux mieux instruits, ses idées recueillies ne l'eussent convaincu qu'il n'avait pas quitté la terre ? Des fatigues les achètent, ces plaisirs peu connus qu'exalte le contraste et tout ce qu'il faut braver pour en jouir ; mais qu'elles s'effacent promptement dans l'air vif de ces hautes régions; qu'on le respire avec délices, cet air qui semble donner plus d'aisance à la poitrine et plus de force aux yeux pour parcourir de merveilleux panoramas, pour se porter du fond des vallées où le torrent brille sur la verdure, jusqu'aux cimes glacées dont les pitons percent le ciel. Le sens de l'ouïe y a aussi ses plaisirs à écouter le bruit lointain des cascades, porté par intervalles par le vent, ou la soudaine détonation d'une lavange; et le soleil, en dépit de tant de surfaces congelées, vient par sa chaleur mettre le comble au bien-être. Sous sa douce influence, que l'on s'étonne d'éprouver, tout est plaisir sur ces crêtes alpestres où l'on ne vit pas comme ailleurs : la pensée, plus recueillie, y devient de la méditation, et on reste plongé dans des rêveries où l'esprit s'égarerait sans guide ni repère, si les sens fatigués ne venaient mettre un terme à cet état presque extatique. Mais de ces jouissances la mieux sentie peut-être, celle qui pénètre l'âme, quoique le produit d'une imagination malgré soi exaltée, c'est de pouvoir croire un moment que du haut d'une région plus pure, on domine sans les partager, les sollicitudes et les soucis terrestres, de même que bien loin sous les pieds sont les demeures à peine aperçues où s'agitent les hommes. Heureux si en quittant ces stations privilégiées on ne laissait derrière soi la sérénité qu'elles inspirent!

Le temps m'avait paru court et les heures s'étaient écoulées. De petits nuages s'élevant d'abord autour des pics, comme la fumée sur les habitations, s'étaient agrandis peu à peu, et au lieu de cet azur foncé où se projetaient tant de belles cimes, ce n'étaient plus que des pelotons vaporeux se mouvant autour d'elles. Je m'aperçus alors que des brumes se formaient instantanément dans le vague de l'espace au-dessus du val de Lys. A peine condensées en gazes légères, dans un air qui était auparavant d'une limpidité parfaite, elles montaient et allaient s'ajouter aux nuages qui plus haut faisaient masse. La rapidité de leur formation, le mouvement intestinal et ascendant qui y existait sans discontinuité, étaient très curieux. Ce phénomène est ainsi l'opposé de celui dont j'avais été pour la première fois témoin dans le val d'Escoubous : la dissolution prompte et presque instantanée des vapeurs. Des plans inférieurs la plupart des opérations de l'atmosphère sont invisibles, tandis que du haut des monts nous présidons en quelque sorte à ce qui se passe dans son laboratoire immense. Bientôt toutes ces parties isolées ne formèrent qu'un dais immobile enveloppant la crête depuis la Picade jusqu'au port d'Oo, tandis que tout à l'ouest brillait sous le soleil. Cette masse toujours croissante s'abaissa jusqu'à moi et m'avertit de quitter des lieux qu'envahissaient les brumes de l'hiver.

Je ne pouvais me résoudre à descendre par l'arête dangereuse que j'avais gravie. Les pentes du nord vers le val de Cazeaux étant encombrées de neiges, où dès les premiers pas que j'y avais faits sur des traces d'isards, je m'étais enfoncé jusqu'à la ceinture, il ne me restait d'autre voie de retraite qu'un couloir presque à pic, origine d'un affluent neigé de Lys. Je n'y voyais d'autres difficultés que des pentes d'une excessive inclinaison sur la neige ou sur un court gazon, et ce n'en est point de réelles lorsqu'on est muni d'un bâton ferré, car dans de tels lieux le moindre faux-pas sans lui pourrait être une chute sans espoir. Je m'y lançai donc, et j'étais parvenu très bas sur la neige, en me tenant du côté du berceau pour éviter les lignes de plus grande pente que les pierres éboulées m'indiquaient assez, comme les cavités que l'eau creuse toujours sous le milieu, lorsque je vis que pour tourner la base conique du pic de Céciré il me fallait descendre jusqu'aux premières granges de Saint-Aventin, d'où il y avait beaucoup à remonter pour gagner le col de Gouroun. Jetant alors les yeux sur ses flancs mêmes qui, tout sillonnés d'arêtes et de ravins, ressemblaient à une pyramide cannelée, je crus ne pas y voir d'assez grands obstacles pour m'empêcher de gagner ce col en m'y maintenant de niveau; et sans plus réfléchir je commençai la périlleuse traversée. Je ne m'étais pas trompé; je pus tout surmonter, mais c'est une de ces voies où l'on ne revient jamais. Sur des plans herbeux presque verticaux, comme pour doubler tant de saillies escarpées, et passer les ravins intermédiaires, tous mes moyens furent en jeu, et le secours des mains me fut indispensable. Comme le vallon s'enfonçait rapidement, les difficultés allaient également croissant; ces ravins devinrent des profondeurs où toujours devait être mis en pratique le principe utile de considérer tranquillement le précipice avant de s'y engager, afin d'éviter le vertige que peut donner sa vue subite. Enfin, épuisé de fatigue, j'atteignis le col, et certain de n'avoir plus que des routes faciles, j'y savourai toute la douceur d'une halte longtemps désirée. De la pelouse où j'étais étendu, je considérais avec la satisfaction de l'obstacle vaincu les pas hasardeux que je venais de franchir, et sur ma tête les crêtes en ruines escaladées le matin. Descendant vers Gouroun, des éclats joyeux retentissant au travers des bois, m'attirèrent dans un vallon, où une partie de la population de Saint-Aventin s'était rendue pour reconstruire les cabanes que les pasteurs allaient habiter. C'était une fête pour ces laborieux montagnards.

Je ne saurais oublier un but charmant de promenade, les herbages de Campsaure, mi français mi espagnols, situés au-dessus de l'hospice, sur le chaînon limitrophe; mais qu'on aille les voir au mois de juin, avant que des pieds et des bouches sans nombre aient flétri leurs tapis émaillés, où les iris, les asphodèles et les bulbocodes en pleine floraison arrêtent souvent la marche. Quittant les fonds où circule la route de l'hospice, il faut quelques efforts pour gravir les rampes et dépasser les bois, mais aussitôt l'espace s'ouvre, et l'œil peut errer sur un vaste plateau de pâtures, prolongé sous les talus non moins herbeux de la montagne de Supertèque tout espagnole, jusqu'au pied du Pomèro. Les crêtes de la Picade, de Vénasque et de la Glère, levant en face leurs longues déchirures et leurs aspérités qui sont des monts chenus, laisseraient voir aisément le contrebandier dans tous les détours de leurs difficiles passages. Si l'on monte au col de Pouïlané, sous le Pomèro, qui termine Campsaure, on planera sur les noires forêts d'Artigue-Déline, qui cachent toutes les racines des monts, et on s'arrêtera au grand chalet espagnol pour être témoin de l'industrie du pasteur aranais, plus avancée peut-être que celle de son voisin. Je me rappelle ce spacieux foyer qui touche à la porte; ces lits de camp en branchages rangés contre les murs; tous ces vases de bois depuis la grandeur du verre jusqu'à la demi-barrique, pour contenir, les uns les divers laits du matin, de chèvre, de vache et de brebis; d'autres du petit lait, où les allants et les venants puisaient à l'envi ce breuvage très sain quand l'estomac y est fait; cette cloison de branches de sapins qui, comme un rideau de verdure fermait le magasin des richesses communes, et jusqu'à ce gros chien qui portait maintes traces de ses combats avec le loup. On peut aller partout à cheval, et la délicate citadine ne plaindrait pas sa peine, ne pût-elle arriver qu'aux clairières qui précèdent Campsaure, dont le vert est si pur, que parfume le genêt aux fleurs d'or, et que cernent de vieux hêtres où l'ombre et le frais défient le soleil.

Deux autres points remarquables sont le Mounné au fond de la vallée d'Oueil d'où la vue a presqu'autant d'étendue que de Bocanère, et la Serre de Saint-Paul sur le chaînon qui sépare la vallée d'Oueil de celle de Luchon, dont l'extrémité plonge brusquement sur le village de Cazaril. Point culminant d'une arête étroite que les bois atteignent et dentelée de saillies rocheuses, le plus facile chemin pour la Serre est par la vallée d'Oueil et en deux heures on peut l'atteindre. La vallée de Luchon jusqu'à la plaine, et partie de celles de Barousse et de l'Asto, Cagire et ses basses montagnes, les bassins d'Oueil et de Luchon aux pieds, sous d'abruptes précipices que les bois cachent ou décorent, et en face le chaînon limitrophe ainsi que la brillante barrière de la haute chaîne, y composent un beau panorama.

CHAPITRE IV.

Le Portillon. — Vallée d'Aran. — Vielle. — Pla de Beret. — Sources de la Garonne et de la Noguera.

J'attendais que des apparences d'un temps sûr me permissent de partir pour la vallée d'Aran. J'avais le projet de pousser mes courses, si toutefois les circonstances m'étaient favorables, des sources de la Garonne, en repassant la crête, à celles du Salat et de ses affluents de l'ouest, que dans un voyage précédent je n'avais pu visiter. Je m'étais assuré du meilleur guide de Luchon, François Martre, garde champêtre et botaniste pratique, vendant aux étrangers des collections de plantes dont il faisait des envois. Leste et déterminé, connaissant bien la vallée d'Aran, ainsi que les vallées voisines, où il prétendait avoir accompagné des naturalistes, même jusqu'à Perpignan, en relation d'ailleurs avec des contrebandiers des deux versants, c'était tout ce qu'il me fallait. Fidèle à mes habitudes de pouvoir suivre librement telle voie qui me plairait, j'entrepris ce voyage à pied, mais certaines précautions indispensables pour passer la frontière nous firent partir assez tard. Mon guide, non moins empêtré qu'un soldat en route, portait par-dessus un sac imperméable pour quelques effets et des provisions, un portefeuille pour dessiner et recueillir des plantes; d'un côté lui pendait l'outre fidèle, de l'autre un petit parapluie. Ainsi accoutré, il ne lui manquait que le chaperon de coquilles pour ressembler à ces pèlerins qu'on voit encore errer dans nos provinces méridionales, et cependant vrai Miquelet, agile et nerveux, le long bâton sur l'épaule, sa marche n'en était pas moins preste.

Avant Castelviel, nous traversons les basses prairies alors dans leur parure; le géranium livide, les narcisses, les ancolies, la saxifrage granulée, les scilles et les élégantes astrances s'y montraient mêlées avec les fleurs des plaines. Un petit pont nous fit passer la Pique échappée du canal qu'elle s'est ouvert sous les roches de la butte, d'où elle fuit en grondant au milieu de masses où le granit, qui porte ici le système de transition, est un moment à nu, et qui l'obligent à de nombreux détours, avant de pouvoir se calmer sur les champs de Saint-Mamet. Les hauteurs, vues de ce point, s'exhaussent brusquement au-dessus de la tour vénérable, et rien ne ferait diversion au repos d'un site moins gracieux que sévère, si parfois un muletier espagnol ou des paysans chargés de bois, ne venaient animer un peu la scène où le douanier, dans son ennui, se meut à pas lents auprès du corps de garde qui surveille les avenues des deux ports.

Après une courte montée dans le vallon de l'est, s'ouvre un charmant berceau d'autres prairies arrosées par la Burbe, que de petits promontoires couverts d'arbres forcent à de moelleux détours. Aux montagnes de Guardèro et de Montauban se montraient sur leurs degrés successifs les développements inégaux de la végétation : d'un côté où les rangs sont pressés, le vert tendre des hêtres se mêlait aux sapins toujours noirs, et sur les pentes exposées au midi, le chêne découpé ne faisait qu'épanouir ses glauques boutons, dont le coq de bruyère, nommé *paon* dans le pays, est très friand. C'est aussi le moment de l'y poursuivre alors que le feuillage ne le dérobe pas encore à l'œil du chasseur. Nous entrons dans le dernier bassin de verdure, serré entre des masses que le sapin revêt partout, excepté quelques roches escarpées, où brille le schiste micacé comme dans tout ce qui borde le vallon, d'où le guide me dit avoir été fusillé par les Espagnols lors de la guerre de l'indépendance. Enchanté de cette retraite romantique, j'allais proposer une halte, lorsqu'il déclara que l'usage était d'y prendre du repos avant de monter au port. Assis donc sur le bord de la jeune Burbe dont l'eau limpide fuyait sous les noisetiers qui nous abritaient du soleil, nous mêlâmes le vin déjà échauffé de l'outre à cette eau dont la fraîcheur lui rendit ses vertus toniques. Cette première halte dans le bois, ce premier repas près du ruisseau de la montagne, me furent plus agréables avec la pensée que j'étais en marche pour une de mes plus longues courses.

Nous laissâmes le sentier que suivent les chevaux pour une rapide montée sous une futaie de hêtres dont les racines servent de marches. Tout en haut, dans une petite clairière serrée entre des hauteurs, existait encore la cabane du cordon sanitaire, conservée pour servir d'abri aux passants ; tel est le Portillon. Comme nous débouchions de notre obscur couloir, je vis sortir du bois un curé espagnol, monté sur un vigoureux mulet ; à peine a-t-il dit en passant le *vaya con dios* obligé, que, piquant sa monture, il disparaît de nouveau sur le chemin de Luchon, comme si ce brave homme, à notre subite apparition, s'était cru de bons motifs pour mettre de l'espace entre lui et nous. La vue du col est très bornée : sur la hauteur du midi est un autre col nommé *Clot de Barèges*, où commencent les grands pâturages de Campsaure, qui de là vont occuper toutes les pentes de Supertègue vers l'hospice de Bagnères, jusqu'au col de Pouïlané ; de toute la vallée d'Aran je n'apercevais que le pic granitique d'Arrou en face, belle montagne divisée en laiz verticaux par des traînées de rochers, de neiges ou de bois, appartenant au groupe du pic de Sénère que la Garonne embrasse dans son vaste contour.

Nous sommes en Espagne ; nous avons franchi une des lignes de démarcation que l'ordre social et les mœurs aient le plus fortement tranchée. Nous avons mis le pied sur le territoire d'une nation que sa physionomie morale et ses habitudes rendent très différente du reste de la famille européenne. Les Espagnols y sont au rang le moins avancé peut-être de la civilisation, malgré les grandes qualités que dès les temps les plus anciens, leur a départi la nature; et Dieu seul peut savoir si les convulsions sous lesquelles se débat toujours ce peuple généreux, digne d'une meilleure destinée, amèneront enfin pour lui des temps plus heureux.

On circule dans des bois épais jusqu'à un mamelon qui laisse voir sous les pieds la partie inférieure de la vallée : « C'est le pas de l'arbalète, me dit alors mon guide, et il faut s'arrêter. » Je l'avais déjà fait ; pendant qu'il consultait son outre, je parcourais des yeux une petite plaine où la Garonne, comme en un long ruban, baigne Bososte, seconde ville d'Aran, passe au village de Lez et va se perdre dans le défilé du pont du Roi, où d'énormes masses semblent se joindre pour la fermer. Des cultures soignées, des habitations couvertes d'ardoise donneraient une idée avantageuse du pays, si l'on ne savait que la misère l'habite. Sur le chaînon limitrophe, au lieu des bons pâturages qui ornent les pentes françaises, on ne voit que d'arides ressauts, sur l'un desquels est le village de Bauzens ; mais à l'opposite celui de Canéjan paraît dans un site plus heureux, et au-delà des pentes croisées du défilé sont les hauteurs françaises de Melles, par où j'ignorais que quelques jours plus tard je rentrerais en Aran.

On descend rapidement dans le bois; on traverse un fourré de noisetiers dont les ours disputent, pendant l'hiver, le fruit aux écureuils, et on débouche sur la grande route d'Aran, auprès du poste, alors heureusement désert, où les douaniers espagnols, sans discipline aucune, rançonnent souvent les voyageurs. Pendant une heure, des fonds sans variété sont monotones jusqu'au point où deux Garonnes se réunissent sous la butte de Castelléon. Celle qui descend des glaces de la Maladetta par la vallée d'Artigue-Déline, où ne sont en vue que des bois sur les pentes opposées de Supertègue et de Gelle, digne avenue des monts maudits, porte le nom de *Djoueou*. Du château de Castelléon, autrefois chef-lieu féodal de la vallée, pris et ruiné en 1719, par le marquis de Bonas, commandant les Français lors de la guerre de la succession, il ne reste plus que quelques fondements, et il est singulier que les géographes copiant toujours leurs devanciers, s'obstinent à le marquer sur les cartes. Nous passons le *Djoueou* sur un vieux pont fermé par un reste de fortifications, et nous montons au village de Las Bordes, où ma première halte en Espagne me donna la mesure des privations qu'il fallait y subir. Le vin surtout, soutien du voyageur à pied, y était détestable. Malgré une soif ardente, malgré l'hôte qui s'épuisait à le citer comme le meilleur des côteaux de Balaguer, sa saveur amère, nauséabonde, due aux enduits résineux de l'outre qui l'avait transporté, me repoussait, et je fus réduit à envier le palais blasé de mon guide le savourant à plaisir, comme d'autres commensaux qui se délectaient aussi de ce qui me soulevait le cœur. Les Romains, suivant Plutarque, faisaient un pareil usage de la poix comme rendant le vin plus fort et meilleur. Les Eubéens même, dit-il, en mettaient habituellement dans leur vin. Cet usage aurait été ainsi répandu dans l'antiquité, et c'est bien le cas de dire qu'il ne faut pas disputer des goûts.

Des hauteurs nues, escarpées, des bois amaigris et des

saillies de granit en place, tel est l'aspect de la vallée après Las Bordes. Un village paraît sur une plate-forme de la rive droite, où une grande maison neuve s'élève au-dessus des autres. C'était Arros et le château du *senor Troï*, le Crésus du pays; mais tout ce qu'on m'avait conté des ornements sans goût qu'il y avait prodigués, ne m'engagea pas à perdre un temps précieux pour lui tenir ma promesse. Les habitations d'Aran sont en général mieux construites que leurs voisines de France, et dans le moindre village, où le chaume ne se montre jamais près de l'ardoise, sont deux clochers et souvent plusieurs chapelles. Ici, comme dans toute l'Espagne, le nombre des prêtres est considérable et les églises ont des propriétés particulières. Au fond du vallon, qui derrière le village monte aux neiges du pic de Sênère, centre du groupe qu'embrasse la Garonne, est l'ermitage de *San Juan de Ross*, sur le chemin du port de la Hourquette qui verse sur Sentein dans la vallée de Baros. Cette dénomination peut être mal entendue : dans toutes les vallées espagnoles il y a des ermitages composés d'une chapelle, d'une maison d'habitation et d'étables pour les bestiaux. Ils sont dotés de bois, de prés et de pâturages, dont la fabrique de la paroisse d'où ils dépendent, donne la jouissance à un habitant, à la charge de certaines redevances, comme d'entretenir la chapelle, de recevoir et payer les prêtres qui à tour de rôle, sont obligés d'aller la desservir, et de donner le couvert et le feu aux passants, même de l'eau-de-vie et de l'huile pour panser leurs plaies. Ainsi ce mot n'emporte pas, comme en France, l'idée d'une retraite solitaire, d'une grotte dénuée de tout, habitée par un reclus volontaire, mais bien d'une bonne ferme de montagne, avec une chapelle régulièrement desservie pour l'usage des pasteurs répandus pendant l'été sur les pâtis voisins, et asile assuré pour le voyageur qui parcourt les lieux déserts où ils sont ordinairement placés, ainsi que je l'ai éprouvé et que plus d'une fois j'en ai senti le prix.

À Aubert on passe la Garonne sur un vieux pont; quelques moulins à scie qu'elle fait mouvoir sous un amphithéâtre de maisons et de cultures, raniment le paysage après un monotone défilé. Nous y fûmes rejoints par un cavalier bien monté qui nous dépassa rapidement ; sans le bonnet de soie noire et le sombrero retroussé en oublie, je l'eusse pris pour quelque hidalgo catalan à son air fier, à sa mine dégagée. Il suffit de mettre le pied en Espagne pour voir que sur cette terre privilégiée, où les idées religieuses se maintiennent, les prêtres y sont encore heureux et respectés. Nous croisâmes des troupes de muletiers, se rendant de l'intérieur à la foire de Bososte : c'était des hommes secs, nerveux, dont les poitrines, toujours nues, étaient brûlées par le soleil. Des bonnets et des ceintures rouges, des sparteilles découvertes, rattachées à la manière antique, et de petits gilets à boutons brillants, relevaient encore ce que leurs mines avaient de hardi et de farouche. En voyant au sein de la montueuse Catalogne de tels hommes, dont le physique et le caractère sont en harmonie avec l'âpreté de leur pays, on conçoit les campagnes aventureuses de Mina, et la longue résistance que ses bandes toujours dispersées, jamais détruites, ont opposée à nos braves soldats. Parmi eux s'étant trouvé quelques amis de Martre, la reconnaissance et les compliments se firent avec des éclats de voix, des gestes et des mouvements de physionomie, qui, partout ailleurs, n'accompagnent que la colère. Quel contraste, pensai-je, avec le flegme et l'impassibilité du Germain ou de l'Ecossais ! Quelques degrés du thermomètre peuvent-ils produire des résultats si divers ! Il faut y reconnaître, comme à l'autre bout de la chaîne, le vieux sang de l'Ibère et ses passions ardentes.

La vallée tourne à droite, au pied du Courbissou ; un nouveau bassin s'ouvre, et *Vielle* paraît avec ses nombreux clochers sous des montagnes dont les bois et les pâtures occupent toutes les pentes ; mais les yeux ne s'y arrêtent guère, attirés par les sommités neigées dont les pics et les flancs redressés sont au fond du tableau une décoration alpestre. C'est au milieu de ces beaux pitons granitiques qui sont l'extrémité de l'est de la Maladette, qu'est le port de Vielle, d'où l'on passe à Sénet et à Néthou, sur la Noguera-Ribagorçana. A leur pied est l'*Ouil de Dourne*, source du *Rio*

Negro, nommé aussi quelquefois *Garoune*, qui traverse la ville avec fracas. Peu après le couvent de *Miech-Aran*, situé, comme le dit son nom, à égale distance du Pont du Roi et de l'*Ouil de Garoune*, qui est la source principale, on entre dans le petit chef-lieu du gouvernement d'Aran et Castelléon, amas de maisons bizarrement disposées autour de places ou vacants très irréguliers. Sur la *Plaza Réal*, nous excitâmes la curiosité de plusieurs promeneurs en habit ecclésiastique, qui donnaient l'idée de la manière libérale dont on avait pourvu aux besoins spirituels des habitants. De nombreuses églises d'une architecture massive, mais très ornées, et un pont couvert sur le Rio-Negro, d'une malpropreté caractéristique, achèvent de convaincre que l'on est en Espagne. La vallée d'Aran appartenait autrefois aux comtes de Cominges. En 1192, elle devint espagnole par le mariage de Béatrix, héritière du comté, avec un seigneur de la maison régnante d'Aragon ; cependant, jusqu'à la révolution, les Aranais avaient continué à dépendre pour le spirituel de l'évêque de Comminges. Il y avait un petit fort que les Français rasèrent en 1814. Le gouverneur, français d'origine, dont le nom espagnolisé était devenu *don Angel Pons*, pour qui j'avais une lettre, me reçut en compatriote et m'assura que dans l'étendue de son gouvernement, qui ne dépassait pas les limites de la vallée, je n'avais pas besoin de sa protection ; que je pouvais y voyager sans crainte, de nuit et de jour, les crimes y étant excessivement rares. Cela tient, suivant lui, au caractère pacifique des Aranais, tandis que leurs voisins de la Catalogne comme de l'Aragon, qui à cause de cela les appellent *Français*, sont éminemment Espagnols. C'était assez en dire.

Conduit par Martre chez le meilleur hôte qui a nom *Cabesset*, après quelques détours, nous pénétrâmes dans une cuisine obscure et vernie de fumée où se mouvaient dans l'ombre la vieille hôtesse et deux *maritornes* qui nous firent assez gracieusement place auprès d'un bon feu. Bientôt tout fut en mouvement pour le souper : les cuisiniers femelles, dédaignant le drap blanc, aux mains aussi noires que le poêlon dont chacune était armée, se mirent à faire rissoler dans une graisse odorante, l'une la soupe à l'ail, à l'huile et au piment qui devait m'excorier le gosier, l'autre une poitrine de chevreau divisée à coups de hache sur un bloc que l'eau pure du ruisseau n'avait jamais touché, et la troisième une sorte de hachis composé de mie de pain et de je ne sais quoi qui devint en cuisant couleur de suie. Ce repas délicat me fut servi accompagné d'un vin de la Conque de Tremps très généreux, suivant l'hôte, grand et flegmatique espagnol. Je me hâte de le goûter ; mais ô désappointement! Ce n'était autre que le détestable breuvage qui déjà m'avait révolté. Je me résigne cependant et attaque les mets : sans doute que leurs goûts renforcés ne convinrent guère mieux à mon estomac, quoique vide, puisque j'accueillis comme heureuse l'idée subite de demander du lait. Aussitôt on m'en apporte de fraîchement trait qui, doux et crémeux, me fit abandonner sans regret au guide la soupe au piment, le chevreau enfumé et le noir hachis, ainsi que le nectar de la Conque dont il les arrosait amplement. Toutefois, mon hôte complaisant parvint à découvrir en ville un très bon vin muscat des environs de Tortose, huileux et cordial, qu'il nomma vin de Bénèbro. Ce me fut un délicieux restaurant que je n'oubliai pas pour le lendemain.

Conduit après mon repas dans une chambre haute, toute tapissée d'images de saints, un lit très dur et deux tablées de muletiers qui dans la pièce voisine fumaient et chantaient, ne m'empêchèrent pas d'y trouver un sommeil réparateur.

Dès le point du jour sur pied, la vue du ciel le plus pur, où brillaient les neiges et les pics du port, me furent d'un bon augure, et nous nous remîmes gaîment en route. La vallée continue à être fertile et peuplée ; je ne m'attendais pas à un pays si agréable. La Garonne y serpente longtemps entre des prairies, des roches boisées et de beaux villages croisant la route ou bordant les terrasses voisines, tandis que les montagnes ne récréent pas moins la vue par leurs verdoyants amphithéâtres, sous des cimes neigées. Dans ce canton, le meilleur d'Aran, le riant des fonds rivalise avec le pittoresque des hauteurs. C'était un dimanche : déjà les églises se remplissaient, et sur les chemins bordés de haies fleuries j'aperçus pour la première fois quelques figures sur qui les regards pouvaient s'arrêter avec plaisir.

A deux heures de Vielle est Artiez, le plus grand village du Haut-Aran, que la Garonne coupe en deux. Une épaisse couche de fumier montrait que les habitants n'avaient pas un grand respect pour leur Plaza-Réal, alors déserte ainsi que les rues, toute la population étant dans les églises dont les carillons sans fin répondaient à ceux des cloches éloignées. L'ayant dépassé, je fus frappé au midi d'un tableau inattendu : au fond d'un vallon sauvage, le pic de Montarto couronnait de son cône régulier une belle masse resplendissante de neige au-dessus de noirs escarpements; et en deçà, tout était roc ou sapins, avec une petite chapelle à l'entrée, sur une butte rongée par le torrent. C'était un paysage complet. A l'ouest, sous le Montarto, est un port qui communique avec *Caldes*, sources thermales très fréquentées sur la Noguera *del Tort*. La vallée se resserre ensuite, devient nue et moins fertile, quoique plusieurs villages se voient encore sur les hauteurs. Giesse et Salardu sont perchés, en regard, au débouché du vallon de Bachergue, qui, profond et inhabité, remonte au nord vers le tuc de Mauberme, où un petit col le sépare du vallon espagnol de Canéjan, courant à l'ouest sous Crabère et Tentenade. Ainsi se trouve entièrement cerné le groupe dont le pic de Senère est le point culminant. A Salardu, chère peu confortable avec du jambon fumé et du beurre piquant, quoiqu'ainsi qu'à Las Bordes, l'hôte vantât beaucoup son vin de *Cardous*, dont il termina l'éloge en disant qu'il venait de onze journées de marche de l'intérieur de l'Espagne. Il était en effet plus supportable que celui de la Conque, et très spiritueux : de tels vins bien fabriqués seraient excellents.

De Salardu, on s'élève d'écharpe sur la pente nue de la montagne exposée au midi, en laissant dans le fond Trédos, dernier village, et la vue, toujours plus étendue, embrasse bientôt toute la moitié supérieure de la vallée, depuis le bassin de Vielle jusqu'aux trois cols extrêmes où elle finit; le premier, au bout du vallon, tout pâturages, de Trédos, fermé par la masse de Montagnette, est le port de la Ratière, qui verse au midi sur la *Noguera del Tort* et sur le val d'Espot, principal affluent de la *Noguera Paillaresa;* le second, nommé port de Bonaïgue à cause d'une source qui s'y trouve, paraît de loin au bout de longues rampes sur les flancs herbeux de la montagne de Rude dont il est dominé. C'est la voie la plus directe des Aranais pour aller à Barcelone et à la Seou d'Urgel, par Esterri, près Valence du Paillas; le troisième, au nord-est, est le col de Peyreblanque ou de Béret, où sont les sources de la Garonne et de la Noguera-Paillaresa. Je fus surpris que le torrent qui porte seul le nom de Garonne fût le plus faible des quatre, y compris celui de Bachergue, qui presque au même point confondent leurs eaux. Comment a-t-il donc le privilége d'être réputé la source de notre fleuve ? Serait-ce que les vastes pâturages où il prend naissance, dont l'excellence et les abords faciles ont dû être dès les premiers temps appréciés, lui ont valu cet honneur ?

Quelque fréquentés que me parussent les ports que j'avais en face, les difficultés y sont grandes encore, et je ne songeais pas que quelque jour on y verrait une circulation animée et d'une rapidité idéale. A l'époque où tous les Etats de l'Europe, peu après ces guerres de géants, qui durant tant d'années les ont réduits aux abois, désabusés de leurs instincts guerriers, consacrent à l'envi toutes leurs forces vives à étendre leurs intérêts communs et le bien-être des populations par la création de ces voies merveilleuses qui anéantissent les distances, les Pyrénées ne resteront pas satisfaites malgré leurs belles routes audacieusement suspendues, où les ingénieurs semblent s'être joués des roches et des précipices, mais voudront, elles aussi, avoir leurs chemins de fer vers l'Espagne et voir ainsi ce grand mot réalisé : *Il n'y a plus de Pyrénées.* Mais l'âpreté de leurs masses et surtout l'élévation de leurs cols exigeront les efforts réunis de l'art et de la science de l'ingénieur, si avancée de nos jours, pour que de si grands obstacles puissent être surmontés.

Cependant la puissance de l'homme a des limites, et quelque peu de compte que dans son audace il soit disposé à tenir des pics chenus, des glaciers et des lavanges, un chemin de fer continu par certaines parties centrales où les hauteurs dépassent 3,000 mètres, où les cols ne sont jamais au dessous de 2,500 mètres, est bien difficile avec les exigences de pente de ces voies nouvelles.

Les passages du centre où les chemins de fer paraissent exécutables malgré ces immenses difficultés, sont de l'est à l'ouest:

Dans la vallée de l'Ariège, le port de Puymorin, vers Carol, et dans la vallée d'Aran le port de Bonaïgue, où les pentes sont larges, les développements possibles jusqu'à la hauteur où les cols devraient être percés par des tunnels qui ne seraient pas à plus de 1,500^m d'altitude, et par conséquent dans la zone où les froids sont supportables, et les tourbillons, les tourmentes, moins violents; avantages que la vallée d'Aran, quoique toute centrale, doit à sa situation singulière entre les extrémités opposées des deux grands chaînons qui composent la chaîne, et qui l'un et l'autre s'affaissent à ses côtés.

La vallée de Luchon, par l'importance de ses bains, mériterait une telle voie vers Balbastro et l'Ebre, qui serait possible du côté de France par l'Hospice et par le port de la Glère, plutôt que par celui de Vénasque, si les affreux escarpements du versant méridional permettent de la conduire dans le val de l'Astos, mais avec un tunnel qui ne pourrait être qu'au-dessus du lac, à plus de 2,000 mètres d'élévation.

La vallée d'Aure, plus productive, plus commerçante, exige une voie vers l'Espagne, avec laquelle elle fut de tout temps en communication continuelle; mais les difficultés y sont très grandes et, soit par le col d'Ordisset, soit par celui de Bielsa, le tunnel ne pourrait y être percé qu'au-dessus de 2,000 mètres.

La vallée du Gave, quoique sous le Marboré, aurait au port de Gavarnie des pentes plus douces, et le tunnel pourrait y être à moins de 1,500 mètres; avantages précieux, mais balancés par une percée de six à sept kilomètres, c'est-à-dire d'une longueur double des autres tunnels.

Dans la vallée d'Ossau, les pentes sont beaucoup plus

douces et l'espace très étendu au port d'Anéou, qui est pratiqué toute l'année ; et dans la vallée d'Aspe, qui est centrale encore, les abords du Somport sont relativement faciles : l'une et l'autre établissent des communications directes de Pau à Saragosse, et les tunnels paraissent pouvoir y être percés à moins de 1,600 mètres.

Tels sont, je crois, les ports des vallées centrales où l'on peut regarder comme non impossible, quelle que soit la grandeur des difficultés, l'exécution des chemins de fer avec les machines à feu, qui ne comportent que des pentes n'excédant pas six à sept millimètres. Il en serait bien autrement, et bien des obstacles seraient aplanis si l'on parvenait à rendre applicables aux grandes lignes les chemins atmosphériques, qui supportent des pentes de quatre à cinq centimètres.

Sur la voie où nous gravissions étaient épars des *roules* de sapins provenant d'une forêt sur les revers de la Noguera, que le senor Troï faisait exploiter. Ces roules sont traînés par des attelages par-dessus le plateau de Béret, l'espace de cinq lieues, jusqu'à Trédos et Salardu. De là on les fait flotter au temps des grandes eaux jusqu'à Fos et Saint-Béat, où des moulins à scie les convertissent en planches. Au bout d'une heure nous nous trouvons au bas d'un ravin dont le ruisseau eût passé peut-être inaperçu sans ses chutes continuelles. J'atteins la hauteur, et du pied d'un médiocre rocher je vois surgir deux sources à quelques pas réunies pour le former. Ce ruisseau, c'est la Garonne ; ces deux modestes sources sont ses *yeux*, ou l'*Ouil de Garoune* des Aranais, faibles commencements que l'imagination compare aussitôt à la vaste étendue des eaux qui, sous les falaises de Royan, vont se confondre avec l'Océan. Peu au-delà est le col qui cache la source de la Noguera et les pâturages du Pla de Béret ; à gauche, s'élève, par ressauts, une montagne herbue qu'animait alors une ramade avec son pasteur au bonnet catalan ; et à droite un terrain inégal, que se partageaient la neige et le gazon jauni qu'elle venait de quitter, monte par étages jusqu'aux croupes neigées de Rouïsespaous. Ce petit col, ces hauteurs peu imposantes sont ici la crête qui sépare les eaux entre les deux mers, et font partie de cette sorte de chaînon intermédiaire qui, dirigé nord et sud, établit la liaison entre la chaîne occidentale finissant au port de la Ratière, et la chaîne de l'est, qui, commençant au Pont-du-Roi, reprend au tuc de Mauberme, par son élévation et des formes alpestres, une dignité qu'elle ne perd plus jusqu'à la Méditerranée.

Non moins heureux que Bruce lorsqu'il crut découvrir les sources sacrées du fleuve de l'Egypte, je courus à ces deux fontaines dont les eaux froides et pures sortaient en bouillonnant de dessous le rocher, et, me penchant sur leurs petits bassins, je me désaltérai dans l'une et l'autre; puis, remplissant ma tasse du vin généreux de Binébro uni à leurs eaux confondues, à la manière antique, après en avoir goûté, j'en fis une double libation aux nymphes protectrices et au vieux fleuve, que je me représentais à la place du roc, couché sur les deux urnes qui s'épanchent. Mais pourquoi notre Garonne va-t-elle chercher son origine dans des régions qui ne sont pas françaises? Si parmi les diplomates qui ont concouru à tant de traités entre les deux empires, il se fût trouvé des Gascons, les limites eussent été rétablies selon les lignes naturelles; nous n'aurions plus le regret de voir naître étranger le plus beau cours d'eau des Pyrénées, qui voit partout sur ses rives un peuple gai et spirituel, éminemment doué par la nature, malgré maints quolibets dont il rit le premier, de ces qualités aimables qui distinguent entre toutes les nations le caractère français; germes heureux qui ne demandent qu'une culture plus soignée. Le ruisseau est quelquefois si faible au milieu de l'été, qu'on peut le faire passer sous un pont d'argent, disent les Aranais; c'est-à-dire sous un pont formé par trois piastres.

J'avance au haut du col; l'espace se dilate, et je me trouve en vue d'un des plus beaux pâturages de la chaîne, le Pla de Béret, vaste et verdoyant tapis étendu sur les hauteurs latérales aux formes partout émoussées, et se prolongeant de deux lieues en une pente insensible vers la base du Mont-Vallier, dont les dépendances, masses nues et empilées, vues de si près, ferment majestueusement le tableau. A quelques pas de moi naissait, dans une ondulation du sol, un joli ruisseau qui, bientôt accru par d'autres, allait faire mille détours sur la plaine uniforme pour disparaître dans les fonds de Mongarre, où se montraient quelques bois ; c'est la Noguera Paillaresa. J'entendais les eaux de sa voisine se précipiter sur la pente du midi, et celle-ci ne faisait que le plus doux murmure en glissant sur la pelouse, vérifiant ainsi ce dicton des Aranais qui caractérise ces deux sources : « *Garoune per Aran, braman; Noguera per Louz, tout doux.* » Louz, ou *Giles de Louz*, est le premier village que baigne cette dernière. Il est remarquable que l'une et l'autre coulent d'abord en sens contraire de leur direction générale, à laquelle elles ne reviennent que par deux larges contours opposés. Il est singulier aussi que *Noguera* soit l'anagramme de *Guarone*.

Si de ces champs de verdure dont le cadre est borné on porte la vue au midi, on est frappé de la magnificence de la scène qui s'y présente et de sa vaste étendue. La vallée d'Aran, invisible dans ses fonds, ne se fait reconnaître que par l'espace évidé tout au long de sa chaîne méridionale, depuis le Courbissou jusqu'au col de Bonaïgue. Au-dessus de ce terne et long piédestal, une énorme montagne s'élève à l'ouest hors de proportion avec ce qui l'entoure. A son large glacier, à ses draperies neigeuses aussi anciennes que son front et à ses crêtes allongées, on ne peut la méconnaître : c'est la Maladette, centre majestueux des monts Maudits, qui près d'elle ne sont qu'une masse confuse et dentelée. Son sommet brillant de blancheur se détache dans le ciel, tandis que les innombrables cimes qu'elle commande sur l'Aragon comme sur la Catalogne, se perdent à l'horizon ; chaos de neiges et de rocs que j'avais déjà reconnu de plus loin et de plus haut, du Mont-Calm. Les contreforts qui l'appuient conservent longtemps leur relief et une physionomie alpestre entre les divers rameaux des Nogueras ; mais le pic de Montarto, si beau de son pied, n'est plus qu'un morne obscur projeté contre le glacier dominateur. Ce champ sans bornes de pics noirs et de neiges qu'une vive lumière faisait étinceler sous l'immense coupole d'azur, était un de ces tableaux simples de teintes et sublimes d'effets que la nature a réservé pour les hauts lieux de la terre, pour ces sanctuaires féconds en secrètes harmonies, où s'élaborent ses forces productives. Ce n'est pas une fiction des poètes de parler du génie d'un lieu. Qui pourrait voir de près le Mont-Perdu, le Mont-Calm, la Maladette, sans éprouver l'intime influence de l'esprit de ces solitudes sublimes, sans que l'âme s'y pénètre d'une religieuse émotion? Je jouissais de voir un tel cadre entourer l'origine de notre fleuve, et tant d'aspects grandioses sous un beau soleil en rehausser le caractère. Mais à combien peu tiennent les succès, les plaisirs d'une telle excursion! Si les flocons brumeux qui se forment comme par enchantement dans ces froides régions m'eussent enveloppé, ainsi que cela m'est mille fois arrivé dans les plus beaux jours, toutes ces grandeurs, tout ce charme des yeux n'eussent plus été qu'un prestige évanoui d'un souffle; et dans mon horizon rétréci je n'aurais aperçu qu'une herbe jaunie, de froides neiges et une solitude attristée. Heureux donc, trois fois heureux d'avoir vu les *yeux* de la Garonne sous l'éclat d'un beau ciel !

Plusieurs heures s'étaient écoulées au col de Béret. Goûtant toutes les douceurs du repos sur cette savane alpestre, j'observais, je dessinais, je prenais des notes, tandis que Martre, étendu au soleil, dormait. La faim l'ayant éveillé sans doute, il alla étaler nos provisions plus que modiques auprès des sources où le vin de Binebro fut le seul élément tonique du plus mince des dîners; mais les grandeurs du réfectoire ne faisaient-elles pas oublier ce qui lui manquait en mets substantiels? Nous promenions sur le col, lorsque mon homme tout-à-coup s'écrie : Un *crocus!* J'aperçois en effet la fleur blanche et les feuilles linéaires du safran printanier. Cette plante délicate et assez rare était une de celles qu'il recherchait le plus à cause de la demande que lui en avait faite un naturaliste de Paris. Il l'arrache avec soin et nous voilà en quête d'autres, mais en vain : celui-là seul avait fleuri. Huit jours plus tard il aurait pu les cueillir par milliers. En voyant à quelques pas de moi les sources de la Garonne et de la Noguera, je pensais à la prodigieuse distance qui allait bientôt séparer des eaux nées des infiltrations du même amas de neige. De ces deux éclats de bois que j'y jetai, l'un poussé par les vents ne s'est arrêté peut-être qu'aux sables d'Egypte; et l'autre, traversant la grande mer, a pu s'attérir aux plages américaines. Qui sait encore si les mêmes eaux, réduites en vapeur et chassées par des vents contraires, ne reviendront pas quelque jour sous forme de neige occuper de nouveau les hauteurs de Béret? Admirable et simple mécanisme qui par une rotation sans fin entretient ou renouvelle les agents de la nature! Ainsi la principale source du fleuve, nymphe modeste, ne s'est réservée autour d'elle que de molles ondulations, que la verdure et les fleurs, en laissant pour ses sœurs le granit sourcilleux et les glaces dont les pompes éloignées ne l'entourent peut-être que de plus de magnificence.

La roche qui forme la charpente du sol n'est point primitive : c'est un calcaire schisteux de transition à minces feuillets qui se délitent aisément par l'action de l'atmosphère. Toutes les cimes voisines paraissent appartenir à la même formation. Les deux grandes moitiés des Pyrénées, dont l'une s'aligne sur le fond du golfe de Gascogne et la plus méridionale sur la mer de Galice, où elle aboutit, sont ici à leurs bouts opposés, et on a pu croire qu'elles ne faisaient qu'un système réuni par un repli, qui serait le chaînon de Béret. Mais l'observation peut convaincre qu'aucun ordre suivi n'existe dans ce chaînon apparent, et que les deux systèmes juxtaposés ne font que se joindre par leurs pentes inverses sur le terrain de Béret, où le col s'est ainsi trouvé ouvert entre des hauteurs moindres que celles qui forment tous les cols voisins. D'ailleurs nous avons vu que ces deux grandes lignes pyrénéennes ne sont pas dues chacune à une action unique, mais qu'elles sont composées de plusieurs arêtes affectant des directions différentes, soit dans l'alignement de leurs masses, soit dans celui de leurs bancs, disposition qui assimile les Pyrénées aux autres chaînes plus compliquées, et prouve que son exhaussement s'est pareillement opéré par le concours de plusieurs évulsions partielles, contemporaines ou successives. Ainsi ces vastes terrains granitiques entre lesquels il y a discontinuité et s'étendant de la

Garonne dans des directions à peu près parallèles jusqu'à l'une et l'autre mer, malgré de fortes saillies sur le versant méridional, ont pu être le produit d'actions liées entre elles, quoique leur position relative et leur composition portent à croire que les soulèvements qui les ont mis à jour dans leur ensemble ont été distincts, mais à des époques rapprochées.

CHAPITRE V.

Notre-Dame de Mongarre. — Vallée de la Noguera. — Belles forêts. — Mongossou. — Voie perdue. — Port de Berbegué. — Couflens de Salaou.

Le soleil était aux trois quarts de sa route lorsque nous reprîmes la nôtre, qui n'était plus qu'une promenade sur des pelouses descendant vers Mongarre. Ces grands tapis de verdure, où les yeux se reposaient de l'éclat des neiges, étaient presque déserts; on n'y voyait que quelques groupes de vaches errantes sur les places où l'herbe avait le plus poussé. C'est en juillet qu'il faut y venir, alors que des milliers d'êtres vivants s'y meuvent, et forment à la fois le tableau pastoral le plus vaste et une agreste harmonie. Ces riches pâturages sont ordinairement affermés par les Français, tandis que dans les Hautes-Pyrénées c'est le contraire qui a lieu. Il nous fallut passer à gué de nombreux *courets*, premiers affluents de la Noguera; à un des plus considérables, nous fûmes croisés par deux Espagnols, dont les jambes nerveuses ne redoutaient pas l'immersion dans ces eaux glacées; mais la marche avait bientôt réchauffé. Depuis le col, la ligne culminante avait passé à ma gauche toujours adoucie dans ses formes, et portant çà et là des cabanes de pasteurs. La pente se prononce de plus en plus : j'arrive aux bois de pins rouges, avant-garde des forêts que je devais traverser le lendemain, et les sites commencent à perdre leur monotonie, comme les accidents à se varier. Le doux ruisseau, devenu torrent, s'enfonce entre des roches couronnées de pins, et sur les moelleuses inégalités d'un sol revêtu d'arbres, on traverse de fraîches clairières. L'herbe tendre, dont les troupeaux n'avaient pas encore altéré ce premier vert de si peu de durée dans nos plaines, y avait une teinte plus agréable à côté des sombres pins ou des plaques de neige qui en garnissaient les intervalles. Enchanté de ces sites si calmes, je m'arrêtais souvent pour en parcourir de l'œil les sinuosités. Les monts vers lesquels j'avançais, plus rapprochés, avaient pris un plus grand caractère par leur brusque élévation au-dessus du fond, où la Noguera, en déviant à l'est, s'approfondissait toujours. Après une gorge alpestre, avenue du port d'Orle, vers la vallée de Baros dans le Castillonnais, se montraient successivement les tucs des *Bandouleis* et de *Garamanchou*, dépendances de *Cournaude*; la cime éclatante du Mont-Vallier qui les domine, et une suite d'autres se prolongeant à l'est, régulières dans leurs formes, d'une hauteur soutenue et à peine séparées par de petits cols où un pasteur espagnol nous indiqua ceux qui, selon lui, étaient les ports d'*Aula* et de *Salaou*. C'est par ce dernier, que je voulais repasser la crête; on verra que cette indication hasardée, à laquelle l'ignorance de Martre m'obligea d'avoir recours, fut la cause d'une erreur dans notre route qui faillit avoir pour nous de bien graves conséquences. Toutes ces montagnes formant la crête appartiennent au terrain de transition qui s'étend sur la partie supérieure de la vallée du Paillas comme de celle d'Aran.

Nous passons le torrent du port d'Orle, à côté d'un petit aqueduc fort adroitement construit en l'air sur de longs appuis, et bientôt paraît un fond où, dans le plus triste et le plus isolé des sites, sont quelques maisons et un clocher. C'est l'hospice de Notre-Dame de Mongarre; l'église, la maison des prêtres qui la desservent, le logement de l'hermitano, celui des voyageurs et une grange, composaient ce lieu d'asile où nous devions passer la nuit.

On ne peut qu'être surpris de trouver des habitations d'aussi bonne apparence dans un tel recoin, où ne s'offrent à l'œil que des forêts et de rapides pentes montant aux sommets hardis où la haute chaîne de l'est atteint sa grandeur.

C'est une Thébaïde ; mais lorsque l'hiver règne sur ces montagnes avec son affreux cortège, même dans toutes les saisons lorsque le mauvais temps assaille le contrebandier ou le voyageur imprudemment engagé dans des défilés, sur des plateaux sans voie, avec quel sentiment de bonheur ne découvre-t-il pas enfin ce clocher que depuis longtemps il croyait voir dans les noirs obélisques des bois, ce toit hospitalier après lequel il soupirait, et que dans sa détresse il avait plus d'une fois désespéré d'atteindre ? Il faut rendre grâce aux Espagnols qui ont multiplié ces refuges en leur attribuant de suffisantes dotations. Celui de Mongarre, situé à quatre heures de marche des plus prochains villages, *Trédos* en *Aran* et *Giles-de-Louz* dans le Paillas, est un des plus utiles, parce qu'indépendamment de cette ligne de route toute espagnole, il est à portée des ports d'Orle, d'Aula et de Salaou, du Couserans et du Castillonnais, ce qui le rend très fréquenté.

Deux jeunes filles étaient seules à l'hospice ; assises sur un roule, elles fêtaient le dimanche et nous regardaient descendre. L'une d'elles, vêtue de noir, avec sa rézille, ses dents blanches et ses yeux parlants, offrait le type d'une jolie Espagnole que je ne m'attendais pas à trouver dans un tel lieu. C'était la fille aînée de l'hermitano alors absent. Nous allâmes leur demander un asile pour la nuit ; mais aussi gaies que des Françaises dont elles sont si près, ce ne fut qu'après de longs rires qu'excitaient les facéties de Martre, qu'elles se décidèrent à nous conduire dans la pièce commune. Dans tous les hospices espagnols c'est une chambre carrée, entourée de coffres servant de bancs, ayant le foyer au centre et surmontée d'une espèce de dôme percé de trous pour la fumée. La chaleur d'un feu ranimé avec des branches résineuses me fut très agréable, lorsque après le repos je n'eusse senti qu'un air refroidi par les neiges voisines. Etendu sur mon banc, ainsi qu'un muletier espagnol, je considérais ce singulier salon, pendant que le guide occupé de l'essentiel s'informait avec les jeunes filles de ce qu'elles pourraient nous donner pour souper. Dieu sait si nos estomacs légèrement pourvus pendant une longue journée, eussent été disposés pour les joies de la table ; mais hélas ! des *trufas*, c'est-à-dire des pommes de terre, du jambon plus que sec, du pain d'avoine et le détestable vin de la Conque, composaient toutes leurs provisions. Certain d'avoir du lait quand les vaches seraient rentrées, je me résignai plus facilement que mon guide. Cependant il se mit en besogne ; l'*oula* fut attachée à la grosse crémaillère qui d'une poutre pend sur le foyer ; la poêle à frire obligée fut nettoyée pour la forme et la cuisine bientôt en train. Ce n'était pas tout ; il fallait un lit. Pour cela la vive Mariquita me dit nettement que, comme tout le monde, je coucherais sur les bancs, à moins que je n'en obtinsse un des prêtres qui n'en refusent guère aux étrangers, ajouta-t-elle, et reçoivent ce qu'on leur donne en reconnaissance. Ils étaient alors à pêcher aux truites ; je sortis pour les attendre.

En mesurant des yeux les hauteurs gigantesques de la crête qu'il me fallait franchir le lendemain, je m'attendis à une forte journée, et me fiant à Martre qui m'avait assuré bien connaître les lieux, je résolus de partir avant le jour. Un jeune pasteur des *casas de Mongarre*, habitations situées à quelques cents pas de l'hospice, vint me joindre, et je me plus à le faire parler sur ses occupations et ses habitudes pendant la plus grande partie de l'année qu'il passe dans ces lieux sauvages, dans ce sévère climat. Il faut être entré dans de tels détails pour savoir combien est dure et périlleuse la vie des montagnes, qui dans les positions les plus difficiles est le plus souvent loin de tout secours. Il me montra une petite croupe dans le bois, à environ demi-heure de chemin, où le matin même il s'était trouvé à trente pas d'un ours. A cette redoutable rencontre il avait rebroussé chemin, certain que l'animal continuerait tranquillement le sien. Nous fumes interrompus par l'arrivée de trois hommes chargés de balles avec deux mulets. C'étaient des Français venus par le port de Salaou, qui introduisaient des marchandises prohibées en Espagne. Après un court repos ils poursuivirent leur route afin de dépasser pendant la nuit Salardu et les premiers villages d'Aran, où se tiennent les douaniers espagnols.

Le soleil prêt à se coucher n'éclairait plus pour nous que

les cimes de Salaou et d'Aula, et le bruit des clochettes dans le bois annonçait l'approche des troupeaux, lorsque je vis les deux prêtres traverser le premier pont que porte la Noguera sur ses eaux furibondes. Ils m'accueillirent avec une politesse simple et froide. C'étaient deux jeunes hommes pâles, à l'air assez bienveillant. Je fus surpris de ce que si près de France et voyant sans cesse des Français, ils ne sussent pas un mot de notre langue ; de sorte que moitié latin, moitié espagnol, force fut de nous entendre. Ma requête fut octroyée ; ils me promirent un lit, et la conversation s'engagea par une curiosité réciproque. Catalans l'un et l'autre, le plus âgé, don Manuel, était archiprêtre et curé de Giesse, et don Thomas son vicaire. Leur habitation ne valait guère mieux que le logis commun, et les truites qu'ils avaient pêchées étaient tout leur souper ; aussi regardent-ils comme un exil le temps qu'ils passent à Mongarre. Cet hospice, quoique situé sur le versant du Paillas, dépend d'Aran, et est desservi par les prêtres de ses villages, qui deux par deux s'y relèvent tous les mois. L'hermitano est un fermier qui a une part des dîmes et la jouissance des bois, des pâturages et des troupeaux de la chapelle, à la charge de l'entretenir ainsi que les prêtres, et de donner l'asile et le feu aux voyageurs dans toutes les saisons ; quant à la dépense quelconque elle doit être payée. Je m'aperçus que Mariquita les servait ; je ne pus m'empêcher de faire certaines réflexions en voyant une jeune fille qui partout eût été jolie, et bien plus dans ce désert, être continuellement tête-à-tête avec deux cénobites dans la force de l'âge. Ils étaient munis de chapelets ; je pris le reste de leur provision, ayant promis à d'aimables dévotes de leur en porter d'Espagne. En allant avec don Thomas les faire bénir au pied de l'image révérée de N.-D., je m'étonnai de voir au lieu d'un modeste oratoire, une église assez grande et ornée ; mais il me dit que lorsque les troupeaux seraient montés sur le pla de Béret, elle aurait peine à contenir l'affluence des pasteurs qui s'y rendent les jours de fête, et que la nombreuse population répandue sur ces montagnes donnerait alors aux desservants autant d'occupation qu'au milieu d'une grande ville.

Les troupeaux étaient descendus ; tous les échos retentissaient des voix des pasteurs et des cris des animaux. Les vaches bien repues s'avançaient vers leur grange,. dont une partie écrasée par les neiges de l'hiver n'avait pas été relevée, et les pasteurs sur l'autre rive renfermaient les moutons dans un parc mobile, tandis que les chiens, l'œil animé, la queue haute, allaient et venaient, aboyant de leurs grosses voix, qui n'étaient que de plaisir de rentrer au bercail. Nous soupâmes, moi avec d'excellent lait qui avait conservé le parfum des plantes de montagne ; Martre, avec ses trufas et son jambon, et je gagnai le quartier des voyageurs qui au-dessus des étables, se compose de plusieurs chambres avec de grands lits assez bons. Un douillet citadin les eût sans doute désirés moins durs et mieux étoffés; pour moi j'aurais dormi sur le carreau, et je n'entendis point Martre lorsqu'il rentra venant de régaler don Manuel et don Thomas avec le reste de notre vin de Binebro.

Lorsqu'une course doit commencer avant le jour, je me fie rarement aux guides ; avant deux heures j'éveillai Martre. Il essaya en vain d'allumer avec son briquet la lampe de don Thomas, qui, avec ses trois becs et sa forme singulière eût très bien figuré dans les séances nocturnes de quelque inquisiteur; mais la clarté de la lune, quoique un peu voilée, y suppléa suffisamment. Notre départ mit en rumeur tous les chiens de la colonie, dont la poursuite nous fit avancer aussi rapidement que l'obscurité nous le permettait, dans un chemin difficile et plein de flaques d'eau. Un vent du nord, garant de beau temps, chassait par-dessus la crête qui, à notre gauche, semblait porter la voûte étoilée, d'épais nuages bientôt dissipés sous le ciel d'Espagne resté pur. Après les cases de Mongarre, à un embranchement du sentier, je fus un peu surpris de voir Martre rester incertain sur la voie qu'il fallait suivre ; heureusement quelques pasteurs déjà debout répondirent à notre appel et nous indiquèrent la bonne. Au bout d'une heure, sous le crépuscule, nous pûmes hâter notre marche avec l'air froid du matin. Mongarre avait disparu dans les sinuosités, et, au-delà des bois dans lesquels nous étions entrés depuis les

Cases, n'étaient en vue que les hauteurs neigées du port d'Orle.

En descendant vers l'est d'une pente uniforme sur la rive droite de la Noguera, nous traversions des clairières couvertes de la rosée de la nuit et des bois de la plus belle venue. J'ai lu des descriptions de ceux du Nouveau-Monde, aussi anciens que le sol qui les porte; j'ai vu le tableau d'une forêt vierge du Brésil, et je ne sais si dans ces régions que la main de l'homme n'a pas défigurées, il en existe de plus pittoresques, de plus imposantes que celle de Mongarre, dans le cadre majestueux qui la ceint. Le soleil ne frappait pas encore les cimes de ses premiers rayons, mais l'atmosphère renvoyait assez de clartés pour rendre les objets distincts même au fond des bois, où la route ondoyait toujours facile, excepté lorsque de petits torrents descendus des neiges venaient nous opposer quelque obstacle. Aux premiers moments du jour tout est plaisir dans ces retraites désertes, dont aucun bruit, aucun mouvement ne viennent troubler la profonde paix. Oui, c'est dans de tels lieux, où une nature grande et sévère se révèle de toutes parts, que l'âme ne peut échapper à de ces vives impressions qui, prenant une teinte religieuse, l'élèvent et la transportent. Quoique seul, perdu au milieu de ces espaces où tout est immobile, mais remplis d'harmonies végétales et terrestres, l'homme, loin de se voir dans un isolement absolu, croit sentir aussi des rapports intimes avec la création animée ou muette qui l'environne; et si quelque brise vient à agiter les cimes des arbres, il lui semble entendre une voix mystérieuse sortir des bois pour s'unir à la sienne et exprimer ses émotions. Je ne jouissais pas moins de cet air pur qui, tonique, bienfaisant, rend la marche agréable et rapide, que de la variété des sites. Les pins rouges, jaloux de tout autre voisin, règnent les premiers sur des pentes monotones; les bouleaux, les sapins leur succèdent, et en descendant toujours, on voit s'y mêler d'autres arbres et des arbustes élégants qui sont comme la broderie de ces agrestes tableaux. C'est un ruisseau qui, tombant à grand bruit du milieu de troncs pressés et de blocs couverts de mousse, s'enfuit sous une voûte de sureaux fleuris, pour se précipiter dans les flots écumeux de la Noguera. C'est une pelouse unie qu'environnent de gigantesques sapins, dont la fraîcheur printanière est plus agréable à l'œil à côté de leurs teintes sombres. Ici, on marche longtemps sous d'épaisses voûtes, entre des arbres séculaires qui laissent à peine quelques intervalles pour la vue. L'obscurité et le silence, si les moments n'étaient comptés, y disposeraient à la rêverie et aux pensées sérieuses, à l'aspect de ces troncs dépouillés qui, debout encore, blanchissent çà et là ainsi que des cadavres desséchés, à la rencontre de ces colosses végétaux gisant par terre, livrés à la destruction et couverts de petites plantes, comme la verdure jetée sur les cercueils. Ces beaux arbres, si précieux pour les chantiers dont ils eussent fait la richesse, se décomposant sur le sol même où ils ont mis des siècles à croître, rappellent ces dons heureux de la nature qui, répartis au hasard, se perdent souvent inaperçus, semblables à ces fleurs de la solitude qui languissent et meurent à l'écart, faute d'un site propice où elles eussent porté d'aimables fruits ..

> Pareille à la fleur des déserts,
> Vivant au loin sans espoir d'être vue ;
> Ses vains parfums sont perdus dans les airs,
> Elle vit seule, elle meurt inconnue.

Je ne sais si l'âge auquel sont parvenus de tels vieux sapins, ceux surtout qui fournissent des mâts de première grandeur, a été déterminé avec exactitude. En comptant le nombre des couches des arbres qui indiquent les années, on a vu avec surprise qu'il en est qui sont nos contemporains et qui peut-être ont vu les premiers commencements de la période actuelle du globe, depuis le dernier déluge que Cuvier fait remonter à 6,000 ans. M. Decandole a compté à des tilleuls jusqu'à 3,000 couches, et Adanson a vu au Sénégal de gigantesques baobabs qui en avaient plus de 6,000.

Les arbres s'écartent, et on se trouve dans une grande clairière semée de roches, entourée d'une ceinture riante d'arbustes et de grandes plantes, qui, jouissant de l'air et de la lumière, s'y plaisaient singulièrement. J'y reconnus des mérisiers à grappes, des sureaux, des sorbiers, des rhododendrons, des groseillers, des chèvre-feuilles, des nerpruns, divers rosiers et des spirées, dont les formes et les couleurs mêlées produisaient les plus gracieuses harmonies à côté des sapins et des rochers. Ces contrastes se succédaient en descendant toujours, et cent fois je me serais arrêté pour m'y livrer au plaisir des yeux, si les hauteurs colossales qui allaient toujours aussi grandissant à ma gauche, ne m'eussent averti que bien des heures s'écouleraient avant de les avoir franchies. Ces bois n'étaient cependant pas absolument inhabités : nous trouvâmes deux charbonnières allumées, mais personne ne répondit à nos cris, soit que les hommes n'y fussent point, soit qu'ils ne voulussent pas se montrer. Martre était de ce dernier avis, prétendant que sur cette grande route des montagnes, où des cris de détresse peuvent être poussés en vain, chacun songe à sa sûreté plutôt que de répondre à des appels dont il ignore le motif. Nous trouvâmes aussi une grande cabane entourée de roules, et cette fois nous fûmes entendus de deux jeunes garçons, qui nous dirent que c'était un des points de l'exploitation du senor Troï. Je fus étonné de la modique redevance qu'en retire la vallée d'Aran, propriétaire de ces forêts. Ici, la matière première est presque sans valeur ; c'est le transport qui lui donne son prix. Les *Picadous* ou bûcherons qui, armés de petites haches, vont choisir, abattre et couper de longueur les arbres, étaient dans des bois éloignés où nous ne les entendions même pas travailler.

Nous nous étions rapprochés du canal, où sans la voir nous entendions mugir la Noguera. Je montai sur une butte formant promontoire au-dessus de ses ondes furieuses, d'où la vue est assez étendue sur la vallée, ou plutôt sur la fissure antique à l'aide des siècles élargie et toujours plus aprofondie dans les racines des monts qui commandent aux deux versants, et je m'assis sur une roche tapissée de globulaire et de lychen géographique, pour donner un moment à l'observation et au repos. Le trait le plus saillant de cet alpestre paysage est le cours torrentueux de la Noguera, qui semble redoubler d'efforts pour se frayer un chemin ; tantôt se brisant contre les blocs et les arbres qui obstruent son lit, et tantôt s'échappant en une chute unique dans un bassin dont la teinte verdâtre annonce le repos que ses eaux n'y trouvent qu'un instant. Plus près, vive comme la flèche, elle fuit au fond du précipice, se brise de nouveau cent fois entre des rives où alternent les pelouses et les rocs ombragés de sapins, pour aller enfin se calmer sur la prairie où sont les bordes de Mongossou. Entre les monts opposés le contraste est complet : sur les pentes tournées au nord, partout des bois épais jusqu'aux hauteurs où les sapins éclaircis, fantômes noirs, surgissent du milieu des neiges ; et en face de vastes et rapides talus, à peine nuancés d'une pâle verdure ou de genêts fleuris, montrent leurs espaces dépouillés et leurs interminables ravins, depuis les petits cols voisins des sommités jusqu'au torrent. Toute cette étendue me paraissait déserte ; cependant auprès d'un de ces ravins, où le sol moins incliné supportait un peu d'herbe, j'aperçus des points blancs à milliers. C'était une grande ramade dont je reconnus les cabanes et les parcs, sous une croupe toute jaunie des fleurs du genêt. La vallée tournait ensuite au midi, repoussée par la base du mont Lescuns, où la haute chaîne forme une saillie avant de continuer sa direction vers les ports d'Ustou.

Me trouvant en vue de tous les cols qui sont entre le Mont-Vallier et le mont Lescuns, je demandai à Martre quels étaient les ports d'Aula et de Salaou. L'embarras de sa réponse me fit connaître son ignorance qu'il avoua enfin, en disant qu'il n'y avait passé qu'avec la brume. Irrité de cet aveu gascon et tardif, je le blâmai fortement de n'avoir pas pris un guide à Mongarre, puisqu'il n'était pas sûr de lui. Au reste, la plupart des guides, excellents dans l'étendue de leurs vallées, ne doivent pas inspirer beaucoup de confiance quand ils se vantent de connaître les cantons éloignés. Je reconnaissais toujours dans la ligne directe que suivent longtemps les sommets, la dépression que le pasteur espagnol m'avait désignée la veille comme étant le port de Salaou, et je comptais sur des renseignements à Mongossou. Rentrés donc dans le bois, au bout d'une demi-heure nous descendons dans un bassin de prairies, où, passant la Noguera, nous gagnons les granges ; mais la solitude y régnait, les pasteurs n'y venant guère qu'à l'époque de la fauchaison. Ce fut un contre-temps ; car, jusqu'au village de Louz, éloigné de deux lieues et dans la direction du midi, n'y ayant pas de lieu habité, il ne me restait qu'à suivre encore le fond, dans l'espoir de trouver le sentier qui monte au port.

Le site de Mongossou ne peut passer inaperçu : ce petit bassin, tapissé de verdure et de forme ovale, est divisé par la Noguera : en amont, une belle masse, étagée de sapins, formait une décoration pittoresque, et les bois du midi couvrant tous les points visibles, n'avaient ni rochers, ni clairières pour interrompre leurs lugubres tentures ; à l'opposite, sur les pentes frappées du soleil, toujours la même nudité jusqu'aux plus hautes crêtes ; enfin, deux autres masses où le torrent semblait ne pouvoir se frayer une voie, le ferment en aval. Au pied des bois, des sapins de première grandeur clairsemés sur les pelouses, offriraient, aux heures où le soleil règne en maître, de superbes et délicieux ombrages. Ainsi dans la vallée de la Noguera, si profondément enfoncée au pied méridional de la haute chaîne, le genre gracieux ne s'éloigne jamais de scènes toutes grandioses. Tout-à-coup dans un pli de la forêt je vois de la fumée ; ce sont des fumées de charbon, dit Martre, et nous nous remettons à appeler de toutes nos forces ; ce fut encore en vain ; les échos seuls répétèrent nos cris. Nous voilà donc sans direction au milieu d'un désert, et avec des vivres qui ne pouvaient nous mener loin.

Après le défilé d'Aval est un autre bassin moins étendu. Nous en traversâmes ainsi deux ou trois, séparés par les étranglements des contreforts assez régulièrement espacés qui montent jusqu'aux cimes. La vallée déviait déjà sensiblement, lorsque je vis de nombreuses traces de chevaux s'élever à gauche. Craignant de tourner le dos au port de Salaou en allant plus loin, je pris les fonctions de guide, et montai sur une croupe d'où je découvris d'autres bassins pareils aux précédents tournant définitivement au midi, mais nulle part aucune voie dirigée vers la crête. « Il est impossible,

« m'écriai-je, qu'il faille descendre plus loin ; nous devons
« être à la hauteur du port ; voilà celui que l'Espagnol nous
« a indiqué ! » Mesurant alors des yeux la pente immense et
continue jusqu'à la dépression qui le forme, et n'y voyant
que des plans nus ou couverts de neige, je me décidai à en
tenter l'escalade, espérant que dans le cas où nous nous
tromperions, des hommes habitués aux pas difficiles sauraient bien se tirer d'affaire sur les revers de France qui nous
étaient inconnus. Sans plus délibérer, je m'engageai ainsi
dans une course de découvertes. Grande imprudence, puisqu'en descendant pendant trois quarts d'heure encore, nous
eussions joint la facile montée du port de Salaou.

Les traces nous conduisirent à un ravin, au bas d'un
entonnoir de verdure prodigieusement évasé. Vingt sentiers
tracés par les bestiaux traversaient ce pas scabreux qu'il
était difficile de croire le chemin du port où passent des
chevaux chargés. Parvenus à un petit plateau déjà élevé, le
sentier se perdit sans retour et il fut impossible de ne pas
reconnaître que nous étions égarés. Ce n'était que des traces de troupeaux. En effet, je découvris alors de l'autre côté
du ravin dont nous longions le bord quelques cabanes
et deux pasteurs ; mais occupés à poursuivre de jeunes
taureaux qui bondissaient sur la pelouse, ils ne parurent
jamais entendre nos cris, quoique leurs voix parvinsent
jusqu'à nous. Martre voulait suivre horizontalement le terrain, sûr de couper ainsi la voie que nous cherchions, mais
les profondes ravines et les arêtes intermédiaires qui dans
sa hauteur sillonnent la montagne, nous eussent opposé
des difficultés peut-être insurmontables, et tout au moins
fait perdre un temps précieux. Nous continuâmes donc à
monter. Les pentes n'étaient que rapides, revêtues partout
de pelouses ou de genets velus qui embarrassaient la marche. Nous arrivâmes ainsi au bord d'un autre sillon qu'obs-
truaient des tas de neige. Il y avait quatre heures que nous
étions en route. Après le souper léger de la veille, il était
pressant de restaurer des estomacs depuis longtemps restés
vides, et Martre tira tristement de son bissac des provisions bien peu appétissantes ; du pain noir et massif de

Mongarre, du vin pire encore et un reste de chair fumée. Ce n'était rien pour réjouir le palais ; c'était assez pour ne pas mourir de faim. L'absence du soleil, si favorable lorsqu'on gravit, nous était alors bien pénible, enfoncés que nous étions dans une ravine à deux pas de la neige, sous un courant d'air très-froid, émané de ce vent de nord qui chassait les nues par-dessus les cimes. Il était curieux de voir avec quelle rapidité elles diminuaient de volume pour s'évanouir dans le ciel le plus pur. Je n'avais jamais remarqué dans l'air une telle puissance de dissolution, mais je ne voyais qu'avec inquiétude ce travail de l'atmosphère qui m'annonçait un rude climat et des rafales au port. Notre position n'étant plus tenable de froid, nous nous remîmes en marche en achevant de ronger notre pain d'avoine.

La forte inclinaison des pentes nous obligeait à des lacets continuels sur un sol humide, où les touffes d'eskie qu'un long hiver avait desséchées se montraient seules jusqu'aux neiges. Celles-ci, d'abord éparses, se réunirent bientôt, et tout disparut sous un manteau glacé. Cependant nous approchions du col qui, serré entre deux têtes arrondies, n'était certainement pas un port fréquenté. Les nuages qui en sortaient nous enveloppant quelquefois, nous auraient transis sans les efforts de la montée. Je me dirigeai alors vers un escarpement à gauche du passage où, un peu à l'abri du vent, nous pûmes prendre quelque repos avant de nous y hasarder. Cette station peu agréable avait quelque chose de singulier et de fantastique qui me plaisait, de me voir ainsi perdu dans les brumes au sommet des Pyrénées, et le moment d'après mes regards s'égarant sur l'Espagne. Lorsque des masses de vapeurs en débouchaient avec violence et que je n'apercevais autour de moi que ces brumes glacées volant sur les neiges si tristes lorsque le soleil ne vient pas y jeter sa lumière vivifiante, j'aurais pu me croire aisément sur les bords inhospitaliers de Baffin ou du Spitzberg ; mais lorsque une rafale subite venait à découvrir l'horizon du midi où les douces teintes de la verdure et des bois s'opposaient de toutes parts à de ternes rochers, à des cimes brillantes sous un ciel d'azur, je ne pouvais oublier que je planais des yeux sur cette Espagne si favorisée par son climat, sur ce beau pays où les plaines fertiles, les vallées et les montagnes, variant les aspects comme les productions, offrent partout à l'homme des habitations délicieuses où il pourrait être heureux, ainsi qu'il le fut aux premiers temps de l'Europe civilisée, si les fureurs des partis, si de terribles luttes incessamment soulevées depuis longtemps, ne lui faisaient perdre tout le fruit des faveurs de la nature.

Le froid nous gagnait; nous fortifiant donc de notre dernier coup d'eau-de-vie, nous nous mettons en devoir d'affronter le port. J'ai su depuis que ce passage, que les contrebandiers redoutent à cause des périls que leur offrent les revers de France, situé entre ceux d'Aula et de Salaou, se nomme le port de *Berbégué*. La neige, devenue molle, nous faisait enfoncer jusqu'aux genoux; ainsi lancés à l'encontre des brouillards qui toujours en sortaient vivement, nous y fûmes aussitôt exposés au vent glacé qui les chassait, sans voir qu'à quelques pas devant nous. La position était pénible; je craignais l'effet de ce froid si pénétrant sur des pores ouverts à la transpiration, et la neige profonde ne nous laissait avancer que lentement. Cependant nous redoublons d'efforts, nous traversons la crête, et à quelques toises plus bas le froid et le vent étaient déjà moindres. Je m'arrête pour regarder autour de moi : que le spectacle était changé! des tourbillons de vapeurs m'environnaient et me cachaient l'espace; seulement au-dessus de ma tête, éclaircies par la rapidité de leur vol, elles laissaient entrevoir les masses schisteuses qui dominent le passage, taillées en précipices, menaçantes et lugubres. Des traces d'hommes récentes m'avaient frappé au col; ce ne pouvait être qu'un contrebandier qui l'avait franchi la veille, alors que le soleil éclairait sa marche, tandis que les brumes pouvaient rendre la nôtre dangereuse. Nous nous mîmes à suivre ces traces qui déviaient à l'ouest, comme le fil qui devait nous guider dans la région obscure et inconnue où nous nous étions aventurés. Cependant, comme elles s'écartaient de plus en plus, je m'en défiai, et nous les abandonnâmes pour rentrer dans une espèce de vallon étroit qui du port plonge directement. Ce fut une faute, car la suite ne me prouva que trop que le grand détour qu'elles faisaient en se jettant vers la route qui vient du port d'Aula, n'était que pour éviter les pentes dangereuses et les précipices qui se trouvent sous celui de Berbégué. Nous descendions ainsi au travers d'une neige vierge et profonde, ce qui était un avantage, à cause de la forte inclinaison du couloir, vers un fond de vapeurs que l'imagination seule pouvait sonder.

J'avais quelque inquiétude, mais Martre ne cachait plus la sienne, et ce fut à moi de l'encourager. Nous avions beaucoup de temps devant nous ; ces brumes n'étant qu'une couche qui s'élevait à peine à la hauteur des cimes, nous ne pouvions manquer d'être bientôt au-dessous d'elles. Nous avions le soin essentiel d'éviter le milieu du berceau où se trouvent les neiges les plus profondes et les cavités qu'elles couvrent, pour marcher à demi-pente, en les sondant souvent de nos bâtons. En effet, le brouillard devenait moins épais, et il s'entr'ouvrit même pour nous laisser voir un fond où brillait un ruisseau. Je fus frappé de sa profondeur, quoique immédiatement sous nos pieds, ce qui dénotait sûrement des pentes excessivement rapides, ou plutôt des escarpements considérables. Cette vision ne fut qu'instantanée, mais l'impression était produite et l'avis entendu. Ce fut un bonheur, car nous suivions une mauvaise route qui nous eût suspendus sur les bords du plus épouvantable précipice, sans pouvoir le tourner. Je me doutai alors de la bonne direction des traces, et qu'il était pressant de sortir du couloir que bordait à l'ouest une longue crête hérissée de tours et de créneaux. Une brèche s'y présente : nous tentons ce nouveau passage ; et comme d'un mur en ruines, nous descendons de l'autre côté où les brouillards un peu éclaircis nous laissèrent entrevoir une pente rapide, avec quelques traînées de neige, jusqu'à un plateau fort bas, où Martre crut entendre des sons de clochettes.

Cette voie, d'un aspect moins inquiétant, avait aussi ses dangers. Le sol, râclé par les neiges roulantes, était uni et dur ; les parties de roc offraient à peine quelques aspérités dont le pied pût profiter, et cela au-dessus de profondeurs dont la vue mettait sans cesse la tête à l'épreuve. C'était plus que jamais le cas d'avoir bon pied, bon œil. Cependant il n'y avait rien qui dût étonner un montagnard exercé, et je le fus moi-même de voir le guide totalement découragé, me reprocher de l'avoir conduit à sa perte. J'ai remarqué plus d'une fois que ces guides si renommés dans les lieux des eaux, qui ne conduisent les curieux que sur les points les plus accessibles des montagnes, ne sont pas d'un grand secours dans les pas difficiles. Il vaudrait mieux souvent prendre un pasteur ou un chasseur d'isards lorsqu'on doit aller sur des sommités infréquentées. Continuant mes fonctions de guide, j'allais le premier suivant la ligne de plus vite descente; mais craignant que Martre ne fît rouler sur moi quelque pierre, je joignis à l'écart une de ces bandes de neige pour glisser dessus et aller l'attendre en bas.

C'est ici qu'une imprudence faillit me coûter cher : croyant cette neige dans le même état que celles que nous quittions, je ne la sondai pas et j'y posai le pied sans hésiter. Bien loin de là, elle était fort dure : mon soulier, quoique ferré, ne peut prendre; je glisse et tombe sur le côté droit...... J'allais voler avec la rapidité de la flèche jusques sur des rocailles où j'eusse été mis en lambeaux quand même il n'y eût pas eu plus bas un précipice de plusieurs centaines de pieds que j'ignorais ; en un mot, c'en était fait de moi si en tombant, je n'eusse eu le bonheur d'enfoncer dans la neige la pointe ferrée de mon bâton. Ce fut mon ancre de salut, et j'y demeurai accroché des mains tandis que mes pieds étaient ballants. La position devenait cruelle : j'appelai Martre à mon secours; mais il était haut encore et embarrassé de son côté. Réduit à moi-même, je m'efforçai de faire mordre un talon dans la neige durcie en ménageant l'ancre précaire qui pouvait me manquer. J'y parvins, et, d'un mouvement rapide, rapprochant de moi mon point d'appui, je fus bientôt debout. N'ayant plus envie de tenter la glissade, je regagnai la terre avec empressement. Je crois que Martre, qui avait pâli de mon danger, m'y voyant en sûreté, ne fut pas fâché de l'événement pour prendre sa revanche en exaltant ses lentes précautions. Il avait raison ; j'avais commis une faute inexcusable avec mon expérience, sachant très bien que dans ces redoutables lieux il faut, ainsi que le marin, n'aller que la sonde à la main. Nous arrivâmes en bas sans autre mésaventure.

Les nuages avaient monté ; le soleil éclairait le plateau où étaient quelques vaches et des pasteurs. Impatients de prendre langue, nous nous dirigeâmes vers leur cabane, adossée à une roche en surplomb dont trois grands chiens auraient défendu l'approche sans leurs maîtres qui vinrent nous accueillir avec cordialité. Leur courtaou, abrité par le roc qui le fermait de deux côtés, était rempli de tous les ustensiles de l'industrie locale. J'y remarquai des vases faits d'un morceau de hêtre creusé d'une forme singulière, ressemblant à d'énormes *phallus*. Ils sont ainsi dans tout le Couserans. Sur le devant, une terrasse dominait des escarpements boisés, descendant jusqu'au fond du vallon d'Angous, affluent de la vallée du Salat, que j'avais vu d'en haut. C'est là que par cent zig-zags un rude sentier établit seul la communication avec les hauteurs. Les pasteurs refusaient de croire que nous fussions venus du port de Berbégué, parce que personne, disaient-ils, ne s'y hasardait par la ligne directe que nous avions suivie. Ils nous firent voir, du côté du port d'Aula, des rochers où peu auparavant un douanier, étant à la découverte, s'était précipité ; on avait trouvé en bas son corps brisé, et sa carabine y est restée suspendue à des branches.

Un court repos aux rayons bienfaisants du soleil, dont nous n'avions pas encore joui, et de bon lait, nous furent des restaurants très nécessaires. Ces braves gens nous mirent sur la voie de la scabreuse descente avec leur salut ordinaire, bien significatif dans de tels lieux : « *Diou bous gardé dé maou.* » Examinant d'en bas les hauteurs d'où nous étions comme tombés, alors presqu'entièrement dégagées de vapeurs, je pus juger de tout ce que notre entreprise avait eu de téméraire. Quelle différence entre les deux versants ! Du côté d'Espagne, des pentes nues et difficiles ; du côté de France, la montagne entière, brusquement exhaussée, déchirée par d'immenses escarpes et hérissée de crêtes ou de rocs gigantesques. Le fond du vallon d'Angous n'est qu'une oule ceinte de hautes murailles partout inaccessibles, excepté à l'ouest, où leurs inégalités ont permis de tracer le sentier du courtaou. Au-dessus du centre, une masse de roc comme une énorme tour crénelée à sa cime est le bas de la crête que nous avions franchie pour sortir de notre périlleuse route. A sa droite paraissait la traînée de neige qui avait failli m'être fatale, et à gauche le couloir d'une rapidité toujours croissante qui, si nous eussions continué à le suivre, nous eût conduit au bord du cirque, d'où il nous eût été absolument impossible de descendre. La position eût été des plus critiques, et il eût fallu remonter sur une voie dont nous eussions alors connu tout le danger. Quelle nécessité cruelle pour des gens abîmés de fatigue et sans vivres! Il fut heureux pour nous qu'un éclairci me fît deviner ce que je ne pouvais voir, puisque nous avions cessé de suivre les traces qui, en se portant à l'ouest, gagnaient les seules pentes praticables. Dans les Pyrénées, où les cols sont en général très élevés, il est cependant peu de passages hérissés d'autant de difficultés; et j'en ai parlé avec détail afin de faire mieux sentir ce conseil de la prudence, de ne jamais s'engager sans un guide sûr dans le dédale des sommités. C'est ainsi qu'en 1839 M. René Pugin, professeur de Toulouse, s'étant imprudemment engagé seul dans les montagnes de Vicdessos, y fut surpris par des brouillards qui durent l'égarer. La nuit survint, et au lieu de s'arranger pour rester en place jusqu'au jour, oublieux des vides qui l'environnaient, il voulut poursuivre et ne trouva que sa perte. Ce ne fut qu'après trois jours de recherches que son corps mutilé fut découvert au bas d'un précipice de 40 pieds. Toutes ces masses sont schisteuses; le schiste ardoisier décomposé se montrait partout autour de moi. Dans cette partie de la crête qui s'abaisse un peu entre les monts d'Ustou et le Mont-Vallier, les cimes ne paraissent être composées que de roches de transition.

Le vallon est assez aride jusqu'au village d'Angous, ou sont quelques bonnes prairies. J'y vis plusieurs ponts formés d'une seule table de schiste de dix à douze pieds de long, qui paraissaient très solides. Au-delà, le terrain s'enfonce vers la vallée du Salat, où j'aperçus tout à-coup sous mes pieds Conflens de Salaou, qui n'est plus aussi important depuis qu l'Espagne ruinée a vu son commerce anéanti. Qui a pu déterminer le choix d'un tel site, un vrai fond de précipice, où les habitants sont toujours menacés d'éboulements? Il est vrai que toute la vallée, depuis Seix jusqu'à Salaou, est à peu près de même. Les montagnes de Lerpent et de Lisert, où paraît en face le col de Rouze, qui par le frais vallon de Bielle, communique avec Saint-Lizier d'Ustou, revêtues même à leurs cimes de prairies, de bois et de châlets, ont un aspect très agréable. Plus tard, du haut de ce col, j'eus le plaisir de revoir les âpres avenues de Berbégué et toute la crête depuis Salaou et Aula jusqu'aux roches accumulées qui sont le Mont-Vallier. Rendus à Conflens, nous avions besoin de la bonne halte que nous fîmes chez M. Bardou, aubergiste et marchand de mules. Une heure de sommeil et un dîner abondant qui nous parut délicieux après la mauvaise chère des jours passés, nous remirent d'une aussi fatigante course. Un jeune Espagnol venu du Paillas pour desservir la cure et quelques voisins furent nos commensaux. Tous restèrent ébahis que nous eussions franchi la crête par le port de Berbégué; jamais voyageur n'ayant abordé Conflens par une telle voie, redoutée même des pasteurs et des contrebandiers.

À trois quarts d'heure, au-dessus de Conflens, est le village de Salaou, à l'embranchement de deux vallons qui viennent, celui de l'ouest du port de ce nom, le plus facile de ceux qui traversent la haute chaîne du Salat, et l'autre du port de *Lestou*, dont les cimes drapées de neige, vues de Conflens au fond de l'angle aigu des pentes latérales, terminent majestueusement la perspective. Un affluent de ce dernier monte à la Core de Crusous, voisine du port de Martrat. Jusqu'à *Pont de la Taoule*, la vallée inférieure n'est qu'une gorge tortueuse entre des masses monotones. L'étroit canal où coule le torrent occupe tout le fond sous le chemin taillé dans la montagne; mais suivre une pente insensible et facile après les pas scabreux du matin, était un vrai délassement.

Ce lieu où sont quelques maisons, loin d'offrir plus d'espace à la jonction de la vallée d'Ustou, est encore plus profond que Conflens, et dominé par des masses plus menaçantes ou des bois qui le rendent plus sombre. Les ruines féodales de Lagarde, perchées comme une aire d'aigle à la cime d'une butte calcaire et leurs créneaux suspendus sur les précipices, complètent l'aspect mélancolique d'un site que, dans les jours d'hiver, le soleil visite à peine. Auprès de Pont de la Taoule et de Seix, il y avait autrefois des carrières de marbre noir et blanc que M. Layerle-Capel a retrouvées, et dont il a rétabli l'antique exploitation. Ce canton est fertile en marbres que la facilité des communications avec la plaine permet de transporter. On y extrait un marbre lie de vin d'un beau poli, et une brèche blanche mêlée de vert ou veinée de pourpre, plus agréable que celui de Campan et remarquable par la régularité de sa stratification. Il serait facile, par le voisinage du torrent, d'y établir une scierie qui, au pied des carrières, serait productive. Plus loin, un autre Conflens bâti en face de l'étroit passage qu'un torrent s'est ouvert au milieu de schistes ferrugineux, n'est guère mieux placé. C'est la gorge de Betmajou, qui plus haut épanouie, se revêt de bonnes pâtures arrosées par les eaux du Mont-Vallier. Les courtes sinuosités de la vallée cessent enfin ; quelques maisons, un clocher, un vieux château paraissent, et la petite plaine de Seix s'ouvrant, on y retrouve à la fois de l'espace, de l'air et les riants talus des basses montagnes.

CHAPITRE VI.

Port de la Core. — Vallées du Castillonnais. — Sentein. — Col de Nédé. — Col de Portets. — Pas d'Artiguescou. — Fos.

Après une nouvelle et rapide excursion vers Aulus et Ustou, prenant au revers la haute chaîne que je venais de voir sur ses faces méridionales, je visitai, comme pour faire diversion à tout ce qu'elle a de sévère et d'alpestre, le Castillonnais, dont les quatre vallées, ou plutôt les quatre divisions qui se partagent le bassin du Lez, réuni au Salat à Saint-Girons, sont comptées au nombre des plus productives, des plus boisées et des plus populeuses des Pyrénées : la vallée de *Moulis* où est la ville de Castillon et l'établissement déchu d'Angoumer, dont les beaux villages, les châteaux et le luxe de végétation étonnent même en quittant la plaine voisine; la *Ballongue*, renfermée tout entière dans un large et fertile vallon qui remonte à l'ouest jusqu'au col de Portets, d'où l'on passe à Aspet; *Betmale*, comprenant la partie moyenne de la vallée après Castillon et les affluents qui sillonnent les bases du Mont-Vallier jusqu'au port de la Core, et enfin *Baros*, étendue autour de Sentein sur tous les vallons supérieurs, descendus de ce chaînon privilégié qui prélude aux honneurs de la haute chaîne par les tucs de Crabère et de Laurés.

Deux routes peuvent conduire de Seix dans le Castillonnais ; l'une par Alos, renommé pour ses fromages les meilleurs des Pyrénées, et par son portillon, versant à Luzenac dans la vallée de Moulis, que j'ai suivie plus tard, plus rapprochée de la plaine, ne voit que des étendues de pelouses et quelques cultures sur les croupes arrondies comme dans les dépressions profondes qu'elle traverse; l'autre par le col de la Core touchant aux masses qui appuyent le Mont-Vallier, avec des aspects plus beaux et plus étendus, avait droit à mon choix. Partis de Seix avant deux heures pour profiter de la lune, sa lumière, quoique au plein, suffisait à peine pour nous guider sous les arbres de la tranchée tortueuse que nous suivîmes longtemps. Dégagés de ces fonds obscurs, au moment où ses rayons commençaient à pâlir devant l'aube, nous nous arrêtâmes sur un tertre au bord d'un petit ruisseau qui semblait s'y reposer avant de reprendre sa course précipitée. La limpidité de son eau qui presque sans bruit fuyait sous le gazon, me séduisit, et ainsi que les bergers du Tage ou du Gardon, je me plus à y faire mes ablutions du matin. Le val d'Esbint que nous remontions a peu de variété entre deux reins, dont l'un, aux pentes escarpées, est chargé de taillis, et l'autre appendice du morne de la Core, se recouvre, au nord, de cultures jusqu'aux bois qui enveloppent sa tête ; mais au-dessus du village, dont tous les habitants fatigués des travaux de la semaine, fêtaient le dimanche en dormant, dans la grande combe nivelée du pâturage de Saintenac, je retrouvai de riants tableaux. Des cabanes où rien ne bougeait encore, étaient éparses sur les pelouses ou à l'abri de quelques bouquets de bois, et le chant de la fauvette des Alpes et du grimpereau, se répondant de dessus les roches, animait déjà cette fraîche savane en attendant les troupeaux qui, au bruit de cent clochettes, devaient bientôt y répandre plus de mouvement et de vie. L'horizon de l'est était éblouissant sur le tuc de Monbéas et la montagne des Trois-Seigneurs, et le soleil était déjà devant nous sur les neiges du roc de Bélame, haut et inébranlable contrefort du Mont-Vallier.

Qu'ils ont de charme ces premiers moments du jour au milieu des paysages romantiques des Pyrénées, lorsque l'étoile du matin brillant encore, rappelle la touchante apostrophe du Prophète : *Quomodò cecidisti de cœlo, Lucifer, qui manè oriebaris?* alors que respirant avec délices un air pur qu'embaument les parfums des plantes, les yeux ravis ne voient de toutes parts que des scènes de grâce et de fraîcheur, dont l'éclat se rehausse à mesure que l'astre du jour, que les Anciens en appelaient le Dieu, s'élève dans le ciel, inondé depuis longtemps de ses feux. Toutes les fois que, m'arrachant au sommeil je puis voir le réveil de la terre et toutes les beautés qui l'accompagnent, c'est avec enthousiasme que je jouis de ces moments inspirateurs et féconds pour l'esprit, où l'âme pourrait se croire de nouvelles facultés, où tout être sensible serait poète, où tous les chants seraient des hymnes. Que de regrets pour ces vrais plaisirs, s'ils les connaissaient ceux à qui la mollesse et une fausse sensualité les dérobent, tandis que le peuple des champs, absorbé par ses besoins, courbé sur ses travaux, laisse passer inaperçus ces tableaux sublimes. O Thompson, combien tu as dit vrai !

> Falsely luxurious, will not man awake ;
> And, springing from the bed of sloth, enjoy
> The cool, the fragrant, and the silent hour
> To meditation due and sacred song ?

Nous gravissons les dernières pentes, et nous atteignons le col en même temps que le soleil. Depuis longtemps c'était notre point de mire pour déjeûner, et en deux minutes, la place choisie et le bissac ouvert, le campement fut établi. Ce col, à l'origine du vallon de Betmale, est un plateau de verdure entre deux hauteurs très diverses d'aspects : le morne boisé de la Core et le roc inaccessible de Bélame qui, jusqu'à sa cime n'est que masses empilées. Ce roc immense abruptement coupé à l'extrémité du haut appendice émané du Mont-Vallier, est généralement composé d'un calcaire schisteux très étendu de part et d'autre et reposant partout sur le granit qui est en vue sur plusieurs points du val d'Esbint, de la Core et de Betmale. De l'un de ces côtés où l'horizon était ouvert, la vue s'étendait sur une confusion de croupes ombrées et de sillons où la brume dormait, jusqu'à l'imposante barrière des monts d'Aulus et d'Ustou ; et de l'autre, elle ne planait que sur des hauteurs moins fières, sur de larges vallons très peuplés, où un soleil oblique faisait déjà ressortir les nuances des cultures, les bois et les villages. Ce premier coup-d'œil donne une haute idée de la population et de la fertilité du Castillonnais.

Deux hommes chargés longeaient le pied du roc de Bélame, d'où traversant le col, ils se dirigèrent vers le bois de la Core. C'était deux Betmalais, dont je remarquai le costume leste et l'agilité, qui sans doute depuis la vallée d'Aran avaient porté leurs fardeaux par les passages les plus affreux pour éviter les douaniers. Une longue descente suivant la ligne la plus courte, par des ravins et des prés nous conduisit au village de Betmale, où le chemin, devenu très bon, ne circulait que parmi des champs de blé et des hautins chargés de fruits. Là je retrouvai le costume de mes jeunes contrebandiers, dont la ressemblance avec celui de certains bergers de la Morée me frappa, surtout le petit bonnet rouge ou nuancé de bleu qui diffère peu du bonnet grec. Les vêtements des femmes ont également une coupe particulière, et les Betmalais des deux sexes sont aisément distingués de tous leurs voisins. Serait-ce une peuplade étrangère que quelque événement a jetée au fond des Pyrénées ? Des recherches sur leur langage et leurs coutumes éclairciraient sans doute cette question. De tels faits ne sont point rares en Europe, où pour leur malheur les peuples ont été si souvent mêlés et transplantés. Auprès d'Enkuysen, dans la nord-Hollande, il y a des villages dont les femmes portent un habillement asiatique très élégant, tout différent du frison. Dans les bruyères du pays de Brême, près de Stade, il y a un hameau dont les habitants parlent allemand avec leurs voisins, et entre eux un langage inconnu qu'ils se transmettent de père en fils. Entre la Dordogne et la Réole, anciennement nommé *Squirs*, dont Sanche-Guillaume, duc de Gascogne, et Gombaud, évêque, son frère, construisirent le monastère en 977, au centre d'un pays où le gascon est la langue commune, est un canton dont les habitants parlent un français très corrompu qui a du rapport avec le saintongeois. On sait qu'en 1524, Henri d'Albret, roi de Navarre, pour repeupler ce pays ravagé par la peste, y fit venir des Poitevins, des Angoumois et des Saintongeois qui ont conservé des traces de leurs anciens langages. Pendant nos guerres de religion il n'y a eu que trop souvent des transplantations de familles et même de populations entières; et dans les temps anciens, tant d'émigrations de peuples, tant d'amalgames de nations ont eu lieu, que toute trace ne peut en être perdue dans les lieux reculés où les mœurs et la langue ont de la fixité. La plupart de ces faits sont des énigmes dont les mots sont encore à chercher.

La fertilité semble s'accroître; les maisons ont un air d'aisance, et des villages couverts en ardoise se laissent deviner parmi les arbres. Laissant à droite le chemin qui conduit à Castillon, nous descendons à Bordes que traverse le Lez, pour remonter la vallée principale où j'admirai le luxe et la beauté de la végétation. La route côtoyait le ruisseau roulant à pleins bords des eaux vives qui lui sont souvent empruntées pour féconder les prés, et des arbres vigoureux entretenaient partout une fraîcheur dont un soleil piquant me faisait sentir le prix. Sur toutes les pentes, quoique rapides, des arbres à fruit, des cultures prospérantes et des maisons jusqu'aux bois supérieurs, annoncent la bonté du sol comme l'industrie des Betmalais, et ce tableau d'un peuple laborieux que la terre récompense de ses travaux n'ajoute pas peu au plaisir du voyageur. Dans la belle saison c'est un pays délicieux. Dans sa nouvelle direction oblique à la haute chaîne, la vallée reçoit de grands vallons qui en descendent. Celui de Bordes, bientôt divisé en vingt autres, réunit toutes les eaux du Mont-Vallier et de la crête voisine, jusqu'à la pyramide de Cournaude, qui commande le port d'Orle. Là sont les principales ressources des Betmalais : des bois et de grands pâturages, où pendant cinq mois tout fourmille, et le reste de l'année ce n'est qu'un désert. Le vallon d'Orle, le premier de la vallée de Baros, longtemps peuplé, monte directement au midi et laisse voir un moment son port et les cimes neigées qui dominent ses derniers pâturages, où le passant ne trouve que le plus triste des refuges dans le cabaret de Flouquet, plus dépourvu même qu'un hospice français.

Le soleil au milieu de son cours nous brûlait depuis longtemps, lorsque, de Bonac, la vue du clocher de Sentein, chef-lieu de Baros, perçant les arbres dans le dernier bassin de la vallée, nous fit doubler le pas. Plus haut, elle se divise en gorges où des prairies se montrent encore autour de quelques hameaux d'été, et toutes les hauteurs sont le domaine des troupeaux.

Une heure après, dans le meilleur cabaret du lieu, nous étions attablés autour d'un quartier de chevreau qui s'était trouvé prêt. Trois paysans nous y avaient devancés, dont l'un, marguillier de sa paroisse, discutait gravement les intérêts de la fabrique. Bientôt sa curiosité, dont nous eûmes la mesure, prit le dessus, et notre homme laissant de côté sa primitive réserve, et s'insinuant avec un ton mielleux, finit par décocher questions sur questions. Marthe, tout facétieux, y répondit d'une manière burlesque en baragouinant l'espagnol que le marguillier prétendait comprendre. Je me prêtai à la plaisanterie, et ses voisins, contents de voir turlupiner le docte fabricien, se mirent à rire à ses dépens. Il en résulta une de ces scènes joviales que connaît seul le voyageur à pied.

C'était un dimanche ; la population des hauteurs mêlée à celle du village, me montra encore une autre race. Des hommes courts et trapus, écrasés sous de grands chapeaux ronds, et de grosses filles joufflues, au teint coloré, me transportaient au milieu des montagnards de l'Auvergne. La cape singulière des femmes, pareille à ces *chaudrons* que les douairières portaient il y a un demi-siècle, pendant derrière avec des lanières traînantes, achevait de défigurer leur taille. Qu'il y a loin de la grosse fille de Baros à la jolie Béarnaise, à la Basquaise à l'œil vif, à la mine friponne. Les habitants des Pyrénées et leurs divers costumes, dessinés avec exactitude, seraient une collection piquante et très-variée.

Pendant un jour de demi-repos, je ne fis que quelques promenades pour observer les ramifications supérieures. A quelque pas de Sentein la vallée reçoit le dernier des vallons qui descendent de la crête ; des hameaux d'été le peuplent et ses bonnes prairies le rendent précieux. Il voit à sa naissance le tuc de Mauberme et deux ports qui s'ouvrent sur les versants d'Aran : par celui d'Uret on va, comme par Orle, au Pla de Béret et à Mongarre, et par celui de la hourquette à Arrou ou Canéjan. Plus haut ce n'est qu'une gorge qui s'élevant rapidement s'épanouit en plis nombreux couverts de pâturages, ainsi que les hauteurs qui sont autant de crêtes secondaires. Celle du nord verse dans les premiers affluents de la Ballongue, où sont des pâtis non moins étendus, et dans la combe déserte où naît le Ger, affluent de la Garonne par Aspet. De celle de l'ouest où les formes sont âpres, on descend par des rochers, par des ravins et des bois dans le fond sauvage de Basioue qui au-dessus de Fos envoie au fleuve les premières eaux françaises ; et au midi, la montagne de Crabère élève sa pyramide obtuse au-delà du lac d'Areigne qui réfléchit aussi les rochers du pic de *Lart*. Au centre de ce large éventail sur un plateau de verdure est la chapelle de l'Isard, que la piété publique entretient avec soin malgré sa solitude et son éloignement. Le cinq août, la fête de N.-D. des neiges y est célébrée avec toutes les pompes champêtres et un éclat qui étonne des échos si longtemps muets. De plusieurs lieues à la ronde, les jeunes pasteurs, les fillettes et tous les ménétriers manquent rarement à ce pèlerinage de plaisir. Du moins cet agreste et saint asile est-il mieux choisi que celui des Hautes-Pyrénées, et la joyeuse congrégation, en sau'ant à l'envi sur les tapis frais qui entourent l'oratoire de la protectrice que dans leurs périls invoquent le contrebandier et le chasseur, n'est point attristée par les masses repoussantes qui cernent la prison de Héas. Comme presque partout les cérémonies chrétiennes n'ont fait que s'enter sur celles du paganisme ; ces solennités montagnardes ne sont sans doute que la continuation du culte qui était rendu autrefois aux dieux des montagnes, à Diane et à Sylvain sur l'artigue de Salabre près du lac d'Areigne ; culte qui n'était pas encore entièrement effacé naguères, avant que l'autel qui leur était consacré et qu'a regretté le pasteur, eût été transféré au musée de Toulouse.

Dans la vallée de Baros, comme dans d'autres cantons du Couserans, les plus pâturages et les monts de la crête se nomment *biren* ou *pyren*, ainsi qu'on le voit dans les chansons du pays, où l'on parle de *las filhos de biren*.

Ainsi Sentein pourrait être le centre de courses agréables pour le curieux. L'ascension du tuc de Mauberme ou de Crabère ne me présentait plus le même intérêt depuis que des hauteurs de Luchon j'avais eu sous les yeux la région intermédiaire d'Aran, où la crête générale depuis l'Océan ne finit à la Garonne que pour se voir aussitôt dignement remplacer par la chaîne de l'est. Non loin du village sont plusieurs arrachements d'où l'on extrait le schiste ardoisier graphique que les maçons emploient sous le nom de *pierre noire*, et qui est très rare dans les Pyrénées au même degré de bonté. Il est renfermé dans un schiste argileux fortement carboné avec lequel il paraît quelquefois se confondre, et s'étend fort loin même sous les maisons de Sentein. Monté au petit pic de Redan d'où l'on domine tout ce dernier bassin, j'en fus chassé par les brouillards qui me suivirent dans la vallée. Les montagnes ont besoin du soleil ; rien de plus triste sous les brumes que leurs rochers et leurs bois obscurcis par les ternes vapeurs qui lentement s'y meuvent. C'est alors que la nature se voile, que le voyageur éloigné de tout ce qui parle à son cœur, sent le poids de sa solitude.

Longtemps avant l'aube tout s'était dissipé, et les étoiles brillant de toutes parts promettaient un beau jour, lorsqu'au travers des champs et des prairies d'Antras nous nous élevions vers le *Col-de-Nédé* qui conduit à Saint-Lary, chef-lieu de la Ballongue. Suivant le projet que j'avais de retourner vers la Garonne par le haut de cette vallée et par celle du Ger qui descend vers Saint-Gaudens, en une heure j'atteignis le col au moment où le crépuscule, éclairant les sommets, refoulait les ombres vers leurs bases. C'est toujours un point de halte. Assis sur la roche que sillonne le sentier, je jouis d'une de ces vues qui laissent des souvenirs. Depuis le Mont-Vallier jusqu'à Crabère, j'avais en face la barrière qui nous sépare d'Aran; des clartés douteuses n'y laissaient distinguer que les grandes masses, mais les festons des crêtes se dessinaient sur un ciel où l'aube avait éteint les étoiles. Je voyais une multitude de groupes et de contreforts s'exhausser à l'envi des fonds obscurs vers les cimes qui les commandent, et qui toutes s'humiliaient auprès de ce mont si fier, plus beau peut-être et non moins inaccessible de ce côté, où il règne sans rival avec ses gigantesques appuis. Je distinguais la montagne de Cournaude et ses pointes aiguës; le port d'Orle ouvert à sa base; les larges gradins qui montent au maïl de Boulard; le port d'Uret, facile en apparence, serrant de près, ainsi que celui de la Hourquette, la pyramide de Mauberme; le maïl de Laurés, voisin du pic de Lart que la verdure atteint, et enfin la masse isolée de Crabère, soutenue par ce haut contre-fort, dont les divisions, au-dessus du lac d'Areigne, embrassent au nord les têtes de quatre vallons affluents de la Garonne. Dans toute cette étendue qui appartient au terrain de transition, les sommets seuls avaient de la neige, et depuis le Mont-Vallier leur dégradation était visible.

Les objets éloignés devenaient distincts, et je me serais plu longtemps à observer les progrès de la lumière sur tant de plans divers, si le ciel déjà en feu par dessus la butte de la Core, bien humble maintenant sous le roc de Bélame, ne m'eût averti de donner le regard d'adieu à ce grand et simple tableau, pour jouir encore de la fraîcheur du matin sur les basses montagnes que j'allais traverser. Le col de Nédé est un plateau montueux d'où partent deux vallons : l'un étroit et boisé, descend droit sur Saint-Lary ; l'autre celui de *Goulaou* plus couvert, plus étendu, y revient aussi en faisant le tour du tuc de Peyregailère ; c'est celui que nous prîmes. Sa partie moyenne est couverte de bois où se sont arrêtés les débris de la tête fracturée du tuc, et il s'évase en haut en de vastes pâtis, débordant les hauteurs pour se réunir à ceux de la chapelle de l'Isard et de Crabère, tous herbages réservés pour une saison plus avancée, et alors déserts. Ces bois où de vieux hêtres tombent l'un après l'autre sous la hache, cèdent la place à des prairies, et le fond de Valentine donne déjà une idée de la fertile Ballongue.

C'est ici que commença l'insurrection des *Demoiselles*, dont le nom mystérieux et redouté remplissait alors les Pyrénées. On me fit voir un bois où des hommes masqués, portant des chemises par-dessus leurs habits, mirent en fuite à coups de fusil et sous des pierres roulantes, une troupe nombreuse de forestiers ayant leurs chefs en tête. L'effrayante rapidité avec laquelle la destruction marche dans les bois des Pyrénées exigeait depuis longtemps des lois conservatrices, mais le nouveau code forestier, par la sévérité de ses dispositions relatives à l'usage dans les forêts communales, dont les villages ont été de tout temps en possession, y est très-onéreux au pauvre qui ne va chercher son bois qu'à mesure de ses besoins. Partout je l'ai vu gémir et s'irriter des procès qui le ruinent pour quelques fagots indispensables à la cuisson de son pain. Si cette sévérité qui dépasse le but n'est adoucie, de tels soulèvements ne peuvent être que fréquents, et les rigueurs de la justice ne feront qu'exalter l'irritation populaire.

A Saint-Lary, grand village entouré de bois et demi caché sous de grands arbres, nous fîmes halte chez le plus petit des hôtes et des bossus peut-être, mais franc buveur, s'il en fut.

Tout en mangeant quelques fèves mi-cuites, ses accolades à la catalane à une bouteille aux flancs larges étaient fréquentes et il la vida sous mes yeux. Plus haut l'ophite se montre à la surface comme sur d'autres points de la vallée. Après le village de Portet une belle chapelle fermée de grilles laisse voir l'intérieur tapissé de mouchoirs et autres objets de toilette, humbles offrandes à la Madone par les jeunes filles dont les sentiments secrets réclament son intercession. Ces dons pieux sont ensuite mis à prix et vendus au profit de la chapelle. En une heure de montée, on atteint le col de Portet d'où l'on aperçoit en entier la riche Ballongue, toute champs, hautins et villages, et ses vertes hauteurs où pointent çà et là quelques cimes lointaines. Tout ce luxe de végétation rehausse encore l'âpreté des masses du Midi où le Mont-Vallier se dresse superbe au-dessus de ses amas neigés. Sur la montagne du *Minier* voisine, on voit encore des traces d'une exploitation de cuivre jaune dès longtemps abandonnée. L'ouest, moins frappant, a plus de variété : une longue suite de croupes et de buttes isolées, coupées de frais vallons qui convergent sur Aspet et sur Encausse où sont des eaux salines très suivies, s'étend jusqu'à la plaine de Montréjeau; et la jolie montagne de Cagire, toute pastorale de la base au sommet, excite les désirs du botaniste, certain de faire d'abondantes récoltes sur ses riants amphithéâtres où des pâtis, des bois nuancés de hêtres et de sapins sont couronnés de roches nues. Cagire, par son isolement, offre une vue magnifique sur les montagnes et sur la vallée de la Garonne. La composition de cette belle masse est remarquable en ce que le calcaire primitif ou métamorphique forme sa base entière, tandis que les hauteurs sont de calcaire de transition.

Nous descendons longtemps vers un fond habité, dans le vallon de Ger où des maisons blanchies brillent sous Cagire au milieu de la verdure : c'est Coulédoux. Nous traversons la haute combe du Ger, cernée de tristes hauteurs, revers des pelouses de Goulaou, où la nudité du roc et les sapins remplacent les douces teintes des prés, et nous recommençons une rude montée dans la magnifique forêt de hêtres qui couvre toutes les pentes d'Artiguescou.

Depuis trois heures nous marchions si vite, qu'un moment de repos était devenu nécessaire, et ce fut avec sensualité que nous nous étendîmes sur l'herbe douce et rase. Je regrettai de ne pouvoir parcourir ces beaux bois où çà et là s'enfonçaient des clairières bordées de hêtres séculaires ou serrées entre d'épais taillis. La solitude y était profonde, si ce n'est vers le haut que j'entendis les voix et les coignées de bûcherons invisibles. Au bout d'une heure, parvenus aux derniers arbres, se présente dans le roc une coupure d'où débouche toujours un air glacé : c'est le pas d'Artiguescou, ouvert entre les tucs de Culas et de Sijol, sur le rein très élevé qui unit Crabère à Cagire, et qui cache toutes les hauteurs méridionales. Jusque là, depuis la plaine de la Garonne, tout est grâce et fraîcheur dans des vallons peuplés où la vie champêtre et pastorale s'offre avec tous ses attraits ; on passe l'obscur boyau, et la décoration subitement changée, ne laisse plus voir que la haute chaîne et ses âpres régions, où les profondeurs sont immenses, les sommités gigantesques ; où toutes les scènes sont empreintes de cette rudesse sauvage que la nature, au sein des montagnes, sait allier à la grandeur, à une majesté quelquefois sublime.

Tout ce qui est en vue se précipite vers la Garonne d'Aran. Sous les pentes herbeuses qui succèdent à la brèche, s'ouvre un affreux ravin ; ses flancs, de toutes parts déchirés, plongent jusqu'au fond désert de Bassioue dont l'enceinte, brusquement redressée, est sillonnée d'inaccessibles arêtes. Tout n'y serait que sapins ou granit, si loin sous les pieds, sur un lambeau de prairie, le ruisseau de Modan ne jetait quelques reflets, avant d'aller s'unir à la Garonne sous le village de Melles. Le pic de Sénère, au centre de son groupe, brillait à gauche sur le pas du *Cho* qui descend à Canéjan ; et après les crêtes de Trentenade, dont les escarpements inférieurs, première affleuraison du granit qui a soulevé la grande chaîne de l'est, croisés avec ceux de Sacaubé, appendice de Bocanère, forment le défilé du Pont-du-Roi, le premier bassin d'Aran est indiqué par un intervalle jusqu'au rideau de Supertègue, soubassement des monts de la Picade et d'Artigue-Déline. Le Pomèro, le Toro, Saouerat et quelques autres monts Maudits y sont en vue, et de vastes neiges, des formes fières annoncent leur haut rang. Des nuages chassés par le nord-ouest, indice d'un changement de temps, me faisaient craindre de ne pouvoir visiter encore ces belles sommités ; mais, satisfait de plusieurs beaux jours, bonheur rare dans les Pyrénées, je me confiai dans mon étoile.

Après une fontaine précieuse pour les gens de Melles qui ont leurs pâturages sur ces hauteurs, on s'engage dans la seule voie qui descende à ce village, sentier peu rassurant sur les flancs du ravin, tantôt taillé dans la roche, tantôt dans des masses peu cohérentes où le moindre orage suffit pour le détruire. Sur un point où le roc n'a pu être escarpé, on a enfoncé des barres de fer qui soutiennent la route. La vue du précipice où l'on est suspendu peut donner des vertiges, et des enfants montés sur des mules suivaient avec indifférence ces étroites corniches. On traverse une longue suite de champs si inclinés, qu'on est surpris que la terre végétale y demeure ; on passe les couloirs de Melles, où les rangs de maisons semblent superposés, et au bas des murs à pic d'une masse schisteuse, d'où tombe le ruisseau de Modan, après une heure de la plus vive descente, on se repose enfin sur la terre plane, au niveau de la Garonne. Ce site est tranquille sous des masses qui ont de la grandeur. La vieille tour de Pomorin, sur une butte isolée, quelques pans de murs, restes d'une forge qui s'alimentait de minerai dans les environs, et la maison des douaniers, la première de France, se voient seules dans un petit bassin nu et nivelé, entouré de rocs arides, jusqu'aux grands escarpements qui serrent le Pont-du-Roi. En aval, le paysage est plus agréable : une longue allée conduit jusqu'aux habitations de Fos, précédées de jardins ; plusieurs moulins à scie et des tas de roules bordent la Garonne, qui fuit à pleins bords au niveau des prairies ; plus loin, la tour de Sponen commande à un groupe de maisons, et vers Saint-Béat la vue s'arrête à des masses étagées de verdure et de bois. La petite ville de Fos était devenue riche par son commerce avec l'Espagne ; c'est encore plus qu'un village. Dans un gite passable je n'eus pas besoin du bruit de la Garonne mugissant sous le pont voisin, pour y trouver ce sommeil profond dont on ne connaît toutes les douceurs qu'après de longues journées.

CHAPITRE VII.

Pont du Roi. — Bososte. — Vallée d'Artigue-Déline. — Nuit à l'Hermitâge. Ouil de Djoueou. — Double cirque sous le Toro.

A l'aube, Martre vint m'annoncer encore un beau jour : réjoui de ma bonne fortune, je me décide aussitôt à rentrer dans la vallée d'Aran, pour monter en Artigue-Déline et visiter les monts Maudits et la Maladette. Nous reprîmes donc le chemin du Pont du Roi, ayant pour compagnons les chèvres et les moutons qui regagnaient leurs stations accoutumées. L'air tonique et froid du matin dans ce défilé que le soleil ne voit que pendant quelques heures, est parfait pour ranimer les forces, et nous avancions lestement sur le plan solitaire et nivelé d'un ancien lac, dernier sol français qu'enserrent comme une vaste arène de fiers escarpements. A gauche, les revêtements schisteux de Tentenade sont percés çà et là par le granit, qui déjà révèle cette autre chaîne primordiale dont la longue file de sommets ne doit finir qu'à la Méditerranée.

Le Pont du Roi est au point le plus étroit, là où deux énormes rocs semblent n'être que la même masse, fendue pour livrer passage au torrent. En voyant ce pertuis et ses inaccessibles parois où quelques hommes arrêteraient une armée, on est moins étonné que la vallée d'Aran appartienne à l'Espagne, vers laquelle elle a tant de faciles passages. Ce pont franchi, que les fureurs de la Garonne obligent souvent à reconstruire, on arrive à *Pontaout*, première habitation espagnole. Un pont en pierre d'une construction hardie, d'où le hameau tire son nom, conduit à Canéjan, qui couronne une terrasse pittoresque au débouché du vallon de Touzau, né sous les mêmes cimes que celui de Bachergue, à l'autre extrémité d'Aran, et isolant au midi Crabère et Tentenade, dont il longe les bases. Ce lieu rappelle un fait atroce : lors de la guerre de l'indépendance, des gardes nationaux de Fos qui occupaient Pontaout, furent surpris par des Espagnols de Canéjan et tués jusqu'au dernier, quoique la plupart fussent connus de leurs meurtriers; trait cent fois renouvelé dans cette guerre d'extermination, où l'irritation de tout un peuple était poussée jusqu'à la férocité.

Le défilé cesse avant le village de Lez; plus loin s'ouvre la petite plaine où au milieu des champs de blé paraît Bososte, et au hameau de l'Espériade, commencent les chapelles qui ornent ses avenues. Cette seconde ville d'Aran ne diffère d'un village que par le nombre de ses rues et une vaste halle où était encore un reste de foire. Conduit pour déjeûner au cabaret renommé d'Augustino, je trouvai l'étage inférieur converti en un sale bazar, et dans les chambres hautes des gens attablés où des mines sinistres n'étaient pas adoucies par les couteaux-stilets que la plupart avaient à leur côté; instrument perfide qui, se déployant tout à coup, laisse voir un poignard déguisé en couteau. Dans leur terrible adresse, d'une main à l'autre ils savent le faire glisser comme un serpent et le lancer à distance. Au milieu de cet encombre, nous eûmes peine à obtenir le quartier de chevreau obligé, accompagné de l'inévitable vin de la Conque.

En deux heures nous gagnâmes *Las Bordes*, où j'appris avec plaisir qu'une troupe de picadous était montée à l'hospice d'Artigue-Déline pour couper des roules dans la forêt. Certain alors de ne pas le trouver dénué, nous en prîmes sans délai la route par un chemin taillé dans la montagne au-dessus du torrent qui en descend. L'ardeur du soleil me faisait envier l'ombre des bois, qui, devant nous, couvraient toutes les hauteurs visibles de Supertègue et de Gelle, revers du Courbissou. Nous y entrons enfin, et la vallée rétrécie n'est plus qu'une gorge où le torrent s'ouvre de vive force une issue au milieu des blocs et des branchages, lorsque de vieux hêtres, ne pouvant plus se soutenir sur un sol miné, s'y laissent tomber. Parmi le granit roulé, je distinguai des fragments de ces singulières roches à bandes alternatives de calcaire, de cornéenne et de pétrosilex, communes aux environs de Barèges et sur divers points des deux versants, mais toujours symétriquement placés envers l'axe granitique. Ces bois frais où le sol n'est que d'humus, voient croître dans leurs réduits ombreux une multitude de plantes vigoureuses alors dans leur parure. On passe un pont de sapins mal liés; on traverse une clairière de la rive gauche, où près d'une cabane détruite croissaient des belladones d'une rare hauteur, et on continue à gravir en s'éloignant du torrent. Des voix éloignées se mêlaient à ses bruits, lorsque nous vîmes paraître quelques filles qui venaient de porter des provisions aux picadous. En les croisant, Martre, facétieux, demi-Espagnol lui même, se mit à leur adresser des galanteries à leur portée, auxquelles elles répondirent d'abord gaîment; mais ayant voulu s'émanciper avec une grosse réjouie, il se vit repoussé d'un bras si ferme, qu'il en descendit et plus vite et plus loin qu'il ne s'y attendait, et la troupe, de s'enfuir avec des rires dont le guide confus entendit longtemps les éclats.

Les bois cessent, ou plutôt s'écartant, laissent voir un grand espace libre, et devant nous à mi pente des bâtiments neufs couverts d'ardoise, se projetant sur d'autres bois étendus jusqu'aux neiges. Voilà l'hermitage, me dit Martre. Cependant cette habitation presque élégante, où nul clocher ne désignait une chapelle, ressemblait plutôt à une belle ferme qu'à la modeste habitation d'un saint homme retiré du monde, ou à l'humble refuge des passants sur cette voie écartée. A ce tableau simple et grand je m'arrête : le calme de cette retraite profonde, ses prairies et ses bois romantiques plaisent à l'œil, à l'imagination, mais moins que le fond superbe des montagnes. Les hêtres et les sapins à rangs toujours pressés, y occupent tous les plans inférieurs qui, plusieurs fois croisés, ne laissent entre eux que le canal où brille çà et là l'impétueux torrent sorti de l'ouil de Djoueou, issue des cavités souterraines qui, sous la masse du

Toro, livrent passage à ses eaux nées de la Maladette. Ce trou est situé dans le bois, au bas de la dernière croupe de gauche, et toutes ces déclivités obscures sont les soubassements de trois belles cimes, *Saoucrat*, *Bailheta* et *Maïl de Lartigue*, appendice du Toro dont les neiges reluisaient au-dessus des sapins du Pomèro. Ces frais édifices qu'on s'attend peu à voir dans une telle solitude, cette spacieuse clairière jusqu'à de beaux hêtres que la coignée a dès longtemps respectés, les forêts qui leur succèdent, et enfin les sommités grandioses qui percent le ciel et resplendissent, composent un majestueux ensemble. Chaque intervalle entre ces masses offre des passages au hardi montagnard; cependant il fréquente peu ceux de l'est, redoutés par leurs âpres abords; le plus facile est celui de la Picade, à l'ouest, entre le Toro et le Pomèro, qui conduit à l'hospice de Bagnères, comme à Vénasque par le plan des étangs sous la Maladette. Dans les bois, au-dessus de l'hospice, une trace rapide monte au col de Pouïlané, et à son établissement d'été espagnol, d'où, par les grands pâtis de Campsaure, on gagne les fonds de la Pique. Cette voie directe entre Luchon et Artigue-Déline, trop peu connue des baigneurs, serait une intéressante promenade, d'où l'on pourrait aisément en un jour revenir par Bordes et le Portillon.

Trois hommes réparaient la clôture du parc où chaque soir se retirent les troupeaux, précaution indispensable dans un lieu peuplé d'ours et de loups qui, très défiants, n'osent pas pénétrer dans l'enceinte, lorsqu'ils entendent les chiens qu'on a soin d'y renfermer. L'un d'eux vint à nous; c'était Joseph l'hermitano, bon et simple Espagnol, qui s'empressa de nous conduire à son logis, situé au fond de la cour, les bâtiments des ailes renfermant la chapelle et les étables. Sa femme y était entourée d'une foule de petits enfants à peu près du même âge. Voyant ma surprise, elle se hâta de m'apprendre que ces enfants, moins trois, appartenaient aux picadous, qu'un négociant des Bordes, nommé Francisco, avait envoyé dans la forêt pour y couper des roules, sous la direction de son mari. Rencontre heureuse, car Joseph put mettre à notre disposition, outre le lait et le pain qui n'y manquent jamais, du vin, du jambon et de la viande fumée, provenant d'une vache qui s'était précipitée. A ces bonnes nouvelles Martre fut en gaîté : ayant parlé de lits, Joseph s'approcha mystérieusement de moi, et quoique seuls me dit à voix basse, que si nous voulions attendre que tous les picadous qui rentraient le soir à l'hermitage fussent couchés, il pourrait nous mener dans la chambre des prêtres, où nous serions très bien. Surpris de nouveau et trop heureux d'avoir de bons lits à une condition si facile à remplir, je l'en remerciai cordialement, et je connus le mystère. Les curés de trois villages d'Aran, *Arrou, Benous* et *Bégous*, sont obligés, pendant les six mois où le climat le permet, de venir à tour de rôle, le dimanche, dire la messe à l'hermitage, et chaque fois l'hermitano est tenu à les héberger de son mieux et à leur donner trois pécettes. Une grande chambre, suffisamment meublée, est réservée pour eux seuls, avec défense d'y introduire personne. C'est cette défense que le bon Joseph s'était décidé à enfreindre en notre faveur ; et il fallait pour cela qu'aucun picadou ne nous y vît entrer.

Satisfait de notre bonne fortune je me délassai auprès du feu en causant avec ces braves gens, et m'amusant des gentillesses de leur petite Francesquita, dont un morceau de sucre m'avait fait une amie. Il était de bonne heure encore ; je sortis pour revoir les montagnes et suivis au hasard un sentier, vers le bois qui descend dans le fond où se cache le torrent. J'avais perdu de vue l'habitation, et sous le dôme de la forêt le bruit de mes pas résonnait sur les feuilles et les branches desséchées dont le sol était couvert et que la main du pauvre ne devait pas recueillir ; car ici tout ce qui se détache du faîte des arbres, doit se consommer sur la place même où ils sont nés. Le silence presqu'éternel de ces solitudes n'est troublé que lorsque le sapin, tombé sous la hache, retentit dans le lointain, ou lorsque le pivert pousse son cri plaintif, fatigué de ses efforts inutiles pour percer la tige caverneuse que le temps a blanchie. Descendant toujours, je parvins au bord du Djoueou, où ravi de la majesté sombre du site, je m'assis sur la roche, au pied d'un vieux hêtre, dont les racines se cachaient sous la mousse. Je me plaisais à voir les eaux sortir de dessous un promontoire, agitées et blanchies d'écume, comme si elles jaillissaient du sein de la forêt, dont l'immobilité et les teintes rembrunies contrastaient avec leur vitesse et leur éclat, et dans leurs attaques redoublées, miner les dures berges du canal, où parfois, sous des arbres croisés, elles disparaissaient. Soumis à l'influence des lieux, je laissais aller mes idées rêveuses, et revenant en arrière de vingt siècles, je me transportais à ces temps nébuleux de la Gaule antique, où les rites, tout mystères, d'une religion sans doute calomniée, avaient lieu dans les retraites les plus cachées des forêts, et je n'eusse pas été surpris peut-être, si alors me fût apparu quelque vieux druide, se promenant dans l'obscurité du bois ou sur la cime de quelque roche, portant la serpe d'or et le gui magique. D'autres fois, ému par l'aspect ossianique du site, loin de ma patrie, je me croyais au sein de l'antique Calédonie, pays privilégié qui, des premiers temps de la civilisation jusqu'à nous, est restée la terre de la poésie et des souvenirs; et dans les vapeurs des cascades je cherchais quelque apparence des ombres de Malvina, du grand Fingal ou la figure vénérable de l'Homère calédonien; mais au milieu des romantiques paysages, dont une plume inspirée a de nos jours tant relevé le charme,[1] jamais les bois, les rochers et les torrents que le vieux barde a chantés, n'ont eu une couronne de pics aussi sourcilleux, de sommités aussi majestueuses que celle dont mes yeux étaient alors frappés au-dessus des torrents, des rochers et des bois d'Artigue-Déline. Dans ces lieux inspirateurs, au milieu de scènes magiques, on échappe difficilement à ces émotions intérieures, à ces écarts de l'imagination où restent confondus les époques et les temps. Que d'heures délicieuses aux fonds les plus cachés des Alpes et des Pyrénées, ou sur les pittoresques bords du lac Léman, de la Moselle et de l'Adour, ont coulé pour moi dans de telles rêveries, dans une sorte d'abstraction poétique. Revenu au temps présent, je caressai le projet de venir passer quelques jours à l'hor-

---

[1] Walter-Scott.

mitage pour jouir à loisir de sa solitude et de ses belles montagnes.

Tout présentait à mon retour le tableau le plus animé : une trentaine de bûcherons qui venaient de recevoir leurs vivres, étaient répandus dans la maison, occupés de leur modeste souper; et la cour était remplie de vaches qu'on s'empressait de traire. C'était un brouhaha général. Tout-à-coup le son d'une cloche agite l'air : c'était l'hermitano qui sonnait l'angélus. Aussitôt bûcherons, vachers, tout le monde, quittant sa besogne et le genou ployé, se met à dire dévotement la prière du soir. Ainsi, en Espagne, aux lieux les plus déserts, on trouve l'appui et les consolations de la religion, mais aussi sa puissance qui, dans nos temps de désordre et de malheur, sera peut-être la seule pierre angulaire de nos sociétés ébranlées. Martre ayant préparé pour moi une jatte de lait, et pour lui un repas plus substantiel, grâce à la chute de la vache dont les quartiers suspendus dans la vaste cheminée s'enfumaient sous nos yeux, je pris place au bout de table qui m'avait été ménagé auprès des picadous, assez surpris de leur nouveau commensal. Dès que la nuit fut close, toute la troupe se retira dans une grande pièce où chacun avait son lit, c'est-à-dire, son manteau étendu sur le plancher; et quand tout fut coi, Joseph, allumant sa lanterne, nous fit signe de le suivre en silence. Descendu dans la cour, il ouvre une petite porte, monte un escalier sur la pointe du pied et nous introduit dans la chambre prohibée, dont le commode ameublement et la propreté nullement espagnole annonçaient le soin que les bons pères avaient pris de leur gîte. Il nous quitta le doigt sur la bouche ; je n'eus garde de manquer à ses justes recommandations, et à petit bruit ma personne profane s'étendit sur la couche privilégiée où nulle des Révérences qui l'avaient successivement occupée n'osa venir me tourmenter en songe.

Avant deux heures, nous fîmes nos apprêts aux rayons de la lune, et avec les mêmes précautions nous gagnâmes la cour, d'où nous eûmes assez de peine à nous faire entendre de Joseph, endormi. Ayant rempli le bissac de pain, de vin et de viande fumée, j'acceptai son offre de nous conduire par des détours à lui connus, jusqu'au lieu même où jaillissent les eaux du Djoueou, qu'on ne voit ordinairement que d'en bas, au travers des arbres. L'aube ne se faisait pas encore deviner au-dessus des croupes boisées de Gelle, lorsque nous nous mîmes en route, mes compagnons à pied, et moi sur une forte jument dont j'admirais la vigueur dans les scabreuses routes de ces bois, où les rayons de la lune, filtrés au travers des branches, suffisaient pour nous conduire. J'aurais pu m'étonner de me voir ainsi la nuit dans une gorge des plus cachées à la merci d'un Espagnol qui m'était inconnu et d'un Miquelet français que je ne connaissais guère. Déjà cent fois je m'étais ainsi trouvé avec cette race d'hommes dont les mœurs participent à l'âpreté de leur pays, que leur genre de vie peut rendre rudes et défiants, et dont les ressentiments sont à craindre ; mais je savais que des manières simples et franches gagnent toujours leur confiance. Avec les hommes fiers de cette frontière, qui ne sentent que peu les distinctions sociales et ne connaissent guère d'autres lois que celles qu'ils sont enclins à violer, comme d'égal à égal, je comptais franchement sur leurs bons offices, et jamais ils ne m'ont fait repentir de m'être fié à eux dans les détours les plus secrets de leurs montagnes.

La lune avait pâli, la lumière pénétrait dans le bois et les yeux purent errer au milieu d'innombrables sapins d'une hauteur démesurée. Joseph me dit qu'on y voyait quelquefois des bouquetins qu'il nommait *cabras montesas*. Cet animal qui existait il n'y a pas longtemps dans les montagnes de Cauteretz, a totalement disparu de nos Pyrénées et ne se montre plus que rarement dans les forêts espagnoles. Nous avions atteint le chantier des picadous, où les plus gros arbres étaient de toutes parts abattus et coupés de longueur pour pouvoir les traîner. Le bruit croissant des cascades annonçait l'approche de l'ouil de Djoueou, situé à une heure de l'hermitage, et bientôt nous nous trouvâmes en face d'une longue cataracte que les branches nous empêchaient de bien voir. Grâce à Joseph, je n'eus rien à regretter. Aux eaux du Djoueou se joignent, au fond du précipice, celles des neiges supérieures qui, réunies en deux cours, se confondent en amont de la chute. Ce sont ces deux torrents qu'il nous fit traverser en croupe l'un après l'autre, au hasard de casser cent fois les jambes à sa monture au milieu des fragments aigus et des trous profonds sur lesquels roulait une eau furieuse et où la pauvre bête, glissant de tout côté, faisait de violents efforts pour se maintenir. Il me fallut toute ma confiance en mon guide et tout mon désir de mettre l'aventure à fin pour me décider à traverser le second torrent après avoir fait l'épreuve du premier. Déposé cependant sain et sauf sur la dernière rive pendant qu'il retournait chercher Martre, j'admirai la fougueuse végétation de leurs bords. Au-dessous des sapins qui avaient exclu toute autre espèce d'arbres, j'aurais pu trouver tous les arbustes des montagnes, toutes les plantes sous-alpines; et les vapeurs qui les humectent sur des couches d'humus accumulées, leur donnaient des proportions et une vigueur jusqu'alors inconnues. C'était le tableau riche et sauvage d'une végétation extraordinaire.

Martre arrivé, Joseph attacha son cheval moitié à terre, moitié dans l'eau, et nous voilà grimpant après lui au travers d'un fourré dans la direction du bruit de la cascade. A quelques pas d'un petit bassin en repos rempli d'une eau noire, ayant écarté les rameaux où brillait une éblouissante blancheur, je me trouvai en face du torrent élancé tout entier de ses cavernes pour se précipiter aussitôt au travers du granit avec un fracas dont les bois semblaient émus. Tel est l'*ouil de Djoueou*, nommé aussi trou de Goneou, qui serait la source la plus curieuse de la Garonne si déjà ses eaux n'avaient vu le jour avant de se perdre dans le gouffre du Toro. Quelque abondante que fût alors cette source qui a peu de rivales, plusieurs trous revêtus de mousse humide indiquaient à l'entour autant d'issues pour de plus hautes eaux. Penché contre un sapin tombant, j'en vis un autre qui dans sa chute s'était appuyé sur un bloc à quelque distance du bord; poussé par une curiosité imprudente j'en profitai, malgré mes compagnons, pour aller me mettre au milieu de ce torrent sorti de terre avec toutes ses fureurs. Là, téméraire observateur, dans une émotion invincible, je pus contempler cette étrange scène avec son cadre de blocs et de sapins pressés. Mais les bouillonnements impétueux dont j'étais entouré, l'indicible vélocité de ces ondes éblouissantes, leur fracas et leurs mille jets d'eau étaient de trop fortes épreuves pour ma tête : je n'y restai que quelques minutes. Avant de nous quitter, le bon Joseph nous donna des indications pour nous rendre à travers les bois, qui de tout côté pressent la source, au plan de Lartigue, dernier fond de la vallée, occupé par les pasteurs, d'où nous devions gagner le port de la Picade. Remontant ensuite sur sa bête, à ses risques et périls, il repassa les torrents et nous le perdîmes de vue.

Les soins pour nous guider qu'avait pris l'hermitano ne nous servirent pas longtemps. Nous n'étions pas loin que déjà, à peu près égarés au milieu de tous ces bois qui se ressemblent, nous n'allions plus qu'au hasard lorsque les arbres cessant tout-à-coup, immobile et muet à l'aspect du tableau le moins prévu, je ne pus faire entendre qu'une vague exclamation. C'était une de ces scènes que présentent seules les hautes sommités de la terre alors que les circonstances favorables se trouvent réunies, et tout l'était ici. Cette vallée d'Artigue-Déline, si riche en sites, devait épuiser mon admiration, car rien de plus beau ne s'était encore offert à mes yeux, sans rien devoir au contraste des bois obscurs sous lesquels nous avions longtemps erré. Qu'on se représente deux larges plans égaux en étendue, divisés par une levée de gazon et cernés de bois nettement terminés, excepté dans le fond, où de gigantesques murailles les ferment en se développant avec régularité autour de deux courbes contiguës. Plus haut, de grands ressauts, des talus neigés, montent jusqu'à des cimes brillant alors de tout l'éclat du matin sur un ciel où la lune montrait encore son disque pâlifié. Ce sont deux cirques accolés, moins étendus, moins réguliers que Gavarnie et son colosse amphithéâtre, mais plus pittoresques, plus gracieux dans tous leurs points de vue. Deux vastes tapis d'une fraîcheur idéale occupent la double arène jusqu'au pied même des murailles, dont les teintes gris-jaunâtre indiquent la nature calcaire, et des bois aussi beaux que ceux des premiers jours ou que cette poétique robe de la terre que l'autre Homère d'Albion a créée dans l'enceinte d'Eden, s'ouvrent en un double croissant autour de ces riches pelouses. Au-dessus des escarpements de droite, une masse énorme de roches noires appelée *los Negros*, dépendance du maïl de l'Artigue, qui lui-même n'est qu'un des gradins supérieurs du Toro, fracturée sur tous ses flancs, menace ces pâturages paisibles et les humbles couïlas qui au bord du ruisseau étaient entourés de vaches et de moutons. Je me mis à pousser des cris comme pour appeler les pâtres hors de leurs taudis enfumés, lorsqu'autour d'eux la création étalait ses merveilles ; mais enveloppés dans leurs capes grossières, ils restèrent sur leurs couches de sapin ; rien ne s'émut aux cabanes, et ma voix, perdue dans le vague de l'air, ne put pas même réveiller quelque écho dans ces vastes rochers.

Nous traversons l'arène occidentale pour gagner le pied d'une pente rapide où était une futaie de hêtres, premier degré du vallon alpestre qui monte au port. Ici, d'autres plaisirs m'attendaient. La main libérale de la nature semblait s'être épuisée à y semer les plantes ; le sol en était couvert. Le rosier sans épine était partout, à côté de mille fleurs dont les vives teintes, vernissées par l'humidité, formaient le plus brillant émail sur la verdure ; et de grandes gentianes, des lys de toutes les espèces, élevant leurs belles têtes, étaient les chefs de ce riant cortège de la Flore des montagnes. Le voyageur lointain qui découvre un de ces asiles de la végétation, que nul pas n'a voilé, n'éprouve pas plus de jouissance que je n'en avais en contemplant avec les yeux du botaniste cette parure de la terre ; car le sol vierge des déserts ne saurait avoir de plus beau vêtement ; les solitudes de l'Ucayale ou de l'Ohio ne peuvent présenter de plus grands traits, de plus riches harmonies. Ces hêtres, d'une hauteur démesurée, le vert nuancé de leurs rameaux entrelacés avec ceux des sapins ; ces vieux troncs, retenus dans leur chute au-dessus des cascades, dont les mousses et une foule de plantes naines se sont emparées, comme pour montrer que la nature infatigable sait partout faire jaillir la vie du sein de la destruction ; ces arbrisseaux qui, dans leurs intervalles, sont à l'abri de la violence des vents ; toutes ces plantes grimpantes qui, cent fois croisées autour des tiges, forment des touffes impénétrables, comme ce luxe de fleurs qui émaille la lisière des bois, et tant d'autres traits dont mes yeux jouissaient avec charme, ne composent-ils pas pour les solitudes de nos climats où les forces productrices ont conservé leur vigueur primitive, une parure assez belle pour ne pas porter envie au luxe moins aimable des forêts du nouveau monde ?

Un sentier tournant, tracé par les vaches, nous fit gravir jusqu'au bord du torrent qui, né dans le lac du Pomèro, au plus haut du port, allait bientôt se précipiter dans l'arène. Gonflé par les neiges en pleine fusion, le passage en était difficile : ce ne fut qu'après une pénible recherche et en nous exposant à l'immersion, que quelques pierres et un tronc de bouleau nous le facilitèrent, au travers des rejaillissements dont nous fumes inondés. Sur l'autre rive, des hêtres hauts et droits comme des mâts, voyaient croître à leurs pieds un vigoureux gazon, presqu'aussi riche que la pelouse des cirques. La renoncule-aconit entre toutes les autres, y croissait d'une rare grandeur. Après le bois, un vallon de pâturages, nommé *la combe du Pomèro*, s'élève, et plus haut, rétréci entre des hauteurs escarpées, se termine en un long canal où nous pouvions voir quelle rude montée nous restait à faire, avant d'être au bout de cette neige qui brillait sur un ciel foncé. Nous avions enfin joint le soleil, et volontiers nous aurions fait halte pour déjeûner, sans l'eau glaciale du torrent dont nous étions trempés. Nous continuâmes donc à gravir sur des pâtis toujours redressés, où l'herbe ne montrait que ses pousses jaunies, vers une petite cascade qui au bas de la neige sillonnait un rocher. Nous mîmes plus de demi-heure à l'atteindre ; et là, réchauffés et assis au soleil, ayant sous les yeux les beaux fonds de l'Artigue et les sommités bigarrées du Saouerat, nous prîmes à loisir des forces, avant de tenter l'escalade. Un isard, que nous avions fait partir, resta tout le temps en observation derrière une crête où il ne montrait que sa jolie tête cornue.

CHAPITRE VIII.

Port de la Picade. — La Maladette. — Guido englouti. — Port de Vénasque. — Hospice de Bagnères.

Elle fut longue et fatigante cette heure qu'il nous fallut subir sur ces neiges rapides où depuis peu quelques traces avaient ouvert la voie, ou plutôt un interminable et glissant escalier. Parvenus enfin à ce bord brillant qui tranchait sur le ciel et que je croyais le port, je fus désapointé de m'en voir séparé par une combe assez profonde, dernière dépendance d'Aran, où le lac du Pomèro ne s'était pas encore dégagé de dessous la neige amoncelée. Du fond de cet éblouissant entonnoir, le ciel avait l'apparence d'une voûte d'un noir pur, supportée par des parois où des étincelles jaillissaient de toutes parts, et dont l'éclat devenait insoutenable. Ce dernier obstacle où nous nous enfonçions jusqu'à mi-corps, est enfin franchi; nous sommes sur le port de la Picade, en vue de plus vastes neiges et des hauteurs du port de Vénasque, à leur revers méridional, sur la limite de la Catalogne et de l'Aragon dont une étendue de montagnes se montrait à l'ouest, et à deux pas du sol de France. Un sentier, marqué sur le Pomèro, indiquait à droite le chemin de Campsaure et de l'hospice de Bagnères, voie qui, sur des pentes faciles, est la première ouverte aux bestiaux et aux mulets. Nous étions sur le lieu où, suivant ce qu'on m'avait dit à l'hospice, les douaniers espagnols avaient surpris l'avant-veille une troupe de contrebandiers des deux nations, et pour l'acquit de leur conscience leur avaient décoché quelques coups de carabine qui n'avaient eu d'autre effet que d'émouvoir l'air un instant sur ces hauteurs où règnent l'immobilité et le silence. La troupe n'en avait pas moins continué sa route vers Vénasque. Mais, au milieu de tant de monts éclatants, mes yeux se fixèrent avec empressement sur une masse énorme qui, à ma gauche, faisait tableau, portant plus haut que tout ses glaces et ses pics : c'était la Maladette. De longues croupes descendant du Toro, m'en cachaient la base, ainsi que les profondes dépressions qui l'isolent du chaînon du port. Ayant proposé à Martre de dépasser ces croupes, en suivant horizontalement leurs plans inclinés, il m'objecta leur excessive déclivité et la dureté de la neige où une chute, en nous faisant voler au fond du Plan des Étangs, eût été sans espoir. Je le laissai donc, et armé de mon bâton ferré, je m'avance seul hors des traces profondes qui marquaient la route. La neige était meilleure qu'elle ne le paraissait, la croûte mince formée par le froid de la nuit, cédant aisément, en la frappant du pied; d'ailleurs, me souvenant du port de Berbégué, je n'allais qu'avec précaution sur ce sol étrange, en évitant de porter les yeux dans les profondeurs. C'était une suite de pans coniques dont les traces horizontales offraient de moëlleuses ondulations, et où les lignes de plus grande pente n'étaient qu'un trait jusqu'au bas de la montagne. Les molécules de ces surfaces glacées, brillant autour de moi comme d'innombrables diamants, me blessaient la vue et rendaient singulièrement ternes les objets éloignés. Je parvins ainsi, sans accident, à la dernière croupe, en face du géant, dont les travaux de Reboul ont révélé le rang suprême dont les cimes souvent tentées n'avaient encore été atteintes par aucun pied humain, et qui, d'une mer à l'autre, règne maintenant sur tous fiers rivaux. On jouira d'une vue bien plus étendue sur la Maladette et les montagnes du sud comme sur celles d'Artigue-Déline et d'Aran, si l'on s'élève sur la cime même qui me dominait alors, au sud du port. Une heure suffit et les curieux qui le passent souvent, ne devraient pas négliger cette admirable position.

La masse de la montagne, revêtue de glaces et de neiges, excepté à sa base occidentale enfoncée vers Vénasque, sous les pics d'Albe et de Malibierne, s'élève cernée de deux côtés par un large vide qui l'isole de la haute chaîne. Ses vastes flancs où çà et là quelques rocs noirs font saillie au-dessus des glaciers, se couronnent d'une longue crête relevée à l'est dans deux pics principaux, et déclinant ensuite vers le pied d'un superbe cône aigu qui porte plus haut encore les neiges les plus pures. Ce pic le plus oriental est le pic de Nethou[1], point culminant du système entier; à ses côtés, de toutes parts, tout s'abaisse. Un large col le sépare du pic de Barrans où d'autres glaciers se cachaient sous d'autres neiges, et grand encore auprès du colosse. Dans le vallon qui naît à ce col, et que l'on nomme *Clot de Barrans*, je cherchai le trou du Toro; ses contours escarpés et sa cascade me le firent reconnaître sous mes pieds au bout de la tortueuse ligne noire que dans la neige traçait le torrent qui s'y perd. De là un autre pli où circulait une trace pareille, remonte à l'est jusqu'à un petit col ouvert entre Bailheta et le Toro : telles sont les premières sources du Djoueou. Depuis le gouffre ses eaux n'ont pas un long trajet à faire pour aller renaître au jour de l'autre côté de la masse calcaire de ce dernier dont il traverse les racines, et qui repose sur le granit. Si quelque accident venait à boucher ce gouffre, la Garonne se trouverait ainsi privée de la plus abondante de ses sources, et le lac qui en résulterait n'aurait pas à s'élever beaucoup pour franchir le plan des étangs et se déverser dans le bassin de l'Ebre par l'Essera.

Entre la combe du gouffre et le Plan des Étangs, origine de la vallée de l'Essera où est Vénasque, est un petit col au bas d'une arête hérissée qui monte jusqu'au pic de Malahitta. Ce col si bas entre le Toro et la Maladette fait donc partie de la crête générale qui, du pic de Malahitta et du pic de Nethou, passant au pic de Barrans, rentre dans la ligne au sommet de Bailheta, embrassant ainsi les deux vallons du gouffre, dépendances les plus élevées d'Artigue-Déline où se versent leurs eaux malgré la masse interposée; et la Maladette, au lieu d'être rejetée au midi, reprend sa place naturelle sur la grande crête séparative des eaux. Sous le Plan des Etangs la vallée de l'Essera se creuse entre la saillie escarpée de la *Pennablanca*, masse calcaire formant au sud le piédestal du port, adossée aux schistes qui montent jusqu'aux cimes, et convertie en dolomie sous l'influence

---

[1] Sur un autel trouvé à Baudéan, à côté du nom d'Agéion, Dieu des montagnes chez les Gaulois, était celui de *Nethon*, autre divinité sans doute. Ce pic lui aurait-il été consacré?

d'une haute chaleur, et la base de la Maladette qu'elle contourne, en recevant de l'ouest le vallon de l'Astos que je voyais en face rembruni de sapins jusqu'au pied de *Perdidighero* et de Posets, fiers sommets espagnols, voisins du port d'Oo. Le torrent de l'Essera, après avoir parcouru le rude pays de Ribagorça dont le petit chef a porté jadis le nom de roi, va du côté de Balbastro se perdre dans la Cinca du Mont-Perdu, qui amène ainsi à l'Ebre les tributs réunis des groupes les plus importants des Pyrénées. On trouve dans les chroniques du temps un comte de Bigorre et de Sobrarve, Garcia Ximénés, puissant par ses possessions des deux côtés des Pyrénées, qui fut élu chef de la guerre contre les Sarrazins après la bataille de Tours. Sa femme, Ennica, était sœur de Momerance, femme d'Eudes, duc d'Aquitaine. Le dernier de ces rois en miniature qui figure dans ces chroniques embrouillées du moyen-âge, est Gonsalve, arrière petit-fils de Sanche Abarca, roi d'Aragon et fils de Sanche le Grand, dont le sceptre s'étendait sur les pays de Ribagorça et de Sobrarve ; ce dernier, situé à l'ouest, devait être la vallée de la Cinca, comme Ribagorça était le bassin de l'Essera. Gonsalve assassiné en 1039 sans laisser d'enfants, mit fin sans doute à ces petites souverainetés, autres royaumes d'Ivetot, dont la féodalité avait couvert tout le midi de l'Europe. Dans la haute chaîne de Bagnères vue en raccourci, les pics de Trumous et de Boums qui flanquent le port, projetés sur le Maupas, interceptent toute vue. Au midi du pic de Posets, le chaînon qui suit l'Essera se relève à la tuque de Montidiego ; et plus loin les monts neigés de Lisat que traverse le col de Sahoun, route de Gistain, se font remarquer par leur élévation. Dans tous ces espaces livrés presqu'entiers à deux teintes, des neiges sans fin n'étaient sous le soleil qu'éclat et splendeur ; mais le mont colossal qui, devant moi, du fond du précipice, allait porter si haut sa tête, des paroles ne peuvent dire avec quelle majesté ses crêtes festonnées, ses cônes éblouissants se dessinaient sur le noir du ciel. L'amas de glace qui le drape, de plus de deux lieues d'étendue sans autre interruption que les noirs rochers qui çà et là surgissent, est coupé en deux parties par l'arête qui descend du pic de Malahitta, l'une concave autour du Clot de Barrans, et l'autre plus considérable, occupant la face septentrionale de la montagne, excepté à sa base, aux sources de l'Essera, où de longs escarpements et des files de pins ravagés par les lavanges, alternent avec des traînées de neige comme des gradins régulièrement espacés. Ce glacier ne paraît pas très rapide; sa vaste nappe d'un blanc pur est marquée sur quelques points de teintes jaunâtres dues à la terre qui s'y éboule, et soulevée en croupes que sillonnent des crevasses.

Rentré sain et sauf sur la voie incommode où Martre m'attendait, nous continuâmes à suivre les traces sur la neige vers une large combe sous le pic de Trumous; mais n'ayant pas le projet de descendre à Vénasque, nous nous dirigeâmes sur le port en la tournant de niveau jusqu'à la Pennablanca. Nous avions atteint ainsi une avalanche récente, dont la neige durcie par les chocs éprouvés dans sa chute, était sous forme de blocs de toutes dimensions. Martre me suivait; tout à coup il s'arrête et s'écrie : « Monsieur, je ne suis pas venu pour mourir ! » et il tourne le dos. Surpris, je le regarde; lui sans parler, du doigt m'indique la montagne. J'y porte les yeux, et au-dessus d'un escarpement, sur un plan fortement incliné, je vois la tranche d'une masse de neige toute crevassée, prête à suivre le même chemin que celle que je foulais, dont la place primitive y était visible. L'épée de Damoclès ne tenant qu'à un cheveu ne m'aurait pas paru plus menaçante. Sans mot dire à mon tour, je le suivis au pas de course jusqu'à ce que je me crus hors de portée de la lavange suspendue qui aurait pu fondre sur nous comme la foudre. Son aspect était tel que sous un soleil ardent elle n'a pu tarder à se précipiter. Cet incident nous obligea à descendre presqu'au fond de la combe, d'où nous eûmes grand peine à gravir les talus redressés de la Pennablanca et leurs neiges trop molles. Parvenus sur le plateau incliné qui précède les crêtes du port, nous gagnâmes son étroite coupure, où nous fûmes joints par un contrebandier espagnol venant de Vénasque, et reconnu de loin par mon guide pour son ami Matheou. Ce passage si fréquenté est mesquin dans ses lignes si on le compare à ceux de Martrat et de Pinède, à la brêche de Roland et à plusieurs autres ports des Pyrénées, où les proportions sont belles et les profils hardis. Pendant que l'outre passait de l'une à l'autre main, je sautai sur le roc, où je pus enfin me reposer à sec en face de la Maladetta aussi belle que de ma première station. Je voyais de plus par-dessus le col du Toro la fourche du maïl d'Espouïs, et dans le fond, à droite, le petit bassin nommé Vallette de Vénasque où était l'ancien hospice. Les avalanches y étant fréquentes, on avait abandonné la place pour en construire un autre à quelque distance plus bas. Mais hélas! combien sont vains quelquefois les calculs de la prudence! Peu de mois devaient s'écouler avant que ce nouvel hospice ne fût détruit de fond en comble avec tous ses habitants. Le jour des Rois, une lavange partie de la Maladette l'avait écrasé avec cinq femmes, trois enfants et tout ce qui vivait. Le maître seul était absent. A son retour de Vénasque il fut le premier à reconnaître son affreux malheur, ne voyant en place de son habitation qu'un horrible monceau de neige sous lequel tout ce qui lui était cher, enseveli à la fois, ne comptait plus sur la terre. Quel pays!

Martre m'indique le lieu où deux ans avant, avait péri l'infortuné Barrau, doyen des guides de Luchon, en tombant dans une crevasse recouverte d'une neige perfide, dans une course où il accompagnait deux élèves des mines. C'est dans la partie du glacier qui correspond au plan des Etangs à peu près aux deux tiers de la hauteur totale, au-dessus de ce plan de verdure ceint d'escarpements qu'on nomme le rocher de *la Rencluse*. C'est là que, comme au trou du Toro, se perd le torrent du glacier dans ce qu'on appelle le gouffre de *Tormon*, véritable source de l'Essera, reparue au plan marécageux des Etangs. Je rapporte ici l'extrait du procès-verbal qui fut alors dressé, où sont consignés les détails de ce malheureux événement.

Deux élèves ingénieurs des mines, MM. Edouard Blavier, de Paris, et Edouard de Belly, de Strasbourg, partirent le 10 août 1824, à huit heures du matin, avec Barrau et son plus jeune fils, pour la Maladette, et arrivèrent à 6 heures du soir au Plan des Étangs, territoire espagnol, où ils couchèrent dans une cabane. Suit leur déposition :

« Le 11, à cinq heures du matin, nous commençâmes à
« gravir avec Barrau seul, le fils étant resté pour garder les
« chevaux. A huit heures, nous atteignîmes la moraine du
« glacier, et nous déjeûnâmes derrière un gros bloc, où nous
« laissâmes les restes de nos vivres. Barrau redoutait cette
« voie, à cause des pierres qui roulaient d'en-haut, mais il
« parlait avec confiance des crevasses. Arrivés à l'origine de
« la moraine, nous chaussâmes les crampons et nous entrâ-
« mes sur le glacier d'abord à nu, ensuite couvert d'une
« neige où nous enfoncions jusqu'à la cheville. Arrivés à
« peu de distance de la crête, nous fûmes arrêtés par une
« crevasse énorme, qui nous parut horriblement grande, en
« y jetant les yeux avec la précaution de nous faire tenir
« par derrière. Nous cherchâmes vers la gauche, où la neige
« faisait voûte, un moyen de la franchir; mais un de nous y
« ayant enfoncé toute la longueur de son bâton, en prévint
« Barrau, qui avança encore à gauche, où il sonda lui-même
« avec le sien. La neige lui ayant paru assez solide, il y pose
« un pied, et porte le second en avant aussi loin qu'il peut,
« croyant laisser la crevasse entre ses jambes : le malheu-
« reux était dessus. Sitôt qu'il soulève le pied premier posé
« pour se porter en avant, sous l'autre il se fait dans la
« neige un trou où il s'abîme. Nous l'entendons aussitôt
« crier : Grand Dieu ! Je suis perdu ; je me noie ! —N'ayant
« nul moyen de le secourir, l'un de nous s'élance pour aller
« chercher le fils et un peu de corde qu'il avait. »

Celui qui resta auprès du trou entendit pendant deux minutes crier toujours : « Grand Dieu, je suis perdu ! » et un peu après : « Grand Dieu! je m'enfonce !.. » puis il n'entendit plus rien ; il l'appela, point de réponse. Il courut alors joindre son camarade, et ils remontèrent au glacier avec le fils et le peu de corde qu'ils avaient. Arrivés à la crevasse, ils appellent encore, mais en vain. Persuadés que Barrau était mort, ils redescendent, exténués de fatigue et de douleur, ils arrivent à l'hospice à dix heures et demie du soir, d'où ils envoient de suite chercher les autres fils Barrau, qui arrivèrent à cinq heures avec des hommes et des cordes. Sous la conduite du plus jeune, ils remontent à la Maladette, pour tâcher de retrouver au moins le corps de leur malheureux père, et les élèves des mines reprennent le chemin de Bagnères. Les trois frères, arrivés à la crevasse, se convainquirent de la mort de leur père, qui ne répondit à aucun cri, et de l'impossibilité de parvenir jusqu'à son corps, qui s'était enfoncé dans l'eau dont tout le fond de la cavité était rempli...

D'aussi effrayants exemples, moins fréquents dans les Pyrénées que dans les Alpes, ne sauraient être assez connus, afin que les guides et les voyageurs qui se hasardent dans ces lieux redoutables ne négligent rien de ce qui est dicté par la prudence : comme de s'attacher plusieurs ensemble à la même corde et à distance, afin de se soutenir les uns les autres ; de se munir d'une échelle légère pour franchir les crevasses et autres précautions semblables. Au reste, ce qui trompa l'infortuné guide, c'est que la direction de la crevasse se brisait sous la neige et se portait en avant au point même où il voulut la traverser. Ses restes, maintenant ensevelis dans les abîmes du glacier, reparaîtront au jour, mais ce ne sera que lorsque par le glissement continu qu'éprouvent ces amas, la partie qui les renferme sera arrivée dans la zône moins froide où les glaces ne peuvent résister aux chaleurs des étés.

Les crêtes du port, quoique opérant sur ce point la séparation des eaux, appartiennent au terrrain de transition, et tout y est schiste argileux ou calcaire depuis la pique Forcanade jusqu'au port de la Glère où le schiste micacé s'en empare jusqu'au port d'Estaouas. Le granit de la Maladette qui se trouve ainsi au midi de la ligne culminante générale et isolé des groupes granitiques qui l'avoisinent, paraît être, comme ceux-ci, l'indice de plusieurs centres particuliers d'évulsion, tous produits par l'immense action qui poussait au jour la chaîne granitique méridionale.

Au côté du passage j'aperçus un crucifix en fer que quelque dévot contrebandier sans doute avait planté dans une fente du rocher. Martre, piqué de ce qu'il avait la face tournée vers l'Espagne, se hâta d'y grimper pour la tourner vers son pays, comme plus sûr d'en être protégé. C'est dans les crêtes dangereuses, à l'est du port, que Diétrich, conduit au péril de sa vie par un chasseur, reconnut une mine de plomb qui donnait moitié de son poids. Cette riche découverte fit du bruit ; l'avidité ignorante s'en empara, et comme tant d'autres sa mauvaise exploitation la fit abandonner bientôt. Disant adieu à l'Espagne, je passai la brêche alpestre, et du côté du nord le coup-d'œil me parut d'abord très singulier à cause de l'effet des neiges des premiers plans, qui faisaient voir d'un jaune terne les pâturages de Campsaure, auxquels elles semblaient toucher, comme les hauteurs de Bagnères, toutes bois ou pâtis. Je fus frappé du rude talus qui, du port même, descendait d'un trait jusqu'à la combe des lacs, ressaut qui cache le bas du vallon où l'hospice est bâti. Au lieu des cent zig-zags que les mulets devaient bientôt tracer sur les débris mis à nu, on n'y voyait qu'une traînée directe très pénible à suivre, dangereuse même à cause des trous glissants, espacés souvent de hauteur d'homme, qui formaient les marches de ce gigantesque escalier. Il fallut cependant se lancer sur la scabreuse voie où Martre et l'Espagnol étaient déjà loin ; et pour regagner le terrain, lorsque la neige était unie, je m'y laissais dévaler sur mon bâton. Les trois ou quatre petits lacs qui sont en bas ne s'y décélaient que par leurs surfaces nivelées ; perfide attrait pour l'imprudent qui ne saurait pas les deviner. Après le dernier, on se trouve à l'origine des rampes qui plongent sur le fond solitaire où près des bois paraît l'hospice. Cet alpestre couloir est bordé de masses schisteuses en ruines : d'un côté, Las Pales de Saint-Just, appendice du pic du Port, et de l'autre les murailles de Fraiche, surmontées d'aiguilles, dont la dernière, le pic Ponjut, menace le petit bassin de sa tête sourcilleuse. Ce pic, bien nommé par sa pointe élancée, porte à son revers une bonne pâture presque inaccessible, où pendant un mois se nourrit chaque été un troupeau qui ne manque guère de payer sa témérité de la vie de quelqu'un des siens. A mi-descente, l'ami Matheou nous avait dit en montrant une roche à l'écart : « Si je ne trouve pas là ce qu'il me faut, j'irai jusqu'à l'hospice. » En effet, une sache de haricots y gisait sous des pierres. Nous souhaitant alors bon voyage, il la charge sur ses épaules et se met à remonter tranquillement au port. C'est ainsi qu'entre des affidés se fait partout et réciproquement la contrebande de détail. J'ai passé maintes fois ce port, dont la montée de deux heures est facile même pour les chevaux lorsque les neiges sont fondues.

En passant le premier pont que porte la Pique, née à une lieue plus loin sous le col de Rouye, où la masse obtuse du Poméro ferme la vallée, je fus surpris de m'entendre appeler d'une fenêtre de la maison. C'était mon traiteur de Bagnères qui y était venu avec quelques amis pour prendre le petit lait, disait-il, ce qui était assez plaisant pour un Hercule qui ne mettait jamais d'eau dans son vin. C'est un usage assez général dans le pays d'aller passer quelques jours dans l'air pur et salubre de la montagne. Ils occupaient la belle chambre où sur des branchages étaient établis les lits qu'ils avaient apportés. Il faut aussi s'y faire suivre de quelques provisions, et ceux qui aiment à chasser les isards ou les coqs de bruyère, se munissent de leurs fusils. Ce sont alors des parties de plaisir. L'hospice est grand, et on est toujours sûr d'y trouver les ressources d'un cabaret. Pour cette fois, grâce à mon traiteur qui n'y était pas venu les mains vides, un dîner substantiel dont j'avais grand besoin, et une heure de sommeil me restaurèrent pleinement.

Je n'avais plus qu'à descendre à Bagnères, dont la route longtemps ouverte dans de beaux bois où les sapins, les ifs, les hêtres et les tilleuls mêlés sont d'une bonne venue, est praticable même aux charrettes. Dans les fonds on peut entendre résonner, sous les ressauts qu'elles franchissent, les cascades dites du *Parisien* et des *Demoiselles*. On descend à la première de l'hospice, et l'on parvient à la seconde par un chemin facile qui traverse le *prat de Djoueou* sous le vallon de la Glère et remonte la rive gauche du torrent. Ces chutes et leurs gracieuses décorations, leurs rochers et leurs fleurs toujours humides dans un mystérieux demi-jour, attirent souvent le promeneur de Bagnères, qui y prend avec charme un moment de repos dans un air frais et balsamique, sous de hautes voûtes dont les teintes sévères sont égayées par les sorbiers, les sureaux et les tilleuls fleuris, et près du limpide courant qui s'en échappe sur un sable fin tout luisant de cailloux. A demi-heure, on se trouve en face du vallon de la Glère, dont le port, moins élevé mais d'un plus difficile accès que celui de Vénasque, n'est que rarement traversé, même par ceux qui ont intérêt à éviter les voies les plus frayées. La prairie du fond et les bois étendus jusqu'au ressaut qui supporte son lac, lui donnent un aspect agréable sous d'âpres hauteurs. De là, ce ne fut qu'une promenade dans des bois encore, ou sur les bords de la Pique jusqu'à la plaine de Saint-Mamet. Ainsi se termina une longue course que le ciel avait toujours favorisée, et je rentrai à Luchon au moment où des centaines d'enfants portant des brandons de sapin ornés de fleurs, se rendaient auprès des bains où le feu de la Saint-Jean était préparé. Toute la population les suivait, et bientôt tous ces brandons allumés, que les enfants agitaient autour du bûcher, répondant à ceux des villages voisins, remplirent la vallée de feux mobiles qui, dans l'obscurité, me rappelaient ce que les voyageurs racontent de ces insectes de feu qui, la nuit, voltigeant par milliers dans les bois des Tropiques, y produisent de magiques illuminations.

Ces feux de Noël et de Saint-Jean, adoptés par les rites catholiques et propagés jusqu'à nous avec leurs danses et leurs jeux, se retrouvent dès la plus haute antiquité jusques dans les mystérieuses cérémonies des Cabires de la Samotrace, qu'Hérodote dit y avoir été apportées par les Pélages, ce peuple anti-historique qui semble avoir eu des contacts avec toutes les nations les plus anciennes de l'Orient, et peut-être le même que les Ibères, descendus comme lui du plateau abissinien. Si Tyr, comme certains le pensent, doit son origine aux Pélages, ces cérémonies et ces feux n'auraient-ils pas été portés dans notre Occident et transmis aux Druides, de qui nous les tenons, par les Phéniciens, qui commerçaient et avaient des colonies chez les Celtes et les Ibères?

La Maladette, si souvent attaquée par des naturalistes et d'intrépides curieux dont les plus heureux n'avaient pu parvenir qu'aux grandes crêtes qui servent de base à ses pics, vient enfin d'être domptée, et c'est un Français et un étranger qui ont eu le bonheur d'y découvrir la voie. Le 20 juillet 1842, M. de Tchihatchef, officier russe, et M. de Franqueville, botaniste de Toulouse, ont atteint la cime du pic de Nethou, le plus oriental et le plus élevé des monts Maudits comme de toute la chaîne. Je vais donner le précis de cette grande et difficile excursion, que le premier a publiée dans le journal l'*Institut*, année 1842, et le second dans une brochure pleine d'intérêt.

M. de Franqueville et M. de Tchihatcheff, venus des Hautes-Pyrénées avec un brave guide, Pierre Sanio, de Luz, ne purent déterminer aucun guide de Luchon à les conduire à la Maladette, tant la mort de Barrau les terrifiait encore. Ils trouvèrent enfin deux chasseurs d'isards déterminés, Bernard Ursule et Pierre Redonet, et un guide de Luchon, Algaro, s'y étant joint, ils partirent le 18 au nombre de six pour aller bivouaquer au-dessus du Plan des Étangs, sous le rocher en surplomb dit de la Rencluse, à côté du gouffre de Tourmon. Pendant la nuit, un orage éclata et fit résonner longtemps toutes les gorges et les montagnes, avec des circonstances singulières que leur position leur permit d'observer.

Le lendemain les chasseurs, répugnant toujours à attaquer le glacier, se décidèrent à faire le tour de la montagne par les versants qui dominent l'hospice et la vallée de l'Essera. Au-dessus de la zone des pins décimés par les lavanges sur ces plans abruptes tout hérissés de granit, de gneiss et des fragments du terrain de transition qui environne le massif, toute végétation a disparu hors les derniers pins chétifs qui çà et là languissent. Parvenus au col qui sépare le pic d'Albe de la masse, ils suivirent les bords du lac d'Albe et montèrent à une crête d'où, longeant au midi un autre lac plus étendu, ils parvinrent au col de Gregonio pour descendre de là dans la gorge de Mallbierne. Ici encore tout est ruines et bouleversements sans végétation et de l'aspect le plus sauvage, *mala tierra*, comme disent les bergers espagnols. Cette journée fut des plus fatigantes; ils se trouvaient alors sur le versant méridional, et après une forte descente ils allèrent bivouaquer au fond d'un entonnoir où se montrait enfin un peu de verdure auprès d'une cabane abandonnée. Les pics restaient toujours enveloppés de brouillards, et dans cet incommode asile ils passèrent une cruelle nuit.

Le troisième jour, partis à l'aube, après les premiers escarpements, en une heure et demie ils arrivent au plateau de *Coroné*, où sont trois petits lacs glacés, et commencent à gravir le glacier méridional ; des pics hérissés et celui de Nethou, isolé, leur restant sur la droite. Sur la surface du glacier qui était plutôt de névé que de glace et très rapide, certains chaussèrent leurs crampons et d'autres préférèrent garder leurs sparteilles. En deux heures, par de continuels zig-zags sur ces névés pas trop durcis, ils atteignirent la crête principale, où ils furent assaillis par un vent si terrible que, pour ne pas être précipités, ils durent marcher courbés en s'accrochant aux aspérités des roches. A sept heures et demie ils reconnurent être à la base du cône terminal malgré les brouillards qui enveloppaient tout. Leur fatigue extrême, la difficulté de respirer, des maux de cœur même et l'état de l'atmosphère, tout se réunissait pour faire désespérer du succès après quarante-huit heures de luttes et d'efforts.

Dans ce moment d'angoisse, s'étant abrités derrière un rocher, les voyageurs détachèrent à la découverte les guides, qui échouèrent d'abord en voulant gravir sur des escarpements schisteux mal liés dont les fragments restaient aux mains. Sanio, moins effrayé par le souvenir de Barrau que les guides de Luchon, les décida alors à affronter le glacier septentrional en se liant avec des cordes à deux mètres de distance l'un de l'autre. Ils virent bientôt que l'ascension était rapide, difficile, mais possible, et revinrent faire leur rapport.

Pendant ce court repos, les forces s'étaient réparées et les maux de cœur avaient cessé. Dans une fente du rocher vivait un exilé, un petit *siléné acaulis* en fleur dont le vent avait porté la graine à plus de 400 mètres au-dessus des neiges permanentes. La troupe réunie se remit en marche avec les mêmes précautions et parvint, en effet en une heure sur la cime, qui était une flèche granitique aiguë et déchirée, de sept à huit mètres de hauteur au-dessus du glacier et plus divisée en écailles que les crêtes inférieures. Il fallut l'escalader au péril de sa vie pour être enfin au plus haut de la montagne, au plus haut des Pyrénées. Ce fut un moment de triomphe, mais tout restait voilé par ces brouillards tenaces; seulement par intervalles, dans ces masses flottantes, s'ouvraient des échappées de vue sur les plans éloignés de France et d'Espagne, tableaux merveilleux que la plume ne saurait rendre.

Après 40 minutes passées sur la cime sans résultat pour l'observation, et seulement à construire avec les fragments qui y abondaient une petite pyramide pour renfermer la bouteille de rigueur avec les noms et les dates, on descendit par les mêmes voies jusqu'au col de Malivierne. Comme ils avançaient vers l'ouest parallèlement aux crêtes, ils furent très surpris d'y apercevoir, au-dessus de leurs têtes, quatre gros bouquetins marchant d'un air digne avec leurs longues cornes, calmes et assurés sur des arêtes vives, sur des dalles unies où eux seuls pouvaient se maintenir au-dessus des précipices. Le plus grand avait une large bande blanche sur le dos et sous le ventre, et les autres étaient d'un brun fauve. Ce bel animal n'existe guère plus dans les Pyrénées que du côté de l'Espagne, où il est sans doute moins exposé.

Le pic de Malahitta et le troisième pic de la Maladette étaient en vue, et de loin semblaient être d'un accès possible, ne présentant ni glaciers, ni grands escarpements. On dit que des chasseurs y sont montés. La troupe, par le col de Gregonio et par le col d'Albe, d'où la descente fut facile sur la neige en glissant sur les bâtons ferrés, regagna le bivouac de la Rencluse. Aussitôt M. de Tchihatcheff, devant ses compagnons étonnés, se plongea couvert de sueur dans l'eau à la glace du torrent, ce qui, disait-il, après le premier saisissement amène une réaction qui rétablit les forces et dissipe promptement la fatigue; mais il faut être enfant du Nord pour de telles épreuves.

Ce premier voyage ayant été sans résultat scientifique, l'auteur se proposa de remonter au pic de Nethou pour y faire des observations à l'aide des instruments de M. le docteur Fontan qui devait en observer de pareils à Luchon, et M. de Franqueville à la Rencluse; en conséquence il repartit le 23 avec M. Laurent, professeur de chimie à Bordeaux, et aller coucher à ce premier bivouac. Cette fois il voulut tenter l'ascension directement par le glacier du nord en suivant la même ligne où Barrau avait péri, ce qui effrayait passablement les guides ses compatriotes.

Le lendemain en deux heures sur des croupes granitiques et des éboulements bien fatigants à franchir, ils arrivèrent au bord occidental du glacier qui à l'opposite était bordé presque jusqu'aux crêtes supérieures par une suite de moraines saillantes. De là attachés tous cinq par une longue corde, ils louvoyèrent longtemps entre les crevasses visibles, généralement horizontales, et toujours en sondant la neige de leurs bâtons ferrés pour reconnaître celles bien plus redoutables qu'elle cachait. Après les avoir dépassées, la marche devint plus sûre, même sans crampons sur une neige assez ferme, et avec moins de danger des glissades sur une pente plus adoucie. Le ciel restait couvert, et ils furent peu incommodés par la réverbération de tant de neiges. Enfin après trois heures sur le glacier, ils atteignirent le faîte où régnait assez de calme dans l'air pour qu'ils pussent se livrer aux observations. La vue y était assez complète sur les plaines de la Catalogne et de l'Aragon comme sur celles de Tarbes et de Toulouse, et sur les sommités des Pyrénées confusément projetées à l'est et à l'ouest; mais, sur ces lointains vaporeux, sur ces mille plans diversifiés, le soleil manquait pour y jeter ses magnificences. Après deux heures de station sur le pic, ils descendirent sans accident et couchèrent à la Rencluse.

Ainsi les voies de la Maladette sont connues désormais : l'une par le midi, plus fatigante et exigeant quatre journées, et l'autre seulement trois par le glacier du nord où le chemin plus court est racheté par le danger plus grand. Ce vaste groupe avec ses plans inférieurs remplis de ruines où la silice domine, est très peu fertile en plantes. Les observations faites avec des instruments assez imparfaits ne donnent à la Maladette qu'une altitude de 3,370 mètres, inférieure de 34 mètres à celle trouvée par M. Corabœuf qui mérite plus de confiance.

CHAPITRE IX.

Val de Lasto. — Lacs d'Oo. — Cascade. — Port d'Oo. — Selh de la Baque. — Désert glacé. — Conclusions.

Il me restait à faire la course du port d'Oo, qui n'est jamais entièrement dégagé de neiges. Elles avaient beaucoup fondu, ce qui me décida à partir, le deux juillet, à une heure du matin, avec le fidèle Martre, afin d'avoir le temps de passer les ports, et de me rendre à Vénasque dans la journée. Sous un ciel un peu couvert, la lune nous manquait souvent, mais je pensai qu'au point du jour les nuages se dissiperaient. Avant trois heures, nous fûmes à Oo, où nous devions remplir l'outre. Tout dormait au cabaret, et maître Louis resta longtemps à répondre à l'appel de son ami Martre. Nous entrons enfin, et dans une étuve, dont mes poumons repoussaient l'air, s'offrit un singulier tableau. Trois lits, quoiqu'encombrés, n'ayant pu contenir toute la famille, une vieille était gisante auprès du foyer, une jeune fille demi-nue dormait à la renverse au pied d'un lit, et un garçon était allongé sur la table qui, le jour, sert au chalands. Tout cela plongé dans le sommeil des sept dormants, ronflait en chœur sur tous les tons. Dès la sortie du village, on entre dans le val de Lasto, montant droit à la crête dont les neiges se coloraient sous le crépuscule qui, uni aux faibles clartés de la lune, vint nous aider sur les sentiers des prairies, au milieu des frênes et sous des pentes d'une nudité absolue. Le ciel dépouillé n'avait de nuages qu'au nord, mais l'air pesant était loin d'avoir cette fraîche élasticité qui annonce un temps sûr. J'espérai en mon étoile et continuai ma route.

Au bout d'une heure, on atteint un de ces pâturages dont les beautés simples, sévères, n'appartiennent qu'aux hautes montagnes : une pelouse unie, partout étendue sur l'espace plane où le Go se promène paisible, comme sur les montagnes latérales dont les cimes obtuses ne montrent que des masses. Ces grands pâtis, doux à l'œil, où près de quelques cabanes paissait un seul troupeau de vaches, sont l'avant-scène d'un fond alpestre, où entre les escarpements de Midassols et du pic de Nère, au-dessus d'un rideau de sapins, le beau glacier de Spujols et les crêtes qui le couronnent, recevaient les premiers feux du soleil. Ce pic qui appartient au schiste micacé étendu de Lys à Louron est un but intéressant de course : de sa cime isolée on domine tous les lacs, comme les âpres avenues des ports d'Oo, et la vue est très étendue sur les hauteurs d'Aure et de Louron. Le val de Lasto a pour dépendances deux hauts vallons herbeux : le val de Midassols, descendu du Moutarouye, et le val d'Esquerry à l'opposite, riche en plantes, où se trouve une mine de plomb et argent, abandonnée. Ce dernier tourne autour du pic de Nère, et fait reparaître au jour son cours d'eau, longtemps perdu sous terre, en le versant dans Lasto par une cascade qui serait belle, si quelque accident l'accompagnait sur des pentes moins nues. Ces pelouses sont un de ces lieux privilégiés où les habitants des basses vallées viennent comme en pèlerinage fuir la canicule, et fortifier leur santé par un air salubre et d'excellent laitage. Le site, du moins, est mieux choisi que l'hospice de Bagnères, où la chaleur est étouffante sous de masses monotones.

Un sentier contourné s'élève sur les flancs abruptes de la croupe où se terminent les pelouses, qui n'est que la forte digue du lac de Séculégo. Le rhododendron y décorait sous les sapins de petites retraites, parmi les saillies du granit qui commençait à se montrer en place ; et dans une profonde tranchée qu'on domine, le torrent, rongeant le pied du pic de Nère, a peine à se frayer un passage au travers d'énormes débris, où de sa sauvage harmonie il fait résonner les précipices, rudes précédents de l'espace plane où bientôt il ira se calmer. Dans les parois de cette espèce de gouffre on trouve un beau schiste talqueux d'un éclat argentin. Les monts qui serraient de si près se reculent ; on franchit un couret dont l'eau est aussi limpide que l'air, on gravit une butte et le bassin où repose le lac apparaît comme une coupe immense sous le cadre le plus grandiose, dont le trait principal est une magnifique chute tombant comme du ciel. Ce beau réservoir entièrement creusé dans le schiste micacé qui compose les masses latérales, tandis que le granit règne seul sur les fières cimes du midi, est de forme ovale, et ses rives sombres, les hautes masses qui le cernent, renforcent la teinte rembrunie de ces eaux qui trahit des abîmes. Son étendue a été appréciée à 24 hectares, et sa profondeur à 76 mètres; comme la surface en est habituellement calme, c'est par le fond que doit se faire le courant du pied de la cascade au point de défuite. A droite, de grands éboulements dont le gazon s'est emparé, ont beaucoup rétréci son étendue sous les escarpements de Nère, qui sont là pour fournir encore les vastes débris dont un jour il sera comblé; et à gauche, la montagne s'élève hérissée et menaçante, jusqu'à un contrefort du Montarouye qui perce la neige; cependant sur sa large base une herbe vigoureuse croît partout dans les intervalles des rochers et relève leurs tristes teintes. A partir de la digue, les berges qui à l'est défient les curieux, de plus en plus exhaussées, deviennent, au fond, d'inaccessibles escarpements nuancés de verdure, frangés de pins rouges; et au-dessus trois pointes éloignées, celles du pic Quairat, du Montarqué qui commande les deux ports, et d'un appendice du Spujols, laissent deviner trois masses sourcilleuses.

C'est du haut de cette alpestre barrière, que, par une coupure, comme si elle jaillissait du roc, s'élance la cascade superbe tombant de neuf cent cinquante pieds; non comme autrefois, dans les eaux même du lac, mais sur l'extrémité des éboulements qui en ont ainsi diminué l'effet. Le plus beau de ses accidents lui reste : au tiers de sa hauteur la volumineuse gerbe se brise sur des saillies, d'où sa partie inférieure, jaillissant de tout côté, descend trois fois plus large au milieu de vapeurs bouillonnantes qui vont répandre à l'entour un voile diaphane sans cesse renouvelé. Mais qu'elles sont impuissantes les paroles pour rendre les grandes scènes des montagnes, et plus encore les vives impressions qu'elles produisent! Ce large miroir immobile et sombre comme les eaux du Styx, ici bordé de verts gazons, là de murs à pic ou de promontoires d'où pendent de vieux pins ; les pittoresques escarpements dont il baigne le pied ; les têtes chenues qui les couronnent, et ces brillantes eaux dont le bruit formidable retentit dans l'enceinte, tout a de la grandeur dans sa sévérité ; tout concourt à former un de ces tableaux que conçoit seul celui qui au sein des monts a observé la nature et admiré ses majestueux effets.

Assis sur une roche à deux pas du milieu transparent qui me laissait sonder ses profondeurs, je m'oubliais, lorsque Martre, qui avait fait sa reconnaissance, m'invita à monter au couïla, dont je voyais les chèvres et les juments éparses sur les talus gazonnés. Le plus misérable des gîtes, où les pasteurs avaient à peine réparé les dégradations d'un long hiver, occupait le plus haut de la butte qui soutient le lac. Mais dans l'ombre encore des hauteurs qui se détachaient sur un ciel enflammé, du lait, du feu, nous furent bien précieux ; et sur la mousse et le sapin, le déjeûné du lac de Séculégo eut pour moi plus de charme que les tables recherchées des Véry de Luchon. Le temps fut compté : je donnai le signal du départ pour les lacs supérieurs dont la seule voie est le scabreux sentier de l'*Escala*, qui rampe à l'est sur les flancs hérissés de la montagne.

Après une véritable échelle de rochers, on s'élève par de continuelles sinuosités autour des obstacles qui se succèdent, sur des pentes sillonnées d'escarres par les météores destructeurs, et, qui dans leur âpreté ne sont pas sans intérêt. Parmi les saillies du granit qui déjà couvre toutes les rampes, ou autour de vieux troncs que la hache détruit à morceaux, quantité de fleurs dans une herbe touffue, parure des hauts lieux, montraient l'empressement de la nature à se ranimer au sein des ruines. Quelquefois le chemin conduit à des bouquets de pins d'où les yeux plongeant à l'improviste sur l'obscur réservoir du lac, on s'aperçoit qu'on est sur un de ces pittoresques promontoires qu'on remarquait d'en bas. Vers le fond du lac, rapproché de la cascade, il m'eût fallu des ailes pour l'atteindre sur des précipices de sept à huit cents pieds ; je me contentai d'admirer de près ce torrent suspendu, et comme au-dessus d'une chaudière immense et ténébreuse, ses mobiles vapeurs que le soleil marquait alors d'un iris comme une gloire planant sur l'abîme. L'inclinaison devenait plus forte; nous franchissions de petits ravins, dangereux par une neige durcie, et se perdant dans les profondeurs du lac. « Malheur à nous dit Martre, en jetant un œil inquiet vers des nuages noirs, immobiles sur la Barousse, si l'orage venait à nous surprendre ici, car à la moindre pluie des torrents de pierres s'y précipitent, tandis que le pasteur éloigné croit entendre le tonnerre. » Une neige glacée qui eût exigé des crampons, nous fatigua beaucoup avant d'être au haut d'un couloir, où j'eus à la fois le plaisir, sur un sol uni, de recevoir les premiers rayons du soleil, et de découvrir la vaste étendue des neiges supérieures et les monts désolés de la crête. Je me trouvais sur une butte, prolongement exhaussé de la digue qui sépare le lac d'Espingo du lac inférieur, à la lisière des pins rabougris qu'elle porte. Je mis de la recherche à m'y choisir un siége sur la mousse au pied d'un roc surmonté de ces vieux pins, ayant sous moi une pelouse couverte de narcisses bulbocodes, qui dans ces régions où la vie s'affaiblit, étaient comme les derniers efforts de la nature. Plus bas se déployait le val d'Espingo où la neige luttait avec la verdure, et partout ailleurs mes yeux n'étaient frappés que de tristes et majestueux paysages, pareils à ceux que les monts du Groenland ou de Baffin doivent offrir aux hardis pêcheurs du pôle, par un de ces rares jours où le soleil enfin dévoilé leur prête son éclat.

Dans ce nouveau bassin sont deux lacs très rapprochés, celui d'Espingo, d'environ 300 toises sur son plus grand diamètre, est à peu de distance de la coupure où son couret va se perdre pour former la cascade; et celui de Saounsat, un peu moins grand, suit dans sa forme irrégulière le contour du vallon. C'est le plus haut pâturage de Lasto qui nourrit des troupeaux pendant deux mois de l'année. Je voyais le parc et la cabane écrasée sur la pelouse à découvert entre les deux lacs; et sur la partie méridionale privée de soleil par les rochers de Spujols, commençait la neige pour ne finir qu'aux ports, la ligne entre l'hiver et le printemps ondoyant dans le bassin et coupant inégalement leurs surfaces.

Au delà du Saounsat le vallon se relève par deux larges combes : la plus haute, la *coume de Labesqué*, est au pied même des escarpements qui soutiennent la dernière rampe du port d'Oo, et de part et d'autre de vastes pentes dont rien n'interrompait l'uniforme blancheur, remontaient jusqu'à la base des pics qui dominent cette région de granit et de neige. On en distingue trois principaux : d'un côté le mole du Quairat et ses longues arêtes ; de l'autre, le Spujols plus massif et plus hérissé, et au milieu du large intervalle qu'ils laissent entre eux la troisième pyramide, le Montarqué, qui sépare ainsi les deux ports. Celui de l'est, le Portillon, est le plus difficile et le moins fréquenté quoique le plus bas ; il verse dans un immense et profond entonnoir tout cerné de crêtes gigantesques où de toutes parts sont appendus des glaciers et dont un lac presque toujours caché sous la neige, plus grand et moins élevé que son voisin, occupe tout le fond. C'est un magnifique tableau des Alpes boréales que personne ne visite ; l'autre, le port d'Oo, n'était précédé que d'un large plan de neige, dont la limite supérieure inclinée à gauche, rejette le passage au pied du Montarqué, et cet abaissement me laissait voir la crête méridionale qui termine le bassin le plus élevé de toute cette région, où est le lac toujours glacé de Selh de la Baque, arête culminante d'où tous les plans se précipitent au midi dans le vallon dit l'Astos de Benasque.

Peu inférieur à ces sommités qui comptent parmi les plus hautes de la chaîne, elles avaient perdu pour moi de leurs aspects sourcilleux, de cette majesté qui émeut lorsqu'on les voit du fond des vallées ; mais les traces de destruction que d'actifs météores ont laissé empreintes sur leurs masses décharnées ; l'absence de toute végétation qu'elles repoussent; tant de neiges éparses autour d'elles, et tous les glaciers qu'elles recèlent, disaient assez leur élévation dans cette zone de l'atmosphère que les dégels ne font jamais qu'effleurer. Le Spujols prolonge à l'ouest ses crêtes en ruines au-dessus du talus glacé visible du val de Lasto, et le val de Rouge ouvert dans des masses décrépites, à la limite du système micacé qui s'y voit immédiatement superposé au granit, monte du pied de ce talus vers les cimes désolées qui séparent la région de l'Espingo de Clarbide. Fatigués de tant d'éclat, de monotonie et de l'aspect repoussant de ces lieux redoutables, dont l'homme ne peut approcher qu'en exposant sa vie, mes yeux se reportaient souvent, par un besoin irréfléchi, sur la jeune pelouse étendue à mes pieds et sur ses fleurs dorées. Ce tapis animé, cette apparence de printemps les reposait ; la triste verdure des pins leur était même agréable.

Nous descendîmes rapidement jusqu'aux lacs où sur une pelouse rase et desséchée, parmi les blocs grisâtres tombés des affreux escarpements du Spujols, régnait la solitude. Je regrettai que ce dernier gîte de la vallée fût ainsi désert : si les pasteurs y eussent été, les troupeaux épars et la fumée du couïla auraient donné un peu de vie à cette morne enceinte qui, du moins, n'eût pas été sans asile ni secours. Quelque misérable que soit la demeure du pâtre des montagnes, le voyageur harassé et que la fin poursuit n'est-il pas sûr d'y trouver de quoi pourvoir à ses plus pressants besoins ; un abri contre les tourmentes qui, souvent au fort de l'été, désolent ces régions ; du feu pour rendre la souplesse à ses membres roidis, et du lait au moins, ou du pain noir ? Il faut avoir pratiqué ces lieux abandonnés, où tout est danger pour notre frêle existence, pour concevoir le plaisir qu'on a d'y rencontrer son semblable. L'homme le plus rude, fût-il au plus bas de l'échelle, y sent que, n'ayant aucun intérêt à nuire, on en a de réels à s'y prêter secours. N'avons-nous pas alors les mêmes besoins : le repos, la faim, la soif ? Les mêmes obstacles, les mêmes dangers à surmonter : la fatigue, le froid, les précipices, quelquefois même les sauvages habitants des bois et des rochers ? C'est là que toute distinction sociale disparait, et que deux hommes qui ne se sont jamais vus s'abordent avec confiance, parce qu'ils sentent que dans leur isolement ils peuvent compter sur leur mutuelle assistance. De telles impressions, souvent renouvelées, ne doivent-elles pas à la longue modifier le moral des peuples qui habitent les montagnes ? Et doit-on être surpris qu'ils se distinguent partout par des sentiments de fierté, et un esprit d'indépendance tellement énergiques que de simples peuplades ont pu y résister à des nations puissantes ? Les Cantabres, les Calédoniens, les Suisses, et de nos jours les braves Souliotes, les Monténégrins, les Maïnotes, tous les malheureux Grecs n'en sont-ils pas des exemples frappants ? Telles étaient les réflexions qu'auprès de la cabane je faisais à l'honneur des peuples montagnards; et si quelque vieux pâtre fût alors sorti de ses débris, je l'aurais accueilli en ami ; dispersés et muets, ils ne faisaient qu'ajouter à l'impression mélancolique du solitaire val d'Espingo. Il me fut impossible de suivre le couret du lac dans sa sombre fissure, entre les murs où se balançaient, agités par le vent qui jamais n'y repose, de nombreux panaches de la grande saxifrage sous de vieux pins qui tout en haut faisaient voûte.

Les heures étaient précieuses, la halte fut abrégée. Nous abordons la neige au lac de Saoussat, en nous dirigeant vers le vaste amphithéâtre qu'elle revêt jusqu'aux pyramides dont les ports sont flanqués. Pendant trois quarts d'heure la marche fut facile dans la première combe, jusqu'au ressaut qui soutient celle de Labesqué, où nous nous trouvâmes au pied d'un plan de neige dure si rapide, que sans crampons ou sans hache pour y tailler des pas, il était impossible de le gravir. Cela nous obligea de gagner le pied des rochers du Spujols où le ressaut adouci fut aisément surmonté, et nous continuâmes à nous avancer vers la muraille qui ferme l'arène, au-dessus de laquelle il n'y avait plus qu'une rampe sans obstacle apparent jusqu'au haut du passage. Nous suivions d'écharpe un plan très incliné vers la combe dont j'avais mal jugé l'étendue ; une vive lumière de partout réverbérée m'y fit regretter de ne pas m'être muni d'un crêpe. Dans ce spacieux cul-de-sac, où aucun air ne se faisait sentir, le soleil ramollissait la neige, de sorte que parfois nous nous y enfoncions jusqu'aux genoux, et qu'inondés de sueur nous n'allions que bien lentement. Je jetais souvent les yeux sur les masses granitiques qui me dominaient pour y chercher quelque voie, mais ce n'était qu'inaccessibles faces ou couloirs neigés entre d'insurmontables arêtes. La partie la moins haute de la muraille était devant nous sous le Spujols et d'un accès assez facile. Nous l'atteignîmes enfin, et sur la crête du rocher nous prîmes un moment de repos sous un mur de neige qu'il eût été peut-être impossible de franchir sans une crevasse dont les éboulis nous facilitèrent l'escalade.

Je mesurai alors de l'œil la longue pente projetée sur le ciel qu'il fallait gravir en diagonale jusqu'au pied du Montarqué, et reprenant courage nous nous remîmes en marche. Tout n'alla bien qu'un moment ; le talus se redressant, nous ne pûmes bientôt avancer sur une neige très dure qu'en y marquant des pas avec le fer de nos bâtons, ce qui était bien lent et dangereux, à chaque instant menacés d'une glissade effrayante sur l'escarpement d'en bas. Dans toutes ces montées nous éprouvâmes plus de fatigue, sans doute, que si le sol à découvert n'eût offert que le roc et ses débris roulants, où le contrebandier lui-même, à la fin de l'été, n'est pas toujours sûr de trouver son chemin. Cependant le port se rapprochait ; nous touchions aux rocs du Montarqué, et redoublant d'efforts, sur la crête du passage, enfin je me revis au centre d'un des plus vastes et des plus beaux déserts des Pyrénées, de toutes parts encore chargé du manteau de l'hiver.

Notre subite apparition fit partir à vingt pas devant nous une trentaine d'isards qui se promenaient sur la neige. En quelques instants ils furent au bas de la combe de Selh de la Baque sous nos pieds étendue, d'où ils se dirigèrent vers l'autre crête, plus haut point de cette traversée. Leur marche ralentie et leurs fréquentes haltes y donnaient la mesure de l'inclinaison des rampes ; c'était des points dans ce vaste fond. Le lac toujours emprisonné ; les glaciers qui l'entourent ; ceux du revers du Montarqué et du port oriental d'Oo, communiquant peut-être avec l'amas qui, à cheval entre le Quairat et le Portillon, se déverse dans Lys, et ceux qui à l'ouest s'étendent dans un large vallon, derrière la crête du Spujols, remontant aux hautes masses de Clarbide, tout avait disparu sous une surface générale d'une monotonie et d'un éclat indicibles. Mais en grandeur de formes comme en élévation absolue, les pitons granitiques dont j'étais entouré et les cimes éloignées de Clarbide, peuvent le disputer à tout ce que les monts Maudits ont de plus âpre et de plus fier, et concourent à rendre le désert du port d'Oo un des plus grands, des plus alpestres des Pyrénées.

Le port à 1,540 toises d'altitude est, après la brèche de Roland, le passage le plus élevé de la chaîne, et dans les Alpes, où les cols sont généralement plus bas, celui du Mont-Cervin, qui en a 1,750, est le seul qui le dépasse. Sur quelques-uns des rares escarpements où le roc en place était à découvert, particulièrement au bas du Montarqué, j'eus le plaisir de reconnaître ce beau granit à gros grains et d'une apparence porphyrique dont les masses erratiques composent l'énorme moraine ancienne qui barre la vallée d'Oo vers Garen et Casaux, remarquables par de longs cristaux de feld-spath, implantés en saillie et accolés deux à deux. J'ai dit la *Moraine*, quoique la grande question si vivement agitée du transport des blocs erratiques par les glaciers ou par de puissants courants d'eau, soit encore en suspens. On ne peut pas douter qu'à cette époque glaciaire, qui cependant n'est pas généralement admise, et qui aurait existé avant l'apparition de tous les animaux terrestres et marins, les Pyrénées n'aient été recouvertes de vastes glaciers dont les moraines ont été reconnues aussi à Arudy, à Gavarnie, à Héas, à Argelez, à Tybiran, à Labroquère, à Vénasque, à Tarascon, à Orgeix et au Vernet. On a signalé également sur la surface des roches assez dures pour en conserver l'empreinte, des stries, des sillons et des faces polies, traces certaines de longs et énergiques frottements, dus aux fragments de roches entraînés par les torrents ou par les glaciers, dans les vallées d'Ossau, de Cauterets, de Barèges, de Gèdre, de Gavarnie, de Louron, de l'Arboust, de Lys, de la Pique, de Vénasque, d'Aran, de l'Ariège, de Vicdessos, de l'Embalire en Andorre, de la Sègre et de la Têta. Toutes ces traces suivant la direction des vallées, sont la preuve que la force qui les a produites, a agi en partant du faîte sur les deux versants.

D'après ces faits constatés, les blocs qui composent ces

moraines, comme ceux qui sont restés isolés sur divers points, peuvent avoir été transportés par les mouvements lents naturels aux glaciers, tandis que la fusion subite de ceux-ci, par l'évulsion des ophites ou toute autre cause, aurait produit les grands torrents qui ont dispersé les terrains erratiques dans les grandes vallées. L'absence des blocs dans les terrains bas voisins des Pyrénées seraient une induction que les glaciers ne se sont pas étendus hors de la chaîne.

Toutes ces questions sont activement étudiées, et jusqu'à présent il paraît que, suivant les lieux, le transport des terrains erratiques doit être attribué à des causes diverses, aux glaciers, aux glaces flottantes dans les latitudes élevées comme à d'énergiques courants. Les *débâcles* qui ont ravagé la vallée de Bagnes en 1818, et surtout celles produites par la fonte subite des neiges du volcan Cotopaxi, au Pérou, vues par Bruguer en 1742, peuvent donner l'idée de la force de ces torrents bourbeux qui ont eu des vitesses moyennes de 15 à 18 mètres par seconde sur 18 lieues d'étendue, et plus encore près des points de départ.

Qui croirait que l'affreuse et dangereuse solitude de Seïh de la Baque ait eu ses habitants? Sur la pente au nord du lac qui ne dégèle jamais entièrement, est au cœur du granit un riche filon de galène à gros grains dont l'exploitation n'est pas ancienne, et n'a pas duré longtemps. Les travailleurs qui étaient d'Oo, au lieu de percer une galerie qui au moins les aurait mis à l'abri du mauvais temps dans ces lieux désolés et dont la pente vers le lac eût rendu les eaux faciles à évacuer, allaient à ciel ouvert sans avoir d'autre asile qu'une mauvaise cabane de berger située à une heure et demie de distance au-dessus de leurs chantiers, et par un chemin dangereux. Pendant les trois mois que le travail y était possible, ils étaient souvent obligés de se sauver chez eux, d'où ils ne remontaient au port que lorsque le temps paraissait assuré. Un si mauvais établissement ne pouvait pas durer, et le riche filon attend encore de plus intelligents mineurs.

Il n'était pas midi; dans l'espoir de franchir ce dernier

bassin avec le même succès que sur l'amphithéâtre de l'Espingo, malgré les objections de Martre, qui m'assurait que nous y trouverions des neiges très-profondes, je calculai le temps nécessaire pour descendre au fond de Selh de la Baque, remonter à la crête opposée qui me cachait l'horizon du midi, faire au revers la périlleuse descente dans le val de l'Astos et gagner Vénasque avant la nuit, lorsque, par-delà les masses qui entourent les lacs de beaucoup sous mon niveau, je vis le nord que j'avais oublié, devenu si menaçant que toute idée cédant à la crainte de l'orage, au milieu de ces déserts où le *fils n'attend pas son père, ni le père son fils*, je ne songeai plus qu'à la retraite. Elle fut prompte : incertains si nous arriverions à temps à notre premier asile, le couïla de Séculégo, la peur nous donnait des ailes sans doute sur ces neiges rapides, car nous ne mîmes guères plus d'une heure pour revenir au lac d'Espingo, où je regrettai que la fissure suivie par le couret et les murs de la cascade fussent impraticables afin d'éviter l'inutile montée de la digue. La fatigue me força d'y prendre un quart d'heure de repos sur la mousse où mon siége était marqué, en suivant de l'œil tout l'espace qu'en si peu de temps nous venions de franchir. Sans l'obstacle des neiges trop profondes ou trop dures et avec plus d'économie de temps, j'aurais pu être peu après-midi sur le col méridional de *Selh de la Baque*, d'où six heures sont suffisantes pour descendre à Vénasque dont on est plus rapproché que de Luchon. Ainsi, pour effectuer le trajet entier d'une ville à l'autre par le port d'Oo, dans une saison propice il ne faut qu'une longue journée, et, pour un habitué des montagnes, ce n'est pas une course extraordinaire.

En moins de trois quarts d'heure nous eûmes parcouru le mauvais sentier du lac inférieur et atteint le toit hospitalier; là plus rassurés, mais épuisés de besoin non moins que de fatigue, nous mîmes fin à nos provisions à l'aide des pasteurs qui ne pouvaient croire, vu l'abondance des neiges, que nous eussions pu monter jusqu'au port. Quand nous quittâmes ces bonnes gens, des nuées épaisses avaient envahi tout le ciel, mais notre vie n'était plus menacée, et sans inquiétude sur les rampes et les pelouses de Lasto, nous ne pressions notre marche que pour éviter la pluie. Ce fut envain; l'orage nous atteignit à Saint-Aventin, et nous rentrâmes à Luchon vers six heures, trempés et au bruit d'un tonnerre formidable, nous félicitant d'être échappés à si bon compte.

Les promeneurs trouvent maintenant au lac un asile comfortable dans une maisonnette pourvue de l'indispensable avec une table toujours dressée sous un hangar, qui permet, en réparant ses forces, de jouir des beaux aspects du lac et de sa cascade. Comme au lac de Gaube dont il approche l'étendue, un bateau peut y donner le plaisir de voguer à 1,500 mètres au-dessus de la mer, et d'admirer de son pied la belle cataracte; mais qu'on soit prudent; qu'on n'oublie pas la double tombe qui attriste ses rives.

Toute cette partie de la haute chaîne française jusqu'en Artigue-Déline, et toutes les montagnes qui environnent Luchon sont en ce moment (1849) l'objet des études d'un intrépide explorateur, M. Lézat, de Toulouse, qui en a entrepris le plan en relief. Ce que j'ai vu de ce difficile et grand travail fait désirer que son ingénieux auteur puisse le mettre à fin, et que le Gouvernement le fasse ensuite compléter. Les Pyrénées n'auraient alors rien à envier aux Alpes dont le beau plan en relief de Lucerne, fruit de la science et des travaux du général Pfiffer, est depuis longtemps une des premières curiosités de la Suisse.

Ainsi, malgré une abondance de neige extraordinaire après le solstice, j'avais rempli mon but. Favorisé par de beaux jours, j'avais exploré les hautes vallées et les régions alpestres d'où sortent le Go, le Lys, la Pique, le Djoueou et la Garonne proprement dite, et admiré la magnificence des monts altiers qui les voient naître. De ces diverses sources, par une bizarrerie des géographes, celle qui pour eux la principale, est en possession du nom de fleuve, n'est qu'un faible ruisseau, incapable de rivaliser avec le moindre des torrents qui s'empressent de s'y joindre. J'avais donc peu à me plaindre, moi, que des pluies intempestives et des brouillards si prompts à se former sur ces masses refroidies, avaient souvent contrarié pendant le cours de tant d'étés consacrés aux Pyrénées.

Les trois grands affluents de la Garonne qui, sortis de la même chaîne, ne se réunissent à elle que hors des montagnes, lui sont tous inférieurs en volume, quoique pour deux d'entre eux la portion de la crête générale comprise dans leurs bassins, soit plus étendue. En voici les rapports :

La ligne de haute chaîne qui verse dans le bassin de la Garonne, depuis le Spujols jusqu'au tuc de Mauberme, a une longueur d'environ 25,000 toises.

Celle qui verse dans le bassin de la Neste, depuis le Spujols jusqu'à Troumouse, a 19,000 toises.

Celle qui verse dans le bassin du Salat, depuis Crabère jusqu'à Caumale, a 26,000 toises.

Et enfin, celle qui verse dans le bassin de l'Ariège, depuis Caumale jusqu'au pic de Lanoux, a 33,000 toises.

Cette inégalité des eaux, contraire à l'étendue des bassins dans les montagnes, provient du privilége dont jouit la Garonne de tirer les siennes des plus hautes sommités où se trouvent les plus vastes amas glacés. Ainsi, en cumulant, la portion de la crête des Pyrénées qui paie tribut à notre beau fleuve, depuis Troumouse jusqu'au pic de Lanoux, à plus de cent mille toises de développement, et dépasse le tiers de sa longueur totale directe.

Ma longue tâche est enfin achevée. J'ai promené l'ami des montagnes sur la haute barrière qui nous cache l'Espagne, sur ces monts classiques que, depuis les Phéniciens, ont franchi tant de héros et de barbares. De l'une à l'autre rive, il a vu sur mes pas leurs grâces, leurs beautés inférieures, comme ces tristes et sublimes déserts qui repoussent la vie. Il s'est plu à errer au milieu d'intéressantes peuplades qui, dans leur vie simple, ont su conserver des traits antiques, et dont certaines sont encore une énigme pour l'histoire ; et si la nature lui a souri dans de riches tableaux, comme dans les fleurs qui parent leurs rochers, ce qui lui a été révélé sous ces brillants tapis, des désastres qu'a subi maintes fois notre terre, l'aurait épouvanté, sans cet heureux espoir qu'encourage la science, que de telles épreuves ne lui sont plus réservées.

A l'aspect de leurs grandeurs maintenues vers la mer orientale et de tant de belles vallées qui attendent le peintre et le savant, il a repoussé le préjugé que tout l'intérêt des Pyrénées est concentré autour des eaux. Si dans ce champ immense quelques points sont restés seulement indiqués; s'il n'a fait avec moi qu'une reconnaissance de quelques groupes de monts où le temps m'a manqué, qu'il ne craigne pas de s'enfoncer dans leurs dédales, car ses fatigues n'y seront pas vaines. Peut-être même encore lui ouvrirai-je la la voie. Du moins, s'il est fini pour moi le temps de ces attrayantes mais pénibles explorations, où tout ce qu'il en coûte est racheté par tant d'intérêt, tant de pures jouissances, me plairai-je à penser que plus d'un émule aventureux, entraîné par mes esquisses fidèles, et guidé par ce long fil que j'ai eu tant de fatigue et tant de plaisir à dérouler, parcourt une carrière dont les replis sont sans nombre, où chaque effort qui a la nature pour objet, trouve sa récompense ; et sans doute, alors, me bornerai-je à dire avec le poète trop tôt disparu, qui a jeté sa vie dans les murs de Missolonghi, pour les beaux pays qu'il aimait à chanter :

> Place me along the rocks i love
> Which sound to torrent's wildest roar.
> I ask but this...... again to rove
> Through scenes my youth has known before.

> Qu'on me conduise auprès des monts que j'aime, où rugit le torrent dans ses éclats sauvages. Je ne demande qu'une chose... de pouvoir errer encore au milieu des scènes qui ont ravi ma jeunesse.
>
> Lord Byron.

CATALOGUE

DES HAUTEURS MESURÉES DANS LES PYRÉNÉES.

Le beau travail faisant partie de la triangulation générale de la France, exécuté en 1825, 1826 et 1827, par les Ingénieurs géographes : MM. le colonel *Corabœuf*, le capitaine *Peytier*, et les lieutenants *Testu* et *Hossard*, comprend les altitudes d'un grand nombre de points culminants de la chaîne. Ces mesures faites avec de plus grands moyens de précision et de contrôle dans les opérations, que n'en ont à leur disposition des Voyageurs isolés, doivent inspirer une grande confiance. Cependant, je rapporte en même temps les altitudes données par les Observateurs qui les ont précédés.

	Mètres.	Toises.	Observateurs.
Perpignan	20	10	Rocheblave.
	31	16	Corabœuf.
Céret, ville, sur le Pont	98	50	Rocheblave.
Tour de la Massane, sur les Albères	811	416	Corabœuf.
Tour de Madeloc, idem	669	343	id.
Tour de Bellegarde, idem	444	228	id.
Tour de Tantavel, idem	512	263	id.
Arles, ville, vallée du Tech	277	142	Rocheblave.
Montferrer, idem	781	401	id.
Le Vernet, bains	652	334	id.
Le Canigou	2785	1429	Corabœuf.
	2787	1430	Reboul.
Montagne de Madre	2471	1268	Corabœuf.
Prades, ville, vallée de la Têta	335	172	id.
Bordere, montagne	2175	1116	id.
Cambredase, montagne	2750	1411	id.
Coum del Gours, montagne	2870	1473	id.
Roc de Prats	2845	1460	id.
Pic de Trabescou	2565	1316	id.
Mont Puigmal de Cerdagne	2909	1493	id.
Pic Peyric, aux sources de l'Ariège, d'Orlu et de la Têta	2810	1442	id.
	2781	1427	Reboul.
Pic de Lanoux, haute chaîne, idem	2857	1466	id.
Puy Pédrous, haute chaîne, idem	2838	1456	Corabœuf.
	2904	1490	Reboul.
Pic de Carlitte, idem	2921	1499	Corabœuf.
Roc Blanc, sommet du Laurenti, vallée d'Orlu	2543	1305	id.
	2538	1302	Reboul.
Pic de Bugarrach, dans les Corbières	1263	648	id.
Montagne de Balagué	1244	638	Corabœuf.
Pic du col de Djaou ou de la Marguerite	2535	1301	id.
Mont de Mossel, à l'ouest du col de Djaou	2452	1258	Reboul.
Montagne de Maringe	2913	1495	Corabœuf.

HAUTEURS MESURÉES.

	Mètres.	Toises.	Observateurs.
Pic du col de Liousés	2832	1453	id.
Montagne de Mijanés	2364	1213	id.
Pic oriental du col Rouge	2806	1440	id.
Pic occidental, idem	2833	1454	id.
Montagne de Mourens	1612	827	id.
Pic du col de Jeganne	2881	1478	id.
Montagne de Sansa	2371	1217	id.
Pic du col de Migia	2624	1346	id.
Pic de Fontargente, haute chaîne de l'Andorre	2788 / 2820	1430 / 1447	id. / Reboul.
Pic de Jouglan, idem	2766	1419	Corabœuf.
Pic du port de Cabanes, idem	2743	1407	id.
Pic du port de Siguer, idem	2901 / 2931	1488 / 1504	id. / Reboul.
Pic de la Ferrère, idem	2911 / 2953	1488 / 1515	Corabœuf. / Reboul.
Port de Rat, vers l'Andorre, idem	2278	1169	Charpentier.
Pique ou cap d'Andron, près Vicdessos	2472	1268	Corabœuf.
Mont-Saint-Barthélemy, pique d'Appy ou de Tabe	2319 / 2349 / 2323	1190 / 1205 / 1192	Plantade. / Corabœuf. / Reboul.
Pic de l'Estanglot	2369	1216	Corabœuf.
Vicdessos, ville des mines	706	362	D'Aubuisson.
Planel de Labinas, origine de la vallée de l'Oriége	1850	949	Charpentier.
La Grougne, la plus haute mine	1364	700	D'Aubuisson.
Montagne de Rancié	1598	820	id.
Le Mont-Calm	3080 / 3157	1580 / 1620	Corabœuf. / Reboul.
Pique d'Estats	3141 / 3251	1612 / 1668	Corabœuf. / Reboul.
Montagne des Trois Seigneurs	2165	1099	Corabœuf.
Montagne de Colat, vallée d'Ustou	2844	1459	id.
Montagne des Cuns	2865	1470	id.
Montagne d'Inclos	2775	1424	id.
Port de Lherz, val de Suc	1516	778	Charpentier.
Etang de Lherz	1253	643	id.
Port de Salux ou Combebiere ou col de la Couillade	1980	1016	id.
Pic du col de la Couillade	2200	1129	Corabœuf.
Etang Blanc, val de Garbet	1795	921	Charpentier.
Prat d'Embans, idem	1479	759	id.
Tarascon, ville	462	237	D'Aubuisson.
Foix, ville	368	189	id.
Toulouse, place Royale	140	73	id.
Montagne d'Aros	2575	1321	Corabœuf.
Mont-Vallier	2840 / 2836	1457 / 1455	id. / Reboul.
Pic du port d'Orle	2803	1438	Corabœuf.

	Mètres.	Toises.	Observateurs.
Saint-Girons, ville	421	211	Marquet, Victor.
Pic de Montoulieu ou tuc de Mauberme	2881	1478	Corabœuf.
	2900	1488	Reboul.
Montagne de Crabère, haut chaînon de Sentein	2630	1349	Corabœuf.
	2639	1354	Vidal et Reboul.
Tuc de Serrat	2575	1321	Corabœuf.
Montagne de l'Iserd	2212	1135	id.
Tuc de la Courate	1422	730	id.
Montespé, montagne	1849	949	id.
Gardon de Montaigu, montagne	628	322	id.
Pic de Montarto ou pic de Zious, haute chaîne	2941	1509	Vidal et Reboul.
Port de Vielle, idem	2506	1286	Charpentier.
Vielle d'Aran, ville	881	452	id.
Portillon d'Alby	2715	1393	Peytier.
Saint-Béat, ville	538	276	Charpentier.
Bagnères de Luchon	612	314	id.
Portillon de Burbe	1255	644	id.
Hospice de Bagnères	1357	696	id.
Port de Vénasque	2413	1238	id.
Port de la Picade	2423	1243	id.
Port de la Glère	2323	1192	id.
Prat de Djoou, val de la Glère	955	490	id.
Hospice de Venasque	1705	875	id.
Superbagnères, montagne (Luchon)	1766	896	id.
Serre de Saint-Paul, montagne	1875	962	Vidal et Reboul.
Port de Peyresourde entre Louron et l'Arboust	1536	788	Charpentier.
Boccanera, montagne	2194	1126	Peytier.
Pique Forcanade ou Maïl d'Espouïs	2882	1479	id.
	3058	1569	Reboul.
Plan des Etangs sous la Maladette	1797	922	Charpentier.
Gouffre de Tourmon au dessus du Plan	2084	1069	id.
Gouffre du Toro	2084	1069	id.
Pied du Glacier du Nord	2672	1371	id.
Lac d'Albe	2212	1135	id.
Crête de la Maladette à l'ouest des Pics	3171	1627	id.
Pic Occidental, glacier	3312	1699	Peytier.
Pic de Malahitta, glacier	3354	1721	id.
	3483	1787	Reboul.
Pic Oriental de Néthou, point culminant de la chaîne, glacier	3404	1780	Peytier.
	3580	1837	Reboul.
	3370	1729	Tchihatchef.
Pic de Carbious, vallée de Lys, glacier	3177	1630	Reboul.
Tuc du Maupas, glacier	3110	1595	Peytier.
	3148	1615	Reboul.
Pic Quartau, glacier	3143	1613	Peytier.
Pic Quoyrat, glacier	3059	1569	id.
	3089	1585	Reboul.

HAUTEURS MESURÉES. 329

	Mètres.	Toises.	Observateurs.
Pic de Montarouye, glacier	2803	1438	Charpentier.
Pic Posets, ou Pic Poleto, Val d'Astos, glacier	{3367 {3438	1728 1764	Peytier. Vidal et Reboul.
Pic d'Irré, ou Punta de Lardana	2604	1336	Reboul.
Perdighero, montagne	3220	1652	Peytier.
Port d'Oo	3002	1540	Charpentier.
Lac glacé de Selh de la Baque, port d'Oo.	2653	1361	id.
Tuque de Clego, val d'Astos	2729	1400	Vidal et Reboul.
Pic au sud-est de Venasque	2750	1411	Peytier.
Pic près Savarillo (Clarbide)	2910	1493	id.
Pic Pétard	3177	1630	id.
Pic de Gar	1786	916	id.
Montagne de Cagire	1913	982	id.
Lac de Seculego	1400	718	Charpentier.
Départ de la Cascade	1711	878	id.
Hauteur de la Cascade (différence ou)	312	160	id.
Lac d'Espingo	1817	932	id.
Pic de Hermitans entre le val de l'Asto et Louron	3029	1554	Vidal et Reboul.
Serre d'Azet, montagne entre Aure et Louron	1567	804	Charpentier.
Saint-Lary, village d'Aure	838	430	Lefranc.
Arreau, ville	695	357	id.
Col d'Aspin	1473	156	id.
Pic de Thou	3023	1551	Peytier.
Pic du Midi de Génos	2912	1494	id.
Pic du Bouc	2773	1423	id.
Port d'Ourdisset	{2400 {2409	1231 1236	Lefranc. Charpentier.
Port de Cavarrère	2548	1307	Lefranc.
Port de Plan	2566	1316	id.
Hospice de Plan, val de Gistain	1497	768	Charpentier.
Port de la Pez	2466	1265	id.
Pic de Batoa, ou de Biedous, Punta-de-Souelsa	{3034 {3052	1557 1566	Peytier. Vidal et Reboul.
Pic d'Arré supérieur	{2939 {2937	1508 1504	Peytier. Reboul et Vidal.
Pic d'Arré inférieur	2894	1485	id.
Plan d'Aragnouet, dernier village d'Aure	1333	684	Charpentier.
Pic de Baroude	2986	1532	Vidal et Reboul.
Pic d'Aybès	1902	976	Peytier.
Hospice de Plan, vallée de la Cinca	1497	768	Charpentier.
Hospice de Pinède, val de Beousse ou de Richa	1300	667	id.
Bielsa, village de la vallée de la Cinca.	1003	514	id.
Port de Pinède	2516	1291	Ramond.
Port Viel d'Estaubé	2561	1314	Charpentier.
Lac du Mont-Perdu	2540	1303	Ramond.
Col de Nisclo ou de Fanlo	2516	1291	id.

HAUTEURS MESURÉES.

	Mètres.	Toises.	Observateurs.
Le Mont-Perdu, glacier	3351	1719	Peytier.
	3436	1763	Ramond.
Le Cylindre, glacier	3322	1704	Peytier
	3333	1710	Ramond.
Pic de la Cascade ou extrémité de la Plateforme, glacier	3276	1681	id.
Première Tour du Marboré, glacier	3006	1542	Peytier.
	3189	1636	Ramond.
Brêche de Roland	3041	1560	id.
L'Estibet, montagne	1851	950	Peytier.
Le Taillon, glacier	3146	1614	id.
	3214	1649	Vidal et Reboul.
Mont Scarpes	2607	1338	Peytier.
Montagne de Troumouse, glacier	3086	1583	id.
	3200	1642	Vidal et Reboul.
Cirque de Troumouse, pied du Port de la Canaou	2066	1060	Charpentier.
Pic des Aiguillons	2969	1523	Vidal et Reboul.
Notre-Dame de Héas	1466	752	Ramond.
Entrée du val d'Estaubé à Gargantan	1758	902	Charpentier.
Col du Pimené, Brêche d'Allanz	2516	1291	Ramond.
Cirque d'Estaubé	1815	931	Charpentier.
Pied de la Borne de Tuquerouye	2378	1220	id.
Brêche de Tuquerouye, glacier	2904	1490	Ramond.
Gavarnie, village	1444	741	id.
Lac de Loubassou, vallon des Especières	2204	1131	Charpentier.
Pied de la Cascade	1920	985	Moisset.
Départ de la Cascade	2331	1196	Laroche.
Hauteur de la Cascade (différence ou)	411	211	
Hospice de Boucharo, val de Broto	1444	741	Ramond.
Bas du val d'Ordessa	1081	556	id.
Haut du val d'Ordessa	1802	925	id.
Plateau d'Ordessa ou de Millaris, au pied du Mont-Perdu	2339	1200	id.
Cambielle, montagne, glacier	3174	1628	Peytier.
	3235	1660	Vidal et Reboul.
Port de Cambielle, vers Aure	2598	1333	id.
Pic Long, glacier	3192	1638	Peytier.
	3251	1668	Vidal et Reboul.
Gèdre, village	1064	546	Moisset.
Pic Méchant	2944	1511	Peytier.
Neouvieille, montagne, glacier	3091	1586	id.
	3155	1619	Vidal et Reboul.
Montagne de Gère	2612	1340	Peytier.
Pic d'Arbizon	2832	1453	id.
	2846	1460	Vidal et Reboul.
Lac d'Escoubous, près Barèges	2040	1050	Ramond.
Pic de Bergonz	2113	1084	id.
	2080	1067	Lefranc.

HAUTEURS MESURÉES.

	Mètres	Toises	Observateurs.
Pic d'Ayré, sur Barèges............	2469	1267	Ramond.
Bains de Barèges...............	1290	662	Vidal et Reboul.
Luz, ville.....................	739	379	id.
Bains de Saint-Sauveur...........	770	395	Laroche.
Pic de Viscos...................	2142	1099	Peytier.
Pic d'Ardiden..................	2988	1533	id.
Lac d'Oncet, sous le pic du Midi.....	2314	1187	Vidal et Reboul.
Col ou hourquette des Cinq-Ours.....	2425	1244	id.
Pic du Midi de Bigorre............	2877	1476	Peytier.
	2935	1506	Vidal et Reboul.
Col du Tourmalet................	2195	1126	Ramond.
Pic de Montaigu	2339	1200	Peytier.
	2376	1219	Ramond.
Pène du Lhieris, vallée de Campan...	1598	820	Ramond.
Plateau d'Ourdincède.............	1356	696	Lefranc.
Auberge de Paillole..............	1073	551	id.
Bagnères de Bigorre.............	567	291	Ganderax.
Tarbes........................	312	161	Peytier.
	320	165	Lefranc.
Pierrefitte, village...............	507	260	Pasumot.
Lourde, ville...................	411	211	Vidal et Reboul.
Argelez, ville	1054	541	id.
Vignemale, montagne, glacier......	3298	1692	Peytier.
	3356	1722	Vidal et Reboul.
Mounné de Cauterets.............	2724	1398	Peytier.
Pic entre le Mounné et Parcabora, montagne du val de Bun.............	2814	1444	id.
Bains de Cauterets...............	780	400	Pasumot.
Pic de Badescure ou Costerillou, glacier.	3148	1615	Vidal et Reboul
Pic de Baretous, glacier...........	3146	1613	Peytier.
Pic d'Arriengrand...............	3003	1541	Vidal et Reboul.
Pic du Midi d'Arrens.............	2268	1164	Peytier.
Pic d'Ar......................	2595	1331	id.
Pic voisin du Pic d'Ar............	2514	1290	id.
Pic à l'est de Penticouse..........	2850	1462	id.
Pic entre Salient et Canfranc.......	2883	1479	id.
Coteau de Jurançon..............	338	173	Peytier.
Pau, cour du chateau.............	235	121	id.
	292	150	Vidal et Reboul.
Pic de Gabisos..................	2639	1354	Peytier.
Som de Séoube, montagne.	3132	1607	Junker.
Pic du Midi de Pau, ou pic d'Ossau...	2885	1480	Peytier.
	2984	1531	Vidal et Reboul.
Pic d'Aule, vallée d'Ossau.........	2933	1505	id.
Sainte-Colomme, montagne........	2050	1052	Peytier.
Sainte-Marie d'Oloron, ville........	250	128	id.
Col du Somport, vallée d'Aspe......	1852	950	Lefranc.
Lac d'Astains, entre Aspe et Roncal...	1832	940	id.
Montagne à l'ouest du val d'Astains...	2669	1369	Peytier.

	Mètres.	Toises.	Observateurs.
Pic d'Anie ou d'Ahugnamendi, val de Lescun	2504 / 2584	1285 / 1326	Peytier. / Vidal et Reboul.
Escurets, montagne	1441	739	Peytier.
Montagne d'Orhi, vallée de Soule	2017	1035	id.
Membeleta, montagne	1982	1017	id.
Montagne de Layens	1625	834	id.
Lasserateca, montagne	1409	725	id.
Araxamendi, montagne	1383	710	id.
Montagne d'Hauza, entre Baygorri et Bastan	1300	667	Junker.
Mendaour, montagne	1132	581	Peytier.
Baygourra, montagne	897	460	id.
Aradoy, montagne	660	342	id.
Mehalen, montagne	658	341	id.
Cambeillon, montagne	660	342	id.
Orsan-Sourietta, montagne	1561	801	Junker.
Montagne d'Aralar, Guipuscoa	1494	767	Peytier.
Montagne de Haya ou montagne Couronnée	835 / 975	428 / 500	id. / Muthuon.
La Rhune sur Saint-Jean-de-Luz	900	462	Peytier.
Ursovia-Mendia montagne, val de Soule	234	120	id.
Biarritz, village, falaise de l'Océan	69	35	id.
Montagne d'Aisquibel, bord de la mer vers Fontarabie	542	278	Junker.

EXPLICATION

DE QUELQUES EXPRESSIONS PARTICULIÈRES AUX PYRÉNÉES.

Cacou..... La plus simple des huttes des pasteurs.
Chaos...... Écoulement considérable de gros rochers.
Cirque.... Fond de vallée circulaire cerné d'escarpements en étage.
Core..... Petit port ou passage.
Couïla.... Cabane du pasteur des Hautes-Pyrénées.
Couret.... Cours d'eau sortant d'un lac.
Courtaou.. Cabane du pasteur du Couserans.
Estibe..... Bonnes prairies de montagne.
Gave...... Nom générique des torrents en Bigorre et en Béarn.
Hourque, *Hourquette*.— Petit col ou passage dans le Bigorre.
Maïl...... Montagne dans les vallées de la Garonne.
Neste...... Nom générique des torrents en Bigorre.
Oule...... Nom local des cirques.
Orris...... Cabane du pasteur dans le comté de Foix.
Pène...... Pointe terminant une montagne.
Pouey, *Puch*, *Pech*, *Puy*, etc. — Montagne.
Raillère.... Espace couvert de fragments éboulés.
Ramade... Troupeau très nombreux.
Roule..... Tronçon d'arbre destiné à être scié.
Sarre, *Serre*, *Serrat*. — Montagne.
Scoube..... Forêt.
Tuc, *Tuque*. — Montagne.
Turon..... Petit tertre.

TABLE GÉOGRAPHIQUE

DES PYRÉNÉES.

	Tome.	Pages.
Adour (source de l'), Bigorre...................	1	504
Agudes, pic du val d'Estaubé...................	1	405
Aguila, mont de la vallée de Héas...............	1	391
Aiguecluse, val près Barèges....................	1	270
Aigues-Tortes, pâtis indivis, haute chaîne d'Aspe......	1	135
Albères, dernier chaînon des Pyrénées à l'est........	2	49
Alos, portillon dans le Castillonnais..............	2	272
Amoulat, près Bonnes..........................	1	115
Ance, col de la vallée d'Ossau...................	1	124
Andorre, petite république indépendante...........	2	124
Andron, pic près Vicdessos......................	2	127
Aneou, col à la haute chaîne d'Ossau..............	1	156
Angous, val de la vallée du Salat.................	2	268
Anie, pic à la haute chaîne d'Aspe................	1	125
Anouillasse, pâtures près Bonnes................	1	94
Antarouy, lac près Saint-Sauveur................	1	336
Araillé, pic près Vignemale.....................	1	481
Aran, vallée de Catalogne......................	2	209
Aratillé, montagne à la haute chaîne de Cauterets.....	1	470
Arbelles, val près de Vicdessos..................	2	141
Arce, val près d'Aulus.........................	2	165
Arbizon, pic de la vallée de Campan..............	1	507
Arboust, vallée du Comminge...................	1	515
Ardiden, pic près Saint-Sauveur.................	1	343
Areigne, lac de la vallée de Baros................	2	279
Argelez, riche bassin des Hautes-Pyrénées..........	1	227
Ariège (source de l'), comté de Foix..............	2	120
Arles, ville du Roussillon.......................	2	80
Arreau, chef-lieu de la vallée d'Aure.............	1	509
Arrieugrand, montagne de la vallée d'Azun........	1	470

TABLE GÉOGRAPHIQUE. 335

	Tome.	Pages.
Arrious, port de la haute chaîne d'Ossau	1	156
Arrou, pic de la vallée d'Aran	2	238
Artiez, troisième ville de la vallée d'Aran	2	244
Artigue, val sous le Mont-Calm	2	139
Artigue-Déline, val de la vallée d'Aran	2	284
Artiguescou (pas d'), col de Fos	2	282
Artouste, lac de la vallée d'Ossau	1	147
Arudi, bassin de la vallée d'Ossau	1	102
Asblancs, pic près Barèges	1	311
Aspe, vallée du Béarn	1	125
Asson, vallée du Béarn	1	146
Astains, lac de la vallée d'Aspe	1	135
Astazou, montagne près Gavarnie	1	360
Aston, val près d'Ax	2	12
Astos, vallon près Vénasque	2	299
Aucèze, val de la vallée d'Ustou	2	178
Aude (source de l'), groupe de Montlouis	2	16
Aula, port du Couserans	2	265
Aulus, haute vallée d'Ercé, Couserans	2	158
Aure, vallée du Bigorre	1	546
Auzat, village et port près Vicdessos	2	127
Ax, ville et bains du comté de Foix	2	14
Ayré, pic près Barèges	1	253
Azun, vallée des Hautes-Pyrénées	1	452
Bachergue, val de la vallée d'Aran	2	244
Badette-de-Labas, montagne près Cauterets	1	500
Bagnères-de-Bigorre	1	525
Bagnères-de-Luchon	2	202
Bailheta, montagne d'Artigue-Déline	2	287
Bains (les), fort et bains de la vallée du Tech	2	80
Ballongue, vallée du Castillonnais	2	272
Balourd, pâturage près Bonnes	1	92
Barbe-de-Bouc, montagne près Saint-Sauveur	1	334
Barèges	1	242
Baros, vallée du Castillonnais	2	272

	Tome.	Pages.
Barousse, une des quatre vallées.	2	193
Barrans, pic près la Maladette.	2	298
Basques.	1	197
Bassiés, montagne près Vicdessos.	2	132
Bassioue, val près de Fos.	2	282
Bastan, val de la vallée de Barèges.	1	240
Bastempe, lac et montagne près Saint-Sauveur.	1	333
Batères, mine de fer sur le Canigou.	2	91
Bayonne.	1	175
Baïse (source de la), Bigorre.	1	75
Béarn, cap du Roussillon.	2	67
Bédous, chef-lieu de la vallée d'Aspe.	1	140
Belame, (roc de), appendice du Mont Vallier.	2	274
Benou, pâturage entre Aspe et Ossau.	1	144
Berbégué, port de la haute chaîne du Salat.	2	265
Béret (col de), source de la Garonne.	2	248
Bergonz, pic près Saint-Sauveur.	1	318
Bernères, pic de la haute chaîne d'Aspe.	1	135
Bertrônc, tuc près d'Aulus.	2	162
Bétharram, pèlerinage du Béarn.	1	79
Betmajou, val de la vallée du Salat.	2	270
Betmale, vallée du Castillonnais.	2	272
Biarritz, village marin près Bayonne.	1	182
Bielsa, port de la vallée d'Auro.	1	557
Bious, pâturage sous le pic d'Ossau.	1	123
Bocanère, montagne près de Luchon.	2	212
Bonaïgue, col de la vallée d'Aran.	2	245
Bourepaux, pic de la haute chaîne d'Ustou.	2	179
Bordères, chef-lieu de la vallée de Louron.	1	511
Bososte, deuxième ville de la vallée d'Aran.	2	285
Bouet, port de la haute chaîne d'Andorre.	2	142
Boulard (maïl de), vallée de Baros.	2	279
Brada, (fourche du), montagne près Saint-Sauveur.	1	322
Brèche de Roland, à la haute chaîne de Gavarnie.	1	308
Broussette, bassin sous le port d'Aneou.	1	153

	Tome.	Pages.
Cabaliros, montagne près de Cauterets............	1	459
Cagateille, fond du val d'Escorce, vallée d'Ustou.......	2	178
Cagire, montagne de la vallée de Luchon............	2	281
Cambelong, montagne de la vallée de Héas.........	1	354
Cambièle, montagne de la vallée de Héas...........	1	413
Campan, vallée près Bagnères...................	1	521
Campsaure, pâturage près Luchon................	2	234
Canaou, port de la vallée de Héas................	1	392
Candémil, montagne près Saint-Sauveur............	1	342
Canigou, montagne du Roussillon................	2	93
Carbious, pic et glacier à la haute chaîne de Lys......	2	223
Carcanèro, montagne du Donézan................	2	31
Carol, vallée en Cerdagne......................	2	116
Castellane, vallon du Roussillon.................	2	36
Castelminier, mine abandonnée d'Aulus...........	2	160
Castelviel, ruines près Luchon...................	2	236
Caubère, montagne du val de Bastan..............	1	269
Caumale, montagne près d'Aulus................	2	163
Cauterets, ville, bains et vallée..................	1	441
Cerbellona, appendice de Vignemale en Espagne.....	1	416
Cerbères (cap), fin des Pyrénées à l'est............	2	70
Cerdagne espagnole et française.................	2	111
Ceret, ville du Roussillon......................	2	79
Cestrède, montagne de la vallée de Barèges........	1	337
Cériré, pic du val de Lys.......................	2	287
Chabarrou, montagne du val de Gaube............	1	479
Cierp, bassin de la vallée de Luchon..............	2	198
Cigalère (mail de la), montagne près Luchon.......	2	212
Cinca (source de la), sous le Mont-Perdu..........	1	395
Clarbide, montagne à la haute chaîne de Louron.....	1	515
Coarraze, restes d'un château d'Henri IV...........	1	78
Coüt, montagne à la haute chaîne d'Ustou..........	2	179
Collioure, ville du Roussillon...................	2	51
Combebière, port près d'Aulus..................	2	128
Conflens, ville de la vallée du Salat..............	2	270

	Tome.	Pages.
Corbières (les), chaînon des Pyrénées.	2	23
Core (port de la), Castillonnais	2	272
Corsavi, village sous le Canigou.	2	88
Costabona, montagne à la source du Tech.	2	89
Costerillou, pic et glacier, haute chaîne d'Azun.	1	470
Couèque, montagne d'Aspe, carrière d'albâtre.	1	134
Coumélie, montagne près de Gèdre.	1	429
Courbisssou, montagne de la vallée d'Aran.	2	241
Cournaude, montagne de la vallée de Baros.	2	276
Crabère, montagne de la vallée de Baros.	2	219
Crusous, montagne de la haute chaîne d'Ustou.	2	179
Djaou, col dans le Roussillon.	2	36
Djoueou (ouil de), une des sources de la Garonne.	2	291
Dobert, lac près Neouvieille, vallée d'Aure.	1	278
Donézan, haute vallée de l'Aude.	2	58
Dunes de l'Océan, près Bayonne.	1	180
Eaux-Bonnes ou Bonnes, bains de la vallée d'Ossau.	1	89
Eaux-Chaudes, *idem*	1	118
Echelle (pas de l'), site près Saint-Sauveur.	1	348
Elleth (source de l'), vallée d'Ustou	2	182
Elne, ville du Roussillon.	2	50
Embalire (source de l'), pays d'Andorre.	2	16
Ercé, vallée du Couserans.	2	134
Esrelids, ou la Piquette, val de Bastan.	1	307
Estaoubé, val de la vallée de Héas.	1	406
Ers (source de l'), sous le pic de Tabe.	2	22
Esbint, vallon du Castillonnais.	1	272
Escerce, val de la vallée d'Ustou.	2	178
Escot, eaux thermales de la vallée d'Aspe.	1	142
Escoubous, pic et lac près Barèges.	1	208
Espade, pic du val de Bastan.	1	286
Espingo, lac du val de Lasto.	2	315
Essera (source de l'), sous la Maladetta.	2	298
Étangs (Plan des), sous la Maladetta.	2	297
Estats, pique de la haute chaîne de Vicdessos.	2	151

	Tome.	Pages.
Estom-Soubiran, haut pâturage de Lutour.	1	497
Ferrère, pic de la haute chaîne d'Andorre.	2	124
Filhols, village et mine de fer sous le Canigou.	2	101
Flamigelle, montagne à la haute chaîne d'Ustou.	2	180
Foix, capitale du comté.	2	6
Fontargente, pic de la haute chaîne d'Andorre.	2	20
Fos, dernière ville de France sur la Garonne.	2	283
Fouillets, val près d'Aulus.	2	169
Fourcanade (pic), maïl d'Espouis, vallée de Luchon.	2	213
Fraîche, pics de la vallée de Luchon.	2	214
Fraîchets, montagne près d'Aulus.	2	164
Gabas, dernières habitations d'Ossau.	1	121
Gabisos, pic de la vallée d'Azun.	1	91
Gar, pic de la vallée de Luchon.	2	198
Garbet, val près d'Aulus.	2	163
Garoune (ouil de), principale source, vallée d'Aran.	2	247
Gaube, lac de la vallée de Cauterets.	1	467
Gavarnie, village, cirque et cascade, val de Barèges.	1	360
Gèdre, bassin de la vallée de Barèges.	1	352
Génos (pic du Midi de), vallée de Louron.	1	515
Ger, pic près de Bonnes.	1	103
Glère, port de la haute chaîne de Luchon.	2	215
Go (source du), haute chaîne d'Oo.	2	311
Grip, val de la vallée de Campan.	1	505
Guillou, port de la haute chaîne d'Aulus.	2	167
Gourette, pâturage près de Bonnes.	1	113
Gouroun, val près de Luchon.	2	234
Gourzy, montagne près de Bonnes.	1	95
Haya, ou montagne couronnée du Guipuscoa.	1	193
Héas, vallée et fameux pèlerinage.	1	354
Hospitalet, dernier village de la vallée de l'Arlège.	2	123
Hourmigas, montagne près de Cauterets.	1	466
Iscos, vallon près de Bonnes.	1	90
Itseaux, la plus grande forêt des Pyrénées, Béarn.	1	141
Jarret, val de la vallée de Cauterets.	1	469

	Tome.	Pages.
Kosia, pâturage indivis à la haute chaîne d'Aspe	1	130
Lanoux, pic du groupe de Mont-Louis	2	16
Laparut, pâturage du Roussillon	2	36
Laperche, col de la haute chaîne de Mont-Louis	2	110
Lardana (Punta de), montagne près Vénasque	2	230
Lart, pic de la vallée de Baros	2	277
Laruns, chef-lieu de la vallée d'Ossau	1	88
Lasto, val de la vallée de Larboust	2	311
Laurenti, montagne de Donézan	2	26
Lavédan, ancien comté dans le Bigorre	1	231
Lesponne, près Bagnères	1	546
Lescun, val de la vallée d'Aspe	1	140
Lez (Source du), vallée de Baros	2	275
Lhers, col près de Vicdessos	2	133
Lhéou, lac près de Barèges	1	314
Lhéris, montagne près Bagnères	1	533
Limouras, montagne de Lutour	1	500
Lisat, montagne près de Vénasque	2	299
Lisey, montagne et pâturage près Cauterets	1	456
Lithouèse, lac et montagne près Saint-Sauveur	1	334
Llivia, ville de la Cerdagne espagnole	2	112
Loucrup, village où se trouve du kaolin, Bigorre	1	525
Lourde, ville et château de Lavédan	1	222
Louron, vallée de Bigorre	1	511
Luchon, vallée du Comminge	2	195
Lutour, val près de Cauterets	1	500
Luz, chef-lieu de la vallée de Barège	1	238
Lys, val de la vallée de Luchon	2	220
Madre (Pla de), pâturage de Donézan	2	33
Mâle, pic de la vallée de Barèges	1	337
Maladette, plus haute montagne de la chaîne	2	265
Marboré, mont. et glacier de la haute chaîne de Gavarnie	1	360
Marcaddou, port à la haute chaîne de Cauterets	1	470
Maremsin (le), landes près de Bayonne	1	181
Marie-Blanque, col de la vallée d'Ossau	1	144

	Tome.	Pages.
Martrat, port du val d'Aucèzo............................	2	179
Martres, antiquités romaines...........................	2	191
Massane (la), pic du pays d'Andorre.................	2	151
Mauberme, tuc de la haute chaîne de Baros............	2	210
Maupas, tuc et glacier à la haute chaîne de Lys........	2	215
Médacourbe (Punta de), pays d'Andorre.............	2	151
Mède, pic de la haute chaîne d'Aulus.................	2	163
Monbéas, tuc du val d'Aulus...........................	2	132
Moines (col de), haute chaîne d'Aspe.................	1	124
Mongarre, hospice de la vallée de la Noguera...........	2	252
Mongossou, bassin du Paillas, sur la Noguera	2	262
Montabone, montagne de la haute chaîne d'Ustou......	2	180
Montagnou, tuc de la vallée d'Ustou...................	2	179
Montaigu, près Bagnères...............................	1	541
Montarouye, tuc et glacier du val de Lys..............	2	215
Montarqué, pic du val de Lasto........................	1	313
Montarto, pic de la vallée d'Aran.....................	2	244
Montauban (Serrat de), vallée de Luchon.............	2	205
Mont-Calm, haute chaîne de Vicdessos................	2	143
Montespan, ruine près Saint-Gaudens.................	2	192
Mont-Errant, haute chaîne de Héas...................	1	391
Mont-Ferrant, glacier à la haute chaîne d'Ossoue......	1	483
Mont-Louis, fort et groupe remarquable du Roussillon...	2	208
Mont-Perdu, m. et glacier de la haute chaîne de Gavarnie.	1	394
Montréjeau, ville du Comminge........................	2	192
Montrouis, pic près d'Aulus...........................	2	163
Mont-Vallier, haute chaîne du Couserans.............	2	273
Mosset, ville du Roussillon.............................	2	40
Moulis, vallée du Castillonnais........................	2	272
Mounné, pic de la vallée de Cauterets.................	1	451
Naufons, montagne de la haute chaîne de Cerdagne.....	2	208
Nédé, col de la vallée de Baros........................	2	279
Neiss (source du), Béarn.............................	1	101
Neouvieille, pic et glacier près Barèges...............	1	259-430
Nère, pic du val de Lasto.............................	2	313

	Tome.	Pages.
Nethou (pic de), une des cimes de la Maladette	2	297
Niscle, ou Fanlo, col sous le Mont-Perdu	1	394
Noguera (source de la), vallée d'Aran	2	248
Olette, ville du Roussillon	2	107
Oloron, ville du Béarn	1	84
Oncet, lac sous le pic du Midi	1	288
Oo, village et ports du val de Lasto	2	311
Orhy, montagne de la Soule	1	194
Orle, port de la vallée de Baros	2	276
Orlu, val de la vallée de l'Ariège	2	16
Ossau (pic d'), ou pic du midi de Pau	1	123
Ossau, vallée du Béarn	1	87
Ossoue, val près Gavarnie	1	365
Ourdincède, hameau d'été de Campan	1	539
Pact, val de la vallée d'Aspe	1	125
Paillers, col de Donézan	2	26
Pamiers, comté de Foix	2	5
Pau, Béarn	1	76
Pédrous, pic du groupe de Mont-Louis	2	21
Péguère, montagne près Cauterets	1	449
Pembécibé, montagne près de Bonnes	1	104
Pène d'Aragon, montagne de la haute chaîne d'Azun	1	470
Pèneméda, près Bonnes	1	113
Penna-Blanca, vallée de Vénasque	2	298
Perdighero, montagne près Vénasque	2	299
Perpignan	2	45
Perraute, montagne près Cauterets	1	448
Peternelle, montagne à la haute chaîne de Cauterets	1	486
Peyrelanz, montagne près de Cauterets	1	462
Peyrelue, port d'Ossau	1	156
Peyrenère, maison de refuge à la haute chaîne d'Aspe	1	128
Peyresourde, port du val de l'Arboust	1	515
Pez (la), montagne et port à la haute chaîne de Louron	1	515
Pic du Midi de Bigorre, près Bagnères	1	285
Pic du Midi de Pau, ou pic d'Ossau	1	153

	Tome.	Pages.
Pic-Long, glacier, vallée de Barèges........	1	413
Picade (la), port à la haute chaîne de Luchon.........	2	296
Pierrefitte (gorge de), vallée de Barèges	1	232
Pigeol, pic près le Mont-Calm.........	2	144
Pimené, montagne du val d'Estaoubé...............	1	410
Pinède, val et port sous le Mont-Perdu...............	1	410
Pique (source de la), vallée de Luchon..............	2	220
Piquette, ou Pic d'Ereslids, val de Bastan............	1	307
Plan d'Aube, montagne du val de Bastan.............	1	288
Plumous, plus haut pâturage du val de Gaube.........	1	475
Poey-Mourou, montagne près Vignemale.............	1	496
Poméro, montagne à la haute chaîne de Luchon........	2	234
Pont d'Espagne, site de la vallée de Cauterets..........	1	465
Pont du Roi, limite de la vallée d'Aran...............	2	283
Pont-Long, plateau des Landes du Béarn.............	1	72
Port (pic du), haute chaîne de Luchon..............	2	214
Port de Plan, vallée d'Aure...................... ...	1	561
Porté, village du val de Carol, en Cerdagne..........	2	119
Portet (col du), vallée de Ballongue................	2	281
Portillon, col et montagne près de Luchon............	2	237
Port-Vendres, ville du Roussillon.	2	51
Posets (pic de), près de Vénasque.................	2	299
Pouïlané, col près de Luchon.....................	2	234
Pouytrénous, montagne du val de Gaube.............	1	466
Prades, ville du Roussillon.......................	2	42
Puigmal, montagne de la Cerdagne................	2	108
Puntussan, montagne à la haute chaîne d'Aulus.......	2	163
Puycerda, capitale de la Cerdagne.................	2	113
Puymorin, col de la haute chaîne d'Ax.............	2	120
Quairat, pic et glacier du val de Lys...............	2	215
Quérigut, chef-lieu du Donézan..,...............	2	28
Rancié, mine de fer près Viedessos...............	2	126
Rat, port à la haute chaîne d'Andorre.............	2	141
Ratière, port de la vallée d'Aran..................	2	245
Rhune (la), dernière des Pyrénées françaises, à l'ouest.	1	191

	Tome	Pages.
Rioné, montagne de Lutour．	1	500
Rioumajou, vallée d'Aure．	1	557
Roncevaux, près Saint-Jean-Pied-de-Port．	1	194
Rouze (col de), vallée du Salat．	2	180
Saint-Barthélemy, ou pic de Tabe．	2	18
Saint-Bertrand, ville du Comminge．	2	194
Saint-Gaudens, ville du Comminge．	2	192
Saint-Jean de Luz, port de mer．	1	186
Saint-Jean de Ross, hermitage d'Aran．	2	240
Saint-Lizier, ville du Couserans．	2	136
Saint-Lizier, chef-lieu de la vallée d'Ustou．	2	176
Saint-Martory, ville sur la Garonne．	2	137
Saint-Paul (serre de)．	2	235
Saint-Pé, plus ancien monastère du Bigorre．	1	81
Saint-Sauveur, bains de la vallée de Barèges．	1	239
Salaou, port à la haute chaîne du Salat．	2	270
Saleix, port près Vicdessos．	2	128
Salfares (pic), dernière cime des Pyrénées à l'est．	2	70
Santché, montagne près Saint-Sauveur．	1	346
Saoucrat, montagne d'Artigue-Déline．	2	287
Saougué, pic de la vallée de Barèges．	1	337
Saounsat, lac du val de Lasto．	2	315
Sarrance, pèlerinage de la vallée d'Aspe．	1	141
Sénailles, vue générale des Pyrénées．	1	38
Séculègo, lac et cascade du val de Lasto．	2	312
Sègre (source de la), groupe de Mont-Louis．	2	120
Seix, chef-lieu de la vallée du Salat．	2	135
Selh de la Baque, combe du port d'Oo．	2	316
Senère, pic de la vallée d'Aran．	2	282
Sentein, chef-lieu de la vallée de Baros．	2	276
Socoa, fort à la mer, près Saint-Jean de Luz．	1	187
Som de Seoube, montagne de la haute chaîne d'Ossau．	1	109
Somport, port à la haute chaîne d'Ossau．	1	129
Sousoueou, pâturage près Bonnes．	1	146
Spujols, montagne à la haute chaîne d'Oo．	1	312

TABLE GÉOGRAPHIQUE. 345

	Tome.	Pages.
Suc, vallon près Vicdessos..................	2	128
Super-Bagnères, près Luchon..............	2	225
Supertègue, montagne d'Aran..............	2	234
Tabascan, port de la haute chaîne de Vicdessos.....	2	128
Tabe (pic de), ou mont Saint-Barthélemy........	2	18
Taillon, montagne et glacier, haute chaîne de Gavarnie..	1	378
Taoule (pont de la), vallée du Salat........	2	270
Tarascon, ville du comté de Foix..............	2	10
Tarbes, Bigorre........................	1	216
Tech (vallée du), Roussillon................	2	72
Tentenade, montagne à la limite d'Aran.........	2	210
Têta (source de la), groupe de Mont-Louis......	2	109
Toro, montagne d'Artigue-Déline.............	2	298
Tortes, col près Bonnes.................	1	112
Tourmalet, port près de Barèges.............	1	503
Tramesaïgues, hameau d'été du val de Grip......	1	504
Tredos, dernier village d'Aran.............	2	244
Trois-Seigneurs, montagne du comté de Foix.......	2	132
Troumouse, mont. et glacier de la haute chaîne de Héas..	1	386
Tuquerouye, brèche du cirque d'Estaoubé........	1	410
Urdos, dernier village de la vallée d'Aspe	1	125
Uret, port de la vallée de Baros.............	2	277
Ussat, bains du comté de Foix..............	2	11
Ustou, vallée du Couserans................	2	174
Valcabrère, village du Comminge; antiquités......	2	194
Valentin (source du), val de Bonnes..........	1	113
Valmania, sous le Canigou................	2	93
Vénasque, port de la haute chaîne de Luchon.....	2	299
Vicdessos, mine de fer du comté de Foix.........	2	126
Vielle, chef-lieu de la vallée d'Aran..........	2	241
Vignemale, montagne et glacier près Cauterets.....	1	472
Villecomtal, Bigorre, belle vue sur les Pyrénées....	1	49
Villefranche, ville du Roussillon.............	2	106
Viscos, pic de la vallée de Barèges...........	1	471

TABLE DES MATIÈRES.

TROISIÈME PARTIE.

PYRÉNÉES ORIENTALES.

	Pages.
Chapitre 1er. — Plaine de l'Ariège. — Pamiers. — Foix et son château. — Tarascon. — Bains d'Ussat. — Vallée de Cabanes..	1
Chap. II. — Ax et ses bains. — Mont Saint-Barthélemy, ou Pic de Tabe. — Vue générale de la Chaîne orientale et du haut Languedoc..	14
Chap. III. — Col de Paillers. — Quérigut. — Mont-Carcanéro. — Premier aspect du Roussillon. — Col de Djaou, ou de la Marguerite. — Vallée de la Têta. — Prades. — Perpignan.	25
Chap. IV. — Plaine du Roussillon. — Les Albères. — Elne. — Collioure. — Port-Vendres. — Soir du solstice. — Le cap Béarn. — Fin des Pyrénées.................................	48
Chap. V. — Vallée du Tech. — Céret. — Fort-les-Bains. — Arles. — Danses catalanes. — Corsavi...................	72
Chap. VI. — Le Canigou. — Difficultés de ses abords. — Valmania. — Vue de la cime. — Rude descente............	90
Chap. VII. — Haute vallée de la Têta. — Villefranche. — Mont-Louis. — Col de la Perche. — Vue de la Cerdagne..	103
Chap. VIII. — Llivia. — Puycerda. — Soldats de la Foi. — Val de Carol. — Port de Puymorin. — République d'Andorre...	112
Chap. IX. — Vallée et mines de Vicdessos. — Col de Lers et d'Eret. — Vallée d'Ercé. — Seix. — Saint-Girons. — Plaine du Salat..	126
Chap. X. — Course du Mont-Calm. — Val d'Auzat. — Nuit à la Montagne. — Pics de Mont-Calm et d'Estats. — Aspect et climats polaires.....................................	138
Chap. XI. — Port de Saleix. — Val d'Aulus. — Vue du tuc de Bertrone. — Vallons de Garbet, d'Arce et de Fouillets....	157
Chap. XII. — Montagnes d'Ustou. — Vallons d'Escorce et d'Aucèse. — Port de Martrat. — Étang d'Elleth. — Simon, le vieux chasseur d'ours...............................	174

QUATRIÈME PARTIE.

SOURCES DE LA GARONNE.

Pages.

CHAPITRE Ier. — Désignation des sources. — Antiquités de Martres-Saint-Gaudens. — Vallée de la Garonne. — Saint-Bertrand. — Bassin de Luchon.................... 187

CHAP. II. — Serrat de Montauban. — Montagne de Bocanère. — Vue de la haute chaîne de la Garonne.............. 205

CHAP. III. — Castel-Vieil.— Val de Lys. — Aspect des Hautes-Alpes. — Val de Gouroun. — Super-Bagnères. — Pic de Cériré. — Les Glaciers........................... 217

CHAP. IV. — Le Portillon. — Vallée d'Aran. — Vielle. — Pla de Béret. — Sources de la Garonne et de la Noguera..... 235

CHAP. V. — Notre-Dame de Mongarre.— Vallée de la Noguera. — Belles forêts. — Mongossou. — Voie perdue. — Port de Berbegué. — Conflens de Salaou..................... 252

CHAP. VI. — Port de la Gore. — Vallées du Castillonnais. — Sentein. — Col de Nédé. — Col de Portets. — Pas d'Artiguescou. — Fos................................... 271

CHAP. VII. — Pont du Roi. — Bososte. — Vallée d'Artigue-Déline. — Nuit à l'Hermitage. — Ouil de Djoueou. — Double cirque sous le Toro........................... 284

CHAP. VIII. — Port de la Picade. — La Maladette. — Guide englouti. — Port de Vénasque. — Hospice de Bagnères... 296

CHAP. IX. — Val de Lasto.— Lacs d'Oo. — Cascade.— Ports d'Oo. — Selh de la Baque. — Désert glacé.— Conclusion. 311

Catalogue des hauteurs mesurées........................ 326
Explication de quelques expressions locales............. 333
Table géographique des Pyrénées........................ 334

VUE GÉNÉRALE DE LA CHAINE DES PYRÉNÉES,

Depuis les Montagnes du col de **Paillers** *jusqu'à celles de* **Roncevaux**, *dans une étendue de 75 lieues, prise à 15 lieues de distance, du Château de* SÉAILLES, *entre Eauze et Aignan, sur l'arête qui sépare les bassins de l'Adour et de la Garonne.*

---

1. Monts du col de Paillers et mont Saint-Barthélemy.
2. Groupe du Mont-Louis.
3. Haute chaîne d'Andorre.
4. Mont-Calm et montagnes de Vicdessos. — Vallée de l'Ariège.
5. 6 Montagnes d'Aulus, Caumale, Puntussan, Mède. Vallée du Salat.
7. Montagnes d'Ustou, Montabone, Flagimelle, Bonrepaux.
8. Haute chaîne de Salaou et d'Aula.
9. Mont-Vallier, montagnes du Castillonais.
10. Chaînon de Mauberme et Crabère. — Vallée de la Garonne.
11. Montagnes d'Aran.
12. La Maladette et montagnes Maudites.
13. Montagnes de Lys et d'Oo.
14. Montagnes de la Pez et Clarbide. — Vallée d'Aure.
15. Pics de Batoa, d'Arré. — Montagnes d'Aure.
16. Pic d'Arbizon, cachant la haute chaîne.
17. Montagnes du Bastan et du port vieux d'Aure.
18. Pic du Midi de Bagnères. — Vallée de l'Adour.
19. Cime éloignée de Neouvieille.
20. Pic d'Asblancs, montagnes de Barèges.
21. Direction du Mont-Perdu, invisible.
22. Cimes éloignées vers Gavarnie.
23. Groupe de Saint-Sauveur. — Vallée du Gave de Pau.
24. Vignemale, où la haute chaîne reparaît.
25. Montagnes de Cauterets. — Haute chaîne d'Azun.
26. Pic de Costerillou.
27. Pic de Gabisos. — Vallée d'Asson.
28. Montagnes des Eaux-Bonnes.
29. Pic du Midi de Pau.
30. Montagnes du Somport. Haute chaîne d'Aspe. — Vallée d'Ossau.
31. Montagnes du lac d'Astains et de Lescun.
32. Pic d'Anie. — Montagnes de Saint-Engrace.
33. Montagnes de la Soule.
34. Montagnes d'Orhy et d'Irati.
35. Montagnes de Saint-Jean-Pied-de-Port et de Roncevaux.

(Tome II.)

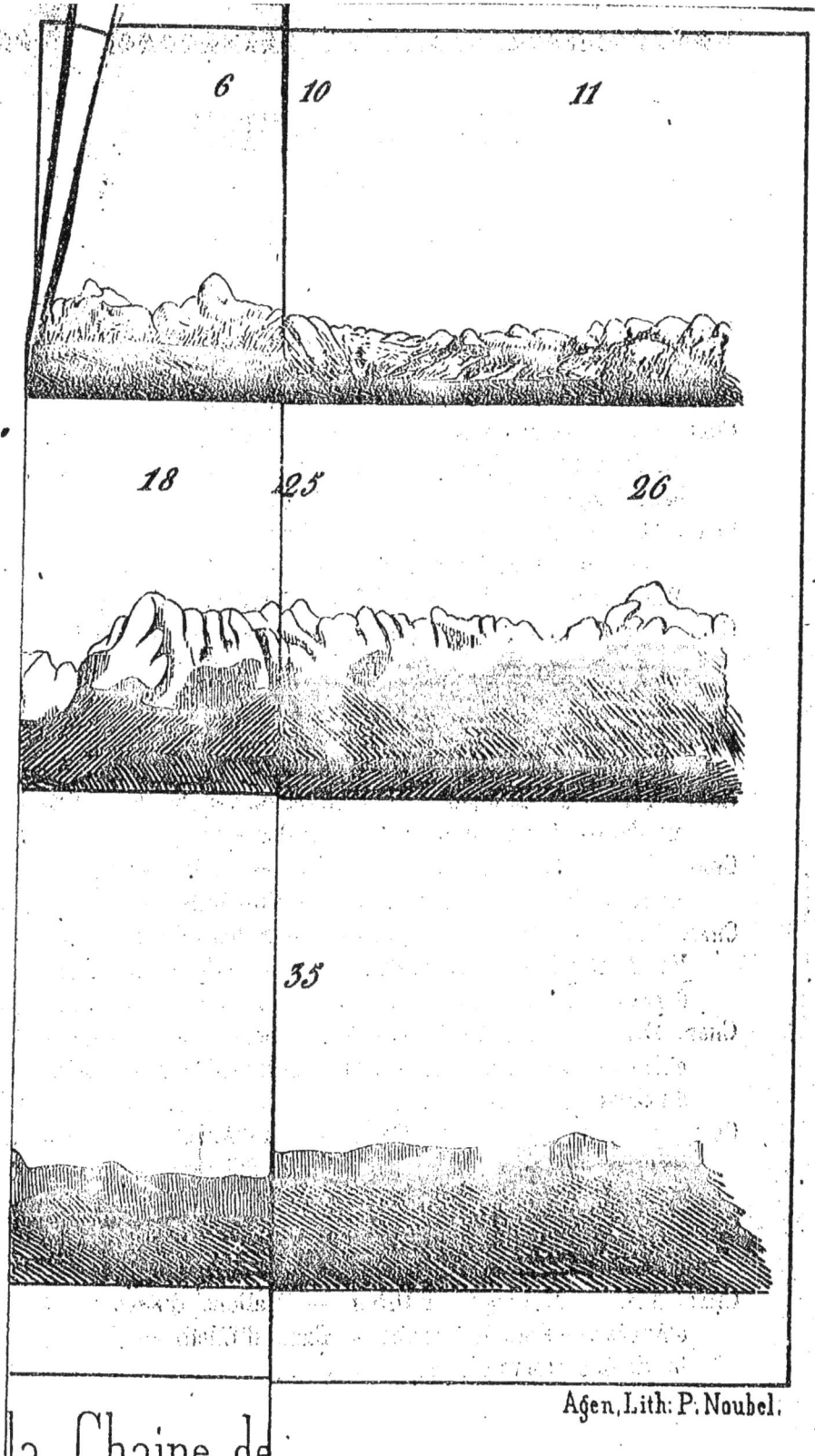

la Chaine de

Agen, Lith: P. Noubel.

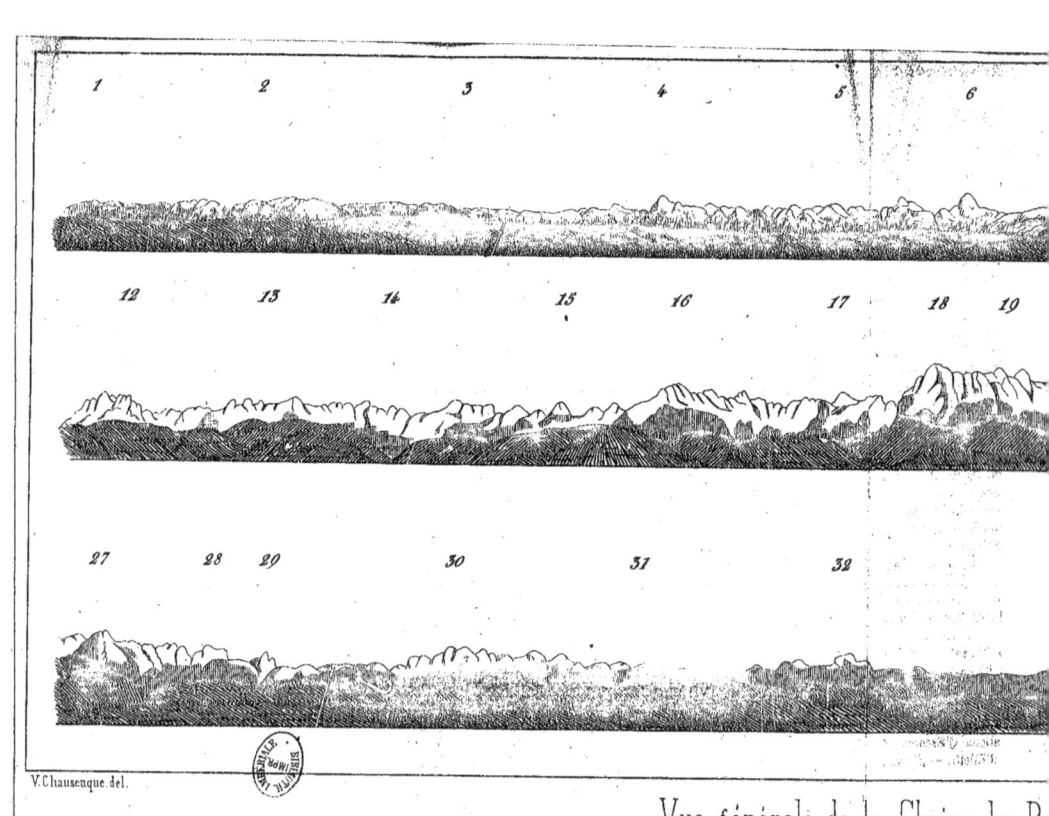

V.Chausenque del.

Vue générale de la Chaine des P

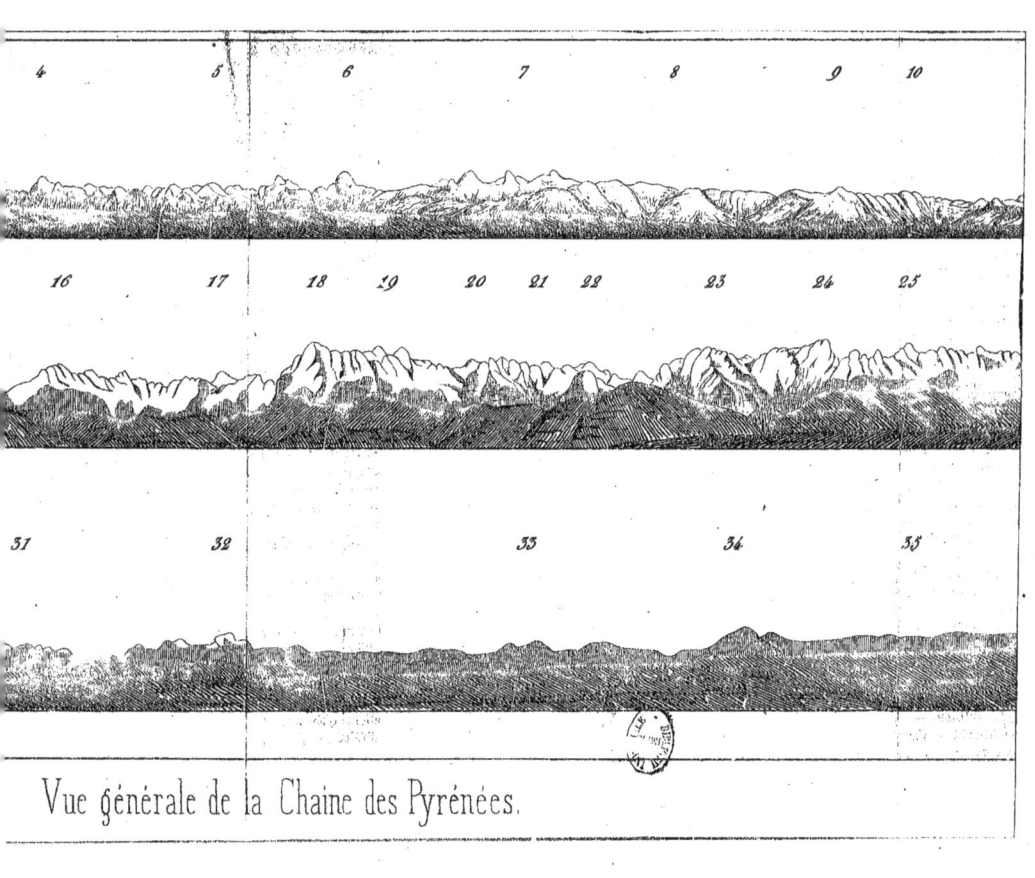

Vue générale de la Chaine des Pyrénées.

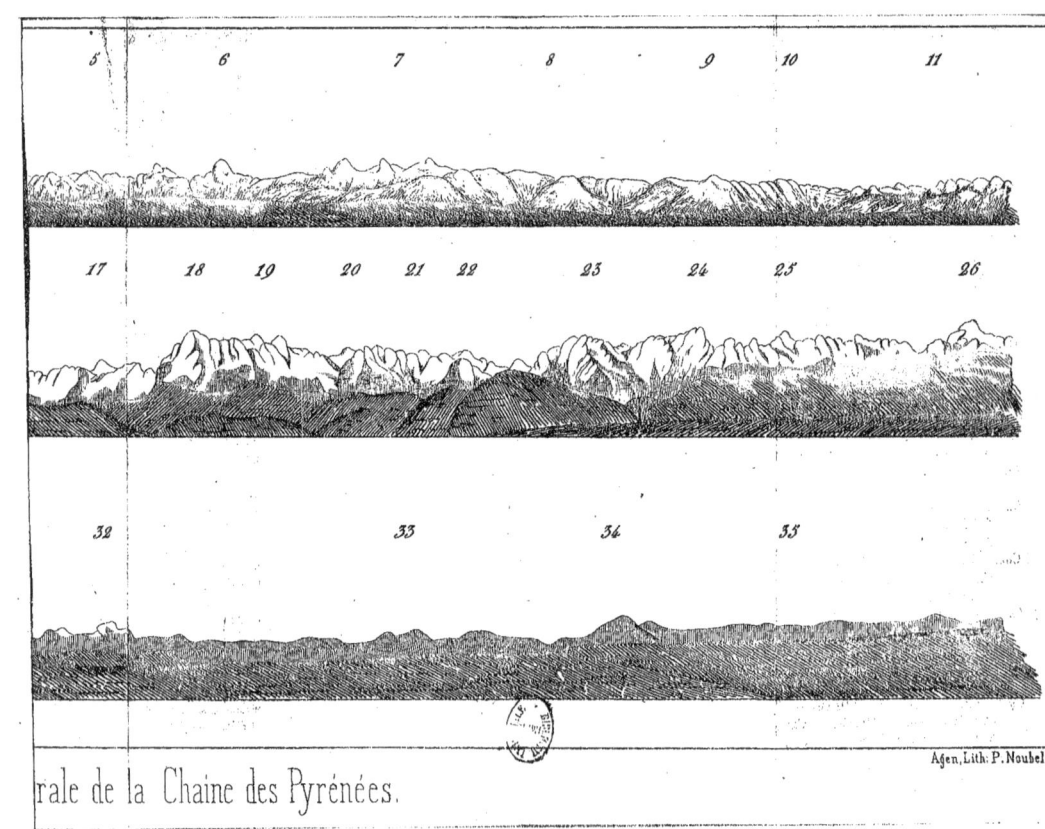

...rale de la Chaîne des Pyrénées.

RECONNAISSANCE DE LA PARTIE VISIBLE DE LA CHAINE DES PYRÉNÉES,

Faite du sommet de Bocanère, près Bagnères de Luchon.

1. Montagne de l'Isard, vers Sentein.
2. Montagne de Crabère, cachant le Mont-Vallier.
3. Tuc de Mauberme, vallée de Canejan, en Aran.
4. Pic de Sénère, en Aran.
5. Pic d'Artiez ou de Montarto, en Aran.
6. Pics de la haute Chaîne, au sud d'Aran.
7. Montagnes d'Artigue-Déline; Bailhetta, etc.
8. Pique Forcanade ou Mail d'Espouïs.
9. Pic de Barrans.
10. Pic de Néthou, point culminant des Pyrénées.
11. Pics de la Maladette.
12. Pic d'Albe.
13. Port de la Picade.
14. Pic de la Mine.
15. Pic du Port ou de Sauvegarde.
16. Port de Vénasque.
17. Port de la Glère.
18. Pic de Sacroux.
19. Pic de Mail Pentat.
20. Port d'Estaouas.
21. Tuc de Maupas.
22. Montagne de Perdighero, en Espagne, pardessus Crabioules.
23. Pic de Portillon.
24. Pic Quayrat.
25. Pic Posets, en Espagne.
26. Petit pic d'Espingo.
27. Pic de Spijols.
28. Port d'Oo.
29. Pics de Clarbide.
30. Pic du Midi de Génos, ou peut-être pic d'Estos.
31. Cime du Mont-Perdu.
32. Cime du Cylindre, vue pardessus les montagnes de Louron.
33. Pic d'Arró, en Aure.
34. Pic des Aiguillons de Héas.
35. Montagne de Cambièle.
36. Pic Long, en Barèges.
37. Pic de Neouvielle.
38. Pic d'Arbizon de Campan.
39. Pic du Midi de Bigorre.
40. Pic de Montaigu, sur Bagnères.
41. Le Mounné, entre Oueil et Barousse, près Luchon.

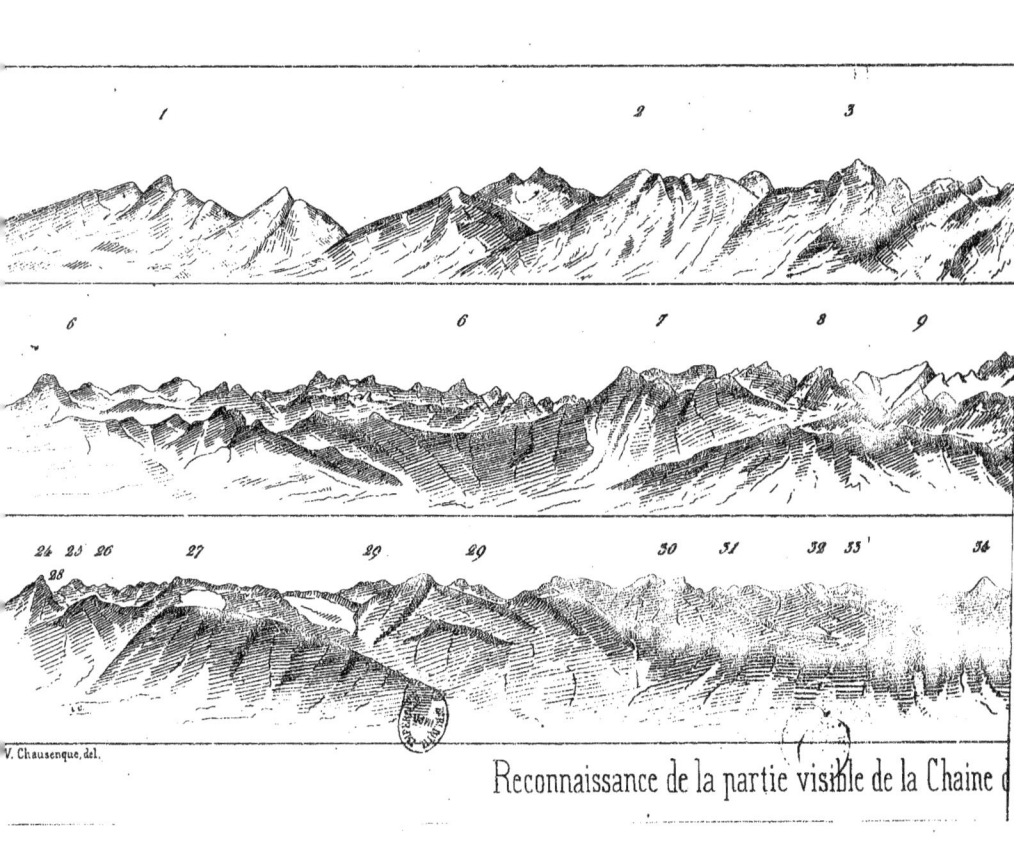

V. Chausenque, del.

Reconnaissance de la partie visible de la Chaine d

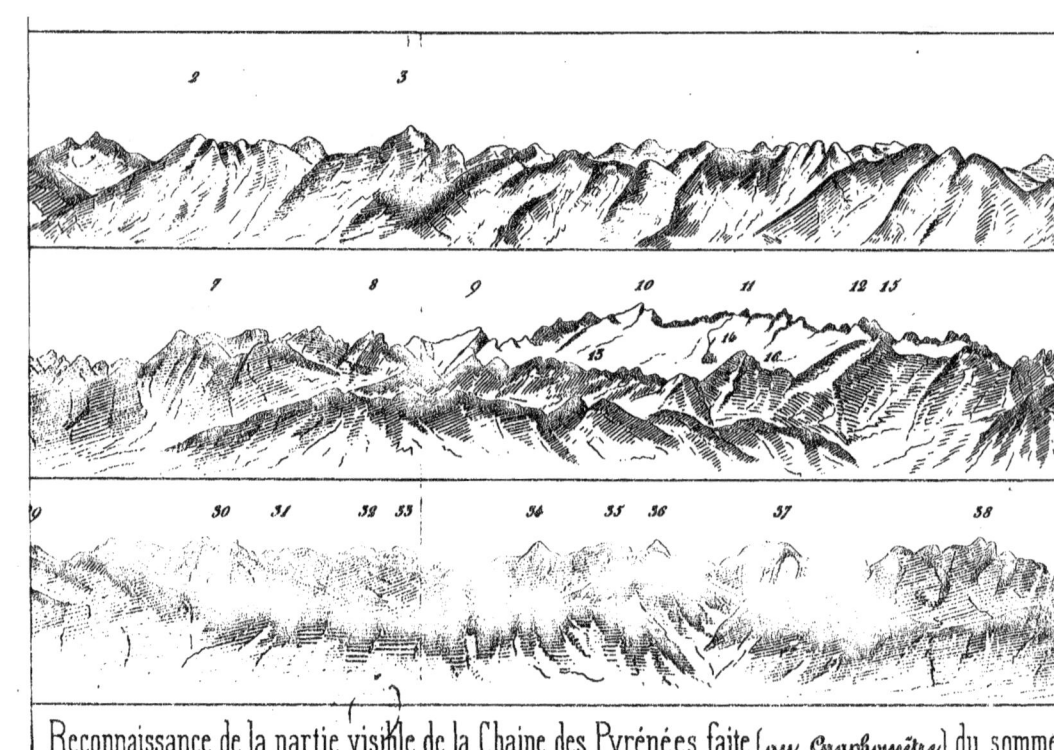

Reconnaissance de la partie visible de la Chaîne des Pyrénées faite (au Graphomètre) du somme

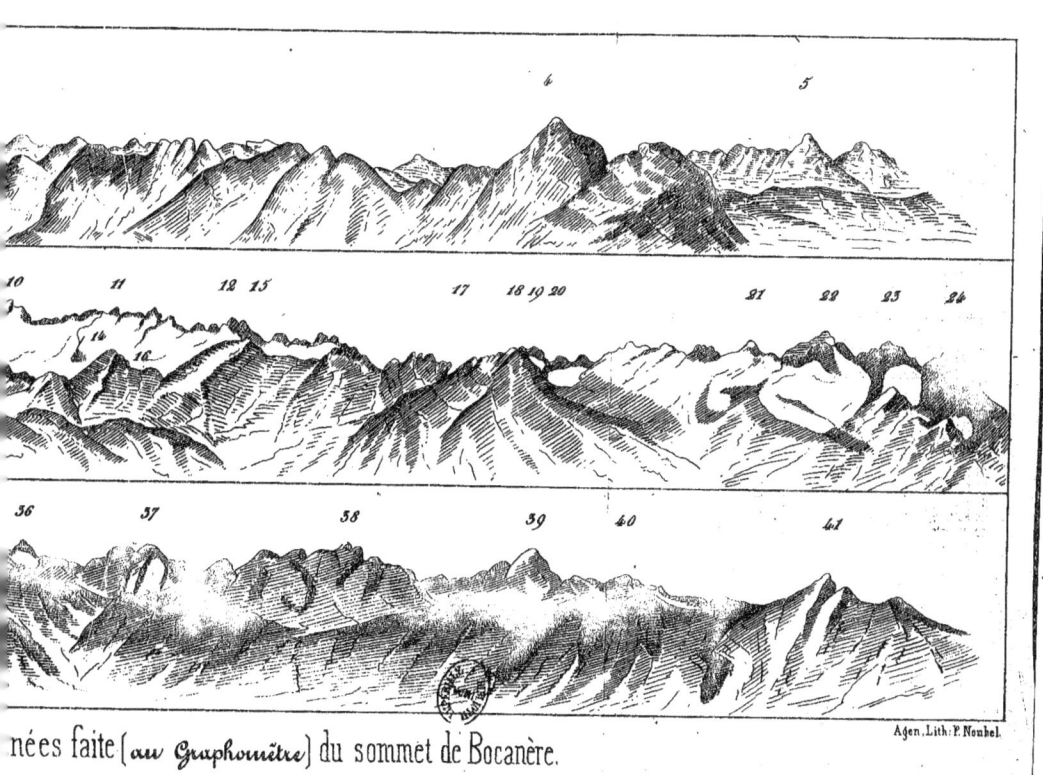

nées faite (au Graphomètre) du sommet de Bocanère.

ERRATA.

Page.	Ligne.		
1	23	*Au lieu de :*	maintiennent; dans; *lisez :* maintiennent dans.
4	17	—	les géologues; *lisez :* quelques géologues.
4	32	—	les vallées; *lisez :* des vallées.
14	9	—	empreignent; *lisez :* imprégnent.
21	2	—	et le Porteil; *lisez :* et de Porteil.
21	24	—	l'Ariège, d'Orlu; *lisez :* l'Ariège d'Orlu.
26	26	—	Tabescou; *lisez :* Trabescou.
34	24	—	Durbau; *lisez :* Durban.
34	26	—	Salives; *lisez :* Salines.
37	15	—	Massat à la haute; *lisez :* Massat et à la haute.
37	37	—	Salin; *lisez :* Salies.
38	1	—	Biels; *lisez :* Bielsa.
56	25	—	masse. Ces; *lisez :* masses; ces.
62	15	—	d'après les sages; *lisez :* d'après les Sagas.
62	30	—	ou *land* qui dans; *lisez :* ou *land* dans.
62	35	—	Saïr; *lisez :* Saïs.
64	10	—	mais les sages; *lisez :* mais les Sagas.
68	35	—	sur les eaux; *lisez :* sur ses eaux.
109	24	—	descendent; *lisez :* descendant.
132	28	—	de Maubias, s'élevant par gradation vers les crêtes; *lisez :* de Maubéas, s'élevant par gradation en regard des crêtes.
163	13	—	plage maritime; *lisez :* plage marine.
180	18	—	jusques-là c'est la haute chaîne et tout y est granit; *lisez :* là finit la haute chaîne.
214	6	—	fuyait derrière; *lisez :* fuyant derrière.
215	17	—	glacier est comme; *lisez :* glacier et comme.
223	1	—	de la cabane Lartigue; *lisez :* de Bocanère.
225	33	—	repas; *lisez :* repos.
230	20	—	Netho; *lisez :* Nethou.
258	19	—	paix. Oui, c'est; *lisez :* C'est.
278	19	—	les plus pâturages; *lisez :* les plus hauts pâturages.

www.ingramcontent.com/pod-product-compliance
Lightning Source LLC
Chambersburg PA
CBHW070901170426
43202CB00012B/2141